YINGKE® 盈科

盈科全国业务指导委员会系列丛书·2024

绿色正义

环境行政处罚、污染环境罪案件办理实战策略

盈科律师事务所／编
黎征武／著

法律出版社 LAW PRESS · CHINA
北京

图书在版编目（CIP）数据

绿色正义：环境行政处罚、污染环境罪案件办理实战策略／盈科律师事务所编；黎征武著. -- 北京：法律出版社，2024. -- ISBN 978-7-5197-9871-0

Ⅰ. D922.685

中国国家版本馆 CIP 数据核字第 2024KK9367 号

绿色正义：环境行政处罚、污染环境罪案件办理实战策略

LÜSE ZHENGYI：HUANJING XINGZHENG CHUFA、WURAN HUANJINGZUI ANJIAN BANLI SHIZHAN CELÜE

盈科律师事务所 编
黎征武 著

策划编辑 朱海波 杨雨晴
责任编辑 朱海波 杨雨晴
装帧设计 汪奇峰 臧晓飞

出版发行 法律出版社
编辑统筹 法律应用出版分社
责任校对 蒋 橙
责任印制 刘晓伟
经　　销 新华书店

开本 710 毫米×1000 毫米 1/16
印张 24.75 **字数** 350 千
版本 2024 年 12 月第 1 版
印次 2024 年 12 月第 1 次印刷
印刷 固安华明印业有限公司

地址：北京市丰台区莲花池西里 7 号（100073）
网址：www.lawpress.com.cn
投稿邮箱：info@lawpress.com.cn
举报盗版邮箱：jbwq@lawpress.com.cn

销售电话：010-83938349
客服电话：010-83938350
咨询电话：010-63939796

书号：ISBN 978-7-5197-9871-0　**定价**：98.00 元

本书编著者

黎征武 著

从环境理工科专业到环境律师的转变历程

自序

2017 年 6 月，我从环境科学与工程专业毕业后进入律所做助理。

2019 年 8 月，我拿到律师执业证，开启了环境律师的职业生涯，至今已有 5 年。

从环境理工科专业转行做环境律师的这几年，环保行业和律师行业的朋友都对我的这一转变充满好奇，为什么就读环保专业，又为什么转行做律师，为什么选择环境法，专业化道路遇到了哪些困难，环境理工科专业背景对环境律师这一职业到底有什么帮助？

借由本次出版事宜，回顾一下我的转变历程。

一、求学：为什么读环保专业

我的老家河流交织、水资源丰富，我家附近有一条百余米宽的河流，水草丰茂，鱼儿成群，还有非常优质的细砂河滩。小时候，我们或在河里玩水、抓鱼，或在沙滩上嬉闹。忘了从什么时候开始，河水大量减少，颜色也变黑、变混浊。

2010 年我第二次参加高考，以 4 分之差与一本线失之交臂。填报志愿时，想着家乡河流的变化，我以第一志愿填报了温州大学的环境科学专业。入学后才知道，“生环化材”并列为四大天坑之一，真是后知后觉。有一次，我问同学是不是第一志愿报考本专业，他的一句“脑残才报这个专业”让我有点儿怀疑人生，虽然这话确有几分道理。

2013 年大三，通过两年的学习，我对国的环境污染有了较为详细的了解，想继续投身环保事业，决定考研。天不遂人愿，我未达到目标学校的分数线。在调剂的关键时刻，导师郑老师风轻云淡地说了句让我茅塞顿开的话，我毅然选择华南师范大学，想到广州发展。

后来，在邓老师的帮助下，我顺利调剂到华南师范大学，成为她的学生。只不过,很快,我就让她失望了。

二、转行:为什么参加司法考试

硕士研究生入学一年半后,我突然发现虽然我很喜欢科研这件事,但在充分考虑各种因素后,我决定以后做律师。

在此之前,国内环保领域发生了两件大事:(1)2015 年 1 月 1 日,新《环境保护法》修订后施行,号称史上最严环保法;(2)2015 年 2 月,某记者关于环保的纪录片在全国引发舆论“地震”。于是我想,能不能结合“环保 + 法律”做一名环境律师呢?一方面,受影视剧影响,我觉得律师受人尊重、收入高、工作自由。另一方面,我还是喜欢环保行业,希望能结合所学做些有意义的事。所以,我打算参加司法考试(2018 年改名为法律职业资格考试)。

2016 年 2 月,研二下学期刚开学,我给邓老师打了个电话,双方发生了如下简短的对话:

我:“老师,我想参加司法考试,以后做律师。”

她:“考试难吗?”

我:“听说通过率只有 10% 左右。”

她:“那你要准备多久?”

我:“大概半年吧。”

她:“既然是你自己的决定,我也不多干预,你加油吧!”

在得到邓老师的同意后,我立马报考了当年 9 月的司法考试,买了学习教材。自此,从早上图书馆开门到晚上闭馆,除了吃饭、睡觉、偶尔到实验室,整整 7 个月我都在图书馆备考。我还清楚地记得,只出去放松过一次,看伍佰 & China Blue 的演唱会——那是我第一次看演唱会。

备考那段时间压力很大,睡眠质量非常差。好在功夫不负有心人,我一次性通过了司法考试,震惊了身边的老师、同学。

9 月司法考试结束后,已经到了研三上学期。当时,学院的规定是没有发表论文的,需要把毕业论文送到其他学校审核,俗称外审,而没有人希望自己的论文被外审。眼看着同学们都发表了论文毕业无忧,我心急如焚,立马根据此前外出采样的数据挤出了一篇论文投稿。不曾想被拒稿,还耽误了两三个月的时间。

确定外审名额的时间一步步逼近,我只好吸取失败教训好好修改论文后投到另一家期刊。经过漫长地审核,对方表示可以接收,但需要按编辑修改意见修改。修改论文后,期刊需要再次审核,又是漫长地等待。在学院确定外审名额的前一天,经过邓老师的沟通,期刊同意先出具论文《接收函》。收到《接收函》的那一刻,我悬着的心终于落地了。当然,也许邓老师比我更着急吧!

三、实习:门外汉获取执业技能的重要途径

通过司法考试后,获得了《法律职业资格证》,这是法律行业的入门券。不过,想要成为律师,还需要学习基本执业技能。根据规定,通过司法考试后,要先到律所实习1年,并通过市律师协会考核,才颁发律师执业证,才能称为律师。这种实习不同于在校生的实习,属于全职的律师助理。

2017年6月,硕士研究生毕业后,我到佛山找律所实习,主要原因是觉得广州人太多。辗转几次后,我来到佛山顺德一家律所,指导律师专门做民商事案件。为什么没有找做环境法的律师呢?因为环境法是非常小众的领域,当时做的律师非常少。

由于个人原因,我花了两年时间终于通过律师协会考核。在这两年中,有两件事为我后续独立执业打下了坚实的基础:一是接触到了iCourt。2017年8月,指导律师带我去北京学习Alpha系统,此后还让我参加了线上、线下的培训课程。iCourt宣讲的学习方法、办案技能让我这个门外汉少走了很多弯路,我得以快速掌握各种执业必备技能。二是培养了自学能力和方法。在那两年中,我将常见的法律纠纷如合同、劳动、公司、股权等法律法规全部梳理了一遍,研究相关案例,并买了20多本专业书籍查阅。虽然后来我再也没接触过这些案件,但当时总结出的学习方法让我受益终生。

四、抉择:独立还是授薪?专业化还是万金油

在通过律师协会的面试后,就可以申请律师执业证成为真正的律师了。最终,我发现我仍对环保行业有情怀,想从事环境法。显然,只有大城市才能支撑起环境法这么细分的领域。所以,我决定回到广州。

这时候,我与所有年轻律师一样,来到了职业生涯关键的十字路口:做独立律师还是授薪律师?专业化还是万金油?

在这个十字路口上,很多律师的做法和给我的建议都是先做杂再做专,一方面有案件就做先养活自己,另一方面执业前期多接触不同的案件开阔视野,并找到感兴趣的方向。

不过,我有自己的想法。我的最终目标非常明确,就是结合“环境+法律”成为专业环境律师。而环境法具有较强的技术壁垒,业务领域非常小众,专业律师相对较少。与其花时间研究各种其他类型的案件,还不如充分利用自己的专业优势,争取快速在该细分领域站稳脚跟赢得一席之地——我称为“长板理论”,即充分发挥自己的长处。从此后国内外经济状况及国内律师人数连年暴增导致律师行业无序低价竞争的局面来看,当初我的选择是非常正确的。

五、假设一年只有3单业务,你还会坚持下去吗

2019年8月1日,我的律师执业证审批下来,执业机构为北京市盈科(广州)律师事务所。在执业之前,我给自己的定位就是专业环境律师。

首先要解决生存问题。在此之前,我对青年律师独立的艰辛已有一定了解。所以,我向家人借了30万元作为创业启动资金,他们非常支持我的选择。

其次要解决专业问题。虽然我本硕都是环境理工科专业,也在律所实习过两年,但之前从来没有接触过环境法,没有任何实战经验,怎么办?这时,我实习期间学到的方法就派上了用场。我花了几个月时间认真分析并统计了广东省近几年所有的污染环境罪裁判文书,研究各种不同污染环境罪的表现形式、控辩审三方观点,分析、总结各类案件的突破口,并形成分析报告。梳理完这些案件,理论上相当于我办理了这些案件,只等实践的检验。另外,在分析这些案件的过程中,我深刻体会到环保法律专业知识对于律师办理环保案件的重要性,而这又更加坚定了我走环境律师专业化路线的决心。

然而,理想很丰满,现实比我想象的更骨感——无业务可做,而且无法预知第1单在何时才会出现!那一刻,我竟体会到了古诗词中那种壮志难酬的心情。

2019年12月23日,我正式成为律师5个月后终于迎来了第1个案件,也是

我至今仍耿耿于怀的案件。本案的核心问题在于偷排重金属不超标的污水是否构成犯罪，我从环境科学、环境监测等角度论述了“重金属不超标的污水属于‘有毒物质’”这一观点的荒谬之处。但是，我的无罪辩护以失败告终。2020 年 11 月，我写了 2 万字的建议分别邮寄给最高人民法院和最高人民检察院，详细论述了我的观点，建议修改相关条文。2023 年 8 月 8 日，最高人民法院、最高人民检察院发布《关于办理环境污染刑事案件适用法律若干问题的解释》（法释〔2023〕7 号），明确规定偷排重金属超标的污水才构成犯罪，自此平息了争议。正因如此，我至今仍为当事人感到遗憾。该案具体内容详见本书《逃避监管偷排污染物含量不超标的污水，应不构成污染环境罪——佛山 TXR 公司、阮某污染环境罪案》。

2020 年年初，国内暴发疫情，这对刚执业的我无疑是雪上加霜。好在 2020 年 4 月，律师朋友介绍了一个案件，企业 3 个月内先后被罚款 10 万元、160 万元和 10 万元。最终，我们将 160 万元的罚款变更为 10 万元，详见本书《按日连续处罚案办理要点——LH 公司 160 万元按日连续处罚案》。

2020 年 7 月，我接到了第 3 单业务，东莞地区的污染环境罪案，最终本案所有当事人未被追究刑事责任。

从 0 到 1，历时 5 个月；从 1 到 2，历时 4 个月，从 2 到 3，历时 3 个月。执业第 1 年，我只办理了 3 个案件，但我选择了坚持。此后，有了成功案例以及自身的宣传，业务量有所增加，至少能够维持生计。执业这 5 年，盈科律师事务所内外的律师同行和环保同行向我推荐了很多案件，这是我能坚持专业化道路的重要原因之一，在此一并表示感谢！

六、守得云开见日出，专业化逐渐开花结果

所谓三年入行五年懂行。

2022 年 8 月 1 日，我执业满 3 年。2023 年年初，广州市律师协会能源与环保专业委员会增补委员，主任委员、盈科广州陈勇儒律师邀请我填报资料增补成为委员。2023 年 8 月，我顺利增补为委员。

2023 年 7 月，盈科全国专业委员会换届，盈科常州分所郝秀凤律师当选为盈科第五届全国环境、资源与能源法律专业委员会主任，并邀请我成为委员会副秘书长。

此后,我受邀为律师同行、环境法学研究会成员、生态环境执法人员、排污企业、在校生做讲座10多次,交流办案经验、进行普法培训或分享环境律师从业心得。

2024年8月1日,我执业满5年,我的坚持和努力逐渐有了回报。本书既是我专业化的成果,也是过去5年的经验总结。

七、优势:环保专业背景的优势到底是什么

随着国家对生态环境保护的深入,越来越多的律师了解到环保案件。同时,法律意识的增长也让越来越多的企业知道了法律领域也有行业细分之说。所以,律师同行和客户得知我是环境理工科专业出身后,都认为我有很好的专业优势。

那么,具有环境理工科专业背景从事环境法的工作,到底有什么优势呢? 根据过去的办案经验,我简单概括为以下三点:

1.最基础的是对专业术语的熟知和理解

任何专业都有其特定的、拗口的专业术语,这就形成了第一道技术壁垒。

例如,《刑法》第338条规定的罪名为“污染环境罪”,而很多人甚至律师都说成“环境污染罪”。

又如,理工科专业术语的定义中可能还包含了其他专业术语,从而增加了从字面意思进行理解的难度。例如,污水中非常常见的一个监测项目为化学需氧量,英文名为Chemical Oxygen Demand,简称为COD,指以化学方法测量水样中需要被氧化的还原性物质的量,原理是水样在一定条件下,以氧化一升水样中还原性物质所消耗的氧化剂的量为指标,折算成每升水样全部被氧化后需要的氧的毫克数,以mg/L表示,反映了水中受还原性物质污染的程度。这些文字都很简单,但如果没有学过化学方面的知识,仅从这个定义几乎不可能理解COD的含义。

专业术语是专业知识的基础。正因如此,很多想涉足环境法领域的律师最终都望而却步,想想我们看到体检报告上一大堆医学专业名词的感受吧! 也正因如此,我一直很佩服没有相关专业背景但坚持在环境法领域的律师。

2.再进一步是对相关技术、污染物处理工艺的了解

例如,废水、废气超标案件中最核心的证据为监测报告,这就涉及环境监测的规范性。而环境监测是环境专业的必修课,大学期间都有实操课程。我的本科毕

业论文更是涉及大量污染物分析工作,硕士研究生期间又在东江、北江采集过水样。因此,环境监测最重要的步骤采样和实验室分析,我都有实操经验,故而在办理此类案件时能找到监测报告的问题。

又如,部分案件涉及废水、废气、固体废物、危险废物的处理流程和技术原理,了解这些知识对办案大有裨益,而这些也是环境专业的必修课程。在《不正常运行水污染防治设施的认定——WJ公司不正常运行水污染防治设施听证案》中,我通过分析WJ公司污水处理工艺,说明该公司不存在逃避监管偷排行为,得到了环境局的认可。

3. 能从环境科学原理的角度深度分析、理解法律条文,或发现法律条文存在的问题

例如,前文提到的我从环境科学、环境监测的角度,论述了只有重金属含量超标的污水才能属于"有毒物质"。

总之,环保专业知识对律师办理环保案件的意义重大。在我办理的案件中,有相当一部分从环保技术的角度就能为企业解决行政处罚甚至刑事处罚的问题。

八、展望未来,我将为企业环保合规而努力

过去5年,我办理了近百起环境行政处罚和污染环境罪案,且都是代理企业或个人,帮助他们解决环境法律问题。也就是说,过去我一直在为他们解决已经发生的法律问题。但是,我认为现在我们更需要做的是,帮助企业提前预防这些违法犯罪行为的发生,为什么会有这种想法呢?

我的客户群体中,既有国有企业、大型集团公司,也有小微企业甚至个体户,他们覆盖了各行各业。在为这些大大小小、形形色色的企业提供法律服务的过程中,我感受到了企业生存的不易,同时也发现企业的环境保护管理工作任重而道远。根据我的理解,企业发生环境违法犯罪的原因主要有以下几点:

1. 守法成本高,企业明知故犯和/或存在侥幸心理

该部分可从三个层面理解:

(1)污染物治理成本高

污染物治理费用通常包括:动辄数十万元、数百万元甚至更昂贵的污染物防

治构筑物、设备的费用，污染治理设施运营所使用的各种化学试剂的费用，委托第三方处置的费用，以及委托第三方运营的费用等。在绝大多数情况下，对绝大多数企业来说，环境保护工作只会增加成本，不能带来任何直接的经济利益。所以，偷排废水、废气，将固体废物、危险废物不经处理直接倾倒、填埋等行为大量存在，这些企业具有明显违法主观故意。

当然，不是所有企业都愿意直排、偷排，部分企业采取的是另一种方式，即选择性忽视存在的问题。例如，污染物排放标准越来越严格后，很多企业的废水、废气污染防治设施已经满足不了排放标准的要求，企业管理者对此明知，但不愿意主动花钱进行技术改造，直到被查处污染物超标才会考虑更换设备或技术改造。再如，不及时检修、更换出现故障的污染防治设施等。

(2)知识层面导致的管理成本高

环境管理几乎涵盖了企业生产经营的方方面面，包括环评、环保验收、排污许可，废水、废气、固体废物、危险废物、噪声、土壤等，而这些又可能有行业之分。总之，环境管理体系非常庞杂，既涉及法律专业知识，又具有较强的环境专业技术性。加之近年来，环境相关法律法规、技术规范不断完善和修改，也给企业环境管理额外增加了难度。所以，要想做好环保管理工作，企业必须配备环保专员，且需要持续地进行培训，才能适应监管的需要。这就意味着，几乎只有大中型企业才有能力也才有意愿配备专人从事环保管理工作，而小微企业的环保专员往往身兼多职，且很多并非环保专业出身，很难满足管理需求。

(3)操作层面导致的管理层本高

环境法的规定严格且细致，如果企业完全按照法律的规定进行操作，可能导致工作效率下降。例如，《大气污染防治法》第45条规定产生含挥发性有机物(VOCs)废气的生产和服务活动，应当在密闭空间或者设备中进行，该法第108条规定对未密闭违法行为的罚款数额为2万～20万元。据此，企业应当对相关设备、生产活动设置密闭房，并保持门窗处于关闭状态。但是，生产实践中，在某些情况下员工需要频繁进出密闭房，若严格按照法律规定操作，将降低工作效率，员工也会产生抵触情绪。再加上存在不会被抓现行的侥幸心理，导致企业明知故犯。

2. 不懂法

无知者无畏,企业及员工在不懂法的情况下,可能会做出各种违规犯罪行为。不懂法又可分为以下两种情况:

(1)不知道属于违法行为,更不知道法律后果的严重性

环境法体系非常庞杂,专业性强,极大地增加了企业环境管理的难度。例如,在《不具有偷排主观故意的,不构成污染环境罪——某国有企业及车间主管张某涉嫌污染环境罪无罪辩护案》中,操作工吴某不懂环保知识更不懂环保法,车间主管张某亦不懂环保法,最终导致案发。这种因基层员工不懂法违规操作,导致公司及负责人被追究法律责任的案件比比皆是。

(2)知道属于违法行为,但不知道法律后果的严重性

目前,大部分常见的违法行为罚款数额为10万元起,如偷排罚款数额为10万~100万元,"未验先投"罚款数额为20万~100万元,将危险废物交给无经营资质的主体罚款数额为60万元起且上不封顶,无证经营危险废物罚款数额为100万~500万元。除此之外,部分行为还会涉及行政拘留甚至刑事犯罪。很多看似微不足道的行为,法律后果可能超出想象。

例如,偷排行为除罚款外,相关人员还会被行政拘留。而法律对于偷排的定义,远超普通人的理解。2024年8月我办理的一个案件,某运输公司将清洗车辆的废水外排,被认定为逃避监管偷排。根据该省的自由裁量规定,该种行为罚款数额为30万元。虽然经过听证后,环境局将罚款数额降至法定最低的10万元。但是,与直排清洗废水获得的收益相比,罚款10万元仍然显得过重。而如果污水中重金属超标,还涉嫌污染环境罪。很显然,企业管理者和员工并不知道这些规定。

又如,在《未分别询问违反法定程序——YT公司将危险废物提供给无危险废物经营资质个人被拟处罚60万元听证案》中,YT公司涉嫌将几个危险废物桶交给无危险废物经营资质的废品回收者,被拟处罚60万元后,才知道该行为法律后果的严重性。

再如,在《按日连续处罚案办理要点——LH公司160万元按日连续处罚案》中,LH公司在第1次被查到污水COD超标后,既未停产也未对污水处理工艺进行改造,直到第2次被按日连续处罚160万元后,才发现问题的严重性。该企业很明显不知道按日连续处罚的规定,没有及时改正违法行为。

3.“被逼无奈”的违法

这种情况普遍存在于排放挥发性有机物(VOCs)的企业中。随着国家对蓝天保卫战的持续深入,环境局给企业提供的VOCs配额越来越少,意味着大量家具、塑料、喷涂等相关行业的企业无法获得环评批复,很多企业无奈只能偷摸地生产。虽然很多企业也会配备大气污染防治设施,亦能达标排放,但这并不影响“未批先建”“未验先投”违法行为的成立,而“未验先投”罚款数额为20万~100万元。

当然,企业发生违法行为的原因并不只有以上这些,且各种因素并非孤立存在,而是相互交织。在了解这些原因后,我们能做的就是通过向企业分享亲办案例、提供普法培训的方式,不断地提高企业及管理者和重点员工的环境法律知识、环境法律风险意识和主动守法意识,帮助企业从源头规避环境违法犯罪行为的发生,增强企业的软实力,促进企业的可持续发展。

九、写在最后

最后,简单介绍下本书内容。

1. 本书收录的案件情况

本书分为环境行政处罚篇和污染环境罪篇,共收录23个案例。

环境行政处罚篇共收录16个案例。其中,案例1~3的突破口为法律适用,包括“首违不罚”、上下位法的适用规则、“行政一体”原则等,这些方法适用于所有案件;案例4~12介绍不同类型环境行政处罚案件的办理要点,包括未批先建、未验先投、污染物超标、不正常运行污染防治设施、涉危险废物类和养殖类,涵盖了大部分常见的环境违法类型;案例13~15的突破口为执法程序,包括收集证据、调查询问、送达等方面,基本涵盖环境行政处罚的执法相关过程;案例16为强制执行案件。

上述16个案例,在救济途径方面,涵盖了行政机关实施行政处罚全流程的救济途径,包括处罚告知阶段的听证和陈述申辩、行政复议、行政诉讼(一审、二审、再审)和行政强制执行。

污染环境罪篇共收录7个案例,主要分为两类:一是近年来国家严厉打击的涉危险废物的案件,包括案例2、案例3、案例4、案例5、案例7,涵盖了危险废物的收集、贮存、处置、利用、运输流程;二是企业生产经营中非常容易忽视但法律后果严重的逃避监管偷排案件,包括案例1、案例5、案例6。

2. 文章体例简介

文章包含以下五个部分:

(1)摘要。简要介绍案情、律师观点、办理结果、意义等内容。

(2)案情简介。简要介绍案件情况。

(3)律师策略。简要介绍律师办案时考虑的核心突破口及办理技巧。

(4)律师评析。该部分为文章的核心部分,主要包括以下内容:①分析案件所涉法律问题和突破口,是律师评析部分的核心内容;②对比不同救济途径的区别;③对相关法律规定的思考、探讨或修改建议;④代理意见、辩护意见;⑤败诉案件的分析和探讨。

(5)风险提示。主要包括以下内容:①对排污企业的相关提示,包括环境法律风险提示、环保处罚对企业的不利影响、环境执法的应对、发生法律问题后应尽早委托律师等;②对行政机关依法行政的提示;③对复议机关依法办案的提示;④对立法机关及时修改法律的提示;⑤对律师办案的提示等。

3. 本书的受众分析

本书主要为律师办理环境行政处罚和污染环境罪案提供参考,也可作为环境执法部门、司法部门了解环境律师办案方法的参考工具。另外,本书的案例对于企业合规经营亦有很好的警示作用。

因本人水平有限,本书难免存在错误和不足之处,期待读者能够不吝赐教,提出宝贵的批评意见。

黎征武

2024年10月于广州

目录

1 PART

环境行政处罚篇

2 PART 污染环境罪篇

1

PART

第一篇

环境行政处罚篇

1."首违不罚"条款的适用

——CS 材料公司轻微违法不予处罚案

摘要

"首违不罚",即《行政处罚法》(2021 修订)第 33 条第 1 款规定的初次违法且危害后果轻微并及时改正的,可以不予行政处罚。本案生态环境局依据"首违不罚"条款,决定对首次违法情节轻微的企业不予处罚的宽容处理,展现了我国依法行政的务实精神和人性化法治理念。通过对首次轻微违法行为的免罚,既能警示和引导企业正视并自觉遵守环保法规,又能减少对其正常运营的影响,实现法律效果与社会效果的有机统一。

案情简介

2021 年 12 月 5 日,某市生态环境局(以下简称环境局)执法人员到 CS 材料公司现场检查,发现 CS 材料公司危险废物贮存仓库未设置危险废物识别标志,危险废物 WH12 废油漆上的危险废物识别标志填写的危险废物种类为 HW49 废抹布,且无重量信息。

环境局认为,CS 材料公司危险废物贮存仓库及危险废物包装物上未规范设置危险废物识别标志。

2022 年 2 月 23 日,环境局向 CS 材料公司送达《行政处罚听证告知书》,拟对 CS 材料公司未规范设置危险废物的违法行为处以罚款 10 万元。随后,CS 材料公司找到盈科广州黎征武律师,拟委托处理。

律师策略

根据相关法律,环境行政处罚案件的突破口一般有事实不清、证据不足、适用法律错误、违反法定程序、超越职权、滥用职权和明显不当等。就本案而言,案情相对明了,涉及危险废物贮存仓库的标志设置、危险废物 WH12 废油漆的标识准确性以及重量信息的完整性等,均属于直观且易于验证的事项。鉴于此,黎征武律师认为,本案从事实、证据、执法程序或职权范围等方面寻求突破的可能性较小,故将重点转向法律适用层面。

值得一提的是,2021 年 7 月 15 日施行的《行政处罚法》(2021 修订),一个显著变化是增加了“首违不罚”条款,即对首次违法且情节轻微的情形可免于处罚。基于此,黎征武律师决定以此作为突破口,力争为当事人争取到最有利的结果。

办理结果

黎征武律师接受委托后,建议 CS 材料公司申请听证。

2022 年 4 月 10 日,环境局召开听证会。黎征武律师发表以下代理意见:(1)本案符合《行政处罚法》(2021 修订)“首违不罚”的适用条件;(2)本案违法行为发生后,新的上位法施行,明确本案违法行为可不予处罚。故根据从旧兼从轻原则,本案应当不予处罚。

2022 年 7 月 6 日,环境局作出《不予行政处罚决定书》,适用“首违不罚”条款,决定对 CS 材料公司不予处罚。

律师评析

一、环境行政处罚案件突破口分析

《行政处罚法》(2021 修订)第 40 条规定:“公民、法人或者其他组织违反行政管理秩序的行为,依法应当给予行政处罚的,行政机关必须查明事实;违法事实不清、证据不足的,不得给予行政处罚。”

《行政复议法》(2017 修正)第 28 条第 1 款规定:“行政复议机关负责法制工作

的机构应当对被申请人作出的具体行政行为进行审查,提出意见,经行政复议机关的负责人同意或者集体讨论通过后,按照下列规定作出行政复议决定:……(三)具体行政行为有下列情形之一的,决定撤销、变更或者确认该具体行政行为违法;决定撤销或者确认该具体行政行为违法的,可以责令被申请人在一定期限内重新作出具体行政行为:1. 主要事实不清、证据不足的;2. 适用依据错误的;3. 违反法定程序的;4. 超越或者滥用职权的;5. 具体行政行为明显不当的……"

《行政复议法》(2023 修订)第 64 条规定:"行政行为有下列情形之一的,行政复议机关决定撤销或者部分撤销该行政行为,并可以责令被申请人在一定期限内重新作出行政行为:(一)主要事实不清、证据不足;(二)违反法定程序;(三)适用的依据不合法;(四)超越职权或者滥用职权。行政复议机关责令被申请人重新作出行政行为的,被申请人不得以同一事实和理由作出与被申请行政复议的行政行为相同或者基本相同的行政行为,但是行政复议机关以违反法定程序为由决定撤销或者部分撤销的除外。"

《行政诉讼法》(2017 修正)第 70 条规定:"行政行为有下列情形之一的,人民法院判决撤销或者部分撤销,并可以判决被告重新作出行政行为:(一)主要证据不足的;(二)适用法律、法规错误的;(三)违反法定程序的;(四)超越职权的;(五)滥用职权的;(六)明显不当的。"

行政相对人对环境行政处罚进行陈述申辩、申请听证、申请行政复议或提起行政诉讼之目的,一般都是希望撤销行政处罚。根据上述规定可知,撤销行政处罚的事由包括事实不清、证据不足、适用法律错误、违反法定程序、超越职权、滥用职权和明显不当等。本案案情简单明了,涉案违法行为易于举证,故从上述突破口入手可能均无法达到行政相对人撤销处罚的目的,故只能寻求其他突破口,即"首违不罚"。

二、"首违不罚"条款的适用条件

《行政处罚法》(2021 修订)第 33 条第 1 款规定:"违法行为轻微并及时改正,没有造成危害后果的,不予行政处罚。初次违法且危害后果轻微并及时改正的,可以不予行政处罚。"通过该条款可以清晰地看出不予处罚适用方面的两种尺度:应当不予处罚和可以不予处罚,该两种表述所体现的权力尺度与适用条件都有着本质区别。

(一)从法律义务的角度分析

“应当不予处罚”表明了一种法定的免责条件。一旦满足该免责条件——违法行为轻微、及时改正并且没有造成危害后果,则行政机关必须不予处罚。这里赋予了行政机关必须履行的义务,它为行政裁量权设定了严格的限制。而“可以不予处罚”体现了行政机关拥有一定的裁量空间,即在初次违法且危害后果轻微并及时改正的情形下,行政机关可以选择不处罚。

(二)适用条件方面也存在明显差异

“应当不予处罚”的条件更为严格,仅适用于“轻微”的违法行为,没有造成危害后果并且违法行为人已经及时改正。这里的“及时改正”要求违法行为人在知悉违法行为之后能够迅速采取措施消除或减轻违法行为的不良影响。“可以不予处罚”则适用于初犯,且其违法行为虽然造成了危害后果,但结果是轻微的,并且已经及时改正了违法行为。这里不仅考量了违法行为是否初次发生,而且考虑到了违法后果的轻重。

在实际适用上,“应当不予处罚”和“可以不予处罚”的条款为行政机关处理轻微违法行为提供了明确的裁量指导,有利于实现执法的公正与合理。同时,这也鼓励了企业或个人对于违法行为及时自我纠正,促进了社会的和谐稳定。行政机关需要依据实际情况客观公正地判断违法行为的性质、情节以及改正行为的及时性,确保法律的正确实施。

三、在环境行政处罚案件中,“可以不予处罚”能否予以处罚

前文已对《行政处罚法》(2021 修订)第 33 条第 1 款进行了深入剖析,明确指出“初次违法且危害后果轻微并及时改正的,可以不予行政处罚”中的“可以”并非强制性命令,而是为行政机关提供了一定的裁量空间。那么,在环境行政处罚执法实践中,生态环境主管部门是否真正享有这一选择权呢?

以本案为例,案发时有效的《环境行政处罚办法》(2010 修订)[①]第 51 条第 2

① 现行为《生态环境行政处罚办法》。

项明文规定:"本机关负责人经过审查,分别作出如下处理:(二)违法行为轻微,依法可以不予行政处罚的,不予行政处罚。"该条款清晰地表明,在环境行政处罚案件中,对于依法可免于处罚的轻微违法行为,行政机关亦应当不予处罚。2023年7月1日施行的《生态环境行政处罚办法》第53条第2项规定,生态环境主管部门负责人经过审查,根据不同情况,分别作出如下决定:……(2)违法行为轻微,依法可以不予行政处罚的,不予行政处罚。该内容沿袭了《环境行政处罚办法》(2010修订)第51条第2项的规定。

因此,尽管《行政处罚法》(2021修订)采用了"可以不予处罚"的表述,看似为行政机关留下了选择余地,但在生态环境领域执法实践中,当行政相对人符合法定不予处罚条件时,行政机关应当不予处罚,而非享有选择权。

四、律师代理意见

本案听证会后,黎征武律师向环境局提交了以下听证代理意见(有修改):

CS材料公司环境行政处罚听证案代理意见

××市生态环境局:

贵局查处的CS材料公司涉嫌环境违法行为一案,北京市盈科(广州)律师事务所接受CS材料公司的委托,指派黎征武律师作为CS材料公司的代理人。现代理人根据相关法律规定和本案事实,发表如下代理意见,请予以采纳。

一、本案CS材料公司违法行为轻微并及时改正,没有造成危害后果,依法应当不予处罚

《行政处罚法》(2021修订)第33条第1款第1句规定:"违法行为轻微并及时改正,没有造成危害后果的,不予行政处罚。"

据介绍,CS材料公司早已按规定建设了危险废物贮存间,并按规定设置了危险废物识别标志。2021年12月5日贵局工作人员检查时,发现危险废物识别标志设置不规范。经CS材料公司询问工人得知,工人进入危险废物房时发现废油漆桶和废抹布桶的危险废物识别标志均已掉落,该员工将危险废物标识捡起贴回

墙上时,未仔细辨别两张危险废物标识的具体内容,导致危险废物标识贴错位置未一一对应。贵局检查后,CS 材料公司立即将危险废物标识重新张贴。代理人认为,CS 材料公司该违法行为轻微且没有造成危害后果,符合依法应当不予处罚的条件。

二、本案依法符合可以不予处罚的条件

《行政处罚法》(2021 修订)第 33 条第 1 款第 2 句规定:"初次违法且危害后果轻微并及时改正的,可以不予行政处罚。"《环境行政处罚办法》(2010 修订)第 51 条规定:"本机关负责人经过审查,分别作出如下处理:(一)违法事实成立,依法应当给予行政处罚的,根据其情节轻重及具体情况,作出行政处罚决定;(二)违法行为轻微,依法可以不予行政处罚的,不予行政处罚;(三)符合本办法第十六条情形之一的,移送有权机关处理。"

本案中,即便 CS 材料公司的行为已造成危害后果,也属于危害后果轻微。同时,CS 材料公司属于初次违法,并及时改正,根据《行政处罚法》(2021 修订)第 33 条第 1 款第 2 句的规定,可不予行政处罚。因此,根据《行政处罚法》(2021 修订)和《环境行政处罚办法》(2010 修订)第 51 条第 2 项的规定,应当不予行政处罚。

三、根据从旧兼从轻原则,本案应当适用可以不予处罚的规定

《关于审理行政案件适用法律规范问题的座谈会纪要》第 3 条关于新旧法律规范的适用规则规定:"根据行政审判中的普遍认识和做法,行政相对人的行为发生在新法施行以前,具体行政行为作出在新法施行以后,人民法院审查具体行政行为的合法性时,实体问题适用旧法规定,程序问题适用新法规定,但下列情形除外:(一)法律、法规或规章另有规定的;(二)适用新法对保护行政相对人的合法权益更为有利的;(三)按照具体行政行为的性质应当适用新法的实体规定的。"

《行政处罚法》(2021 修订)第 37 条规定:"实施行政处罚,适用违法行为发生时的法律、法规、规章的规定。但是,作出行政处罚决定时,法律、法规、规章已被修改或者废止,且新的规定处罚较轻或者不认为是违法的,适用新的规定。"

前述条文明确了从旧兼从轻原则。具体到本案,2019 年 10 月贵局发布《××市生态环境局环境保护行政处罚自由裁量权执行规定》,其附件《环境违法行为行

政处罚豁免清单》中未列明"未按规定设置危险废物标识"的,可以不予处罚。但是,2022年1月1日施行的《广东省生态环境不予行政处罚的轻微违法行为目录》第12点规定,针对未按照规定设置危险废物识别标志的违法行为,"同时满足下列情形的,不予行政处罚:(1)年度内属于首次违法;(2)在责令改正期限内改正违法行为,危害后果轻微"。据此,本案符合不予处罚的条件。

贵局现场检查时间为2021年12月5日,作出《行政处罚听证告知书》的时间为2022年2月23日。《广东省生态环境不予行政处罚的轻微违法行为目录》施行时间为2022年1月1日,处于本案违法行为发生之后,贵局作出行政处罚决定之前。故根据从旧兼从轻原则,本案应当适用《广东省生态环境不予行政处罚的轻微违法行为目录》的规定。况且,该目录系《××市生态环境局环境保护行政处罚自由裁量权裁量标准》(2019)的上位法,亦应当优先适用。

综上,代理人认为本案CS材料公司依法符合不予处罚的条件,故恳请贵局依法作出不予行政处罚的决定。

代理人:黎征武律师

2023年9月23日

❖风险提示

一、企业应按规定设置危险废物识别标志

《固体废物污染环境防治法》(2016修正)第52条规定:"对危险废物的容器和包装物以及收集、贮存、运输、处置危险废物的设施、场所,必须设置危险废物识别标志。"第75条规定:"违反本法有关危险废物污染环境防治的规定,有下列行为之一的,由县级以上人民政府环境保护行政主管部门责令停止违法行为,限期改正,处以罚款:(一)不设置危险废物识别标志的;……有前款第一项……行为之一的,处一万元以上十万元以下的罚款……"

《固体废物污染环境防治法》(2020修订)第77条规定:"对危险废物的容器和包装物以及收集、贮存、运输、利用、处置危险废物的设施、场所,应当按照规定设置危险废物识别标志。"第112条规定:"违反本法规定,有下列行为之一,由生

态环境主管部门责令改正,处以罚款,没收违法所得;情节严重的,报经有批准权的人民政府批准,可以责令停业或者关闭:(一)未按照规定设置危险废物识别标志的;……有前款第一项……行为之一,处十万元以上一百万元以下的罚款……"

经对比上述规定,关于设置危险废物识别标志的行为,《固体废物污染环境防治法》(2020 修订)进行了以下 3 点修改:(1)将"收集、贮存、运输、处置危险废物的设施、场所"修改为"收集、贮存、运输、利用、处置危险废物的设施、场所",增加了"利用"危险废物的设施和场所,进一步完善了对危险废物处理行为的规范;(2)将"必须设置危险废物识别标志"修改为"应当按照规定设置危险废物识别标志",即不仅需要设置标志,还应按规定和标准进行规范设置;(3)处罚金额发生了明显变化,从 1 万~10 万元提高到 10 万~100 万元,体现了国家对危险废物管理的严格要求和重视。通过这些修改,法律对危险废物管理的规定更为清晰和严格,有助于更有效地督促企业做好危险废物的管理工作。

因此,产生危险废物的单位应按照法律法规和技术规范要求,对危险废物的容器和包装物以及收集、贮存、运输、利用、处置危险废物的设施、场所,设置危险废物识别标志,避免发生违法行为受到高额行政处罚。

二、行政机关作出行政决定时,应主动适用"首违不罚"条款

《行政处罚法》(2021 修订)第 33 条第 1 款规定,初次违法且危害后果轻微并及时改正的,可以不予行政处罚。《生态环境行政处罚办法》第 53 条第 2 项规定,生态环境主管部门负责人经过审查,根据不同情况,分别作出如下决定:违法行为轻微,依法可以不予行政处罚的,不予行政处罚。该内容明确了针对可以不予处罚的情形,生态环境主管部门应当不予处罚,没有选择权。

因此,生态环境主管部门在查处违法行为后,应在立案、案件调查、调查终结、法制审核和集体审议等阶段,主动审查案件是否存在法律规定的"应当不予处罚"或"可以不予处罚"的情形,并在相关处罚文书中载明事实、理由和依据,避免因适用法律错误而面临败诉风险。对于作出《行政处罚告知书》拟定处罚后作出《行政处罚决定书》之前,新法律法规施行的,应主动审查新法规是否规定该案可不予处罚。若属于此类情形,则应根据从旧兼从轻原则主动适用新法规作出不予处罚决

定,避免部分行政相对人在收到《行政处罚告知书》后未及时陈述申辩或申请听证,或者其陈述申辩、听证意见中未提出可适用不予处罚条款,而在收到《行政处罚决定书》后在行政复议或行政诉讼程序中提出,导致行政机关面临败诉风险。

2. 新上位法导致下位法无适用余地

——FX 织造厂行政复议案

摘要

本案企业涉嫌3个违法行为,分别为产生挥发性有机物的工序未在密闭空间进行、未按规定贮存固体废物和未建立环境保护管理台账,分别被拟处罚10万元、20万元和10万元,合计40万元。盈科广州黎征武律师从上位法优先原则、"行政一体"原则和"首违不罚"条款适用等方面提出法律意见。其中,上位法优先原则确保了法律的正确适用,"行政一体"原则强调了行政机关的内部统一与协调,"首违不罚"条款的适用体现了法律的宽严相济,新旧法衔接的处理,则保障了法律的稳定与连续性。最终,律师意见全部被采纳,促成行政机关自行撤销行政处罚。这不仅是对企业合法权益的有力保护,更是对行政执法规范化的重要推动。该案例为类似争议的处理树立了良好示范,也进一步提升了行政机关依法行政的意识和水平,对于建设法治政府、优化营商环境具有积极意义。

案情简介

2021年9月28日、10月3日,××市生态环境局(以下简称环境局)执法人员到FX织造厂现场检查,发现FX织造厂存在以下违法行为:(1)粗过滤、精过滤、挤出工序未在密闭空间或者设施中进行生产,存在废气收集不完善,有废气跑冒的情况;(2)有5袋共约500公斤暂未被回收利用的黑色塑料块堆放于厂区硬化地空地上，未采取符合国家环境保护标准的防护措施进行贮存；(3)未建立环境保护管理台账，未记录废气治理设施的运行、维护、更新和污染物排放等情况。

2021年10月27日，环境局作出《行政处罚听证告知书》，载明："根据《中华人民共和国大气污染防治法》第一百零八条第一项'违反本法规定，有下列行为之一的，由县级以上人民政府生态环境主管部门责令改正，处二万元以上二十万元以下的罚款；拒不改正的，责令停产整治：(一)产生含挥发性有机物废气的生产和服务活动，未在密闭空间或者设备中进行，未按照规定安装、使用污染防治设施，或者未采取减少废气排放措施的'的规定，我局拟责令你公司改正粗过滤、精过滤、挤出工序未在密闭空间或者设施中进行生产的行为，并处以罚款人民币壹拾万元整(￥100,000.00)。

"根据《中华人民共和国固体废物污染环境防治法》第一百零二条第十项'违反本法规定，有下列行为之一，由生态环境主管部门责令改正，处以罚款，没收违法所得；情节严重的，报经有批准权的人民政府批准，可以责令停业或者关闭：……(十)贮存工业固体废物未采取符合国家环境保护标准的防护措施的；……有前款第二项、第三项、第四项、第五项、第六项、第九项、第十项、第十一项行为之一，处十万元以上一百万元以下的罚款'的规定，我局拟责令你公司改正未采取符合国家环境保护标准的防护措施贮存工业固体废物的行为，并处以罚款人民币贰拾万元整(￥200,000.00)。

"根据《广东省环境保护条例》(2019修正)第六十七条第一款'违反本条例第二十三条第二款规定，企业事业单位和其他生产经营者未依法建立载明防治污染设施运行、维护、更新和污染物排放等情况的管理台账的，由县级以上生态环境主管部门责令限期改正，处二万元以上二十万元以下罚款；逾期不改正的，责令停产整治'的规定，我局拟责令你公司限期整改未建立环境保护管理台账的行为，并处以罚款人民币壹拾万元整(￥100,000.00)。

"综上，我局拟责令你公司限期改正，并处以罚款人民币肆拾万元整(￥400,000.00)。"

律师策略

黎征武律师接受委托时,本案已经超过了陈述申辩和申请听证的期限,但此时环境局尚未作出最终处理决定,仍有争取的空间和必要。因此,黎征武律师指导FX织造厂对所涉违法行为进行以下整改:(1)将产生含挥发性有机物废气的工序全部密闭,对原废气处理设备改造升级;(2)安排专人记录废气治理设施运行台账;(3)在厂区密闭房、空地等处张贴环保管理规定和环保标语。

同时,黎征武律师向环境局提交了书面整改报告和代理意见请求免予处罚,主要观点如下:(1)第1项未密闭的违法行为,根据上位法优先原则,该处罚适用法律错误。同时根据"行政一体"原则,可适用"首违不罚"的规定不予处罚。(2)第2项固体废物未按规定贮存的违法行为,亦可根据上位法优先原则和"行政一体"原则,适用"首违不罚"的规定不予处罚。(3)第3项未依法建立环境保护管理台账的违法行为,适用法律错误,没有处罚依据。

办理结果

2021年11月19日,黎征武律师向环境局提交整改报告和代理意见。2022年3月14日,环境局作出《行政处罚决定书》,采纳黎征武律师部分观点,决定对第1项、第3项违法行为的处罚金额均降低至8万元,对第2项违法行为不予处罚,合计处罚16万元,共减少处罚24万元。黎征武律师认为处罚仍然有误,遂建议FX织造厂继续申请行政复议。行政复议过程中,环境局撤销行政处罚,FX织造厂撤回行政复议申请。

律师评析

一、上位法优先原则及适用

2000年7月1日施行的《立法法》第87条第2项规定:"法律、行政法规、地方性法规、自治条例和单行条例、规章有下列情形之一的,由有关机关依照本法第八十八条规定的权限予以改变或者撤销:(二)下位法违反上位法规定的。"该条款确定了我国法律体系中的上位法优先原则。这一原则的发展,随着我国法治建设的进程,逐步确立并得到了广泛认同和遵守。其核心要义在于,当不同位阶的法律规范发生冲突时,应优先适用位阶较高的法律规范,以确保法律体系的统一性和协调性。《立法法》历经两次修正后,《立法法》(2023 修正)第 107 条第 2 项仍沿袭了该规定。

上位法优先原则的确立,对于我国法律体系的完善具有重要意义。首先,它有助于维护法制的统一。在法律多元化的背景下,不同位阶的法律规范难免会出现冲突。上位法优先原则的确立,为解决这些冲突提供了明确的指引,确保了法律体系的内在一致性。其次,它有助于保障公民的权利。位阶较高的法律规范往往更加严格地保护公民的权利和利益。在发生冲突时优先适用上位法,能够更好地保障公民的合法权益不受侵害。最后,它有助于提升法律的权威性和公信力。上位法优先原则的确立和实施,增强了法律的严肃性和权威性,提升了公众对法律的信任和尊重。

需要说明的是,上位法优先原则和特别法优先原则、新法优先原则并不矛盾。《立法法》(2023 修正)第 103 条规定:"同一机关制定的法律、行政法规、地方性法规、自治条例和单行条例、规章,特别规定与一般规定不一致的,适用特别规定;新的规定与旧的规定不一致的,适用新的规定。"由此可知,特别法优先原则和新法优先原则的前提是同一位阶的法律规范。因此,当旧的上位法与新的下位法和特别下位法不一致时,仍应当直接根据上位法优先原则适用上位法。只有当下位法根据《立法法》(2023 修正)第 82 条第 1 款第 1 项"地方性法规可以就下列事项作出规定:(一)为执行法律、行政法规的规定,需要根据本行政区域的实际情况作具体规定的事项"的规定,对上位法作了更细化的规定时,才应适用下位法。

另外,《行政处罚法》(2021 修订)第 29 条规定,同一个违法行为违反多个法律规范应当给予罚款处罚的,按照罚款数额高的规定处罚。该条款的适用亦不能违反上位法优先原则。

二、"行政一体"原则及适用

详见本书《"行政一体"原则在行政复议中的运用——蒋某"未验先投"行政

复议案》。

三、处罚告知阶段律师代理意见

接受委托后,黎征武律师向环境局提交了如下代理意见(有修改):

FX 织造厂涉嫌环境违法行为案代理意见

××市生态环境局:

2021 年 9 月 28 日,贵局到 FX 织造厂(以下简称委托人)处现场检查,发现委托人涉嫌环境违法行为,并于 2021 年 11 月 3 日向委托人下达《行政处罚听证告知书》,拟对委托人处以罚款共计 40 万元。

针对贵局查处涉嫌的违法行为,委托人高度重视,已现场立即改正或在短时间内积极改正。现委托人将整改情况作如下说明,恳请贵局结合实际情况,依法酌情减免处罚数额。

一、整改情况说明

贵局检查后,委托人于 10 月 1 日当天停工,随后作了如下整改:

1. 废气问题。2021 年 10 月 13 日委托第三方环保公司将厂区三楼熔融、挤出和二楼冷却工序全部密闭,并将原废气处理设备改造升级,新增过滤器、活性炭,加大风机容量,确保废气达标排放,现上述设备已全部安装完毕。另外,委托人在密闭房门口张贴环保管理规定和标语,要求员工随手关门,保持密闭状态,防止废气溢出。

2. 固体废物问题。据委托人介绍,其于 2021 年 10 月 1 日停工后,员工将挤出工序产生的边角料清理存放至固体废物专区,但有部分边角料未全部存放至固体废物专区的雨棚内,超出雨棚范围。当天停雨后,委托人及时将固体废物全部转移进雨棚内。现委托人在固体废物专区张贴标语,要求“固体废物不随意堆放,及时放进固体废物专区”,防止再发。

3. 台账问题。现委托人已安排专人管理,并在废气治理设施处张贴标语,要求及时、准确记录废气处理设施运行、维护、更新、污染物排放等情况。

上述整改均已完毕,欢迎贵局随时检查验收。

二、"轻微违法及时整改不予处罚"符合"柔性执法"政策

《行政处罚法》(2021 修订)第 33 条第 1 款、第 2 款规定:"违法行为轻微并及时改正,没有造成危害后果的,不予行政处罚。初次违法且危害后果轻微并及时改正的,可以不予行政处罚。当事人有证据足以证明没有主观过错的,不予行政处罚。法律、行政法规另有规定的,从其规定。"该条文第 1 款规定了两种不予处罚的情形,第一句为不构成行政违法的不予处罚,第二句为应受行政处罚但免于处罚的情形。其中,免于处罚即"首违不罚"。本案委托人依法符合不予处罚和"首违不罚"的条件,恳请贵局明察秋毫,依法处理。

(一)产生 VOCs 的工艺未密闭的行为

1.没有违法的主观过错,依法应不予处罚

"产生 VOCs 的工艺应在密闭空间进行"的规定,最早出现于《大气污染防治法》(2015 修订)第 45 条:"产生含挥发性有机物废气的生产和服务活动,应当在密闭空间或者设备中进行,并按照规定安装、使用污染防治设施;无法密闭的,应当采取措施减少废气排放",其施行日期为 2016 年 1 月 1 日。

本案委托人向环保部门提交环评文件的时间为 2015 年 7 月,原××区环境保护局作出环评批复(×环表〔2015〕×号)的时间为 2015 年 9 月,此时《大气污染防治法》(2015 修订)尚未施行,故当时适用《大气污染防治法》(2000 修订)的规定,其尚未要求相关工艺需在密闭空间进行。因此,上述环评文件和环评批复第 2 条第 1 项均未要求涉案工序应当在密闭空间进行。在《大气污染防治法》(2015 修订)施行后,2018 年 7 月××行政审批局作出的《竣工环境保护验收意见》(×审批环验〔2018〕××号)第 2 条仍载明:"项目基本落实了环境影响环评文件及其批复的要求,符合竣工环境保护验收条件,我单位同意该项目通过竣工环境保护验收。"

由此可知,委托人在合法取得环评批复和验收意见文件后,一直以为已按环保法规的要求做好环保管理工作,无法预见到其此时仍存在环境违法行为,故其没有违法的主观过错。因此,恳请贵局依据《行政处罚法》(2021 修订)第 33 条第 2 款之规定,依法对委托人不予行政处罚。

2. 本案依法可适用“首违不罚”条款

委托人提交的环评文件第 22 页载明:“以集气罩的收集效率按 90% 计,则 90% 的 VOCs 废气经排气筒有组织排放,10% 为车间无组织排放。”涉案建设项目于 2018 年通过环保验收后,委托人于 2019 年 9 月和 2020 年 11 月委托第三方环保公司对厂房内无组织排放进行检测,结果均达标。因此,即便委托人具有主观过错,也属于在依法取得相关行政许可后对环保法律规定的变更不了解所致,没有违法的主观故意;即便造成危害后果,也属于后果轻微。因此,本案依法可适用“首违不罚”的规定。

3. 根据广东省生态环境厅的最新文件规定,本案属于不予处罚的情形

2021 年 11 月 14 日,广东省生态环境厅发布《〈广东省生态环境行政处罚自由裁量权规定〉的通知》(粤环发〔2021〕7 号),将于 2022 年 1 月 1 日起施行。其中附件 2《广东省生态环境不予行政处罚的轻微违法行为目录》第 10 点规定,针对本案所涉违法行为,“有下列情形之一的,不予行政处罚:(1)未按要求进行密闭的。已按照规定安装并使用污染防治设施,经责令改正后立即改正违法行为且近一年内属于首次违法的。(2)无法密闭且未采取措施减少废气排放的。在责令改正期限内改正违法行为且近一年内属于首次违法的”。本案委托人符合该不予行政处罚的条件。

4. 根据“行政一体”原则,本案行政复议阶段可适用粤环发〔2021〕7 号文“不予处罚”的规定

《行政复议法》(2017 修正)第 9 条规定申请行政复议的期限为“自知道该具体行政行为之日起六十日内”,第 26 条规定行政复议案件审理期限为 60 日。贵局送达涉案《行政处罚听证告知书》的时间为 2021 年 11 月 3 日,无论贵局何时作出处罚决定,委托人申请行政复议的时间均会超过 2022 年 1 月 1 日,此时粤环发〔2021〕7 号文已施行。根据“行政一体”原则,委托人可在行政复议期间主张适用该文中“不予处罚”的规定。因此,为避免本案后续进入行政复议、行政诉讼程序,节约贵局宝贵时间和资源,建议贵局在粤环发〔2021〕7 号文施行后,根据该文作出最终处理决定。

（二）固体废物未按规定贮存的行为

理由同上，略。

以上代理意见，恳请贵局依法采纳。

代理人：黎征武律师

2023 年 11 月 19 日

四、行政复议阶段律师代理意见

环境局作出《行政处罚决定书》决定对第 1 项、第 3 项违法行为各罚款 8 万元后，黎征武律师仍认为处罚有误，遂建议 FX 织造厂申请行政复议。行政复议中，黎征武律师提出对排污许可类别为"登记管理"企业的台账违法行为予以行政处罚，没有法律依据，并提交了如下代理意见（有修改）：

FX 织造厂行政复议案代理意见

××市人民政府：

贵府受理的申请人 FX 织造厂与被申请人××市生态环境局行政复议一案，申请人的代理人阅卷后，对申请人存在违法行为的事实没有异议，但认为被申请人适用法律错误，导致处罚不当，依法应予纠正。具体代理意见如下：

依据《固定污染源排污许可分类管理名录》（2019 年版），本案申请人的排污许可类别为"登记管理"，无须取得排污许可证。针对申请人的台账违法行为，被申请人作出涉案行政处罚适用了《广东省环境保护条例》（2019 修正）的规定。但是，《排污许可管理条例》和《广东省环境保护条例》（2019 修正）关于台账违法行为处罚的规定，仅适用于需取得排污许可证的情形，即排污许可类别为"重点管理"和"简化管理"情形，而不适用于"登记管理"情形。因此，本案行政处罚没有法律依据。

一、本案申请人的排污许可类别为"登记管理"

根据《〈国民经济行业分类（GB/T 4754—2017）〉及第 1 号修改单》，本案申请人所属行业类别为塑料制品业 292 – 塑料丝、绳及编织品制造 2923。

申请人获批准的塑料编织品年产量为1200吨,根据《固定污染源排污许可分类管理名录》(2019年版)第二十四类橡胶和塑料制品业第62项塑料制品业“其他”,申请人排污许可类别为“登记管理”。

二、对排污许可类别为“登记管理”的台账违法行为予以行政处罚,没有法律依据

涉案《行政处罚决定书》载明:“你单位未建立环境保护管理台账,未记录废气治理设施的运行、维护、更新和污染物排放等情况……根据《广东省环境保护条例》(2019修正)第67条第1款之规定,我局责令你公司进行改正,并决定对你公司处以罚款人民币捌万元整(¥80,000.00元)。”

《广东省环境保护条例》(2019修正)第23条第2款规定:“企业事业单位和其他生产经营者应当将防治污染设施的安全管理纳入安全生产应急管理体系,保障其正常运行,并建立环境保护管理台账,如实记录防治污染设施的运行、维护、更新和污染物排放等情况及相应的主要参数。”第67条第1款规定:“违反本条例第二十三条第二款规定,企业事业单位和其他生产经营者未依法建立载明防治污染设施运行、维护、更新和污染物排放等情况的管理台账的,由县级以上生态环境主管部门责令限期改正,处二万元以上二十万元以下罚款;逾期不改正的,责令停产整治。”

但是,《排污许可管理条例》施行之后,《广东省环境保护条例》(2019修正)第67条第1款不再具有适用余地,理由如下。

1. 排污许可“登记管理”类别的产生时间为2019年12月20日

2017年7月28日,《固定污染源排污许可分类管理名录》(2017年版)施行。该法第2条规定:“国家根据排放污染物的企业事业单位和其他生产经营者污染物产生量、排放量和环境危害程度,实行排污许可重点管理和简化管理。”第3条规定:“现有企业事业单位和其他生产经营者应当按照本名录的规定,在实施时限内申请排污许可证。”由此可知,排污许可实行“重点管理”和“简化管理”,此时无“登记管理”类别。

2019年12月20日,《固定污染源排污许可分类管理名录》(2019年版)施行。

该法第2条规定:“国家根据排放污染物的企业事业单位和其他生产经营者(以下简称排污单位)污染物产生量、排放量、对环境的影响程度等因素,实行排污许可重点管理、简化管理和登记管理。对污染物产生量、排放量或者对环境的影响程度较大的排污单位,实行排污许可重点管理;对污染物产生量、排放量和对环境的影响程度较小的排污单位,实行排污许可简化管理。对污染物产生量、排放量和对环境的影响程度很小的排污单位,实行排污登记管理。实行登记管理的排污单位,不需要申请取得排污许可证,应当在全国排污许可证管理信息平台填报排污登记表,登记基本信息、污染物排放去向、执行的污染物排放标准以及采取的污染防治措施等信息。”

也就是说,2019年12月20日,排污许可新增“登记管理”类别。

2.《排污许可管理办法(试行)》(2019修正)不适用于“登记管理”类别的台账违法行为

2018年1月10日,原环境保护部发布《排污许可管理办法(试行)》并于当日施行。2019年8月22日,生态环境部发布《排污许可管理办法(试行)》,其第2条规定:“排污许可证的申请、核发、执行以及与排污许可相关的监管和处罚等行为,适用本办法。”也就是说,该办法仅适用于需办理排污许可证的情形。另外,该办法未设立关于台账违法行为的处罚规定,故《排污许可管理办法(试行)》(2019修正)不适用于“登记管理”类别的台账违法行为。

3.《排污许可管理条例》不适用于“登记管理”类别的台账违法行为

2021年3月1日,国务院发布的《排污许可管理条例》施行。该条例第21条第1款规定,排污单位应当建立环境管理台账记录制度,按照排污许可证规定的格式、内容和频次,如实记录主要生产设施、污染防治设施运行情况以及污染物排放浓度、排放量。该条文只要求需取得排污许可证的排污单位,才应建立环境管理台账记录制度。因此,《排污许可管理条例》不适用于“登记管理”类别的台账违法行为。

4. 根据上位法优先原则,《排污许可管理条例》施行后,《广东省环境保护条例》(2019 修正)不再具有适用余地

《广东省环境保护条例》自 2005 年 1 月 1 日施行以来,先后于 2015 年被修订,于 2018 年和 2019 年被修正。其中,关于本案所涉台账违法行为的规定,最早出现于《广东省环境保护条例》(2015 修订)第 67 条第 1 款:"……企业事业单位和其他生产经营者未依法建立载明防治污染设施运行、维护、更新和污染物排放等情况的管理台账的,由县级以上人民政府环境保护主管部门责令限期改正;逾期不改正的,处二万元以上五万元以下罚款。"《广东省环境保护条例》(2018 修正)第 67 条第 1 款沿袭了该条款,但删除了逾期不改正才处罚的规定,并将处罚幅度提高至 2 万~20 万元,2019 年 11 月 29 日施行的《广东省环境保护条例》第 67 条第 1 款沿袭了该规定。

结合前文分析可知,关于台账违法行为的处罚,在《固定污染源排污许可分类管理名录》(2017 年版)和《排污许可管理办法(试行)》(2018)施行期间,因该两部规范均无相关处罚条款,故不论排污许可是何类别,均可适用《广东省环境保护条例》(2019 修正)第 67 条第 1 款的规定予以处罚。但是,在《固定污染源排污许可分类管理名录》(2019 年版)和《排污许可管理条例》施行后,根据上位法优先原则,应当优先适用《排污许可管理条例》的相关规定,不应再适用《广东省环境保护条例》(2019 修正)。

5. 对排污许可类别为"登记管理"的企业适用《广东省环境保护条例》的规定予以处罚,违反过罚相当原则

根据《固定污染源排污许可分类管理名录》(2019 年版)第 2 条的规定可知,实行"登记管理"排污单位的污染物产生量、排放量和对环境的影响程度均显著小于需取得排污许可证的排污单位。因此,根据过罚相当原则,对于同一违法行为,前者的罚款数额不应高于后者。

对于台账违法行为,《排污许可管理条例》第 37 条规定处罚数额为 0.5 万~2 万元,《广东省环境保护条例》(2019 修正)第 67 条第 1 款规定处罚数额为 2 万~20 万元。据此并结合前述分析,对于需取得排污许可证的排污单位,其台账违法

行为处罚数额为0.5万~2万元;对于排污许可类别为“登记管理”的排污单位,其台账违法行为处罚数额为2万~20万元,远高于前者,显然违反了过罚相当原则。

6.小结

结合前述分析可知,在《排污许可管理条例》(2021)施行后,《广东省环境保护条例》(2019修正)既因违反上位法而不适用于需取得排污许可证的排污单位,又因违反过罚相当原则不适用于排污许可类别为“登记管理”的排污单位,当然更不适用于无需进行排污许可管理的排污单位,即《广东省环境保护条例》(2019修正)第67条第1款不再具有适用空间。因此,对排污许可类别为“登记管理”的台账违法行为予以行政处罚,没有法律依据。

需要说明的是,2021年11月17日生态环境部公布了《各地排污许可违法违规典型案例(第一批)》。其中在案例7“江苏省无锡市永乐食品有限公司未按排污许可证规定建立环境管理台账案”中,该单位于2020年10月25日领取排污许可证,于2021年3月2日被检查发现未建立环境管理台账制度,也未按照排污许可证规定的格式、内容和频次记录生产设施、污染治理设施运行情况以及污染物排放情况。无锡市生态环境局以其行为违反《排污许可管理条例》第21条第1款,依据《排污许可管理条例》第37条予以罚款0.5万元(锡梁环罚决〔2021〕9号)。

综上,代理人对申请人存在的违法事实没有异议,但认为被申请人适用法律错误,导致处罚有误。因此,恳请贵府依法查明事实并作出复议决定,营造良好的法治和营商环境。

代理人:黎征武律师

2022年5月13日

五、《广东省环境保护条例》相关条款的合法性探讨

《广东省环境保护条例》发布于2004年,自2005年1月1日起施行,此时该条例中没有关于环境管理台账的规定。2015年7月1日,《广东省环境保护条例》施行,新增第23条第2款“建立环境保护管理台账”和第67条第1款“责令限期改正;逾期不改正的,处二万元以上五万元以下罚款”的规定。此时,我国法律、行政

法规和部门规章中均无关于环境保护管理台账的规定,故前述条文无上位法支撑。当然,根据当时有效的《行政处罚法》(2009 修正)第 11 条第 1 款“地方性法规可以设定除限制人身自由、吊销企业营业执照以外的行政处罚”之规定,《广东省环境保护条例》(2015 修订)设立该行政处罚符合法律规定。因此,自 2015 年 7 月 1 日起,针对环境保护管理台账的违法行为,不论是何种类型的排污企业,均可适用《广东省环境保护条例》予以行政处罚。

但是,《排污许可管理办法(试行)》(2019 修正)和《排污许可管理条例》(2021)施行后,《广东省环境保护条例》(2022 修正)中关于环境保护管理台账的处罚条款不再具有适用余地,其合法性值得商榷。

六、行政机关自行撤销行政处罚的法律依据

1996 年 10 月 1 日,《行政处罚法》实施。其第 54 条规定:“行政机关应当建立健全对行政处罚的监督制度。县级以上人民政府应当加强对行政处罚的监督检查。公民、法人或者其他组织对行政机关作出的行政处罚,有权申诉或者检举;行政机关应当认真审查,发现行政处罚有错误的,应当主动改正。”此后,《行政处罚法》历经 2009 年修正、2017 年修正和 2021 年修订,均保留了该规定。《行政处罚法》(2021 修订)第 75 条规定:“行政机关应当建立健全对行政处罚的监督制度。县级以上人民政府应当定期组织开展行政执法评议、考核,加强对行政处罚的监督检查,规范和保障行政处罚的实施。行政机关实施行政处罚应当接受社会监督。公民、法人或者其他组织对行政机关实施行政处罚的行为,有权申诉或者检举;行政机关应当认真审查,发现有错误的,应当主动改正。”该规定赋予了行政机关实施行政处罚时的自我监督、纠错机制,具有深远的意义。

首先,这一规定体现了行政机关对实施行政处罚的严谨态度。行政机关作为执法者,其行政行为直接关系到公民、法人或其他组织的权益。因此,行政机关必须对行政行为进行认真审查,确保其合法、合理、公正。这种审查不仅是对自身行政行为的监督,也是对公民、法人或其他组织权益的保障。

其次,该规定中的“发现有错误的,应当主动改正”体现了行政机关的纠错机制和责任感。在行政处罚过程中,难免会出现错误或不当的处罚行为。此时,行

政机关应当主动承担责任,及时纠正错误,以维护法律的尊严和公正性。这种纠错机制不仅有助于提升行政机关的执法水平,也有助于增强公众对行政机关的信任。

再次,这一规定还体现了行政机关接受社会监督的开放态度。公民、法人或者其他组织对行政机关实施行政处罚的行为有权申诉或检举,这是社会监督的重要体现。行政机关应当认真对待这些申诉或检举,认真审查并主动改正错误,以回应行政相对人或社会的关切和期待。这种开放态度有助于增强行政机关的透明度和公信力,也有助于推动法治社会的建设和发展。

最后,该规定有利于提升行政效率。通过建立自我纠错的机制,行政机关可以减少行政争议的发生,节省行政成本和社会资源。

总的来说,该规定强化了行政执法的自我监督与责任,不仅有助于优化行政执法环境,而且提升了行政机关服务大众的能力,是推进法治进程、构建公正社会的一个重要举措。

风险提示

一、企业应做好废气、固体废物等环境保护工作,并建立环境保护管理台账

本案企业被查处的 3 项环境违法行为,分别为:(1)产生挥发性有机物的工序未在密闭空间进行,存在废气收集不完善,有废气跑冒的情况;(2)未按规定贮存固体废物;(3)未建立环境保护管理台账,分别被拟处罚 10 万元、20 万元和 10 万元,合计 40 万元。

第 1 项行为违反了《大气污染防治法》(2018 修正)的规定。2018 年 6 月 27 日,国务院发布《关于印发打赢蓝天保卫战三年行动计划的通知》,明确要大幅减少主要大气污染物排放总量,明显改善环境空气质量,明显增强人民的蓝天幸福感。此后,生态环境主管部门对排放挥发性有机物(VOCs)建设项目的环评审批日趋严格,并加大了执法力度。2023 年 11 月 30 日,国务院发布《关于印发〈空气质量持续改善行动计划〉的通知》,明确要大力推动氮氧化物和 VOCs 减排,对排

污企业的大气污染物管控和治理提出了更高的要求。因此,企业应定期对生产车间进行巡检,排查废气跑冒泄漏情况,并加强员工的环保意识培训。在产生 VOCs 的空间作业时,应关闭车间门窗,避免发生环境违法事件。

第 2 项行为违反了《固体废物污染环境防治法》(2020 修订)的规定,该违法行为处罚数额为 10 万 ~100 万元。企业应加强员工的环保意识培训,确保产生的固体废物第一时间存放于固体废物专区,避免发生环境违法事件。

第 3 项未建立环境保护管理台账的行为,虽然本案最终未予处罚,且对需取得排污许可证的单位,处罚数额仅为 0.5 万 ~2 万元。但是,环境保护台账记录反映了企业废水、废气污染防治设施运行、维护、更新和污染物排放情况。在某些特殊情况下,例如,企业污染防治设施突发故障或发生突发环境事件时,若企业能提供记录完整、准确的环境保护台账,将极有利于证明企业不存在逃避监管偷排或污染环境的主观故意。因此,企业应按规定建立并如实填写环境保护管理台账。

二、立法机关应根据上位法及时修改已发布的规范性文件

《行政诉讼法》(2017 修正)第 53 条第 1 款规定:"公民、法人或者其他组织认为行政行为所依据的国务院部门和地方人民政府及其部门制定的规范性文件不合法,在对行政行为提起诉讼时,可以一并请求对该规范性文件进行审查。"第 64 条规定:"人民法院在审理行政案件中,经审查认为本法第五十三条规定的规范性文件不合法的,不作为认定行政行为合法的依据,并向制定机关提出处理建议。"

最高人民法院《关于适用〈中华人民共和国行政诉讼法〉的解释》(法释〔2018〕1 号)第 148 条第 1 款规定:"人民法院对规范性文件进行一并审查时,可以从规范性文件制定机关是否超越权限或者违反法定程序、作出行政行为所依据的条款以及相关条款等方面进行。"第 2 款第 2 项规定,有下列情形之一的,属于《行政诉讼法》(2017 修正)第 64 条规定的"规范性文件不合法":与法律、法规、规章等上位法的规定相抵触的。

因此,在上位法施行后,立法机关应注意审查其发布的规范性文件是否与上位法相抵触。如有,应及时修改,避免被执法部门作为执法依据,导致行政相对人起诉到法院并要求审查规范性文件的合法性。

三、行政机关应注意上位法的施行可能导致原执法依据不合法的情形

上位法施行后,行政机关应审查原执法依据是否与上位法相抵触。如有,应及时变更执法依据,避免适用法律错误导致败诉风险。

3. “行政一体”原则在行政复议中的运用

——蒋某“未验先投”行政复议案

摘要

蒋某因建设项目没有配备环保设施并经验收即投产(“未验先投”违法行为),被环境局罚款20万元。在申请行政复议前,新的有利于行政相对人的法律规定施行。在行政复议过程中,盈科广州黎征武律师提出的从旧兼从轻和“行政一体”原则被采纳,环境局主动撤销行政处罚,蒋某撤回行政复议申请。

“行政一体”原则要求行政机关内部保持统一性和协调性,确保行政行为的合法性和公正性。本案中,“行政一体”原则得到行政机关和复议机关认可,充分展现了该原则在维护行政法治和保障企业权益方面的重要意义。本案的成功实践不仅有助于纠正不当的行政处罚,还促进了行政机关的自我完善和规范,提升了行政执法的整体水平,为构建更加公正、高效的法治环境奠定了坚实基础。

案情简介

2021年4月26日,蒋某收到××市生态环境局(以下简称环境局)乙市分局(原乙市环境保护局)于2018年3月6日作出的《行政处罚决定书》(×环罚〔2018〕××号),载明:“我局于2018年1月24日对你进行了调查,发现你实施了以下环境违法行为:你未向环境保护主管部门报批环境影响评价文件,已在×市

××镇××路建成家具制造项目,从事木板定制家具生产,项目需要配套建设的环境保护设施未建成、未经验收,便于2016年11月正式投入生产……根据《建设项目环境保护管理条例》(2017修订)第23条第1款'违反本条例规定,需要配套建设的环境保护设施未建成、未经验收或者验收不合格,建设项目即投入生产或者使用,或者在环境保护设施验收中弄虚作假的,由县级以上环境保护行政主管部门责令限期改正,处20万元以上100万元以下的罚款……'的规定,我局决定对你作出罚款人民币贰拾万元整的行政处罚。"

本案环保部门查处时间为2018年1月,作出处罚决定的时间为2018年3月6日,蒋某收到《行政处罚决定书》的时间为2021年4月26日,间隔3年之久。另据蒋某介绍,2018年1月环保部门对其家具厂现场检查后,蒋某就搬走不再继续经营,故资料全部遗失。所以,蒋某找到黎征武律师时,有且仅有一份《行政处罚决定书》,无其他资料。

律师策略

环保部门作出行政处罚后长达3年才送达处罚文书,执法程序明显违法,这是律师拿到《行政处罚决定书》的第一反应。但是,司法实践中鲜有仅因超过法定期限送达处罚文书而导致行政处罚被复议机关或人民法院撤销的案例。因此,本案必须寻找其他突破口。

本案认定的违法行为为"未验先投",根据规定,其适用前提为建设项目需要编制环境影响报告书或环境影响报告表。涉案工厂建设项目类别为家具制造,有喷漆工艺。根据当时有效的《建设项目环境影响评价分类管理名录》(2017年版),确需编制环境影响报告书或环境影响报告表。但是,2021年1月1日施行的《建设项目环境影响评价分类管理名录》(2021年版)明确"年用非溶剂型低VOCs含量涂料10吨以下"的,无需编制环境影响报告书或环境影响报告表,则建设项目不需要通过环保验收。据此并结合从旧兼从轻和"行政一体"原则,本案环保部门负有举证证明涉案建设项目属于《建设项目环境影响评价分类管理名录》(2021年版)中需要编制环境影响报告书或环境影响报告表情形的义务,否则应承担举证不能的不利后果。考虑到本案执法时间为 2018 年 1 月，在《建设项目环境影响评价分类管理名录》（2021 年版）施行之前。因此，黎征武律师推测，执法人员现场执法时未对家具厂使用的油漆类别和使用量进行调查取证，从而为本案的处理创造了切实可行的机会。

办理结果

2021 年 5 月 18 日，黎征武律师接受委托。同月 26 日，蒋某向市人民政府申请行政复议。经过多次沟通，2022 年 5 月 19 日，环境局主动撤销行政处罚，蒋某撤回行政复议申请。

律师评析

一、行政处罚案证据的特殊性：行政机关独家掌握核心证据

根据《行政处罚法》（2021 修订）、《环境行政处罚办法》（2010 修订）和现行有效的《生态环境行政处罚办法》等规定，环境行政处罚案件的基本流程为立案、调查取证、调查终结、作出处罚告知书并送达、行政相对人陈述申辩或申请听证、法制审核、负责人决定或集体讨论、作出处罚决定并送达，所形成的证据和文书至少包括《立案审批表》、《现场检查（勘察）笔录》（含照片、视频等视听资料）、《调查询问笔录》、《案件调查报告》、《责令改正违法行为决定书》、《行政处罚（听证）告知书》、《法制审核报告》、《集体审议记录》、《行政处罚决定书》等。上述证据和文书中，环境局在作出行政处罚过程中送达行政相对人的一般只有《责令改正违法行为决定书》《行政处罚（听证）告知书》《行政处罚决定书》等处罚文书，不提供《现场检查（勘察）笔录》（含照片、视频等视听资料）、《调查询问笔录》等证据。这就是行政处罚案件证据的特殊性，即行政机关独家掌握核心证据。

《环境行政处罚听证程序规定》第 14 条第 8 项规定，当事人享有下列权利：依法查阅案卷材料。《行政复议法》（2017 修正）（已被修改）第 23 条第 2 款规定："申请人、第三人可以查阅被申请人提出的书面答复、作出具体行政行为的证据、依据和其他有关材料，除涉及国家秘密、商业秘密或者个人隐私外，行政复议机关不得拒绝。"《行政复议法》（2023 修订）第 47 条规定："行政复议期间，申请人、第

三人及其委托代理人可以按照规定查阅、复制被申请人提出的书面答复、作出行政行为的证据、依据和其他有关材料,除涉及国家秘密、商业秘密、个人隐私或者可能危及国家安全、公共安全、社会稳定的情形外,行政复议机构应当同意。”《行政诉讼法》(2017 修正)第 67 条第 1 款规定:“人民法院应当在立案之日起五日内,将起诉状副本发送被告。被告应当在收到起诉状副本之日起十五日内向人民法院提交作出行政行为的证据和所依据的规范性文件,并提出答辩状。人民法院应当在收到答辩状之日起五日内,将答辩状副本发送原告。”

因此,环境行政处罚案件中,行政相对人可以通过申请听证、申请行政复议或提起行政诉讼的方式,获得环境局掌握的《现场检查(勘察)笔录》(含照片、视频等视听资料)、《调查询问笔录》等证据。

二、“未验先投”案件的主要突破口

涉案《行政处罚决定书》载明,蒋某的违法行为是“需要配套建设的环境保护设施未建成、未经验收或者验收不合格,建设项目即投入生产或者使用”,俗称“未验先投”。该违法行为与其他环境违法行为有本质区别,故突破口也明显不一样,分析如下:

《建设项目环境保护管理条例》(2017 修订)第 17 条第 1 款规定:“编制环境影响报告书、环境影响报告表的建设项目竣工后,建设单位应当按照国务院环境保护行政主管部门规定的标准和程序,对配套建设的环境保护设施进行验收,编制验收报告。”第 19 条第 1 款规定:“编制环境影响报告书、环境影响报告表的建设项目,其配套建设的环境保护设施经验收合格,方可投入生产或者使用;未经验收或者验收不合格的,不得投入生产或者使用。”第 23 条第 1 款规定:“违反本条例规定,需要配套建设的环境保护设施未建成、未经验收或者验收不合格,建设项目即投入生产或者使用,或者在环境保护设施验收中弄虚作假的,由县级以上环境保护行政主管部门责令限期改正,处 20 万元以上 100 万元以下的罚款……”该条款所列违法行为,即“未验先投”违法行为。

由上述条款可知,适用“未验先投”条款的前提是建设项目需要编制环境影响报告书或环境影响报告表。《环境影响评价法》(2018 修正)第 16 条第 2 款规定:

“建设单位应当按照下列规定组织编制环境影响报告书、环境影响报告表或者填报环境影响登记表(以下统称环境影响评价文件):(一)可能造成重大环境影响的,应当编制环境影响报告书,对产生的环境影响进行全面评价;(二)可能造成轻度环境影响的,应当编制环境影响报告表,对产生的环境影响进行分析或者专项评价;(三)对环境影响很小、不需要进行环境影响评价的,应当填报环境影响登记表。”也就是说,国家根据建设项目对环境的影响程度,对建设项目的环境影响评价实行分类管理,分别为环境影响报告书、环境影响报告表和环境影响登记表。

因此,涉案建设项目是否需要编制环境影响报告书或环境影响报告表,直接决定了是否需要进行环保验收。对于仅需填报环境影响登记表的建设项目,不能适用“未验先投”的处罚条款。因此,“未验先投”案件的首要突破口为审查建设项目的环境影响评价类别,确定是否需要编制环境影响报告书或环境影响报告表。

三、本案建设项目环境影响评价类别的变更

涉案家具厂行业类别为家具制造,含有喷涂工艺。本案案发时间为2018年1月,根据当时有效的《建设项目环境影响评价分类管理名录》(2017修订),涉案建设项目需要编制环境影响报告书或环境影响报告表。但是,2021年1月1日,《建设项目环境影响评价分类管理名录》(2021年版)施行,明确“年用非溶剂型低VOCs含量涂料10吨以下”的,无需编制环境影响报告书或环境影响报告表,甚至无需填报环境影响登记表。

《行政处罚法》(2017修正)第30条规定:“公民、法人或者其他组织违反行政管理秩序的行为,依法应当给予行政处罚的,行政机关必须查明事实;违法事实不清的,不得给予行政处罚。”据此,本案环境局若不能证明涉案建设项目属于《建设项目环境影响评价分类管理名录》(2021年版)中需要编制环境影响报告书或环境影响报告表的情形,则根据从旧兼从轻和“行政一体”原则,可能承担举证不能的法律后果,涉案行政处罚依法应予撤销。

四、“行政一体”原则及适用

原行政行为与复议决定的“行政一体”原则,即复议决定和原行政行为视为一个整体,将行使监督权而形成的行政复议决定视为行政系统内部的最终处理

决定。

《行政诉讼法》(2017 修正)第 26 条第 2 款规定:"经复议的案件,复议机关决定维持原行政行为的,作出原行政行为的行政机关和复议机关是共同被告;复议机关改变原行政行为的,复议机关是被告。"最高人民法院《关于适用〈中华人民共和国行政诉讼法〉的解释》(法释〔2018〕1 号)第 22 条规定:"行政诉讼法第二十六条第二款规定的'复议机关改变原行政行为',是指复议机关改变原行政行为的处理结果。复议机关改变原行政行为所认定的主要事实和证据、改变原行政行为所适用的规范依据,但未改变原行政行为处理结果的,视为复议机关维持原行政行为。复议机关确认原行政行为无效,属于改变原行政行为。复议机关确认原行政行为违法,属于改变原行政行为,但复议机关以违反法定程序为由确认原行政行为违法的除外。"该解释第 135 条规定:"复议机关决定维持原行政行为的,人民法院应当在审查原行政行为合法性的同时,一并审查复议决定的合法性。作出原行政行为的行政机关和复议机关对原行政行为合法性共同承担举证责任,可以由其中一个机关实施举证行为。复议机关对复议决定的合法性承担举证责任。复议机关作共同被告的案件,复议机关在复议程序中依法收集和补充的证据,可以作为人民法院认定复议决定和原行政行为合法的依据。"

上述规定确定了"行政一体"原则,立法意旨在于加强复议机关对原行政行为的监督,及时依法纠正违法或不当的原行政行为,从而保障行政相对人的合法权益。对于复议机关而言,其在行政处罚规范适用的问题上,应当在遵循法不溯及既往原则的基础上,坚持有利于行政相对人的追溯原则,采取在新旧法之间从旧兼从轻原则,适用新法规进行处理,使得行政复议决定更具有合目的性、合理性和可接受性。

"行政一体"原则在司法实践中得到了普遍适用,例如:

(2020)最高法行申 4437 号[①]《行政裁定书》载明:"现行行政复议制度监督职责的行使,尤其是最高人民法院《关于适用〈中华人民共和国行政诉讼法〉的解释》第 22 条规定,赋予了复议机关对原行政行为更大的瑕疵治愈权,更加强化行政一

① 最高人民法院行政裁定书,(2020)最高法行申 4437 号。

体原则……”

(2021)京 03 行终 4 号[①]《行政判决书》载明:“《中华人民共和国行政诉讼法》第 26 条第 2 款确立了原行政行为与复议决定的‘行政一体原则’即原行政行为与复议决定视为一个整体,将基于行政监督权能而形成的行政复议决定视为行政系统内部的最终行政处理决定,作为行政体系对外发生法律效力的认定进行司法审查。最高人民法院《关于适用〈中华人民共和国行政诉讼法〉的解释》第 135 条对此予以进一步明确。本案中,市住房和城乡建设委员会(以下简称住建委)在被诉复议决定中对石景山住建委存在的上述问题予以指出并纠正,要求石景山住建委以行政事项再次调查处理后答复申请人,后石景山住建部门经调查重新作出《卫生间问题的处理意见》,体现了行政复议行为对原行政行为的‘瑕疵治愈’功能,对此本院予以认可。”

(2023)沪 03 行终 9 号[②]《行政判决书》载明:“基于行政一体原则,原行政行为和复议决定应当视为一个整体接受司法审查。”

(2017)苏 8602 行初 687 号[③]《行政判决书》载明:新修订的《行政诉讼法》第 26 条第 2 款规定,经复议的案件,复议机关决定维持原行政行为的,作出原行政行为的行政机关和复议机关是共同被告。该法条所确立的规则彻底转变了修订前的《行政诉讼法》关于复议机关维持原行政行为,由作出原行为的机关单独作被告的规定。最高人民法院《关于适用〈中华人民共和国行政诉讼法〉若干问题的解释》(法释〔2015〕9 号)(已失效)第 6 条进一步规定:“行政诉讼法第二十六条第二款规定的‘复议机关决定维持原行政行为’,包括复议机关驳回复议申请或者复议请求的情形,但以复议申请不符合受理条件为由驳回的除外。行政诉讼法第二十六条第二款规定的‘复议机关改变原行政行为’,是指复议机关改变原行政行为的处理结果。”这意味着复议机关改变原行政行为认定的事实或适用的法律,但不改变原行政行为的处理结果的情形被视为维持,甚至连复议机关仅以程序瑕疵确认

---

① 北京市第三中级人民法院行政判决书,(2021)京 03 行终 4 号。

② 上海市第三中级人民法院行政判决书,(2023)沪 03 行终 9 号。

③ 江苏省南京铁路运输法院行政判决书,(2017)苏 8602 行初 687 号。

原行政行为违法的情形都被视为维持。其背后的法理,在于借鉴德国法中的"原处分主义",将原行政行为和复议维持的复议行为从法律上拟制视为同一行为。两机关不具有意思联络,分别按照自己的程序先后作出行政行为,但却在法律上被视为同一个行为,则当然应当允许上级机关或者后作出行为的机关补正前置行为所存在的瑕疵。行政复议和行政诉讼制度之间存在上述差异,根本原因在于前者是行政程序,而后者是司法程序。一方面,效率原则是行政程序的基本原则,但司法程序对效率的要求相对较低。另一方面,作为国家监督体系中的行政诉讼制度,通常是要式的、事后的、外部的,通常是为了保护主观权利而不包括客观的合目的性监督;相对地,行政复议制度则既体现行政体系内部之间的监督,又体现行政一体原则中行政机关对所作处分的一次裁决纠正功能——被申请复议后,原行为机关和复议机关都有机会对有瑕疵和不适当的解决方案予以修正,使行政争议在进入诉讼前就得以化解。其他大陆法系法域关于复议程序中可以补正原行政程序的规定,也可以作为比较法上的参考。

五、律师代理意见

行政复议阶段阅卷后,黎征武律师向复议机关提交了如下代理意见(有修改):

蒋某行政复议案代理意见

××市人民政府:

贵府受理的申请人蒋某与被申请××市生态环境局行政复议一案,申请人的代理人阅卷后,认为本案被申请人作出涉案行政处罚决定程序违法。同时,根据有利于行政相对人的原则和行政一体原则,涉案家具厂无需报批环评手续,故应不予处罚。有如下具体理由。

一、作出行政处罚程序违法

(一)《立案审批表》中"承办人"非现场执法人员

涉案《立案审批表》"承办人"为"梁某某",非现场执法人员"麦某某""邓某”,立案程序不规范。

1.《环境行政处罚办法》的规定

《环境行政处罚办法》(2010修订)第28条规定,调查取证时,应出示行政执法证件。由此可知,调查人员应当具有执法资格。《行政处罚法》(2021修订)第42条第1款亦作了明确规定。《环境行政处罚案卷评查指南》“4.评查内容”第4.1.3项为“案件承办人员具备行政执法资格”。若承办人可以不是调查人员,则承办人显然无需具有执法资格。因此,承办人应当为调查人员,即现场执法人员。

2.《环境行政执法文书制作指南》(2016)的规定

《环境行政执法文书制作指南》(2016)(以下简称《指南》)第9页规定,(《立案审批表》应载明)承办人对违法事实、情节的初步判断;第54页规定,(《案件集体讨论笔录》中)有承办人员汇报案件情况及采集的主要证据。若承办人非现场执法人员,显然难以对现场情况进行准确描述和汇报,不利于案件办理及内部审核。另外,《指南》第40页规定,(《行政处罚案件调查报告》中“办案人员”一栏)应当由两名以上(含两名)调查人员签名并注明日期。由此可知,承办人、办案人员即调查人员。

综上,《立案审批表》中“承办人”一栏应当由两名以上现场执法人员签名。本案承办人非现场执法人员,故立案程序不合法。

(二)未提供《案件调查报告表》等内部审批文书

由《环境行政处罚办法》(2010修订)第45条、《行政处罚法》(2021修订)第38条和《环境行政执法文书制作指南》(2016)的相关规定可知,环保部门在立案、调查取证后,应由执法部门形成《案件调查报告表》和《案件处理内部审批表》,载明当事人实施违法行为的具体事实和申请作出该决定的理由、法律依据、拟作出决定的具体内容等,以进行内部审批。本案被申请人仅提供了《立案审批表》,不符合法律规定。

(三)法制审核和集体审议同时进行,程序违法

由《行政处罚法》(2017修正)第38条第3款可知,法制审核程序应当在集体审议之前进行,如此才能保证执法部门、法制审核部门和负责人各司其职,达到层

层审批的效果。国务院办公厅《关于全面推行行政规范性文件合法性审核机制的指导意见》(国办发〔2018〕115 号)第 7 项亦规定,不得以征求意见、会签、参加审议等方式代替合法性审核。可见,集体审议和法制审核为不同环节,应分别进行。但是,本案法制审核和集体审议同时进行,程序违法。

二、送达程序违法

略。

三、根据从旧兼从轻原则和“行政一体”原则,涉案工厂无需报批报告表,不应受到行政处罚

(一)根据新法的规定,涉案工厂无需报批环评文件

由《建设项目环境保护管理条例》(2017 修订)第 19 条的规定可知,“未验先投”违法行为的前提为建设项目需要报批环境影响报告书或环境影响报告表。

本案被申请人检查时间为 2018 年 1 月,根据《建设项目环境影响评价分类管理名录》(2017 年版)的规定,涉案工厂确需报批报告表。但是,2021 年 1 月 1 日,《建设项目环境影响评价分类管理名录》(2021 年版)施行,规定“年用非溶剂型低 VOCs 含量涂料 10 吨以下的”无需报批报告表。而本案被申请人提交的证据不能证明涉案工厂需要报批报告表,故根据从旧兼从轻原则和“行政一体”原则,涉案工厂无需报批报告表。

(二)从旧兼从轻原则

最高人民法院《关于印发〈关于审理行政案件适用法律规范问题的座谈会纪要〉的通知》(法〔2004〕96 号)第 3 点确定了从旧兼从轻原则。

(三)“行政一体”原则

《行政诉讼法》第 26 条第 2 款和最高人民法院《关于适用〈中华人民共和国行政诉讼法〉的解释》第 135 条确定了原行政行为与复议决定的“行政一体”原则,即复议决定和原行政行为视为一个整体,将行使监督权而形成的行政复议决定视为行政系统内部的最终处理决定。上述立法意旨在于加强复议机关对原行政行为的监督,及时依法纠正违法或不当的原行政行为,从而保障行政相对人的合法权益。对于复议机关而言,其在行政处罚规范适用的问题上,应当在遵循法不溯及

既往原则的基础上，坚持有利于行政相对人的追溯原则，采取在新旧法之间从旧兼从轻原则，适用新法规进行处理，使行政复议决定更具有合目的性、合理性和可接受性。

（2020）最高法行申4437号《行政裁定书》中载明，“现行行政复议制度监督职责的行使，尤其是最高人民法院《关于适用〈中华人民共和国行政诉讼法〉的解释》第22条规定，赋予了复议机关对原行政行为更大的瑕疵治愈权，更加强化行政一体原则……”表明了司法实务中最高人民法院对“行政一体”原则的认可。

因此，根据有利于行政相对人的原则和“行政一体”原则，涉案工厂无需报批报告表，不应受到行政处罚。

综上，代理人认为，本案被申请人作出涉案行政处罚决定立案、审批、法制审核和送达等程序均不合法。同时，根据从旧兼从轻原则和“行政一体”原则，本案应当适用新法的规定，涉案工厂无需报批报告表，不存在“未验先投”的违法行为，不应受到行政处罚。

因此，恳请贵府依法查明事实，撤销涉案行政处罚决定。

代理人：黎征武律师

2021年7月22日

❖风险提示

一、企业开工建设前应审查建设项目是否需要报批环境影响报告书或环境影响报告表，如需要，在投产前还应当对环保设施进行验收，避免出现“未批先建”“未验先投”违法行为

取得环评批复是建设项目开工建设的必要条件，配备环保设备并进行验收是建设项目正式投产的必要条件。因此，企业开工建设前应审查建设项目是否属于需要报批环境影响报告书或环境影响报告表的情形。如属于，应按照规范编制并报批环评文件，取得环评批复后才能开工建设。在建设完成后投产前，还应对环保设施进行验收，避免出现“未批先建”“未验先投”的违法行为，否则将面临高额行政处罚和被责令恢复原状的法律后果。

（一）“未批先建”违法行为分析

《环境影响评价法》（2018 修正）第 16 条第 2 款规定：“建设单位应当按照下列规定组织编制环境影响报告书、环境影响报告表或者填报环境影响登记表（以下统称环境影响评价文件）：（一）可能造成重大环境影响的，应当编制环境影响报告书，对产生的环境影响进行全面评价；（二）可能造成轻度环境影响的，应当编制环境影响报告表，对产生的环境影响进行分析或者专项评价；（三）对环境影响很小、不需要进行环境影响评价的，应当填报环境影响登记表。”第 22 条第 1 款规定：“建设项目的环境影响报告书、报告表，由建设单位按照国务院的规定报有审批权的生态环境主管部门审批。”第 22 条第 3 款规定：“国家对环境影响登记表实行备案管理。”第 24 条第 1 款规定：“建设项目的环境影响评价文件经批准后，建设项目的性质、规模、地点、采用的生产工艺或者防治污染、防止生态破坏的措施发生重大变动的，建设单位应当重新报批建设项目的环境影响评价文件。”第 25 条规定：“建设项目的环境影响评价文件未依法经审批部门审查或者审查后未予批准的，建设单位不得开工建设。”

根据上述规定可知，国家对建设项目的环境影响评价实行分类管理，根据对环境的影响程度大小，依次为环境影响报告书、环境影响报告表和环境影响登记表。其中，应当编制环境影响报告书和环境影响报告表的建设项目，在开工建设前应当报批环评文件，并经生态环境主管部门审批通过（取得环评批复），方可开工建设。若建设项目的性质发生重大变更的，还需重新报批环评文件。应当填报环境影响登记表的，实行备案登记即可。

《环境影响评价法》（2018 修正）第 31 条第 1 款规定：“建设单位未依法报批建设项目环境影响报告书、报告表，或者未依照本法第二十四条的规定重新报批或者报请重新审核环境影响报告书、报告表，擅自开工建设的，由县级以上生态环境主管部门责令停止建设，根据违法情节和危害后果，处建设项目总投资额百分之一以上百分之五以下的罚款，并可以责令恢复原状；对建设单位直接负责的主管人员和其他直接责任人员，依法给予行政处分。”第 2 款规定：“建设项目环境影响报告书、报告表未经批准或者未经原审批部门重新审核同意，建设单位擅自开工建设的,依照前款的规定处罚、处分。”

该条文规定了对“未批先建”违法行为的处理为“处建设项目总投资额百分之一以上百分之五以下的罚款,并可以责令恢复原状”,分析如下:除中大型企业外,小微企业的建设项目一般为几万元、数十万元至数百万元,故建设项目总投资额1% ~5%的罚款,一般为几千元至几万元,相对于动辄10万元起的其他环境行政处罚并不算高。但是,该条款还规定可以责令恢复原状。对于可以补办环评的项目,对企业最大的影响为耽误工期。但对于因实行总量控制而审批严格(如排放VOCs的建设项目),或因土地类型不符等原因导致无法补办环评的建设项目,企业只能拆除建设项目并恢复土地或厂房原状,企业的损失巨大。另外,“未批先建”的建设项目必然存在“未验先投”的违法行为,对建设单位的处罚数额为20万~100万元,对相关责任人的处罚数额为5万~20万元,远超“未批先建”违法行为本身的处罚数额,详见下文。

(二)“未验先投”违法行为分析

前文已分析,对于需要编制环境影响报告书或环境影响报告表的建设项目,应当配备环保设施,并对环保设施进行验收后才能投产,否则属于“未验先投”的违法行为。

《建设项目环境保护管理条例》(2017修订)第17条第1款规定:“编制环境影响报告书、环境影响报告表的建设项目竣工后,建设单位应当按照国务院环境保护行政主管部门规定的标准和程序,对配套建设的环境保护设施进行验收,编制验收报告。”第23条第1款规定:“违反本条例规定,需要配套建设的环境保护设施未建成、未经验收或者验收不合格,建设项目即投入生产或者使用,或者在环境保护设施验收中弄虚作假的,由县级以上环境保护行政主管部门责令限期改正,处20万元以上100万元以下的罚款;逾期不改正的,处100万元以上200万元以下的罚款;对直接负责的主管人员和其他责任人员,处5万元以上20万元以下的罚款;造成重大环境污染或者生态破坏的,责令停止生产或者使用,或者报经有批准权的人民政府批准,责令关闭。”该条款确定了对“未验先投”违法行为的双罚制,即同时处罚建设单位和相关责任人员,对建设单位的处罚数额为20万~100

万元,对相关责任人的处罚数额为5万~20万元,合计处罚最低25万元起。

综上,企业在新建、改建、扩建建设项目前,应当根据生态环境部公布的《建设项目环境影响评价分类管理名录》和当地生态环境部门发布的相关文件,确定是否属于应当编制环评书或环评表的情形。如属于,应严格按照法律法规要求编制、报批环评文件,在取得环评批复后才开工建设。在建设完成后投产前,应当对配备的环保设施进行验收。该环节中,需特别注意"在环境保护设施验收中弄虚作假"的情形,通常表现为企业取得环评批复后,未严格按照环评文件的要求建设环保设施即通过环保验收。例如,企业报批的环评文件中要求大气污染防治设施为"水喷淋+UV光解+活性炭吸附",取得环评批复后,企业实际仅建设"水喷淋+活性炭吸附",随后组织专家进行验收,出具《环保竣工验收报告》。即便企业排放的大气污染物未超标,仍可能被认定为"在环境保护设施验收中弄虚作假",因为"未验先投"违法行为的认定不以超标排污为前提。

二、行政机关应严格执行依法行政的基本要求

本案中,环境局作出的行政处罚决定在立案、审批、法制审核和送达等程序上均存在不合法之处,最终被承办律师找到案件的重要突破口,促使环境局自行撤销行政处罚。若环境局在本案中严格依法行政,案件可能会以行政相对人败诉告终。因此,建议行政机关加强依法行政培训,提高执法人员的执法水平。

当然,对于由于各种原因而出现处罚错误的案件,行政机关可主动适用《行政处罚法》中的自行纠错规定。这样不仅能体现行政机关对实施行政处罚的严谨态度和主动改正的责任感,还能展示接受社会监督的开放态度。此外,该举措还能提升行政效率,减少行政争议的发生,节省行政成本和社会资源。

三、复议机关应注意"行政一体"原则的适用

复议机关在审理案件时,应注意适用"行政一体"原则,确保正确适用法律,避免该适用而未适用,导致作出维持的复议决定后在行政诉讼中败诉。通过践行"行政一体"原则,复议机关可及时纠正行政机关的执法偏差,不仅有助于维护法律的权威性和一致性,还能提升政府公信力。此外,避免案件进入行政诉讼程序,可以节省行政资源,提高行政效率。

4.“未验先投”双罚制条款的适用与思考

——HD 五金厂行政处罚案

摘要

《建设项目环境保护管理条例》(2017 修订)第 23 条第 1 款针对“未配备环保设施并经验收即投产”的违法行为规定了双罚制,即对建设单位处以 20 万~100 万元的罚款,为“单位罚”;对个人处以 5 万~20 万元的罚款,为“个人罚”。在环境执法和司法实践中,不论建设单位是法人还是不具有法人资格的个人独资企业、合伙企业或个体工商户,普遍适用“单位罚”条款作出行政处罚。

笔者认为,不论建设单位的主体类型及建设项目的规模大小,一律适用“单位罚”处以 20 万元以上的高额罚款,有违行政处罚法“设定和实施行政处罚必须以事实为依据,与违法行为的事实、性质、情节以及社会危害程度相当”的比例原则,易引发社会矛盾。因此,笔者建议立法机关完善该条款,根据企业类型设定不同的罚款数额,同时建议执法机关将建设项目的投资额纳入裁量幅度,使行政处罚更具科学性、合理性。

案情简介

HD 五金厂为个体工商户,宋某某为其经营者。

2020 年 5 月 21 日,某市生态环境局执法人员到 HD 五金厂检查,发现该工厂建设项目已获得环评批复,但没有配备环保设施并经验收即投产,存在“未验先投"的违法行为。

2020年8月17日,某市生态环境局以HD五金厂存在"未验先投"的违法行为为由作出《行政处罚决定书》,对HD五金厂处以罚款30万元,同时列明经营者为宋某某。同年9月8日,HD五金厂收到《行政处罚决定书》。

2020年9月10日,宋某某找到盈科广州黎征武律师,拟委托处理。

律师策略

在详细了解案情并查阅相关证据材料、法律规定后,黎征武律师确认HD五金厂的建设项目属于金属制品加工制造行业,依法应当报批环境影响报告表、配备环保设施并经验收后方可投产。现HD五金厂未配备环保设施并经验收即投产,确属违法行为。不过,《建设项目环境保护管理条例》(2017修订)第23条第1款规定,对建设单位处以20万~100万元的罚款,对环保负责人处以5万~20万元的罚款,因个体工商户不具有法人资格,故可争取适用5万~20万元的罚款幅度。同时,黎征武律师也告知宋某某执法实践中对所有建设单位基本都是按20万~100万元的罚款幅度予以处罚,故本案败诉的可能性非常大,宋某某表示愿意尝试。

办理结果

2020年11月2日,HD五金厂向某省生态环境厅申请行政复议,认为对个体工商户适用"单位罚"严重违反比例原则,请求撤销涉案《行政处罚决定书》。

2021年1月13日,某省生态环境厅作出《行政复议决定书》,维持涉案《行政处罚决定书》。之后,HD五金厂向人民法院起诉,法院判决驳回诉讼请求。HD五金厂不服提起上诉,二审法院判决驳回上诉,维持原判。

律师评析

一、个体工商户应当以字号或经营者为当事人

违法主体的认定是环境行政处罚的首要和关键问题,是环境行政处罚事实认

定中的重中之重。被处罚主体不适格，将直接影响行政处罚的合法性。

《民法总则》（已失效）第 56 条第 1 款规定："个体工商户的债务，个人经营的，以个人财产承担；家庭经营的，以家庭财产承担；无法区分的，以家庭财产承担。"《民法典》第 54 条规定："自然人从事工商业经营，经依法登记，为个体工商户。个体工商户可以起字号。"第 56 条第 1 款规定："个体工商户的债务，个人经营的，以个人财产承担；家庭经营的，以家庭财产承担；无法区分的，以家庭财产承担。"《民法典》沿袭《民法总则》对个体工商户的公民属性价值考量，将之视为特殊的自然人。

最高人民法院《关于适用〈中华人民共和国民事诉讼法〉的解释》（法释〔2015〕5 号）（已被修改）第 59 条规定："在诉讼中，个体工商户以营业执照上登记的经营者为当事人。有字号的，以营业执照上登记的字号为当事人，但应同时注明该字号经营者的基本信息。营业执照上登记的经营者与实际经营者不一致的，以登记的经营者和实际经营者为共同诉讼人。"最高人民法院《关于适用〈中华人民共和国民事诉讼法〉的解释》（2022 修正）第 59 条沿袭了前述规定。

因此，个体工商户没有字号的，以经营者为被处罚主体；有字号的，以字号为被处罚主体，并列明经营者。

二、非法人主体能否适用"未验先投"双罚制

《建设项目环境保护管理条例》（2017 修订）第 23 条第 1 款规定："违反本条例规定，需要配套建设的环境保护设施未建成、未经验收或者验收不合格，建设项目即投入生产或者使用，或者在环境保护设施验收中弄虚作假的，由县级以上环境保护行政主管部门责令限期改正，处 20 万元以上 100 万元以下的罚款；逾期不改正的，处 100 万元以上 200 万元以下的罚款；对直接负责的主管人员和其他责任人员，处 5 万元以上 20 万元以下的罚款；造成重大环境污染或者生态破坏的，责令停止生产或者使用，或者报经有批准权的人民政府批准，责令关闭。"该条文规定了双罚制，即对建设单位处以 20 万～100 万元的罚款，为"单位罚"；对个人处以 5 万～20万元的罚款，为"个人罚"。《环境保护法》（2014 修订）第 6 条第 3 款规定："企业事业单位和其他生产经营者应当防止、减少环境污染和生态破坏，对所

造成的损害依法承担责任。"根据该规定，所有经营者都具有防止、减少环境污染的义务，故不论建设单位的主体类型如何，都可对其适用"单位罚"的规定予以处罚，执法实践中亦是如此。

但是，在适用双罚制时，应当具体视建设单位的主体类型和责任人等情况而定。

（一）建设单位为法人时，可适用双罚制

《民法典》第 57 条规定："法人是具有民事权利能力和民事行为能力，依法独立享有民事权利和承担民事义务的组织。"也就是说，法人的财产具有独立性。因此，当建设单位为法人时，可适用双罚制，即对法人适用"单位罚"，对直接负责的主管人员和其他责任人员适用"个人罚"。

（二）建设单位为非法人组织时，应当视责任人情况而定

《行政处罚法》（2021 修订）第 29 条规定，对当事人的同一个违法行为，不得给予两次以上罚款的行政处罚。该条款确定了一事不再罚原则。

《民法典》第 102 条规定："非法人组织是不具有法人资格，但是能够依法以自己的名义从事民事活动的组织。非法人组织包括个人独资企业、合伙企业、不具有法人资格的专业服务机构等。"第 104 条规定："非法人组织的财产不足以清偿债务的，其出资人或者设立人承担无限责任。法律另有规定的，依照其规定。"也就是说，非法人组织的财产不具有独立性。因此，在对非法人组织进行行政处罚时，应当避免违反一事不再罚原则。

1. 个人独资企业

《个人独资企业法》第 2 条规定："本法所称个人独资企业，是指依照本法在中国境内设立，由一个自然人投资，财产为投资人个人所有，投资人以其个人财产对企业债务承担无限责任的经营实体。"个人独资企业由 1 个自然人投资，且部分该类企业除投资人外，可能没有员工或者仅有几个员工，企业的环保事务通常由投资人负责。因此，若对企业和投资人分别适用"单位罚"和"个人罚"，最终罚款实际均由投资人承担，导致投资人实际受到了两次处罚，违反一事不再罚原则。但是，部分该类企业因规模较大等原因，环保负责人并非投资人，此时分别对企业和环保负责人适用“单位罚”和“个人罚”,不违反一事不再罚原则。

2. 合伙企业

《合伙企业法》(2006 修订)第 2 条规定:“本法所称合伙企业,是指自然人、法人和其他组织依照本法在中国境内设立的普通合伙企业和有限合伙企业。普通合伙企业由普通合伙人组成,合伙人对合伙企业债务承担无限连带责任。本法对普通合伙人承担责任的形式有特别规定的,从其规定。有限合伙企业由普通合伙人和有限合伙人组成,普通合伙人对合伙企业债务承担无限连带责任,有限合伙人以其认缴的出资额为限对合伙企业债务承担责任。”第 67 条规定:“有限合伙企业由普通合伙人执行合伙事务。执行事务合伙人可以要求在合伙协议中确定执行事务的报酬及报酬提取方式。”第 68 条第 1 款规定:“有限合伙人不执行合伙事务,不得对外代表有限合伙企业。”

根据上述条款,普通合伙企业的合伙人对合伙企业债务承担无限连带责任,故普通合伙人为环保负责人时,不能适用双罚制,否则违反一事不再罚原则。另外,有限合伙人不执行合伙事务,故不存在一事双罚问题。

(三)建设单位为个体工商户时,应当视责任人情况而定

个体工商户是特殊的自然人,故当经营者为环保负责人时,不能适用双罚制,否则违反一事不再罚原则。但当经营者与环保负责人身份不重合时,分别对经营者或字号适用“单位罚”并对环保负责人适用“个人罚”不违反一事不再罚原则。

综上,因法人具有财产独立性,故此时可适用双罚制。但非法人组织和个体工商户不具有财产独立性,故进行处罚时应当视情况而定:环保负责人与投资人、普通合伙人或经营者身份重合的,不能适用双罚制;身份不重合的,可适用双罚制。

三、对非法人主体适用“单位罚”的思考

《行政处罚法》(2021 修订)第 5 条第 1 款、第 2 款规定:“行政处罚遵循公正、公开的原则。设定和实施行政处罚必须以事实为依据,与违法行为的事实、性质、情节以及社会危害程度相当。”该条文确定了行政处罚应当遵守比例原则。

如前文所述,根据《建设项目环境保护管理条例》(2017 修订)第 23 条第 1 款的规定,不论建设单位的主体类型为何,都适用“单位罚”处以 20 万 ~ 100 万元的

罚款。笔者梳理了我国所有[①]省级生态环境主管部门制定的行政处罚自由裁量规则，只有山西省将企业规模大小和地区差异作为裁量因素，且设置了单项最高 5% 的裁量百分比，见表 1。另外，甘肃省和黑龙江省将废水排放量、废气流量作为裁量因素，实际上也考量了建设项目的规模，见表 2 和表 3。然而，即便如此，“未验先投”违法行为的法定最低罚款数额为 20 万元，若再加上其他裁量因素，罚款数额会更高。

表 1　山西省《生态环境行政处罚自由裁量基准》（节选）

序号	裁量要素			判定标准	
	要素	具体条件	构成比例	程度	百分值（X）
1	经济承受度	企业规模大小	5%	央企或上市公司	3% < X≤5%
				大型企事业单位	0 < X≤3%
				中型企事业单位	0
				小型企事业单位（涉公益单位）	−3% ≤X < 0
				个体工商户（含自然人）	−5% ≤X < −3%
2	地区差异	经济社会发展程度及环境容量的大小	5%	各地级市可以结合实际自行确定地区差异，裁量比例数值（加减 5%）	−5% ≤X < 5%

（2022）最高法行再 329 号[②]《行政判决书》“裁判理由”部分载明，“文昌市环境局对全年污水处理费收入仅 300 ~ 500 余万元的企业，作出 100 万元的罚款……不合理……”

目前我国大量的非法人主体特别是个体工商户，其建设项目的投资额可能仅有几万元至十几万元，经营规模、污染物排放量通常较小。对其处以 20 万 ~ 100 万元的罚款，将导致处罚数额和投资数额的比例严重不合理。且部分该类市场主体营业收入少，又无法通过其他方式规避无限责任，导致上述高额罚款成为经营者个人和家庭的无法承受之重。再加上该类经营者文化水平普遍相对较低，难以理解国家设立巨额罚款的目的，极易引发、激化社会矛盾。

---

① 不含新疆维吾尔自治区，笔者在公开渠道未能检索到该地区的自由裁量规则。

② 最高人民法院行政判决书，（2022）最高法行再 329 号。

表 2 《甘肃省生态环境行政处罚自由裁量基准规定》(节选)

<table>
<tr><th>法律依据</th><th>裁量因素</th><th colspan="2">违法行为裁量因子分级示例</th><th>裁量等级</th></tr>
<tr><td rowspan="25">《建设项目环境保护管理条例》第 23 条第 1 款“违反本条例规定，需要配套建设的环境保护设施未建成、未经验收或者验收不合格，建设项目即投入生产或者使用，或者在环境保护设施验收中弄虚作假的，由县级以上环境保护行政主管部门责令限期改正，处 20 万元以上 100 万元以下的罚款；逾期不改正的，处 100 万元以上 200 万元以下的罚款；对直接负责的主管人员和其他责任人员，处 5 万元以上 20 万元以下的罚款；造成重大环境污染或者生态破坏的，责令停止生产或者使用，或者报经有批准权的人民政府批准，责令关闭。”
《放射性污染防治法》第 51 条“违反本法规定，未建造放射性污染防治设施、放射防护设施，或者防治防护设施未经验收合格，主体工程即投入生产或者使用的，由审批环境影响评价文件的环境保护行政主管部门责令停止违法行为，限期改正，并处五万元以上二十万元以下罚款。”</td><td rowspan="25">1. 行为情形 *
2. 环评文件类别 *
3. 生产时间
4. 废水最大日排放量
5. 小时烟气流量
6. 逾期时间
7. 责任人</td><td rowspan="4">行为情形</td><td>污染防治设施已建成未验收或验收不合格</td><td>1</td></tr>
<tr><td>污染防治设施未建成(在建)</td><td>3</td></tr>
<tr><td>污染防治设施未建设</td><td>4</td></tr>
<tr><td>验收弄虚作假</td><td>5</td></tr>
<tr><td rowspan="6">环评文件类别</td><td>报告表</td><td>1</td></tr>
<tr><td>报告表(化工、皮革、造纸、制浆、冶炼、放射性、印染、染料、炼焦、炼油项目)</td><td>2</td></tr>
<tr><td>报告书</td><td>3</td></tr>
<tr><td>报告书(海水养殖、陆地石油开采、陆地天然气开采、调味品、发酵制品制造、饲料添加剂、食品添加剂制造、印刷、文教、体育、娱乐用品制造、电子专用材料制造)</td><td>4</td></tr>
<tr><td>报告书(化工、电镀、皮革、造纸、制浆、冶炼、放射性、印染、染料、炼焦、炼油项目)</td><td>5</td></tr>
<tr><td rowspan="5">生产时间</td><td>不满 3 个月</td><td>1</td></tr>
<tr><td>3 个月以上不满 6 个月</td><td>2</td></tr>
<tr><td>6 个月以上不满 12 个月</td><td>3</td></tr>
<tr><td>1 年以上 2 年以内</td><td>4</td></tr>
<tr><td>2 年以上</td><td>5</td></tr>
<tr><td rowspan="5">废水最大日排放量</td><td>不足 10 吨</td><td>1</td></tr>
<tr><td>10 吨以上不足 100 吨</td><td>2</td></tr>
<tr><td>100 吨以上不足 500 吨</td><td>3</td></tr>
<tr><td>500 吨以上不足 1000 吨</td><td>4</td></tr>
<tr><td>1000 吨以上</td><td>5</td></tr>
<tr><td rowspan="5">小时烟气流量</td><td>不足 1000 标立</td><td>1</td></tr>
<tr><td>1000 标立以上不足 1 万标立</td><td>2</td></tr>
<tr><td>1 万标立以上不足 10 万标立</td><td>3</td></tr>
<tr><td>10 万标立以上不足 20 万标立</td><td>4</td></tr>
<tr><td>20 万标立以上</td><td>5</td></tr>
</table>

近年来,“小过重罚”的问题屡屡引发社会强烈关注,如陕西榆林夫妇卖5斤不合格的芹菜被罚款6.6万元案[①]。2024年2月9日,国务院发布《关于进一步规范和监督罚款设定与实施的指导意见》(国发〔2024〕5号),其中提到“要充分考虑社会公众的切身感受,确保罚款决定符合法理”。

表3 黑龙江省生态环境行政处罚裁量基准(2022年版)

<table>
<tr><th>法律依据</th><th>裁量因素</th><th colspan="2">违法行为裁量因子分级示例</th><th>裁量等级</th></tr>
<tr><td rowspan="9">《建设项目环境保护管理条例》第23条第1款“违反本条例规定,需要配套建设的环境保护设施未建成、未经验收或者验收不合格,建设项目即投入生产或者使用,或者在环境保护设施验收中弄虚作假的,由县级以上环境保护行政主管部门责令限期改正,处20万元以上100万元以下的罚款;逾期不改正的,处100万元以上200万元以下的罚款;对直接负责的主管人员和其他责任人员,处5万元以上20万元以下的罚款;造成重大环境污染或者生态破坏的,责令停止生产或者使用,或者报经有批准权的人民政府批准,责令关闭。”</td><td rowspan="9">1. 行为情形
2. 环评文件类别</td><td rowspan="4">行为情形</td><td>污染防治设施已建成未验收或验收不合格</td><td>1</td></tr>
<tr><td>污染防治设施未建成(在建)</td><td>3</td></tr>
<tr><td>污染防治设施未建设</td><td>4</td></tr>
<tr><td>验收弄虚作假</td><td>5</td></tr>
<tr><td rowspan="5">环评文件类别</td><td>报告表(除化工、皮革、造纸、制浆、冶炼、放射性、印染、染料、炼焦、炼油项目以外)</td><td>1</td></tr>
<tr><td>报告表(化工、皮革、造纸、制浆、冶炼、放射性、印染、染料、炼焦、炼油项目)</td><td>2</td></tr>
<tr><td>报告书(除陆地石油开采、陆地天然气开采、调味品、发酵制品制造、饲料添加剂、食品添加剂制造、印刷、文教、体育、娱乐用品制造、电子专用材料制造、化工、电镀、皮革、造纸、制浆、冶炼、放射性、印染、染料、炼焦、炼油项目以外)</td><td>3</td></tr>
<tr><td>报告书(陆地石油开采、陆地天然气开采、调味品、发酵制品制造、饲料添加剂、食品添加剂制造、印刷、文教、体育、娱乐用品制造、电子专用材料制造项目)</td><td>4</td></tr>
<tr><td>报告书(化工、电镀、皮革、造纸、制浆、冶炼、放射性、印染、染料、炼焦、炼油项目)</td><td>5</td></tr>
</table>

① 央视网:《[新闻30分]陕西榆林 国务院大督查在行动 卖芹菜后被罚6万6 处罚过当被督查》,载https://tv.cctv.com/2022/08/27/VIDEKaFjdY3PPJZemgTW9KQ9220827.shtml。

续表

<table>
<tr><th>法律依据</th><th>裁量因素</th><th colspan="2">违法行为裁量因子分级示例</th><th>裁量等级</th></tr>
<tr><td rowspan="15">《放射性污染防治法》第51条“违反本法规定，未建造放射性污染防治设施、放射防护设施，或者防治防护设施未经验收合格，主体工程即投入生产或者使用的，由审批环境影响评价文件的环境保护行政主管部门责令停止违法行为，限期改正，并处五万元以上二十万元以下罚款。”（只适用行为情形、生产时间两个裁量因素）</td><td rowspan="15">3. 生产时间
4. 废水最大日排放量
5. 小时烟气流量
6. 逾期时间
7. 责任人</td><td rowspan="5">生产时间</td><td>不满3个月</td><td>1</td></tr>
<tr><td>3个月以上不满6个月</td><td>2</td></tr>
<tr><td>6个月以上不满12个月</td><td>3</td></tr>
<tr><td>1年以上2年以内</td><td>4</td></tr>
<tr><td>2年以上</td><td>5</td></tr>
<tr><td rowspan="5">废水最大日排放量</td><td>不足10吨</td><td>1</td></tr>
<tr><td>10吨以上不足100吨</td><td>2</td></tr>
<tr><td>100吨以上不足500吨</td><td>3</td></tr>
<tr><td>500吨以上不足1000吨</td><td>4</td></tr>
<tr><td>1000吨以上</td><td>5</td></tr>
<tr><td rowspan="5">小时烟气流量</td><td>不足1000标立</td><td>1</td></tr>
<tr><td>1000标立以上不足1万标立</td><td>2</td></tr>
<tr><td>1万标立以上不足10万标立</td><td>3</td></tr>
<tr><td>10万标立以上不足20万标立</td><td>4</td></tr>
<tr><td>20万标立以上</td><td>5</td></tr>
</table>

2024年7月8日，最高人民检察院举行“行政检察与民同行　助力法治中国建设”新闻发布会，时任最高人民检察院副检察长张雪樵表示，“实践中对一些小摊小贩、小微企业的行政处罚违反‘过罚相当’原则，处以高额罚款，既不符合法律精神，不符合公平正义的要求，也损害了当事人的合法利益，甚至严重影响了当事人的生产生活”。同日，最高人民检察院发布《行政检察与民同行系列典型案例（第十五批）“检察护企”行政检察典型案例》①。在案例七“胡某某诉河北省张家口市某区市场监督管理局行政处罚检察监督案”中，胡某某因消费者投诉其误导消费者购物，某区市场监督管理局依据《反不正当竞争法》对胡某某处以30万元罚款。胡某某向某区人民法院提起诉讼，该院以超过起诉期限裁定不予立案。胡某某向检察机关申请监督，某区人民检察院受理后认为罚款30万元有过重之嫌，违反过罚相当原则，遂组织召开听证会并综合听证情况，向区市场监督管理局制

① 最高人民检察院：《最高检发布“检察护企”行政检察典型案例》，载微信公众号“最高人民检察院”2024年7月8日，https://mp.weixin.qq.com/s/9crIFOeE4JF0o1LKRbWGVQ。

发检察建议书。区市场监督管理局采纳听证会意见及检察建议，重新作出罚款5万元的处罚，胡某某亦表示接受。

虽然"卖5斤不合格的芹菜被罚款6.6万元案"引发社会关注，"胡某某诉河北省张家口市某区市场监督管理局行政处罚检察监督案"亦在检察院的监督下重新作出行政处罚，但还有更多的此类案件没有得到关注。因此，我们要思考的是为什么执法部门会作出明显不合理的处罚？

实践中除逐利执法外，执法部门也存在有法不依的困境。正如《卖5斤芹菜被罚6.6万，执法机关也很委屈》①一文指出，"卖了5斤芹菜就被罚6.6万元，的确违背一般人的朴素法感，但具体执法的人员也可能感到委屈。执法机关之所以仍旧作出此种处罚，原因可能有两个：其一，法律的规定是明确而具体的，很难不适用……其二，现实存在的问责机制也让执法人员很难不适用这一罚则。因为一旦适用过罚相当原则，作出低于法定处罚幅度的处罚，现实中就很可能认为，这样的处理会让财政收入应收未收，导致国有财产流失，进而对具体的执法人员实施问责。虽然这样的认识未必妥当，但是现实中这种认识一直存在。故而，为保险起见，执法者还不如去执行法律的明确规定。当然，该案是因为适用了这一罚则，却招致了督查。执法人员可谓处于罚与不罚都尴尬的境地"。

实际上，笔者在办理"未验先投"类案件时，曾与环境执法人员交流过该类违法行为高额罚款的问题，部分执法人员表示他们也认为处以重罚不合理，但法律如此规定，他们也不能有法不依。由此可知，"小过重罚"问题的根本原因在于立法机关设立行政处罚罚款数额时，未考虑到经营者的规模大小和承受能力。

鉴于此，针对"未验先投"的违法行为，笔者建议立法机关根据违法主体的类型设立不同的罚款数额。同时，各级生态环境主管部门在制定具体裁量标准时，宜将建设项目的投资额纳入考量范围，以更加科学、合理地确定行政处罚数额，使行政处罚与违法行为的事实、性质、情节以及社会危害程度相当。

---

① 王贵松：《卖5斤芹菜被罚6.6万，执法机关也很委屈》，载凤凰网，https://news.ifeng.com/2022-8-29/c/8IsMxTKdMwl。

风险提示

一、企业应严格落实报批环评文件和配备环保设施并经验收的法定义务,避免出现环境违法行为

《环境影响评价法》(2018 修正)第 22 条第 1 款规定:"建设项目的环境影响报告书、报告表,由建设单位按照国务院的规定报有审批权的生态环境主管部门审批。"第 25 条规定:"建设项目的环境影响评价文件未依法经审批部门审查或者审查后未予批准的,建设单位不得开工建设。"《建设项目环境保护管理条例》(2017 修订)第 15 条规定:"建设项目需要配套建设的环境保护设施,必须与主体工程同时设计、同时施工、同时投产使用。"第 19 条第 1 款规定:"编制环境影响报告书、环境影响报告表的建设项目,其配套建设的环境保护设施经验收合格,方可投入生产或者使用;未经验收或者验收不合格的,不得投入生产或者使用。"第 23 条第 1 款规定:"违反本条例规定,需要配套建设的环境保护设施未建成、未经验收或者验收不合格,建设项目即投入生产或者使用,或者在环境保护设施验收中弄虚作假的,由县级以上环境保护行政主管部门责令限期改正,处 20 万元以上 100 万元以下的罚款;逾期不改正的,处 100 万元以上 200 万元以下的罚款;对直接负责的主管人员和其他责任人员,处 5 万元以上 20 万元以下的罚款……"

由此可知,对于应当编制环境影响报告书和环境影响报告表的建设项目,建设单位应当配备环境保护设施并通过验收后,方可投入生产或使用,否则可能面临 20 万 ~ 100 万元的罚款。

另外,《建设项目竣工环境保护验收暂行办法》第 8 条规定了 8 种不得提出验收合格意见的情形,需要企业特别留意,分别为:(1)未按环境影响报告书(表)及其审批部门审批决定要求建成环境保护设施,或者环境保护设施不能与主体工程同时投产或者使用的;(2)污染物排放不符合国家和地方相关标准、环境影响报告书(表)及其审批部门审批决定或者重点污染物排放总量控制指标要求的;(3)环境影响报告书(表)经批准后,该建设项目的性质、规模、地点、采用的生产工艺或者防治污染、防止生态破坏的措施发生重大变动,建设单位未重新报批环境影响

报告书(表)或者环境影响报告书(表)未经批准的;(4)建设过程中造成重大环境污染未治理完成,或者造成重大生态破坏未恢复的;(5)纳入排污许可管理的建设项目,无证排污或者不按证排污的;(6)分期建设、分期投入生产或者使用依法应当分期验收的建设项目,其分期建设、分期投入生产或者使用的环境保护设施防治环境污染和生态破坏的能力不能满足其相应主体工程需要的;(7)建设单位因该建设项目违反国家和地方环境保护法律法规受到处罚,被责令改正,尚未改正完成的;(8)验收报告的基础资料数据明显不实,内容存在重大缺项、遗漏,或者验收结论不明确、不合理的。

二、行政机关在对非法人主体进行行政处罚时,应避免违反一事双罚原则

如前文所述,当非法人主体的经营者和环保负责人身份重合时,对其适用双罚制违反了一事不再罚的原则,导致行政处罚不具有合法性。因此,行政机关作出行政处罚适用双罚制时应当遵守一事不再罚原则。

在(2021)辽10行终5号①案中,辽阳市中级人民法院以一事不再罚原则撤销了灯塔市人民法院作出的《行政判决书》和辽阳市生态环境局作出的《行政处罚决定书》。该案中,辽阳市生态环境局以个人独资企业××塑料制品制剂厂存在"未验先投"违法行为为由,对该厂作出《行政处罚决定书》(辽市环罚〔2019〕0308号),处以罚款50万元;对该厂投资人潘某某作出《行政处罚决定书》(辽市环罚〔2019〕0309号),处以罚款15万元。潘某某以违反一事不再罚原则为由,对《行政处罚决定书》(辽市环罚〔2019〕0309号)提起行政诉讼,灯塔市人民法院判决驳回潘某某的诉讼请求。潘某某上诉至辽阳市中级人民法院,该院判决撤销一审判决和《行政处罚决定书》(辽市环罚〔2019〕0309号),其裁判要旨摘录如下:本院认为,本案争议焦点是个人独资企业是否适用"一事双罚"的法律规则。《个人独资企业法》第2条规定:本法所称个人独资企业,是指依照本法在中国境内设立,由一个自然人投资,财产为投资人个人所有,投资人以其个人财产对企业债务承担无限责任的经营实体。该条明确,个人独资企业不是具有独立法人资格的企业。

① 辽宁省辽阳市中级人民法院行政判决书,(2021)辽10行终5号。

最高人民法院《关于审理单位犯罪案件具体应用法律有关问题的解释》（法释〔1999〕14号）第1条规定：《刑法》第30条规定的“公司、企业、事业单位”，既包括国有、集体所有的公司、企业、事业单位，也包括依法设立的合资经营、合作经营企业和具有法人资格的独资、私营等公司、企业、事业单位。该条明确，构成单位犯的独资企业必须是具有法人资格的独资企业，不包括不具有法人资格的个人独资企业。同时，最高人民法院《关于审理单位犯罪案件具体应用法律有关问题的解释》第3条明确，对于不具有法人资格的私营独资企业和私营合伙企业实施的犯罪行为，应当依照刑法有关自然人犯罪的规定定罪处罚。并明确，判定一个公司、企业是否具有法人资格，关键的一点是其承担民事责任的方式。国家统计局于1998年9月2日发布的《关于统计上划分经济成分的规定》附件2：《国家统计局、国家工商行政管理局关于划分企业登记注册类型的规定》第9条中明确，私营独资公司、私营合伙企业“对债务承担无限责任”。通过上述可以看出，在《刑法》中私营独资企业犯罪按照《刑法》有关自然人犯罪的规定处罚，不会发生“一事双罚”情形。在其他法律中，未明确个人独资企业违法适用“一事双罚”的情形下，依照法律类推理论，个人独资企业违法处罚宜不应按照“一事双罚”处理。本案中，上诉人企业是个人独资企业，其违反《建设项目环境保护管理条例》的相关规定，但对其处罚不应按照该条例第23条规定违反环保“三同时”验收制度的，需要对责任主体和“直接负责的主管人员和其他责任人员”实施“双罚”。而应根据《行政处罚法》第24条“对当事人的同一个违法行为，不得给予两次以上罚款的行政处罚”，也就是说，当责任主体和“直接负责的主管人员和其他责任人员”是同一个主体时，适用“一事不再罚”规则。上诉人属于个人独资企业，由一个自然人投资，财产为投资人个人所有，投资人以其个人财产对企业债务承担无限责任，违反行政法规，对其实施“双罚”于法无据。综上，一审法院判决证据不足，适用法律不当，本院不予支持。依照《行政诉讼法》第89条第1款第2项之规定，判决如下：一、撤销灯塔市人民法院作出的（2020）辽1081行初58号行政判决书；二、撤销被上诉人辽阳市生态环境局作出的《行政处罚决定书》（辽市环罚〔2019〕0309号）。

三、行政机关作出行政处罚和申请强制执行，应当准确认定当事人

最高人民法院《关于适用〈中华人民共和国民事诉讼法〉的解释》（2022修正）

第 59 条明确了个体工商户的诉讼主体资格，故行政机关在作出行政处罚时应当准确认定当事人，以免行政处罚被撤销或被不准予强制执行。

在（2020）浙 1003 民初 6181 号[①]案中，原告黄某某为 × × 塑料制品厂的经营者，法院以黄某某作为该案原告的诉讼主体不适格为由，裁定驳回黄某某的起诉。在（2020）皖 0124 民初 4560 号[②]案中，法院以被告刘某某为 × × 经营部的经营者，原告彭某某以刘某某为被告主体不适格为由，裁定驳回原告彭某某的起诉。

在（2020）黑 0202 行审 46 号[③]案中，申请执行人齐齐哈尔市龙沙生态环境局以 × × 洗染厂为被执行人，并列明经营者为王某某，向齐齐哈尔市龙沙区人民法院申请强制执行《行政处罚决定书》（齐龙环罚〔2019〕010 号）。齐齐哈尔市龙沙区人民法院查明，被执行人 × × 洗染厂为个体工商户，于 2019 年 9 月 26 日注销，申请执行人于 2019 年 10 月 21 日对 × × 洗染厂作出涉案《行政处罚决定书》，于 2020 年 7 月 20 日向该院申请强制执行。该院受理后，以被执行人主体不适格为由，裁定不予受理。理由摘录如下：该院认为，依据最高人民法院《关于适用〈中华人民共和国民事诉讼法〉的解释》第 59 条第 1 款规定："在诉讼中，个体工商户以营业执照上登记的经营者为当事人。有字号的，以营业执照上登记的字号为当事人，但应同时注明该字号经营者的基本信息。"本案中，被执行人龙沙区 × × 洗染厂为个体工商户，并于 2019 年 9 月 26 日注销，申请执行人齐齐哈尔市龙沙生态环境局以龙沙区 × × 洗染厂为主体作出处罚，被执行人主体不适格，故对申请执行人提出的申请，该院不予受理。依照《行政诉讼法》第 97 条、最高人民法院《关于适用〈中华人民共和国行政诉讼法〉的解释》第 155 条第 1 款的规定，裁定如下：对申请执行人齐齐哈尔市龙沙生态环境局的强制执行申请，本院不予受理。

在（2020）辽 0404 行审 17 号[④]案中，申请执行人抚顺市生态环境局顺城区分局以 × × 永安清真屠宰场为被执行人，向抚顺市望花区人民法院申请强制执行《行政处罚决定书》（顺环罚决字〔2020〕第 001 号）。抚顺市望花区人民法院查

---

① 浙江省台州市黄岩区人民法院民事裁定书，（2020）浙 1003 民初 6181 号。
② 安徽省合肥市庐江县人民法院民事裁定书，（2020）皖 0124 民初 4560 号。
③ 黑龙江省齐齐哈尔市龙沙区人民法院行政裁定书，（2020）黑 0202 行审 46 号。
④ 辽宁省抚顺市望花区人民法院行政裁定书，（2020）辽 0404 行审 17 号。

明，涉案《行政处罚决定书》载明被处罚人为××永安清真屠宰场，个体工商户，统一社会信用代码为21041××，法定代表人为丁某。但是，2104×××该工商注册号登记的个体工商户名称为××永安屠宰场，经营者为沙某某。因此，该院以行政处罚主体错误为由，裁定不准予执行涉案《行政处罚决定书》。裁定理由摘录如下：该院认为，《行政诉讼法》第101条"人民法院审理行政案件，关于期间、送达、财产保全、开庭审理、调解、中止诉讼、终结诉讼、简易程序、执行等，以及人民检察院对行政案件受理、审理、裁判、执行的监督，本法没有规定的，适用《民事诉讼法》的相关规定"及最高人民法院《关于适用〈中华人民共和国民事诉讼法〉的解释》第59条第1款"在诉讼中，个体工商户以营业执照上登记的经营者为当事人。有字号的，以营业执照上登记的字号为当事人，但应同时注明该字号经营者的基本信息"的规定，申请执行人作出的《行政处罚决定书》（顺环罚决字〔2020〕第001号）处罚的主体与工商登记的字号不一致，载明的经营者信息与工商登记的经营者亦不一致，故申请执行人对××永安清真屠宰场进行处罚，属于处罚主体认定错误。依照《行政强制法》第58条、最高人民法院《关于适用〈中华人民共和国行政诉讼法〉的解释》第161条之规定，裁定如下：不准予执行申请执行人抚顺市生态环境局顺城区分局作出的《行政处罚决定书》（顺环罚决字〔2020〕第001号）。

当然，对于如何准确认定当事人主体资格的问题，不同行政机关和法院可能有不同理解。例如，在（2020）粤0704行初534号①案中，涉案《行政处罚决定书》列明的当事人主体情况为，"当事人：周某某（系××纸品厂的经营者）；统一社会信用代码：××；住所：××"。该案中，原告周某某以涉案行政处罚主体错误为由主张撤销，但法院以"涉案《行政处罚决定书》以周某某作为行政处罚相对人，并清楚列出了周某某所经营的××纸品厂名称及统一社会信用代码，清晰列明两者之间的关系，并无违反法律的强制性规定"为由，驳回原告周某某的诉讼请求。

---

① 广东省江门市江海区人民法院行政判决书，（2020）粤0704行初534号。

5. 排放去向变更导致污水排放标准适用错误

——DY科技公司污水超标行政复议案

摘要

排污单位生产废水的排放限值与排放去向有关。本案中，当地新建城镇污水处理厂后，涉案工厂DY科技公司的生产废水被纳入管网，生产废水排放去向由直接排放至外环境变更为排放至城镇污水处理厂。根据相关规定，直接排放至外环境的污水五日生化需氧量排放限值为30mg/L，化学需氧量排放限值为110mg/L，而排放至城镇污水处理厂的污水五日生化需氧量排放限值为300mg/L，化学需氧量排放限值为500mg/L，不同排放方式的污染物排放限值差异巨大。但是，环评编制单位和DY科技公司都未对此变化给予足够的重视，或因疏忽，或因对法律法规的理解不足，没有及时在环评文件、验收报告等资料中更新废水的排放限值信息，导致执法人员错误适用排放标准，作出行政处罚。

本案行政复议过程中，盈科广州黎征武律师指出上述问题后，执法机关撤回行政处罚，DY科技公司撤回行政复议申请。黎征武律师的介入，不仅帮助DY科技公司解决了行政处罚的罚款问题，更为其明确了污水排放标准，减轻了污水治理的成本和压力。

案情简介

2023 年 3 月 22 日，× × 镇人民政府（以下简称镇政府）执法人员到 DY 科技公司执法检查，并对废水排放口取样检测。同年 5 月 11 日，镇政府向 DY 科技公司送达《责令改正（停止）违法行为决定书》，载明："执法人员……于 2023 年 5 月 10 日收到 × × 检测技术有限公司出具的编号为 × × 的《检测报告》，报告结果显示你单位在监测期间废水处理后排放口（编号：WS - × ×）所排放废水的 pH 值为 9.6（无量纲）、化学需氧量为 131mg/L，五日生化需氧量为 48.2mg/L，分别超出广东省地方标准的 0.07 倍、0.19 倍和 0.61 倍……你单位的上述行为违反了《水污染防治法》第 10 条的'排放水污染物，不得超过国家或者地方规定的水污染物排放标准和重点水污染物排放总量控制指标'的规定。依据《水污染防治法》第 83 条第 2 项，违反本法规定，有下列行为之一的，由县级以上人民政府环境保护主管部门责令改正或者责令限制生产、停产整治，并处 10 万元以上 100 万元以下的罚款；情节严重的，报经有批准权的人民政府批准，责令停业、关闭：……超过水污染物排放标准或者超过重点水污染物排放总量控制指标排放水污染物的……的规定，责令你单位：立即停止超过水污染物排放标准排放水污染物的行为。"

2023 年 6 月 2 日，镇政府向 DY 科技公司送达《行政处罚告知书》，对 DY 科技公司涉嫌超标排放污水的违法行为，拟处以罚款 20 万元。DY 科技公司申请听证，镇政府依法举行了听证会。

2023 年 7 月 27 日，镇政府作出《行政处罚决定书》，决定不予采纳 DY 科技公司不予处罚的意见，对其超标排污的违法行为处以罚款 20 万元。随后，DY 科技公司找到盈科广州黎征武律师，拟委托处理。

律师策略

本案系污水超标案件，通常来讲，其核心突破口为环境监测程序的合法性。但是，黎征武律师在仔细审查 DY 科技公司的环境影响报告表、验收报告、排水许可证等资料时，发现涉案工厂的废水排放去向已经由直接排放至外环境变更为排放至城镇污水处理厂，则废水中化学需氧量（Chemical Oxygen Demand，COD）排放限值应当由 110mg/L 变更为 500mg/L，五日生化需氧量（Biochemical Oxygen Demand，BOD5）排放限值应当由 30mg/L 变更为 300mg/L。本案现场检测 DY 科技公司排放废水的 COD 浓度为 131mg/L，BOD5 浓度为 48.2mg/L，均未超过排放限值。pH 值虽然超出了 6～9 的范围，但依法符合不予处罚的条件。

因此，在涉案《检测报告》合法有效的前提下，本案 DY 科技公司排放的废水只有 pH 超标，依法应不予处罚。

办理结果

2023 年 8 月 5 日，DY 科技公司委托黎征武律师向 ×× 区人民政府申请行政复议。阅卷后，黎征武律师提出 COD 和 BOD5 排放限值适用错误，实际并未超标；pH 值虽然超过排放限值，但依法符合“不予处罚”的条件。同年 11 月 14 日，镇政府撤回行政处罚，对 DY 科技公司排放废水 pH 值超标的违法行为作出《不予行政处罚决定书》，DY 科技公司撤回行政复议申请。

律师评析

一、涉案行政处罚适用的水污染物排放标准分析

《水污染防治法》（2017 修正）第 10 条规定：“排放水污染物，不得超过国家或者地方规定的水污染物排放标准和重点水污染物排放总量控制指标。”第 83 条第 2 项规定：“违反本法规定，有下列行为之一的，由县级以上人民政府环境保护主管部门责令改正或者责令限制生产、停产整治，并处 10 万元以上 100 万元以下的罚款；情节严重的，报经有批准权的人民政府批准，责令停业、关闭：（二）超过水污染物排放标准或者超过重点水污染物排放总量控制指标排放水污染物的。”

涉案《行政处罚决定书》适用上述条款认定 DY 科技公司存在违法行为，故本案行政处罚适用的污染物排放标准是否正确，是本案首要审查的问题。该处罚文书载明：“经查，你单位在 ×× 车间建设金属表面处理及热处理加工项目……项目的清洗、除油、陶化工序有清洗废水产生，清洗废水的污染因子主要有 pH 值、COD

等,排放B类水污染物,经‘化学絮凝+沉淀过滤+水解酸化+接触氧化’治理设施处理后达到广东省地方标准《水污染物排放限值》(DB 44/26-2001)第二时段二级标准经编号为:WS-××的废水排放口排放……”

由此可知,涉案行政处罚适用的水污染物排放标准为《水污染物排放限值》(DB 44/26-2001)第二时段二级标准。经查阅,《水污染物排放限值》(DB 44/26-2001)第二时段二级标准中pH排放限值为6~9,BOD5排放限值为30mg/L,COD排放限制为110mg/L,如表1所示。

表1 《水污染物排放限值》(DB 44/26-2001)中第二类污染物最高允许排放浓度(第二时段)排放标准

单位为毫克每升(pH、粪大肠菌群、大肠菌群除外)

<table>
<tr><th>序号</th><th>污染物</th><th colspan="2">适用范围</th><th>一级标准</th><th>二级标准</th><th>三级标准</th></tr>
<tr><td>1</td><td>pH</td><td colspan="2">一切排污单位</td><td>6~9</td><td>6~9</td><td>6~9</td></tr>
<tr><td>2</td><td>色度</td><td colspan="2">一切排污单位</td><td>40</td><td>60</td><td>—</td></tr>
<tr><td rowspan="7">3</td><td rowspan="7">悬浮物</td><td colspan="2">采矿、选矿、选煤工业</td><td>70</td><td>200</td><td>—</td></tr>
<tr><td colspan="2">制浆、制浆造纸、造纸</td><td>100</td><td>100</td><td>400</td></tr>
<tr><td rowspan="2">合成氨工业</td><td>大型企业</td><td>60</td><td>60</td><td>400</td></tr>
<tr><td>中型企业</td><td>100</td><td>100</td><td>400</td></tr>
<tr><td colspan="2">磷铵、重过磷酸钙、硝酸磷肥工业</td><td>30</td><td>50</td><td>200</td></tr>
<tr><td colspan="2">城镇二级污水处理厂</td><td>20</td><td>30</td><td>—</td></tr>
<tr><td colspan="2">其他排污单位</td><td>60</td><td>100</td><td>400</td></tr>
<tr><td rowspan="7">4</td><td rowspan="7">BOD5</td><td rowspan="2">制浆、制浆造纸</td><td>木浆</td><td>50</td><td>70</td><td>600</td></tr>
<tr><td>非木浆</td><td>50</td><td>100</td><td>600</td></tr>
<tr><td colspan="2">天然橡胶乳加工、酒精、味精、皮革、化纤浆粕工业</td><td>20</td><td>70</td><td>600</td></tr>
<tr><td colspan="2">甘蔗制糖、苎麻脱胶、湿法纤维板、染料、洗毛、聚氯乙烯、造纸</td><td>20</td><td>60</td><td>600</td></tr>
<tr><td colspan="2">纺织染整、养殖、屠宰、肉制品加工</td><td>20</td><td>40</td><td>300</td></tr>
<tr><td colspan="2">城镇二级污水处理厂</td><td>20</td><td>30</td><td>—</td></tr>
<tr><td colspan="2">其他排污单位</td><td>20</td><td>30</td><td>300</td></tr>
</table>

续表

序号	污染物	适用范围	一级标准	二级标准	三级标准
5	COD	制浆、制浆造纸	200	350	1000
		酒精、味精、医药原料药工业	100	250	1000
		生物制药、皮革、苎麻脱胶、化纤浆粕工业、天然橡胶乳加工、合成脂肪酸、湿法纤维板、染料、洗毛、有机磷农药工业	100	200	1000
		纺织染整工业	100	130	500
		造纸	100	130	1000
		聚氯乙烯工业	80	100	500
		养殖、屠宰、肉制品加工	70	100	500
		石油化工工业(包括石油炼制)	60	120	500
		城镇二级污水处理厂	40	60	—
		其他排污单位	90	110	500

本次执法取样检测监测结果分别为 pH：9.6(无量纲)，BOD5：48.2mg/L，COD：131gm/L，均超过第二时段二级标准的排放限值。因此，镇政府作出涉案行政处罚。

二、涉案工厂污水排放去向的变更情况

DY 科技公司涉案工厂所在地原由 BSS 五金公司经营，BSS 五金公司 2019 年报批的环评文件记载“生产废水经化学混凝 + 过滤工艺处理后排入 LC 大河，水质执行《水污染物排放限值》(DB 44/26 – 2001)第二时段二级标准”。

2021 年 11 月，当地建成城镇污水处理厂，BSS 五金公司排放的生产废水纳入城镇污水处理厂管网，即 BSS 五金公司的生产废水实际排放去向已变更为城镇污水处理厂。

2022 年年初，DY 科技公司成立，承租了 BSS 五金公司的厂房，并于 2022 年 11 月编制《建设项目环境影响报告表》。但是，该报告表仅变更了工厂污水排放去向，却仍沿用 BSS 五金公司环评文件中的排放标准。

三、污水排放去向变更对排放标准的影响

《水污染物排放限值》(DB 44/26 – 2001)对污染物的排放标准进行了分级。

其第4.1.2.3条规定,"排入二类控制区的污水执行二级标准",第4.1.2.5条规定,"排入建成运行的城镇二级污水处理厂的污水执行三级标准"。DY科技公司的生产废水实际排放去向为污水处理厂,故应适用三级标准。《水污染物排放限值》(DB 44/26-2001)第二时段三级标准中,BOD5的排放限值为300mg/L,COD的排放限值为500mg/L。因此,涉案《行政处罚决定书》适用的排放标准有误。

四、污染物排放标准确定的排放限值、环评批复批准的排放限值和排污许可证许可的排放限值不一致的原因及适用规则

正常情况下,国家或地方污染物排放标准中确定的污染物排放限值,是排污单位可以排放的最大浓度。但是,实践中经常出现排放标准确定的排放限值、环评批复批准的排放限值和排污许可证许可的排放限值不一致的情况,可能的原因主要有:(1)国家或地方标准是对该地域范围内所有排污企业的最低要求,对超过重点污染物排放总量控制指标或者未完成环境质量改善目标的地区,生态环境主管部门会暂停审批相关建设项目的环评文件,或限制新建建设项目的污染物排放限值,企业愿意按照主管部门的要求执行比国家或地方标准更为严格的排放限值的,主管部门才会通过环评审批,并在环评批复中载明排放限值。(2)环评文件编制人员疏忽,未正确适用排放标准,导致环评文件和环评批复中的排放限值均错误,本案即是如此。排污许可证许可的排放限值与污染物排放标准确定的排放限值、环评批复批准的排放限值不一致的原因亦同。

在上述三种排放限值不一致的情况下,企业污染物排放限值的适用规则为:(1)如果排污许可证载明了具体许可浓度,且许可浓度低于国家或地方标准中排放限值的,则按照排污许可证许可的排放浓度作为排放限值;(2)如果排污许可证载明了具体许可浓度,且许可浓度高于国家或地方标准中排放限值的,则该许可浓度有误,应按照国家或地方标准中排放限值作为排污单位的排放限值;(3)如果排污许可证仅载明适用的排放标准文件,未载明具体许可浓度,则根据该排放标准文件和排污单位企业类型、排放去向等实际情况确定排放限值。也就是说,只有排污许可证许可的排放浓度和国家或地方标准中的排放限值,才可以作为排污单位是否存在超标排放违法行为的认定依据。

五、律师代理意见

DY科技公司申请行政复议后,黎征武律师到复议机关阅卷,随后向复议机关提交了如下代理意见(节选):

DY科技公司行政复议案代理意见

××区人民政府:

贵府受理的申请人DY科技公司与被申请人××镇人民政府罚款行政复议一案(案号:×府行复〔2023〕××号),北京市盈科(广州)律师事务所接受申请人委托,指派黎征武律师作为其代理人。代理人于2023年9月13日阅卷,现代理人根据相关法律法规和证据,发表如下代理意见,供贵府参考决策。

代理人认为:本案被申请人认定申请人应执行的排放标准错误,导致评价结果错误。在涉案《检测报告》合法有效的前提下,本案申请人排放的生产废水只有pH值超过排放限值,但该违法行为依法符合不予处罚的条件。因此,涉案《行政处罚决定书》认定事实错误,适用法律错误,依法应予撤销。

一、被申请人认定申请人生产污水应执行的排放标准错误

涉案《行政处罚决定书》第1页载明,“……项目于2022年11月15日完成环评审批,有批复号为×环03环审〔2022〕××号的《××市生态环境局关于DY工业科技有限公司改扩建项目建设项目环境影响报告表的批复》……达到广东省地方标准《水污染物排放限值》(DB 44/26-2001)第二时段二级标准”,涉案《检测报告》第2页表格备注栏第3点注明“该参照标准来源于受检单位的批复:×环03环审〔2022〕××号。”也就是说,被申请人认定申请人超标排放的依据为×环03环审〔2022〕××号环评批复。经查,该环评批复第2页第三点载明,“生产废水经自建污水处理设施处理达到《水污染物排放限值》(DB 44/26-2001)第二时段二级标准后排至BJ污水处理厂”。

根据《广东省生态环境违法行为行政处罚罚款金额裁量表》等相关规定,只有国家或地方标准和《排污许可证》载明的排放标准可作为执法依据,涉案环评批复

不能作为执法依据且执行标准记载有误,故申请人生产废水应执行《水污染物排放限值》(DB 44/26－2001)第二时段三级标准而非二级标准。

(一)申请人生产废水应执行《水污染物排放限值》(DB 44/26－2001)第二时段三级标准

《水污染物排放限值》(DB 44/26－2001)第4.1.2条规定了污水排放标准的分级,其中第4.1.2.3条规定"排入二类控制区的污水执行二级标准",第4.1.2.5条规定"排入建成运行的城镇二级污水处理厂的污水执行三级标准"。也就是说,污水排放标准的执行应区分排放到河流等外环境或排放到污水处理厂,前者为直接排放,后者为间接排放。本案厂址原建设单位为BSS五金公司,原建设项目环评批复为×环0306环审〔2019〕第××号。该批复第2页第三点载明"生产废水经化学混凝＋过滤工艺处理后排入LC大河,水质执行《水污染物排放限值》(DB 44/26－2001)第二时段二级标准"。

但是,2021年11月27日,BSS五金公司的生产废水排放去向实际已变更为BJ污水处理厂。2022年申请人收购该公司后,于同年11月编制《建设项目环境影响报告表》对原建设项目进行改、扩建,再次明确生产废水纳入BJ污水处理厂,且目前实际排放去向亦为BJ污水处理厂。以上事实,有2021年11月27日全国排污许可证管理信息平台登记变更信息、2021年12月24日××区住房城乡建设和水利局作出的《城镇污水排入排水管网许可证》[2021×管许(×)字第××号]、2022年11月申请人《建设项目环境影响报告表》、2022年11月15日××市生态环境局作出的×环03环审〔2022〕××号环评批复和2023年4月1日全国排污许可证管理信息平台登记变更信息为证。

因此,根据广东省地方标准《水污染物排放限值》(DB 44/26－2001),本案申请人的生产废水应执行该标准第二时段三级标准。

(二)只有国家或地方标准和《排污许可证》载明的排放标准可作为执法依据,环评批复不能作为执法依据

根据《广东省生态环境违法行为行政处罚罚款金额裁量表》第二章第7条§2.7.1裁量标准和§2.7.2裁量标准可知,对于超标排放的违法行为,仅可适用

《水污染防治法》(2017 修正)和《排污许可管理条例》予以处罚。

《水污染防治法》第 10 条规定:“排放水污染物,不得超过国家或者地方规定的水污染物排放标准和重点水污染物排放总量控制指标。”涉案《行政处罚决定书》第 3 页明确申请人违反《水污染防治法》第 10 条,但该条文仅规定不能超过国家或地方规定的排放标准,未规定不能超过环评批复的排放标准。况且,环评批复的排放标准不属于国家或地方规定的排放标准,亦无任何法律、法规、规章规定不能超过环评批复载明的排放标准。因此,环评批复不能作为认定依据,被申请人以《水污染防治法》第 10 条作为执法依据,但以环评批复的排放标准作为评价依据,适用法律错误。

《排污许可管理条例》第 17 条第 2 款规定:“排污单位应当遵守排污许可证规定,按照生态环境管理要求运行和维护污染防治设施,建立环境管理制度,严格控制污染物排放。”第 34 条第 1 项规定,违反本条例规定,排污单位有下列行为之一的,由生态环境主管部门责令改正或者限制生产、停产整治,处 20 万元以上 100 万元以下的罚款;情节严重的,吊销排污许可证,报经有批准权的人民政府批准,责令停业、关闭:(1)超过许可排放浓度、许可排放量排放污染物。申请人已办理排污许可证,但全国排污许可证管理信息平台排污登记信息未明确许可的排放浓度,故本案不能适用该条款进行处罚。

综上,本案只能适用国家或地方标准认定申请人是否存在超标排污的行为,即应适用《水污染物排放限值》(DB 44/26 -2001)。

(三)涉案环评批复记载有误的原因

如前所述,在 BJ 污水处理厂建成运行后,涉案工厂的生产废水由直接排放改为纳入 BJ 污水处理厂。但第三方环保公司编制本案申请人改建、扩建建设项目环评表时,在原 BSS 五金公司环评文件的基础上,只变更了生产废水排放去向,未同步变更执行标准,导致环评批复直接引用环评表中的执行标准而出现错误。申请人的生产废水纳入 BJ 污水处理厂后,由 BJ 污水处理厂对其自身排放污水的浓度和总量进行控制。也就是说,申请人的排污行为不会占用当地重点水污染物总量控制指标,故其排放的生产废水只要符合《水污染物排放限值》(DB 44/26 -

2001)第二时段三级标准和排水证所载入网标准中较低排放限值，即属于合法排污行为。

二、根据《水污染物排放限值》(DB 44/26 - 2001)第二时段三级标准，本案只有 pH 值超标，但依法符合不予处罚的条件

本案申请人生产废水应执行《水污染物排放限值》(DB 44/26 - 2001)第二时段三级标准，则 pH 排放标准为 6 ~9(无量纲)，BOD5 排放标准为 300mg/L，COD 排放标准为 500mg/L。在涉案××号《检测报告》合法有效的前提下，其监测结果显示 pH 为 9.6(无量纲)，BOD5 为 48.2mg/L，COD 为 131mg/L，即只有 pH 超过排放限值。

《广东省生态环境不予行政处罚的轻微违法行为目录》序号 6 规定，针对超标排放水污染物的行为，“同时满足下列情形的，不予行政处罚：(1)近一年内属于首次违法；(2)仅一个 B 类水污染物超过排放标准，且超标排放的倍数在 0.1 倍以下或仅 pH 值超过标准，且数值在 5 - 10 以内或仅色度超过标准，且超标倍数在 1 倍以下；(3)在责令改正期限内改正违法排放污染物的行为。”本案申请人符合不予处罚的条件，故依法应当不予处罚。

三、在案证据不能证明环境监测程序合法，涉案××号《检测报告》不能作为定案依据

略。

综上，本案被申请人认定申请人应执行的排放标准错误，导致评价结果错误。在涉案《检测报告》合法有效的前提下，本案申请人排放的生产废水只有 pH 超标，但符合不予处罚的条件。最后，在案证据不能证明涉案《检测报告》的合法性。因此，涉案《行政处罚决定书》认定事实错误，适用法律错误，依法应予撤销。

代理人：黎征武律师

2023 年 9 月 23 日

风险提示

一、排污单位具有如实申报、填报排污信息的法定义务

国家实行排污许可分类管理制度。

《排污许可管理条例》第2条第1款、第2款规定:“依照法律规定实行排污许可管理的企业事业单位和其他生产经营者(以下称排污单位),应当依照本条例规定申请取得排污许可证;未取得排污许可证的,不得排放污染物。根据污染物产生量、排放量、对环境的影响程度等因素,对排污单位实行排污许可分类管理:(一)污染物产生量、排放量或者对环境的影响程度较大的排污单位,实行排污许可重点管理;(二)污染物产生量、排放量和对环境的影响程度都较小的排污单位,实行排污许可简化管理。”第7条第2款规定:“排污许可证申请表应当包括下列事项:……(三)按照污染物排放口、主要生产设施或者车间、厂界申请的污染物排放种类、排放浓度和排放量,执行的污染物排放标准和重点污染物排放总量控制指标;(四)污染防治设施、污染物排放口位置和数量,污染物排放方式、排放去向、自行监测方案等信息……”第13条规定:“排污许可证应当记载下列信息:……(四)污染物排放口位置和数量、污染物排放方式和排放去向等;(五)污染物排放种类、许可排放浓度、许可排放量……”第24条第3款规定:“需要填报排污登记表的企业事业单位和其他生产经营者,应当在全国排污许可证管理信息平台上填报基本信息、污染物排放去向、执行的污染物排放标准以及采取的污染防治措施等信息……”

上述条款明确规定,实行排污许可管理的排污单位,应当如实申报、填报污染物排放去向、排放浓度和执行的污染物排放标准。

二、污染物排放去向变更后,排污单位负有重新申请取得排污许可证或变更填报信息的法定义务

《排污许可管理条例》第15条规定:“在排污许可证有效期内,排污单位有下列情形之一的,应当重新申请取得排污许可证:……(二)生产经营场所、污染物排放口位置或者污染物排放方式、排放去向发生变化……”第33条规定:“违反本条例规定,排污单位有下列行为之一的,由生态环境主管部门责令改正或者限制生产、停产整治,处20万元以上100万元以下的罚款;情节严重的,报经有批准权的人民政府批准,责令停业、关闭:……(四)依法应当重新申请取得排污许可证,未重新申请取得排污许可证排放污染物。”第24条第3款规定:“需要填报排污登记

表的企业事业单位和其他生产经营者,应当在全国排污许可证管理信息平台上填报基本信息、污染物排放去向、执行的污染物排放标准以及采取的污染防治措施等信息;填报的信息发生变动的,应当自发生变动之日起20日内进行变更填报。”第43条规定:“需要填报排污登记表的企业事业单位和其他生产经营者,未依照本条例规定填报排污信息的,由生态环境主管部门责令改正,可以处5万元以下的罚款。”

排污许可证详细记载了排污单位污染物排放去向、执行的污染物排放标准等重要事项,是排污单位合法排污的重要凭证。根据上述规定,应当取得排污许可证的排污单位,其污染物排放去向发生变化的,应当重新申请取得排污许可证,否则可能面临20万~100万元的行政处罚。实行排污登记管理的排污单位,污染物排放去向发生变更的,应及时变更填报信息,否则可能面临5万元以下的行政处罚。

6. 30 万元环保处罚影响千万元退税

——HZ 公司污水超标听证案

摘要

HZ 公司为资源回收利用企业，依法享受增值税即征即退政策。本案中，HZ 公司因疑似污水超标被 ××市生态环境局下发处罚告知书，拟处罚 30 万元。根据当时的规定，若受到 1 万元以上的环保处罚，HZ 公司 3 年内不能享受退税政策，损失合计近 1000 万元。盈科广州黎征武律师接受委托后，建议 HZ 公司申请听证。听证会上，黎征武律师从环境监测规范性、HZ 公司外排污水的必要性和主观故意等方面发表代理意见。最终，××市生态环境局作出不予处罚决定。

案情简介

HZ 公司是当地招商引资企业，行业类别为资源综合利用业，依法可享受增值税即征即退政策。

2021 年 3 月 4 日，××市生态环境局（以下简称环境局）到 HZ 公司检查，并采集外排的污水水样检测，《监测报告》结论为化学需氧量（Chemical Oxygen Demand，COD）超标。同年 3 月 25 日，环境局作出《行政处罚事先（听证）告知书》，以 HZ 公司超标排放水污染物为由，对其拟处罚 30 万元。

根据财政部、国家税务总局《关于印发〈资源综合利用产品和劳务增值税优惠目录〉的通知》（财税〔2015〕78 号）第 4 条的规定，已享受增值税即征即退政策的纳税人,因违反环境保护的法律法规受到1万元以上处罚的,自处罚决定下达的次月起36个月内,不得享受增值税即征即退政策。因此,本案若不能得到妥善处理,HZ公司3年内不能享受退税,损失高达1000万元。

律师策略

超标排污案件的核心证据为《监测报告》,故此类案件首要突破口为否定《监测报告》的合法性。但是,该类案件技术性较强,且《监测报告》所附的原始采样记录、实验室分析记录等证据都由环境局掌握,行政相对人只能通过申请听证、申请行政复议、提起行政诉讼的方式获取。因此,黎征武律师建议HZ公司申请听证。

另外,律师需要全面分析案件突破口,不能将全部希望寄托于《监测报告》。因此,为更好地了解现场情况、沟通案情、寻找突破口,黎征武律师在召开听证会之前前往HZ公司实地查看。经了解,HZ公司的清洗污水全部回用处理不外排,此次因设备故障,循环水池中的污水外溢,故而COD超标。因此,本案HZ公司是否存在违法的主观故意也是可以争取的突破口。在现场查看循环水池的进出水管道位置后,黎征武律师找到了支持HZ公司没有故意排放污水的证据。

办理结果

2021年4月27日,环境局召开听证会。

2021年5月4日,黎征武律师提交如下代理意见:(1)HZ公司没有外排清洗污水的必要,原因为生产工艺对污水中COD的浓度要求不高;(2)HZ公司没有外排清洗污水的故意,清洗污水外排系设备故障引起;(3)执法人员采样操作不规范,COD监测结果不具有真实性,涉案《监测报告》不能作为认定HZ公司存在超标排污违法行为的证据。

2021年6月18日,环境局作出《关于不予下达处罚的决定》。

律师评析

一、涉案行政处罚对HZ公司退税的影响

2015年6月12日,财政部、国家税务总局发布《关于印发〈资源综合利用产品

和劳务增值税优惠目录〉的通知》，其第 1 条规定，纳税人销售自产的资源综合利用产品和提供资源综合利用劳务（以下称销售综合利用产品和劳务），可享受增值税即征即退政策。第 4 条规定：“已享受本通知规定的增值税即征即退政策的纳税人，因违反税收、环境保护的法律法规受到处罚（警告或单次 1 万元以下罚款除外）的，自处罚决定下达的次月起 36 个月内，不得享受本通知规定的增值税即征即退政策。”

本案 HZ 公司行业类别为资源综合利用业，依法可享受增值税即征即退政策。根据前述规定，若其被处以罚款 30 万元，将导致 36 个月内不能享受退税政策，造成的损失接近 1000 万元。

《资源综合利用产品和劳务增值税优惠目录》施行后，考虑到大部分环境行政处罚的罚款数额为 10 万元起，加之受新冠疫情影响，2021 年 12 月 30 日，财政部、税务总局发布《关于完善资源综合利用增值税政策的公告》（财政部、税务总局公告 2021 年第 40 号），施行日期为 2022 年 3 月 1 日。该文件第“三”部分规定：“……（二）纳税人从事《目录》所列的资源综合利用项目，其申请享受本公告规定的增值税即征即退政策时，应同时符合下列条件：……7. 纳税人申请享受本公告规定的即征即退政策时，申请退税税款所属期前 6 个月（含所属期当期）不得发生下列情形：（1）因违反生态环境保护的法律法规受到行政处罚（警告、通报批评或单次 10 万元以下罚款、没收违法所得、没收非法财物除外；单次 10 万元以下含本数，下同）……（四）已享受本公告规定的增值税即征即退政策的纳税人，在享受增值税即征即退政策后，出现本公告‘三’中第‘（二）’部分第‘7’点规定情形的，自处罚决定作出的当月起 6 个月内不得享受本公告规定的增值税即征即退政策。如纳税人连续 12 个月内发生两次以上本公告‘三’中第‘（二）’部分第‘7’点规定的情形，自第二次处罚决定作出的当月起 36 个月内不得享受本公告规定的增值税即征即退政策。相关处罚决定被依法撤销、变更、确认违法或者确认无效的，符合条件的纳税人可以重新申请办理退税事宜……”

也就是说，自 2022 年 3 月 1 日起，受到 10 万元以上环境行政处罚的企业，自处罚决定作出的当月起 6 个月内不得享受退税政策。连续 12 个月内受到 2 次以上10万元以上环境行政处罚的，自第2次处罚决定作出的当月起36个月内不得享受退税政策。相关处罚决定被依法撤销、变更、确认违法或者确认无效的，企业可重新申请办理退税事宜。

二、涉案《监测报告》合法性分析

根据《污水监测技术规范》(HJ 91.1－2019)和听证会上执法人员出示的采样视频、照片、《监测报告》、《现场原始采样记录表》等证据，可确定本案环境监测存在采样点位错误、未荡洗采样器材、未按技术规范要求添加固定剂、未进行全程序空白样品测定和未进行实验室平行双样测定等不规范之处。其中，黎征武律师发现未按技术规范要求添加固定剂的过程如下：

听证会上，执法人员出示的证据显示现场只采集一瓶水样。《监测报告》监测结果为pH呈碱性，COD超标。《水质　化学需氧量的测定　重铬酸盐法》(HJ 828－2017)规定测定COD的水样采集后应立即加入浓硫酸至pH＜2，即添加固定剂后水样应当呈酸性，但本案采样视频等证据中均无现场已添加固定剂的操作。另外，技术规范未对pH是否需要在采样现场检测作出强制要求。根据上述事实和技术规范要求，若pH未在现场检测而是在实验室检测，则无法解释现场添加固定剂后水样应当呈酸性但pH检测结果显碱性的矛盾，此为本案的重要突破口之一。

听证会上，黎征武律师先询问pH是在现场测定还是带回实验室测定，执法人员回复带回实验室测定。然后，黎征武律师立刻询问采样现场是否添加固定剂。执法人员显然不会回复未添加固定剂，但根据前述分析，若其回复已添加固定剂，则无法解释添加固定剂后水样呈酸性但带回实验室检测后水样显碱性的矛盾，即无论执法人员如何回复，均证明本案环境监测过程不合法。

三、律师代理意见

2021年5月4日，黎征武律师根据相关法律规定、技术规范和执法人员出示的证据，向环境局提交了如下代理意见(节选)：

HZ公司行政处罚案听证代理意见

××市生态环境局:

贵局因HZ公司涉嫌污水超标对其作出行政处罚告知一案[×环罚告字(2021)×号],贵局已于2021年4月27日举行听证会。北京市盈科(广州)律师事务所接受HZ公司(以下简称委托人)的委托,指派黎征武律师作为其代理人出席听证会。现代理人根据相关法律法规、技术规范、本案调查人员提供的证据和听证会情况,谨提出如下代理意见,供贵局参考决策。

一、本案认定委托人涉嫌污水超标的证据《监测报告》因采样人员采样不规范而无效

本案采样人员存在的不规范操作如下,恳请贵局依法查明:

(一)采样点位选取错误

根据《污水监测技术规范》(HJ 91.1-2019)第5.2.1条第3款的规定,测定化学需氧量(COD)的水样应当在排污单位的总排放口处采集。本案委托人法定排污口仅有一个,采样人员在该处取样正确。但采样人员在沙井积水中取样错误,应当在委托人外排管道的排水口处取样。涉案沙井进水口为委托人外排管道排放口,出水口连接污水处理厂的城镇污水管网,进水口和出水口高度差为50~60cm。委托人外排的污水从高处跌落至沙井时,不排除会搅动底部淤泥致监测结果失真,不能反映出委托人外排污水的真实浓度。况且,该沙井处于对外开放状态,不能保证现场采样前沙井中污水全部来源于委托人外排管道,故应在委托人排污管道排放口处采样。因此,本案采样点位选取错误。

(二)采样前未荡洗采样器材

《污水监测技术规范》(HJ 91.1-2019)第6.5.4条规定:"采样前先用水样荡涤采样容器和样品容器2~3次",而现场采样视频中并无采样人员荡洗采样器材的操作,不符合技术规范要求。

（三）未按技术规范要求添加固定剂

《污水监测技术规范》（HJ 91.1－2019）第6.5.5条规定："对不同的监测项目选用的容器材质、加入的保存剂及其用量、保存期限和采集的水样体积等，须按照监测项目的分析方法要求执行；如未明确要求，可按照附表A执行。"

根据贵局向委托人颁发的《排污许可证（副本）》（编号：××）表1排污单位基本信息表，水污染物排放执行标准名称为《污水综合排放标准》（GB 8978－1996）、《污水排入城镇下水道水质标准》（GB/T 31962－2015）。其中，《污水综合排放标准》第5.5条"测定方法"规定："本标准采用的测定方法见表6"，该标准表6显示化学需氧量的测定方法为重铬酸钾法（GB 11914－89）。《污水排入城镇下水道水质标准》（GB/T 31962－2015）第5.2.2条规定："控制项目及检测方法应符合表2的规定"，该标准表2显示化学需氧量的第1种测定方法为重铬酸盐法（GB/T 11914）。另外，《水质　化学需氧量的测定　重铬酸盐法》（HJ 828－2017）实施日期为2017年5月1日，代替原GB 11914－89。

因此，根据《污水监测技术规范》（HJ 91.1－2019）第6.5.5条的规定，本案测定COD加入的保存剂及其用量应当按照《水质　化学需氧量的测定　重铬酸盐法》（HJ 828－2017）的规定执行。该分析方法第8条规定，采集水样后如不能立即分析时，应当加入浓硫酸至pH＜2，并置于4℃下保存。但是，本案现场采样视频并无采样人员添加固定剂、低温保存的操作，同时pH的监测记录显示采集后的污水偏碱性，说明现场采样后未添加固定剂，不符合技术规范的要求。

（四）未进行全程序空白样品测定

《污水监测技术规范》（HJ 91.1－2019）第3.6条规定了环境监测应进行全程序空白样品测定，但本案采样人员未按技术规范进行。

（五）未进行实验室平行双样测定

《水质　化学需氧量的测定　重铬酸盐法》（HJ 828－2017）第12.2条和《污水监测技术规范》（HJ 91.1－2019）第10.2.3条均规定了应采集现场平行样品，但本案采样人员未采集平行双样。

其他内容略。

二、委托人没有外排清洗污水的必要,本案的发生属于意外事件

《HZ公司年产4万吨再生塑料改性粒子及2万吨市政塑料管道项目环境影响报告书》正文第2页、第18页、第32页均载明委托人清洗废水绝大部分循环使用,定期部分外排。同时,《建设项目竣工环境保护验收监测报告书》第15~17页亦有相同表述。但实际上,该清洗废水不外排也无需外排。

(一)清洗循环用水中COD浓度对产品质量基本无影响,无外排必要

本案清洗废水COD排放标准为500mg/L,该排放标准下的COD浓度对涉案工艺的影响基本可忽略不计。污水中COD的主要贡献者为有机物,而涉案工艺原材料和产品均为塑料,其成分几乎全为有机物。因此,在某个数值较高的范围内,清洗循环用水中的COD浓度对产品质量基本无影响。若委托人环保设施可将清洗废水COD处理达标,根本没有外排的必要。

(二)由外排频率和实际排放口位置可知,本案清洗循环用水外排系意外事件

虽然《建设项目竣工环境保护验收监测报告书》第16页中有"循环使用一段时间后因污染物聚集影响清洗效果外排一部分进入园区污水处理厂"的表述。但是:

首先,如第(一)部分所述,只有在COD浓度达到某较高值时,循环用水中COD浓度才会影响到清洗效果,《建设项目竣工环境保护验收监测报告书》第15页中载明的外排频率为1次/月亦可印证。涉案《监测报告》COD监测结果为400mg/L,该浓度显然不足以达到能影响清洗效果的程度,故委托人没有外排该清洗废水的必要。

其次,一般情况下若要外排部分废水,通常会选择外排水池底部的废水,原因是经过长时间沉淀后,水池底部污水中污染物浓度通常高于水池表层污水,涉案《建设项目竣工环境保护验收监测报告书》对于外排废水的表述,即外排底部约1/20的废水。根据该规定,外排口则应位于水池底部。而实际上,委托人循环水池的外排口位于水池靠近顶部的位置,靠近水池底部的则为循环用水管道。由此可知,委托人在建设该环保设备时即不打算外排清洗用水。据委托人介绍,其首次办理环评时即设计清洗废水全部回用不外排,但应环保部门要求才在环评文件

中设计为极少量定期外排,然后在实际生产过程中以高于环评的标准将清洗废水全部回用。本案清洗水池中污水外排的原因为:回用的清洗废水中含有小破碎塑料片,而气浮池进水管管径小,故进水管阀门处经常堵塞。2021 年 3 月 1 日,委托人聘请上海环保专家实地查看并出具解决方案,故 3 月 1 日、2 日委托人处于停产状态。为了让专家更好地了解生产工艺、环保设备处理情况、存在的问题和出具解决方案,专家到现场后委托人开工试生产,但因清洗水池中气浮球故障导致水池中污水溢出(气浮球工作原理:清洗水池中水位即将升至排放口时,污水回用系统自行启动将清洗循环用水输送至清洗工艺,防止清洗水池污水外溢)。

因此,委托人确无排放污水的必要和主观恶意,本案清洗污水外排系意外事件,故恳请贵局对委托人不予行政处罚。

……

代理人:黎征武律师

2021 年 5 月 4 日

❖风险提示

一、环境违法行为对企业的严重不利影响

2013 年 12 月 18 日,原环境保护部、国家发展和改革委员会(以下简称国家发改委)、中国人民银行、原中国银行业监督管理委员会(以下简称原中国银监会)《关于印发〈企业环境信用评价办法(试行)〉的通知》(环发〔2013〕150 号),自 2014 年 3 月 1 日起实施。2016 年 7 月 20 日,国家发改委、中国人民银行、原环境保护部和国家税务总局等 31 部门联合《印发〈关于对环境保护领域失信生产经营单位及其有关人员开展联合惩戒的合作备忘录〉的通知》(发改财金〔2016〕1580 号,以下简称《合作备忘录》)。上述文件确定了我国环境信用评价体系,根据这些规定,环境违法行为对企业有如下严重不利影响。

(一)被列为红牌等级,即环保不良企业

企业发生某些特定环境违法行为的,会被直接认定为环保不良企业,且在 2 年内不得评为环保诚信企业。

《企业环境信用评价办法(试行)》第12条规定:“企业的环境信用,分为环保诚信企业、环保良好企业、环保警示企业、环保不良企业四个等级,依次以绿牌、蓝牌、黄牌、红牌表示。”第15条规定:“在上一年度,企业有下列情形之一的,实行‘一票否决’,直接评定为‘环保不良企业’:(一)因为环境违法构成环境犯罪的;(二)建设项目环境影响评价文件未按规定通过审批,擅自开工建设的;(三)建设项目环保设施未建成、环保措施未落实、未通过竣工环保验收或者验收不合格,主体工程正式投入生产或者使用的;(四)建设项目性质、规模、地点、采用的生产工艺或者防治污染、防止生态破坏的措施发生重大变动,未重新报批环境影响评价文件,擅自投入生产或者使用的;(五)主要污染物排放总量超过控制指标的;(六)私设暗管或者利用渗井、渗坑、裂隙、溶洞等排放、倾倒、处置水污染物,或者通过私设旁路排放大气污染物的;(七)非法排放、倾倒、处置危险废物,或者向无经营许可证或者超出经营许可范围的单位或个人提供或者委托其收集、贮存、利用、处置危险废物的;(八)环境违法行为造成集中式生活饮用水水源取水中断的;(九)环境违法行为对生活饮用水水源保护区、自然保护区、国家重点生态功能区、风景名胜区、居住功能区、基本农田保护区等环境敏感区造成重大不利影响的;(十)违法从事自然资源开发、交通基础设施建设,以及其他开发建设活动,造成严重生态破坏的;(十一)发生较大及以上突发环境事件的;(十二)被环保部门挂牌督办,整改逾期未完成的;(十三)以暴力、威胁等方式拒绝、阻挠环保部门工作人员现场检查的;(十四)违反重污染天气应急预案有关规定,对重污染天气响应不力的。”第16条规定:“被评定为环保不良企业,或者连续两年被评定为环保警示企业的,两年之内不得被评定为环保诚信企业。”

(二)被监管频次增加

《企业环境信用评价办法(试行)》第34条第2款第3项规定,对环保警示企业,可以采取加大执法监察频次约束性措施。《合作备忘录》第23条规定:“各市场监管、行业主管部门将失信生产经营单位作为重点监管对象,加大日常监管力度,提高抽查的比例和频次。”

(三)影响融资、贷款

环境局作出行政处罚后会将信息同步到银行,从而影响企业贷款。

原环境保护总局、中国人民银行、原中国银监会《关于落实环保政策法规防范信贷风险的意见》(环发〔2007〕108 号)第 3 条第 4 款规定:“各级银行监管部门要督促商业银行将企业环保守法情况作为授信审查条件,严格审批、严格管理;将商业银行落实环保政策法规、配合环境保护部门执法、控制污染企业信贷风险的有关情况,纳入监督检查范围;要对因企业环境问题造成不良贷款等情况开展调查摸底。”

《企业环境信用评价办法(试行)》第 34 条第 2 款第 6 项规定,对环保警示企业,可以采取以下约束性措施:建议银行业金融机构严格贷款条件。第 35 条第 2 款第 7 项规定,对环保不良企业,应当采取以下惩戒性措施:建议银行业金融机构对其审慎授信,在其环境信用等级提升之前,不予新增贷款,并视情况逐步压缩贷款,直至退出贷款。

(四)影响高新技术企业认定

根据规定,高新技术企业可享受税收优惠政策。高新技术企业的申报条件之一是 1 年内未发生严重环境违法行为,即未受到过 10 万元上的环境行政处罚。若在认定高新技术企业后发生严重环境违法行为的,将被取消认定资格,并追缴已享受的税收优惠。

《高新技术企业认定管理办法》(2016 修订)第 4 条规定:“依据本办法认定的高新技术企业,可依照《企业所得税法》及其《实施条例》、《税收征收管理法》及《税收征收管理法实施细则》等有关规定,申报享受税收优惠政策。”第 11 条第 8 项规定,认定为高新技术企业须同时满足以下条件:企业申请认定前一年内未发生重大安全、重大质量事故或严重环境违法行为。第 19 条第 1 款第 2 项规定,已认定的高新技术企业有下列行为之一的,由认定机构取消其高新技术企业资格:发生重大安全、重大质量事故或有严重环境违法行为的;第 2 款规定:“对被取消高新技术企业资格的企业,由认定机构通知税务机关按《税收征收管理法》及有关规定,追缴其自发生上述行为之日所属年度起已享受的高新技术企业税收优惠。”

(五)影响优质中小企业认定

优质中小企业包括创新型中小企业、专精特新中小企业和专精特新“小巨人”

企业,其申报条件之一是 3 年内未发生严重环境违法行为,即未受到过 10 万元以上的环境行政处罚。若在认定优质中小企业后发生严重环境违法行为的,将被取消认定资格,且至少 3 年内不得再次申报。

《优质中小企业梯度培育管理暂行办法》第 3 条规定:"参评优质中小企业应在中华人民共和国境内工商注册登记、具有独立法人资格,符合《中小企业划型标准规定》,企业未被列入经营异常名录或严重失信主体名单,提供的产品(服务)不属于国家禁止、限制或淘汰类,同时近三年未发生重大安全(含网络安全、数据安全)、质量、环境污染等事故以及偷漏税等违法违规行为。"第 16 条规定:"有效期内的创新型中小企业、专精特新中小企业和专精特新'小巨人'企业,如发生重大安全(含网络安全、数据安全)、质量、环境污染等事故,或严重失信、偷漏税等违法违规行为,或被发现存在数据造假等情形,直接取消公告或认定,且至少三年内不得再次申报。"

(六) 影响企业所得税优惠

根据《环境保护、节能节水项目企业所得税优惠目录》(2021 年版)的规定,部分环境保护、节能节水项目企业可享受企业所得税优惠政策,其前提条件之一是建设项目通过环保验收,且达标排放。

(七) 影响增值税即征即退

前文已分析,此处不再赘述。

(八) 影响参加政府采购,主要方式为投标

根据规定,参加政府采购的条件之一是前 3 年内没有重大违法记录。因此,企业受到 10 万元以上环境行政处罚的,3 年内不能参加政府采购,其中最常见的方式为公开招标。

《政府采购法》(2014 修正)第 22 条第 1 款第 5 项规定,供应商参加政府采购活动应当具备下列条件:参加政府采购活动前 3 年内,在经营活动中没有重大违法记录。第 26 条第 1 款规定:"政府采购采用以下方式:(一)公开招标;(二)邀请招标;(三)竞争性谈判;(四)单一来源采购;(五)询价;(六)国务院政府采购监督管理部门认定的其他采购方式。"

(九)影响发行股票

根据规定,企业及其控股股东、实际控制人受10万元以上环境行政处罚的,3年内不能发行股票。

《首次公开发行股票注册管理办法》第13条规定:"发行人生产经营符合法律、行政法规的规定,符合国家产业政策。最近三年内,发行人及其控股股东、实际控制人不存在贪污、贿赂、侵占财产、挪用财产或者破坏社会主义市场经济秩序的刑事犯罪,不存在欺诈发行、重大信息披露违法或者其他涉及国家安全、公共安全、生态安全、生产安全、公众健康安全等领域的重大违法行为。董事、监事和高级管理人员不存在最近三年内受到中国证监会行政处罚,或者因涉嫌犯罪正在被司法机关立案侦查或者涉嫌违法违规正在被中国证监会立案调查且尚未有明确结论意见等情形。"

(十)影响(被)收购

《上市公司收购管理办法》(2020修正)第6条第2款第2项规定,有下列情形之一的,不得收购上市公司:收购人最近3年有重大违法行为或者涉嫌有重大违法行为。《非上市公众公司收购管理办法》(2020修正)第6条第2款第2项规定,有下列情形之一的,不得收购公众公司:收购人最近2年有重大违法行为或者涉嫌有重大违法行为。据此,企业受到10万元以上环境行政处罚的,不能收购其他公司,有碍公司扩张。另外,虽然法律没有明文规定受到环境行政处罚的企业不能被其他市场主体收购,但鉴于环境行政处罚会对企业生产经营造成诸多不利影响,客观上会降低企业被其他市场主体收购的可能性。

(十一)影响成为(绿色)供应商

鉴于前文提到的十项重大影响,越来越多的企业开始重视供应商的环境信用状况。其原因在于,如果供应商因环保问题被行政处罚、被限制生产、停产甚至被追究刑事责任,极有可能导致供应商无法正常供货,从而波及企业的正常生产经营。因此,企业一旦被查出环境违法行为,可能会影响其成为其他市场主体的供应商。此外,国家通过构建环境信用体系,引导企业进行绿色采购和绿色化发展,企业存在环境违法行为的,将会影响其成为绿色供应商的资格。

《企业环境信用评价办法(试行)》第 14 条第 1 款第 6 项规定,环保部门根据企业环境信用评价指标及评分方法,对遵守环保法规标准并且各项评价指标均获得满分,同时还自愿开展下列两种以上活动,积极履行环保社会责任的参评企业,可以评定为“环保诚信企业”:自愿选择遵守环保法规标准的原材料供货商,优先选购环境友好产品和服务,积极构建绿色供应链,倡导绿色采购的。

2024 年 5 月 7 日,工业和信息化部办公厅、交通运输部办公厅、商务部办公厅《关于印发〈制造业企业供应链管理水平提升指南(试行)〉的通知》,要求提升制造业企业供应链管理水平,以高端化、智能化、绿色化为路径进行布局。其中,“五、健全企业绿色供应链体系”规定,积极开展绿色采购。企业应践行绿色采购理念,按照有关绿色产品认定和评价标准,制定完善绿色采购管理制度,逐步提高绿色采购比例。鼓励企业开展绿色供应商管理,评定一批绿色供应商名单。鼓励供应链主导企业定期开展绿色采购培训,引导供应商绿色化发展。

上述条文旨在引导企业选择供应商时,优先选择遵守环保法规标准的原材料供货商,倡导绿色采购,以引导供应商绿色化发展。《绿色产品评价通则》(GB/T 33761 –2017)“5.2 基本要求”规定,生产企业应满足的绿色要求包括但不限于:(1)产品生产企业的污染物排放状况,应要求符合相关环境保护法律法规,达到国家或地方污染物排放标准的要求,近三年无重大安全事故和重大环境污染事件;(2)生产企业的污染物总量控制,应要求达到国家和地方污染物排放总量控制指标;(3)生产企业的管理,应要求按照 GB/T 24001 和 GB/T 19001 分别建立并运行环境管理体系和质量管理体系;(4)产品质量水平,应要求满足相关产品标准要求。该条文明确了企业评定绿色产品的最基本要求,其中前两项包含不得超标排污和超总量排污。

(十二)其他影响

根据《企业环境信用评价办法(试行)》和《合作备忘录》的规定,企业存在环境违法行为的,相关监管部门的惩戒措施还包括:限制市场准入、行政许可;限制取得政府供应土地;限制取得安全生产许可证;限制取得工业产品生产许可证;限制参与基础设施和公用事业特许经营;限制成为海关认证企业;限制企业和个人获得先进企业、先进个人荣誉称号；限制资金补贴；没收环保电价加价款并从重处罚；撤销检验检测机构资质；提高环境污染责任保险费率等。

二、行政机关应确保监测数据的真实有效性

本案中，环境局作出的《关于不予下达处罚的决定》载明，“2021 年 4 月 27 日召开听证会后，我局对你公司提出的疑问进行了自查核实。经查阅监测及执法资料，发现执法人员在取证过程存在一些瑕疵，认定你公司超标排污的证据还不够充分，同时鉴于你公司在发现排污行为后进行了自查整改，符合从轻处理情节，经我局案审会集体讨论决定，对你公司此次疑似超标排污的行为不予下达处罚决定”。由此可知，环境局对 HZ 公司不予处罚的主要原因为执法人员取样过程不规范，故环境局未采纳《监测报告》的监测结果。

从执法实践来看，目前环境监测不规范的问题较为突出。特别是部分地区执法部门委托第三方监测机构出具报告，而第三方监测机构从业人员的环境监测水平参差不齐。若环境监测过程不规范，此类案件涉诉后，环境局存在较大的败诉风险。因此，建议环境局加强对执法人员的培训，同时要求第三方监测机构提高从业人员的环境监测水平，确保环境监测数据的真实有效性。

7. 逃避监管排污行为的认定

——SL 公司逃避监管排污案

摘要

某市生态环境局以 SL 公司通过逃避监管的方式(偷排)排放石油类项目超标的污水为由,对其处以罚款 30 万元。盈科广州黎征武律师介入后,认为 SL 公司存在三项法律风险:逃避监管排污、超标排污和通过逃避监管的方式排放含重金属的污水涉嫌污染环境罪。为避免 SL 公司被追究刑事责任,本案行政复议过程中,黎征武律师与环境局沟通并达成如下调解:(1)环境局将罚款数额减少至 15 万元,SL 公司不再对处罚提出异议;(2)环境局不再以《监测报告》作为处罚依据。

根据相关规定,逃避监管排污违法行为的法律责任有:罚款(含按日连续处罚)、限制生产、停产整治、吊销排污许可证、责令停业、关闭、被列为环保不良企业、行政拘留和刑事责任。

逃避监管排污的行为可分为三大类,分别为:(1)不经法定排放口排污,主要有:①暗管,包括地下排污管道和地上临时排污管道;②渗井、渗坑,指无防渗漏措施或起不到防渗作用的坑、池、塘、井、沟、渠等;③裂隙、溶洞,指地下裂缝、洞穴等;④灌注,指通过高压深井向地下排放污染物;⑤稀释排污;⑥非法倾倒;⑦利用雨水管道排污等。(2)篡改、伪造监测数据,指故意违反国家法律法规、规章等以及利用环境监测技术规范致使监测数据失真的行为。(3)不正常运行防治污染设施,主要有:①通过各种方法将污染物不经处理直接排放；②通过违反操作规程或不及时检修等方式致使污染物处理设施不能正常发挥作用。

因此，排污企业应定期排查环境风险点，避免出现环境违法行为。

案情简介

2020年4月21日，某市生态环境局（以下简称环境局）接到举报，有企业往河里偷排石油污水。经摸查，环境局锁定SL公司，并对SL公司排放的污水取样检测，监测结果显示污水中石油类项目超标。

2020年6月22日，环境局作出《行政处罚告知书》，载明："经调查核实，你单位……项目生产过程中压延工序、机器设备维修过程中产生的废机油收集至废机油收集箱，该废机油收集箱有一条管道联通当事人厂界冷巷。执法人员在当事人厂界冷巷发现有浮油废水，经取样检测，废水中石油类项目监测结果为48mg/L……超标5倍。综上，你单位将全部污染物不经过设施处理直接排放，逃避监管排放水污染物……你单位的上述行为违反了《水污染防治法》第39条之规定，根据《水污染防治法》第83条第3项，我局拟对你单位罚款人民币叁拾万元。"

SL公司申请听证请求免除处罚，理由为：(1)SL公司没有偷排的主观故意，系因输油管道意外破裂导致油污泄漏，事发当晚已修好；(2)《监测报告》数据异常，不能作为处罚依据。2020年8月21日，环境局作出《行政处罚决定书》，不予采纳SL公司减轻或免除处罚的理由，决定罚款30万元。

随后，SL公司通过律师介绍找到黎征武律师。

律师策略

《水污染防治法》(2017修正)第83条第3项规定，违反本法规定，有下列行为之一的，由县级以上人民政府环境保护主管部门责令改正或者责令限制生产、停产整治，并处10万元以上100万元以下的罚款；情节严重的，报经有批准权的人民政府批准，责令停业、关闭：利用渗井、渗坑、裂隙、溶洞，私设暗管，篡改、伪造监测数据，或者不正常运行水污染防治设施等逃避监管的方式排放水污染物的。

环境局作出的《行政处罚告知书》适用上述条款，说明环境局认为 SL 公司故意将含油废水排放至厂界冷巷。但 SL 公司声称，案发头一天晚上公司输油管道因故裂开导致含油废水泄漏，当天晚上员工已修理好，故未报告公司。环境局到公司检查时，SL 公司尚不知道发生了泄漏事件，故其认为不存在主观过错，不应当罚款。

黎征武律师详细了解上述案情后，认为本案 SL 公司的法律风险有三点：(1)逃避监管排污，即《行政处罚告知书》所载违法行为；(2)超标排污，《行政处罚告知书》虽未认定该违法行为，但石油类项目检测结果超标会作为行政处罚的裁量因素；(3)《监测报告》显示 SL 公司外排污水中检测出重金属汞和锌，虽然未超标，但当时司法理论界和实务界关于偷排重金属含量不超标的污水是否构成犯罪的问题分歧巨大，有因此被追究污染环境罪刑事责任的先例①。因此，本案 SL 公司还存在一定的刑事风险。

在综合考虑前述法律风险后，黎征武律师确定了如下代理策略：先否定《监测报告》的合法性，排除第 2 项和第 3 项法律风险，再争取免除或减轻第 1 项的罚款数额。

办理结果

2020 年 9 月 24 日，SL 公司向××省生态环境厅申请行政复议。

2020 年 11 月 12 日，黎征武律师到复议机关阅卷，发现本案环境局在执法程序、采样程序、《监测报告》和事实认定等方面都存在漏洞。经沟通，复议机关同意 SL 公司和环境局先协商处理。黎征武律师与环境局沟通后，双方达成如下调解方案：(1)环境局将罚款数额减少至 15 万元，SL 公司不再对处罚提出异议；(2)环境局不再以《监测报告》作为处罚依据。

2021 年 1 月 7 日，环境局作出《撤销行政处罚决定书》，撤销原行政处罚，当日 SL 公司撤回行政复议申请。

---

① 具体详见本书《逃避监管偷排污染物含量不超标的污水，应不构成污染环境罪——佛山 TXR 公司、阮某污染环境罪案》。

2021 年 1 月 15 日,环境局作出《行政处罚告知书》,对 SL 公司拟处罚 15 万元,同时未将《监测报告》作为证据,SL 公司未提出异议。

律师评析

一、本案 SL 公司的行为法律后果分析

如前文所述,本案 SL 公司的法律风险有三点:(1)逃避监管排污;(2)超标排污;(3)通过逃避监管的方式排放含重金属的污水,涉嫌污染环境罪。分别进行如下分析。

(一)逃避监管排放水污染物

逃避监管排污,俗称偷排。

《水污染防治法》(2017 修正)第 39 条规定:"禁止利用渗井、渗坑、裂隙、溶洞,私设暗管,篡改、伪造监测数据,或者不正常运行水污染防治设施等逃避监管的方式排放水污染物。"本案中,环境局认定 SL 公司将废机油收集箱用管道联通厂界冷巷并排污,属于逃避监管排放水污染物的行为。根据《水污染防治法》(2017 修正)第 83 条第 3 项的规定,该违法行为罚款数额为 10 万~100 万元。

需要说明的是,根据该条文的表述,只要通过上述方法排放水污染物的,即构成逃避监管的违法行为,不以污染物超过排放标准为前提。

(二)超标排放水污染物

《水污染防治法》(2017 修正)第 10 条规定:"排放水污染物,不得超过国家或者地方规定的水污染物排放标准和重点水污染物排放总量控制指标。"第 83 条第 2 项规定,违反本法规定,有下列行为之一的,由县级以上人民政府环境保护主管部门责令改正或者责令限制生产、停产整治,并处 10 万元以上 100 万元以下的罚款;情节严重的,报经有批准权的人民政府批准,责令停业、关闭:超过水污染物排放标准或者超过重点水污染物排放总量控制指标排放水污染物的。本案 SL 公司外排的污水中,石油类项目检测结果超标 5 倍,根据上述规定,其罚款数额为 10 万~100 万元。

根据前述分析,SL 公司在排放污水的行为同时违反两个法律规范,即逃避监管排污和超标排污。《行政处罚法》(2017 修正)(已被修改)第 24 条规定:"对当

事人的同一个违法行为,不得给予两次以上罚款的行政处罚。”因此,环境局并未同时处罚 SL 公司逃避监管排污和超标排污的行为,而是处罚前一行为,并将后一行为作为裁量因素。

(三)逃避监管排放含重金属的污水,涉嫌污染环境罪

结合《刑法》(2017 修正)第 338 条、最高人民法院、最高人民检察院《关于办理环境污染刑事案件适用法律若干问题的解释》(法释〔2016〕29 号)(已失效)第 1 条第 5 项和第 15 条第 3 项的规定可知,通过逃避监管的方式排放含重金属的污染物,属于严重污染环境的行为,依法构成污染环境罪。

但是,对于“含重金属的污染物”,是指只要含有重金属即可还是需要重金属含量超标的问题,当时环境执法和环境司法领域对此争议巨大,且司法实践有多起因偷排重金属含量不超标的污水而被追究污染环境罪刑事责任的案例①。因此,虽然黎征武律师认为“含重金属的污染物”应当指重金属超标的污水,本案依法不构成污染环境罪,但结合当时的环境执法和司法状况,从首要规避刑事风险的角度出发,黎征武律师建议 SL 公司与环境局调解。

经沟通,SL 公司和环境局达成如下调解方案:(1)环境局撤销原行政处罚,仍以逃避监管的案由对 SL 公司另行作出行政处罚,但将罚款降至 15 万元;(2)黎征武律师要求在另行作出的处罚文书中,不将《监测报告》作为处罚依据。该要求仍然是基于规避刑事风险的需要:若环境局另行作出的文书中仍将《监测报告》作为处罚依据,SL 公司缴纳罚款且未在法定期限内申请行政复议或提起行政诉讼的,将视为 SL 公司认可处罚文书载明的事实——逃避监管排污且污水中含有重金属。此后,若环境局由于各种原因以 SL 公司“偷排含重金属的污染物”为由将本案移送公安机关刑事立案,此时 SL 公司再对《监测报告》提出异议,恐难被支持。该种情况发生的概率极小,但笔者办理过此类案件,故不得不小心谨慎。但是,若环境局另行作出处罚的依据不包含《监测报告》,即便 SL 公司缴纳罚款且未在法定期限内申请行政复议或提起行政诉讼,也只代表其对逃避监管行为的认可。若

---

① 具体详见本书《逃避监管偷排污染物含量不超标的污水,应不构成污染环境罪——佛山 TXR 公司、阮某污染环境罪案》。

后续环境局以处罚文书和《监测报告》为证据认为 SL 公司"偷排含重金属的污染物"而将本案移送公安机关刑事立案,SL 公司此时还可对《监测报告》的合法性提出异议。

二、涉案《监测报告》合法性分析

涉案《监测报告》仅载明 SL 公司排放的废水中石油类项目监测结果超标,故只讨论该监测结果的合法性。

《地表水和污水监测技术规范》(HJ/T 91 –2002)[①]"4.2 地表水水质监测的采样"规定:"4.2.4.4 采样时,除细菌总数、大肠菌群、油类、DO、BOD5、有机物、余氯等有特殊要求的项目外,要先用采样水荡洗采样器与水样容器 2 ~3 次,然后再将水样采入容器中,并按要求立即加入相应的固定剂,贴好标签。应使用正规的不干胶标签。""4.2.3.2 采样方法 e. 注意事项"规定:"(7)测定油类的水样,应在水面至 300mm 采集柱状水样,并单独采样,全部用于测定。并且采样瓶(容器)不能用采集的水样冲洗。……(9)如果水样中含沉降性固体(如泥沙等),则应分离除去。分离方法为:将所采水样摇匀后倒入筒形玻璃容器(如 1 ~2L 量筒),静置 30min,将不含沉降性固体但含有悬浮性固体的水样移入盛样容器并加入保存剂。测定水温、pH、DO、电导率、总悬浮物和油类的水样除外。……(11)测定油类、BOD5、DO、硫化物、余氯、粪大肠菌群、悬浮物、放射性等项目要单独采样。"

《地表水和污水监测技术规范》(HJ/T 91 –2002)"5.2.2 污水采样方法"规定:"5.2.2.1……在分时间单元采集样品时,测定 pH、COD、BOD5、DO、硫化物、油类、有机物、余氯、粪大肠菌群、悬浮物、放射性等项目的样品,不能混合,只能单独采样。""5.2.2.5 注意事项 a. 用样品容器直接采样时,必须用水样冲洗三次后再行采样。但当水面有浮油时,采油的容器不能冲洗。……c. 用于测定悬浮物、BOD5、硫化物、油类、余氯的水样,必须单独定容采样,全部用于测定。"

绝大部分油类物质密度小于水,浮于水面,且其黏度大于水,容易黏在容器内壁。因此,测定油类项目的采样方法与其他污染物不同,主要体现为:(1)不能荡

① 《污水监测技术规范》(HJ 91.1 –2019)部分替代了(HJ/T 91 –2002)中的污水部分。

洗采样器和水样容器,否则荡洗水样时浮油黏在容器内壁,并与采集的水样混合导致监测结果偏高;(2)单独采样,且全部用于测定,否则监测结果不准确;(3)不能分离沉降性固体后再测定,否则转移过程中油类物质黏在容器内壁,导致监测结果偏低。

本案现场采样视频显示,执法人员先用取样器采集水样倒入容样器,用该水样对容样器进行润洗后将水样倒掉,再进行取样。该过程违反技术规范的要求,将导致石油类项目监测结果偏高。

三、律师代理意见

本案黎征武律师以当面交流和电话的方式与环境局、复议机关沟通,未提交书面代理意见。

风险提示

一、逃避监管排污违法行为的法律后果分析

(一)罚款、限制生产、停产整治、吊销排污许可证、责令停业、关闭

我国环境保护法律法规明确禁止通过逃避监管的方式排放污染物,否则,将受到10万~100万元的罚款、限制生产、停产整治的行政处罚;情节严重的,将被吊销排污许可证、责令停业、关闭。

《环境保护法》(2014修订)第42条第4款规定:"严禁通过暗管、渗井、渗坑、灌注或者篡改、伪造监测数据,或者不正常运行防治污染设施等逃避监管的方式违法排放污染物。"

《环境保护主管部门实施限制生产、停产整治办法》(环境保护部令第30号)第6条第1项规定,排污者有下列情形之一的,环境保护主管部门可以责令其采取停产整治措施:通过暗管、渗井、渗坑、灌注或者篡改、伪造监测数据,或者不正常运行防治污染设施等逃避监管的方式排放污染物,超过污染物排放标准的。

《水污染防治法》(2017修正)第83条第3项规定,违反本法规定,有下列行为之一的,由县级以上人民政府环境保护主管部门责令改正或者责令限制生产、停产整治,并处10万元以上100万元以下的罚款;情节严重的,报经有批准权的人

民政府批准,责令停业、关闭:利用渗井、渗坑、裂隙、溶洞,私设暗管,篡改、伪造监测数据,或者不正常运行水污染防治设施等逃避监管的方式排放水污染物的。

《大气污染防治法》(2018 修正)第 99 条第 3 项规定,违反本法规定,有下列行为之一的,由县级以上人民政府生态环境主管部门责令改正或者限制生产、停产整治,并处 10 万元以上 100 万元以下的罚款;情节严重的,报经有批准权的人民政府批准,责令停业、关闭:通过逃避监管的方式排放大气污染物的。

《排污许可管理条例》(国务院令第 736 号)第 34 条第 2 项规定,违反本条例规定,排污单位有下列行为之一的,由生态环境主管部门责令改正或者限制生产、停产整治,处 20 万元以上 100 万元以下的罚款;情节严重的,吊销排污许可证,报经有批准权的人民政府批准,责令停业、关闭:通过暗管、渗井、渗坑、灌注或者篡改、伪造监测数据,或者不正常运行污染防治设施等逃避监管的方式违法排放污染物。

(二)按日连续处罚

排污单位通过逃避监管的方式排污受到罚款处罚,被责令改正拒不改正的,还可能受到按日连续处罚。

《环境保护法》(2014 修订)第 59 条第 1 款规定:"企业事业单位和其他生产经营者违法排放污染物,受到罚款处罚,被责令改正,拒不改正的,依法作出处罚决定的行政机关可以自责令改正之日的次日起,按照原处罚数额按日连续处罚。"

《环境保护主管部门实施按日连续处罚办法》(环境保护部令第 28 号)第 5 条第 2 项规定,排污者有下列行为之一,受到罚款处罚,被责令改正,拒不改正的,依法作出罚款处罚决定的环境保护主管部门可以实施按日连续处罚:通过暗管、渗井、渗坑、灌注或者篡改、伪造监测数据,或者不正常运行防治污染设施等逃避监管的方式排放污染物的。

《大气污染防治法》(2018 修正)第 123 条第 3 项规定,违反本法规定,企业事业单位和其他生产经营者有下列行为之一,受到罚款处罚,被责令改正,拒不改正的,依法作出处罚决定的行政机关可以自责令改正之日的次日起,按照原处罚数额按日连续处罚:……(三)通过逃避监管的方式排放大气污染物的。

（三）被列为红牌等级，即环保不良企业

《企业环境信用评价办法（试行）》第 15 条第 6 项规定，在上一年度，企业有下列情形之一的，实行“一票否决”，直接评定为“环保不良企业”：私设暗管或者利用渗井、渗坑、裂隙、溶洞等排放、倾倒、处置水污染物，或者通过私设旁路排放大气污染物的。

（四）行政拘留

排污单位通过逃避监管的方式排放污染物的，除前述行政处罚外，相关责任人员还将受到拘留 5～15 日的行政处罚。

《环境保护法》（2014 修订）第 63 条第 3 项规定，企业事业单位和其他生产经营者有下列行为之一，尚不构成犯罪的，除依照有关法律法规规定予以处罚外，由县级以上人民政府环境保护主管部门或者其他有关部门将案件移送公安机关，对其直接负责的主管人员和其他直接责任人员，处 10 日以上 15 日以下拘留；情节较轻的，处 5 日以上 10 日以下拘留：通过暗管、渗井、渗坑、灌注或者篡改、伪造监测数据，或者不正常运行防治污染设施等逃避监管的方式违法排放污染物的。

《排污许可管理条例》第 44 条第 2 项规定，排污单位有下列行为之一，尚不构成犯罪的，除依照本条例规定予以处罚外，对其直接负责的主管人员和其他直接责任人员，依照《环境保护法》的规定处以拘留：通过暗管、渗井、渗坑、灌注或者篡改、伪造监测数据，或者不正常运行污染防治设施等逃避监管的方式违法排放污染物。

（五）刑事责任

根据相关规定，通过逃避监管的方式排放最高人民法院、最高人民检察院《关于办理环境污染刑事案件适用法律若干问题的解释》（法释〔2023〕7 号）第 17 条所列物质的，涉嫌污染环境罪。另外，该行为会被认定为具有污染环境的主观过错，有证据证明确系不知情的除外。

《刑法》（2023 修正）第 338 条第 1 款规定：“违反国家规定，排放、倾倒或者处置有放射性的废物、含传染病病原体的废物、有毒物质或者其他有害物质，严重污染环境的，处三年以下有期徒刑或者拘役，并处或者单处罚金；情节严重的，处三年以上七年以下有期徒刑,并处罚金;有下列情形之一的,处七年以上有期徒刑,并处罚金:(一)在饮用水水源保护区、自然保护地核心保护区等依法确定的重点保护区域排放、倾倒、处置有放射性的废物、含传染病病原体的废物、有毒物质,情节特别严重的;(二)向国家确定的重要江河、湖泊水域排放、倾倒、处置有放射性的废物、含传染病病原体的废物、有毒物质,情节特别严重的;(三)致使大量永久基本农田基本功能丧失或者遭受永久性破坏的;(四)致使多人重伤、严重疾病,或者致人严重残疾、死亡的。"

最高人民法院、最高人民检察院《关于办理环境污染刑事案件适用法律若干问题的解释》(法释〔2023〕7 号)第 1 条规定:"实施刑法第三百三十八条规定的行为,具有下列情形之一的,应当认定为'严重污染环境':……(五)通过暗管、渗井、渗坑、裂隙、溶洞、灌注、非紧急情况下开启大气应急排放通道等逃避监管的方式排放、倾倒、处置有放射性的废物、含传染病病原体的废物、有毒物质的……"第 17 条规定:"下列物质应当认定为刑法第三百三十八条规定的'有毒物质':(一)危险废物,是指列入国家危险废物名录,或者根据国家规定的危险废物鉴别标准和鉴别方法认定的,具有危险特性的固体废物;(二)《关于持久性有机污染物的斯德哥尔摩公约》附件所列物质;(三)重金属含量超过国家或者地方污染物排放标准的污染物;(四)其他具有毒性,可能污染环境的物质。"

2019 年 2 月 20 日,最高人民法院、最高人民检察院、公安部、司法部、生态环境部发布的《关于办理环境污染刑事案件有关问题座谈会纪要》"3. 关于主观过错的认定"规定:"……实践中,具有下列情形之一,犯罪嫌疑人、被告人不能作出合理解释的,可以认定其故意实施环境污染犯罪,但有证据证明确系不知情的除外……(6)通过暗管、渗井、渗坑、裂隙、溶洞、灌注等逃避监管的方式排放污染物的……"

二、逃避监管排污违法行为的表现形式

根据前文所列条文可知,逃避监管排放污染物的行为包括:通过暗管、渗井、渗坑、裂隙、溶洞、灌注或者篡改、伪造监测数据的方式排放污染物,在非紧急情况下开启大气应急排放通道,不正常运行防治污染设施等情形。另外,原环境

保护部等部门发布的规范性文件中,增加了逃避监管排污行为的表现形式,具体如下。

原环境保护部《关于〈水污染防治法〉第二十二条有关“其他规避监管的方式排放水污染物”及相关法律责任适用问题的复函》(环函〔2008〕308 号)明确:“《水污染防治法》第二十二条第二款规定:‘禁止私设暗管或者采取其他规避监管的方式排放水污染物。’在实际工作中,‘采取其他规避监管的方式排放水污染物’有多种情形,我部认为,以下几种情形可以理解为属于‘采取其他规避监管的方式排放水污染物’:1. 将废水进行稀释后排放;2. 将废水通过槽车、储水罐等运输工具或容器转移出厂、非法倾倒;3. 在雨污管道分离后利用雨水管道排放废水;4. 其他擅自改变污水处理方式、不经法定排放口排放废水等规避监管的行为。”

《行政主管部门移送适用行政拘留环境违法案件暂行办法》第 5 条规定:“《环境保护法》第六十三条第三项规定的通过暗管、渗井、渗坑、灌注等逃避监管的方式违法排放污染物,是指通过暗管、渗井、渗坑、灌注等不经法定排放口排放污染物等逃避监管的方式违法排放污染物:暗管是指通过隐蔽的方式达到规避监管目的而设置的排污管道,包括埋入地下的水泥管、瓷管、塑料管等,以及地上的临时排污管道;渗井、渗坑是指无防渗漏措施或起不到防渗作用的、封闭或半封闭的坑、池、塘、井和沟、渠等;灌注是指通过高压深井向地下排放污染物。”

《行政主管部门移送适用行政拘留环境违法案件暂行办法》第 6 条规定:“《环境保护法》第六十三条第三项规定的通过篡改、伪造监测数据等逃避监管的方式违法排放污染物,是指篡改、伪造用于监控、监测污染物排放的手工及自动监测仪器设备的监测数据,包括以下情形:(一)违反国家规定,对污染源监控系统进行删除、修改、增加、干扰,或者对污染源监控系统中存储、处理、传输的数据和应用程序进行删除、修改、增加,造成污染源监控系统不能正常运行的;(二)破坏、损毁监控仪器站房、通讯线路、信息采集传输设备、视频设备、电力设备、空调、风机、采样泵及其它监控设施的,以及破坏、损毁监控设施采样管线,破坏、损毁监控仪器、仪表的;(三)稀释排放的污染物故意干扰监测数据的;(四)其他致使监测、监控设施不能正常运行的情形。”

《行政主管部门移送适用行政拘留环境违法案件暂行办法》第7条规定:“《环境保护法》第六十三条第三项规定的通过不正常运行防治污染设施等逃避监管的方式违法排放污染物,包括以下情形:(一)将部分或全部污染物不经过处理设施,直接排放的;(二)非紧急情况下开启污染物处理设施的应急排放阀门,将部分或者全部污染物直接排放的;(三)将未经处理的污染物从污染物处理设施的中间工序引出直接排放的;(四)在生产经营或者作业过程中,停止运行污染物处理设施的;(五)违反操作规程使用污染物处理设施,致使处理设施不能正常发挥处理作用的;(六)污染物处理设施发生故障后,排污单位不及时或者不按规程进行检查和维修,致使处理设施不能正常发挥处理作用的;(七)其他不正常运行污染防治设施的情形。”

原环境保护部《关于逃避监管违法排污情形认定有关问题的复函》(环政法函〔2016〕219号)明确:“……二、企业事业单位和其他生产经营者未配套建设防治污染设施,直接排放污染物的,不属于‘通过不正常运行防治污染设施逃避监管的方式违法排放污染物’的情形。《行政主管部门移送适用行政拘留环境违法案件暂行办法》第五条规定:‘通过暗管、渗井、渗坑、灌注等逃避监管的方式违法排放污染物,是指通过暗管、渗井、渗坑、灌注等不经法定排放口排放污染物等逃避监管的方式违法排放污染物。’据此,如果排污单位未配套建设防治污染设施,直接排放污染物的行为符合‘通过暗管、渗井、渗坑、灌注等逃避监管的方式违法排放污染物’的构成要件的,可以依照相关规定查处。”

综上,通过逃避监管的方式排放污染物的行为可分为三大类:

1. 不经法定排放口排污,主要有:(1)暗管,包括地下排污管道和地上临时排污管道;(2)渗井、渗坑,指无防渗漏措施或起不到防渗作用的坑、池、塘、井、沟、渠等;(3)裂隙、溶洞,指地下裂缝、洞穴等;(4)灌注,指指通过高压深井向地下排放污染物;(5)稀释排污;(6)非法倾倒;(7)利用雨水管道排污等。

2. 篡改、伪造监测数据,是指故意违反国家法律法规、规章等以及环境监测技术规范致使监测数据失真的行为,详见《环境监测数据弄虚作假行为判定及处理办法》。

3. 不正常运行防治污染设施，主要有：(1)通过各种方法将污染物不经处理直接排放；(2)通过违反操作规程或不及时检修等方式致使污染物处理设施不能正常发挥作用。

三、行政机关应确保监测数据的真实有效性

本案因监测人员采样明显不规范，故建议环境局加强对执法人员的培训，同时要求第三方监测机构提高从业人员的环境监测水平，确保环境监测数据的真实有效性。特别是部分检测项目的采样、保存等要求明显不同于其他监测项目，例如 pH、水温、电导率、COD、BOD5、溶解氧(DO)、硫化物、油类、有机物、余氯、细菌总数、大肠菌群、悬浮物、放射性等项目。

另外，最高人民法院、最高人民检察院《关于办理环境污染刑事案件适用法律若干问题的解释》(法释〔2023〕7 号)第 17 条第 3 项已明确规定重金属含量超过国家或者地方污染物排放标准的污染物，才属于《刑法》第 338 条规定的“有毒物质”。因此，环境局在办理逃避监管排污类案件时，宜先核实污水中重金属浓度是否超标再决定是否移送公安机关进行刑事立案，避免导致案件错误地进入刑事司法程序。

8. 按日连续处罚案办理要点

——LH 公司 160 万元按日连续处罚案

摘要

本案发生在疫情刚暴发之时，生态环境局 3 个月内到该公司执法检查 4 次，作出 3 次行政处罚，罚款金额分别为 10 万元、160 万元和 10 万元，共计 180 万元，并限制生产 3 个月。加上疫情影响，企业甚至产生了关闭工厂的想法。盈科广州黎征武律师介入后，生态环境局撤销了 160 万元的行政处罚，改罚为 10 万元。

本案的争议焦点为 3 次行政执法的程序是否合法、环境监测程序是否合法，以及是否符合按日连续处罚条款的适用条件。

案情简介

2019 年 9 月 24 日，××市生态环境局（以下简称环境局）到 LH 公司检查，并对废水排放口进行取样。经检测，废水中化学需氧量（COD）超标。同年 10 月 28 日，环境局向 LH 公司送达《责令改正违法行为决定书》。2020 年 1 月 6 日，环境局针对 LH 公司该次违法行为作出《行政处罚决定书》，处以罚款 10 万元。

2019 年 11 月 13 日，环境局到 LH 公司复查，并对废水排放口进行取样。经检测，废水中 COD 仍超标。同月 26 日，环境局向 LH 公司送达《责令改正违法行为决定书》。2020 年 2 月 26 日，环境局针对 LH 公司第 2 次违法行为作出《行政处罚决定书》，启动按日连续处罚处以罚款 160 万元。

2019年12月26日,环境局再次到LH公司检查,LH公司当日未生产。

2019年12月27日,环境局又到LH公司检查,LH公司正在生产。环境局再次对废水排放口进行取样。经检测,废水中COD仍超标。环境局针对LH公司第3次违法行为作出《行政处罚决定书》,再次启动按日连续处罚,对LH公司处以罚款10万元,并责令限制生产3个月。

经律师介绍,LH公司找到盈科广州黎征武律师,拟委托处理。

律师策略

本案的难点有三:一是环境案件专业性较强,特别是本案为污水超标案件;二是3次行政处罚中,有2次系按日连续处罚;三是救济途径的选择,即如何对3次行政处罚申请行政复议或提起行政诉讼。经综合分析后,黎征武律师决定对第1次和第3次行政处罚提起行政诉讼,对第2次行政处罚申请行政复议。

另外,本次行政处罚系列案中,最重要的是第2次160万元的行政处罚。但是,行政复议原则上采取书面审理的方式。而书面审理的效果有时不尽如人意,特别是本案涉及环境监测合法性的技术问题。因此,有必要让复议机关理解本案召开听证会的重要性。2020年6月,黎征武律师到复议机关阅卷,适时地向复议机关工作人员展示了律师的专业性、表明了对本案的工作态度及提出了案件存在的问题,并当面提交了《听证申请书》。1周后,黎征武律师收到了复议机关该年度第1号《行政复议听证通知书》,定于2020年6月30日召开听证会。

在召开听证会的前一周,环境局电话联系LH公司,称可以基于疫情、及时改正违法行为等情况,对LH公司的第2次行政处罚的罚款金额减少80万元,改罚为80万元。对于环境局的减免政策,LH公司一时陷入了困境。一方面,行政复议、行政诉讼是LH公司最后的救济途径;另一方面,80万元的处罚金额对于任何一家疫情中的小企业来讲,都是难以承受的巨款。鉴于此,黎征武律师向LH公司全面剖析本案问题所在,由LH公司自行决定是否接受调解。最终,LH公司决定继续行政复议。

办理结果

2020年6月30日,复议机关召开听证会。在90天的复议期限即将届满的前一周,环境局电话邀请LH公司到环境局面谈。最终,双方达成调解,将第2次160万元的行政处罚改罚为10万元,LH公司撤回对第1次、第3次行政处罚的行政诉讼,人民法院准予撤诉。

律师评析

一、按日连续处罚的适用条件

《环境保护主管部门实施按日连续处罚办法》第5条规定:“排污者有下列行为之一,受到罚款处罚,被责令改正,拒不改正的,依法作出罚款处罚决定的环境保护主管部门可以实施按日连续处罚:(一)超过国家或者地方规定的污染物排放标准,或者超过重点污染物排放总量控制指标排放污染物的;(二)通过暗管、渗井、渗坑、灌注或者篡改、伪造监测数据,或者不正常运行防治污染设施等逃避监管的方式排放污染物的;(三)排放法律、法规规定禁止排放的污染物的;(四)违法倾倒危险废物的;(五)其他违法排放污染物行为。”第10条规定:“环境保护主管部门应当在送达责令改正违法行为决定书之日起三十日内,以暗查方式组织对排污者违法排放污染物行为的改正情况实施复查。”第19条规定:“按日连续处罚每日的罚款数额,为原处罚决定书确定的罚款数额。按照按日连续处罚规则决定的罚款数额,为原处罚决定书确定的罚款数额乘以计罚日数。”

按日连续处罚又称按日计罚,指按天数计算处罚金额。由上述规定可知,适用按日连续处罚应满足以下三个条件:(1)属于相关法律法规规定的违法行为范畴;(2)第1次违法行为被责令改正,但企业拒不改正;(3)实施复查应当在对第1次违法行为送达《责令改正违法行为决定书》之日起的30日内。本案中,环境局向LH公司送达第1次违法行为的《责令改正违法行为决定书》的时间为2019年10月28日,复查时间为同年11月13日,其间间隔16日。环境局对第1次违法行为罚款的金额为10万元,故对第2次违法行为罚款的金额为160万元(10万元/日×16日)。

但是,本案不符合条件(3)。涉案《行政处罚决定书》载明:2019年9月24日,环境局现场检查并取水样。2019年10月10日,环境局取得《检测报告》。

2019 年 10 月 28 日，环境局向 LH 公司下达《责令改正违法行为决定书》。2019 年 11 月 13 日，环境局对 LH 公司进行复查取样检测，并因 LH 公司排水再次超标作出涉案行政处罚。由法律规定和事实可知，环境局于 2019 年 10 月 10 日取得《检测报告》后，应当在 3 日内即 2019 年 10 月 12 日前向 LH 公司送达《责令改正违法行为决定书》，并应至迟在 2019 年 11 月 10 日前实施复查。故本案环境局于 2019 年 11 月 13 日才对 LH 公司实施复查的行为，违法了法律规定，导致错误地适用按日连续处罚条款。因此，黎征武律师认为，环境局实施复查的时间超过法定期限，2019 年 11 月 13 日查获的超标排放行为应当视为新的违法行为，不应适用按日连续处罚。

二、按日连续处罚的举证责任及举证不能的法律后果

《行政复议法》(2017 修正)第 23 条第 1 款规定："行政复议机关负责法制工作的机构应当自行政复议申请受理之日起七日内，将行政复议申请书副本或者行政复议申请笔录复印件发送被申请人。被申请人应当自收到申请书副本或者申请笔录复印件之日起十日内，提出书面答复，并提交当初作出具体行政行为的证据、依据和其他有关材料。"[①]《行政诉讼法》(2017 修正)第 67 条第 1 款规定："人民法院应当在立案之日起五日内，将起诉状副本发送被告。被告应当在收到起诉状副本之日起十五日内向人民法院提交作出行政行为的证据和所依据的规范性文件，并提出答辩状。人民法院应当在收到答辩状之日起五日内，将答辩状副本发送原告。"因此，对于按日连续处罚案件，不论是行政复议还是行政诉讼，环境局均应当提供前后两次行政执法的全部证据材料，以证明按日连续处罚的合法性。

本案中，第 2 次行政处罚的 160 万元显然是 LH 公司最为关心的。本案第 1 次、第 2 次执法程序的合法性与行政复议结果的关系为：(1)第 1 次执法程序合法，第 2 次执法程序也合法，则行政复议结果为维持 2 次行政处罚。(2)第 1 次执法程序合法，第 2 次执法程序不合法，则行政复议结果为撤销第 2 次行政处罚。(3)第 1 次执法程序不合法，第 2 次执法程序合法，则行政复议结果为撤销第 1 次

① 对应现行《行政复议法》(2023 修订)第 48 条。

行政处罚。如此,第2次行政处罚不再具有按日连续处罚的基础,亦应当撤销,只能针对第2次违法行为单独实施行政处罚。(4)第1次执法程序不合法,第2次执法程序也不合法,则行政复议结果为2次行政处罚均予撤销。具体情况如表1所示。

因此,只要环境局前两次行政处罚中,任何1次依法具有被撤销的理由,则本案第2次160万元的按日连续处罚均可被撤销,如表1所示。

表1　执法程序合法性与行政复议结果

<table>
<tr><th>序号</th><th>第1次执法</th><th>第2次执法</th><th>行政复议结果</th></tr>
<tr><td>1</td><td rowspan="2">合法</td><td>合法</td><td>维持2次行政处罚</td></tr>
<tr><td>2</td><td>不合法</td><td>撤销按日连续处罚</td></tr>
<tr><td>3</td><td rowspan="2">不合法</td><td>合法</td><td>撤销按日连续处罚</td></tr>
<tr><td>4</td><td>不合法</td><td>撤销按日连续处罚</td></tr>
</table>

三、救济途径的选择——行政复议还是行政诉讼

环境行政处罚案件的基本流程为立案、调查取证、作出处罚告知书并送达、陈述申辩/听证、法制审核、负责人决定/集体讨论、作出处罚决定并送达,所形成的证据和文书包括《立案审批表》、《现场检查(勘察)笔录》(含照片、视频等视听资料)、《调查询问笔录》、《案件调查报告》、《责令改正违法行为决定书》、《行政处罚(听证)告知书》、《法制审核报告》、《集体审议记录》、《行政处罚决定书》等。

上述证据和文书中,环境局在作出行政处罚过程中送达给行政相对人的一般只有《责令改正违法行为决定书》《行政处罚(听证)告知书》《行政处罚决定书》,没有《现场检查(勘察)笔录》(含照片、视频等视听资料)、《调查询问笔录》。而本案为污水超标案件,故环境监测的合法性是本案需要重点审查的内容之一。因此,如何获取到本次系列案件的证据尤为关键,这就涉及行政复议和行政诉讼的区别。

行政复议和行政诉讼的区别主要体现在以下七个方面。

(一)受理部门

《行政复议法》(2017修正)第12条第1款①规定:"对县级以上地方各级人民

① 对应现行《行政复议法》(2023修订)第28条。

政府工作部门的具体行政行为不服的，由申请人选择，可以向该部门的本级人民政府申请行政复议，也可以向上一级主管部门申请行政复议。”《行政诉讼法》（2017 修正）第 2 条第 1 款规定：“公民、法人或者其他组织认为行政机关和行政机关工作人员的行政行为侵犯其合法权益，有权依照本法向人民法院提起诉讼。”

也就是说，行政复议的受理部门为行政机关的本级人民政府或上一级主管部门，行政诉讼的受理部门为人民法院。这一差异导致了案件双方对抗的激烈程度、行政相对人的胜诉率以及案件达成调解的可能性均有所不同。行政复议是在行政系统内部寻求解决方案，能够在一定程度上降低对抗性，有助于双方达成某种形式的调解。而行政诉讼则是在法院的监督下进行，双方对抗性显著增加。因此，对于 LH 公司最为关注的 160 万元的行政处罚，黎征武律师建议申请行政复议。

（二）时效

《行政复议法》（2017 修正）第 9 条第 1 款①规定：“公民、法人或者其他组织认为具体行政行为侵犯其合法权益的，可以自知道该具体行政行为之日起六十日内提出行政复议申请；但是法律规定的申请期限超过六十日的除外。”《行政诉讼法》（2017 修正）第 46 条第 1 款规定：“公民、法人或者其他组织直接向人民法院提起诉讼的，应当自知道或者应当知道作出行政行为之日起六个月内提出。法律另有规定的除外。”

也就是说，行政复议的时效为 60 日，行政诉讼的时效为 6 个月。本案第 1 次行政处罚已经超过行政复议的时效，故只能提起行政诉讼。

（三）行政相对人查阅证据的方式

《行政复议法》（2017 修正）第 23 条第 2 款②规定：“申请人、第三人可以查阅被申请人提出的书面答复、作出具体行政行为的证据、依据和其他有关材料，除涉及国家秘密、商业秘密或者个人隐私外，行政复议机关不得拒绝。”《行政诉讼法》（2017 修正）第 67 条第 1 款规定：“人民法院应当在立案之日起五日内，将起诉状副本发送被告。被告应当在收到起诉状副本之日起十五日内向人民法院提交作

① 对应现行《行政复议法》（2023 修订）第 20 条第 1 款。
② 对应现行《行政复议法》（2023 修订）第 47 条。

出行政行为的证据和所依据的规范性文件，并提出答辩状。人民法院应当在收到答辩状之日起五日内，将答辩状副本发送原告。”

也就是说，在行政复议中，行政机关只需提供一份证据材料给复议机关，无需提供副本给行政相对人。行政相对人需要查阅证据的，只能到复议机关查阅，没有复制证据材料的权利。而在行政诉讼中，行政机关必须为行政相对人提供证据材料的副本，由人民法院送达给行政相对人。

本案行政处罚系列案均为污水超标案件，涉及现场采样视频、原始采样记录、环境监测报告、实验室原始分析记录等证据，技术性强，需要反复研究。若申请行政复议，则无法抽丝剥茧般地细致研究，也无法反复翻阅。因此，黎征武律师对本系列案采取了“行政复议 + 行政诉讼”的组合方式，通过行政复议保持与环境局沟通以获得调解，通过行政诉讼以获取案件证据材料。

（四）审理期限

《行政复议法》（2017 修正）第 31 条第 1 款[①]规定：“行政复议机关应当自受理申请之日起六十日内作出行政复议决定；但是法律规定的行政复议期限少于六十日的除外。情况复杂，不能在规定期限内作出行政复议决定的，经行政复议机关的负责人批准，可以适当延长，并告知申请人和被申请人；但是延长期限最多不超过三十日。”《行政诉讼法》（2017 修正）第 81 条规定：“人民法院应当在立案之日起六个月内作出第一审判决。有特殊情况需要延长的，由高级人民法院批准，高级人民法院审理第一审案件需要延长的，由最高人民法院批准。”

也就是说，行政复议审理期限为 60 日，最多可延长 30 日。行政诉讼审理期限为 6 个月，可延长。一般情况下，行政相对人希望能尽快解决争议，故可优先考虑申请行政复议。

（五）审理方式

《行政复议法》（2017 修正）第 22 条[②]规定：“行政复议原则上采取书面审查的办法，但是申请人提出要求或者行政复议机关负责法制工作的机构认为有必要

① 对应现行《行政复议法》（2023 修订）第 62 条第 1 款。

② 现行《行政复议法》（2023 修订）删除了此条。

时,可以向有关组织和人员调查情况,听取申请人、被申请人和第三人的意见。”《行政诉讼法》(2017 修正)第 54 条规定:“人民法院公开审理行政案件,但涉及国家秘密、个人隐私和法律另有规定的除外。涉及商业秘密的案件,当事人申请不公开审理的,可以不公开审理。”

也就是说,行政复议原则上采取书面审理的方式,行政诉讼一审应当开庭审理。基于此,本案黎征武律师通过简单交流、认真阅卷、记录采样要点等一系列动作,引起复议机关重视,提交书面材料正式向复议机关申请召开听证会,并最终获得支持。也正因如此,环境律师团队得以充分向环境局和复议机关展示本案存在的问题,为后续解决行政争议打下了良好的基础。

(六)后续救济途径

《行政复议法》(2017 修正)第 5 条[①]规定:“公民、法人或者其他组织对行政复议决定不服的,可以依照行政诉讼法的规定向人民法院提起行政诉讼,但是法律规定行政复议决定为最终裁决的除外。”《行政诉讼法》(2017 修正)第 85 条规定:“当事人不服人民法院第一审判决的,有权在判决书送达之日起十五日内向上一级人民法院提起上诉。当事人不服人民法院第一审裁定的,有权在裁定书送达之日起十日内向上一级人民法院提起上诉。逾期不提起上诉的,人民法院的第一审判决或者裁定发生法律效力。”

也就是说,在行政复议中,行政相对人不服行政复议决定的,可再向人民法院提起行政诉讼。但行政机关不服行政复议决定的,则再无救济权利,应当服从复议机关的决定。在行政诉讼中,行政相对人和行政机关不服人民法院一审判决或裁定的,均有权提起上诉。

(七)复议机关身份的变化

《行政诉讼法》(2017 修正)第 26 条第 1 款规定:“公民、法人或者其他组织直接向人民法院提起诉讼的,作出行政行为的行政机关是被告。”第 2 款规定:“经复议的案件,复议机关决定维持原行政行为的,作出原行政行为的行政机关和复议机关是共同被告;复议机关改变原行政行为的,复议机关是被告。”

---

① 对应现行《行政复议法》(2023 修订)第 10 条。

也就是说，若复议机关维持原行政处罚，行政相对人提起行政诉讼的，需以行政机关和复议机关为共同被告。该条文立法目的是通过将复议机关列为共同被告的方式，要求复议机关履行好监督职责，依法严格审查行政行为，有利于解决行政争议。但是，在行政诉讼中，复议机关从行政复议中的裁判员，变成了行政诉讼的被告，身份进行了转变。目前，全国大部分地区的环境行政处罚仍以地级市生态环境局的名义作出，则复议机关为地级市人民政府。考虑到法律之外的其他客观因素，此种情形对行政相对人较为不利。

综上，从行政相对人的角度分析，行政复议具有双方对抗强度低、便于调解、审理期限短、可继续提起行政诉讼等优点。但也存在原则上书面审理、复议机关身份转变等不利因素。因此，在选择救济途径时，应当全面考量案件特点、行政相对人目的等事项，妥善确定救济途径。

四、本案采样程序规范性问题

在废水、废气超标等案件中，环境监测报告是核心证据。

本案除复查是否超过 30 天外，另一争议焦点为涉案《检测报告》的有效性。针对本案环境监测规范性问题，黎征武律师和环境局均多次向复议机关提交法律意见。

（一）行政复议代理意见

本案听证会后，黎征武律师向复议机关提交了如下代理意见（节选）：

××行政复议案代理意见

一、取样人员取样过程严重不规范且未添加固定剂，导致所有指标监测结果失真，涉案《检测报告》依法不能作为定案依据

（一）取样人员取样过程严重不规范

1. 2019 年 9 月 24 日取样中，执法人员取样点位选取不规范

（1）在蓄水池取样可能导致监测结果失真的原理

被申请人 2019 年 9 月 24 日是在蓄水池中取样。为了说明取样点位选取的不

规范性,代理人先解释在排水口和在蓄水池取样的区别。

原理:众所周知,不论河水清浊缓急,水中的石头上都会附着藻类等植物活体及残骸、泥巴等沉积物。污水中的COD、氨氮、总磷等物质可以为植物和微生物提供营养来源。因此,工厂排污口的蓄水池、排水沟内壁和底部通常会同时附着藻类活体及残骸、悬浮物等沉积物。而且,上述附着的生物活体及残骸会吸附水中的悬浮物,悬浮物又进一步为藻类的附着提供便利,两者互相促进对方的附着。一段时间后,蓄水池内壁和底部都会附着大量藻类活体及残骸、悬浮物等沉积物,这也是蓄水池(包括居民屋顶自来水蓄水池)内部通常呈黄色、绿色或灰色(不同藻类颜色有所不同)的原因。

因此,若人为大力搅动蓄水池,可能导致蓄水池底部的沉积物上浮。而《地表水和污水监测技术规范》(HJ/T 91 -2002)[①]4.2.3.2 采样方法 e. 注意事项第(1)项规定:"采样时不可搅动水底的沉积物",故在蓄水池采样可能会导致监测结果失真。

(2)采样人员搅动蓄水池,故在蓄水池取样不符合规范

由2019年9月24日的取样视频可知,采样人员取样时蓄水池水量较少。因此,采样人员在蓄水池反复大幅度舀水取样并将荡洗取样器的水倒回蓄水池的行为,必然搅动蓄水池上附着的和水底沉积的沉积物。故在蓄水池中取样检测,将导致监测结果失真。

2.2019年9月24日取样中,执法人员荡洗采样器材(取样器和容器)的操作不规范

(1)荡洗采样器材的目的

《地表水和污水监测技术规范》(HJ/T 91 -2002)4.2.4.4 规定,采样时,除细菌总数、大肠菌群、油类、溶解氧(DO)、五日生化需氧量(BOD5)、有机物、余氯等有特殊要求的项目外,要先用采样水荡洗采样器与水样容器2~3次。

荡洗是取样的第一步,荡洗不规范将直接导致采样无效。在取样前,采样器

① 《地表水和污水监测技术规范》(HJ/T 91 -2002)中污水监测技术的部分已被废止,现行版本为《污水监测技术规范》(HJ 91.1 -2019)。

材上可能沾有水分或水分已经蒸发。但不论如何,采样器材上原有的水分与拟采集的水样组分是截然不同的。荡洗的目的,就是用拟采集的水样冲洗掉原采样器材上的水分,使荡洗后采样器材上附着的水与拟采集的水样一致,以保证监测结果的准确性。

(2)2019 年 9 月 24 日取样中,用蓄水池中的污水荡洗采样器材的操作不规范

如前所述,采样人员取样时大力搅动蓄水池中沉积物,故用蓄水池中的污水荡洗采样器材的操作严重不规范。

况且,荡洗采样器材后的污水属于废水,取样时应另外处置。但采样人员将荡洗后的废水倒回蓄水池,必然污染蓄水池中的污水。因此,若再将被污染的水样用于测定,必将导致监测结果失真。

3. 2019 年 11 月 13 日取样,执法人员清洗取样器的操作不规范

《地表水和污水监测技术规范》(HJ/T 91 - 2002)表 4 - 4 规定:COD 的采样器洗涤(非荡洗)方法为“洗涤剂洗一次,自来水三次,蒸馏水一次”,采样器的洗涤一般应提前在实验室完成,且需用实验室专用毛刷刷洗,部分器材还需用超声波洗涤。

但是,取样人员现场用手擦洗取样器,说明采样人员所用采样器未在实验室按规定的方式清洗,该操作严重违反了上述技术规范的要求,不能保证采样器充分清洗干净,故本次监测结果失真。

(二)两次取样后均未添加保存剂

保存剂,也叫固定剂,作用是保证监测结果的准确性。

《地表水和污水监测技术规范》(HJ/T 91 - 2002)5. 2. 3“污水样品的保存、运输和记录”明确规定:“污水样品的组成往往相当复杂,其稳定性通常比地表水样更差,应设法尽快测定。保存和运输方面的具体要求参照 4. 2. 3. 4 地表水样的有关规定和表 4 - 4 执行……”

《地表水和污水监测技术规范》(HJ/T 91 - 2002)4. 2. 3. 2 采样方法 c 规定:“在水样采入或装入容器中后,应立即按表 4 - 4 的要求加入保存剂。”4. 2. 4“水质采样的质量保证”4. 2. 4. 4 规定:“采样时……按要求立即加入相应的固定

剂……”

但是，本案采样人员两次采样后均未添加固定剂，严重违反上述技术规范的要求，导致监测结果严重失真。

略。

（二）环境局第1次补充答辩

针对上述代理意见，环境局向复议机关提交了《关于×环行复〔2020〕××号案件的补充答复》，内容摘录如下：

贵局关于LH公司行政复议案件（×环行复〔2020〕××号）技术审查意见已收悉。经认真研究，我们认为保存剂和保存期的规范性问题不影响本案处罚决定的合法性与合理性，并提出以下观点，恳请采纳。

一、未加入保存剂和保存期过长对COD浓度的影响

（一）水样在保存期间的变化

从《水质 样品的保存和管理技术规定》（HJ 493－2009）关于水样变化原因的表述，可以看出，水样在保存期间会发生物理、化学、生物作用，致使组分改变。根据该表述，结合一定的经验，我们认为，随着保存时间的增加，氧化作用和生物作用会使有机物分解，从而使COD浓度降低。

（二）水样添加保存剂的作用

根据《水质 样品的保存和管理技术规定》关于添加保存剂的表述，结合COD的特点，我们认为，水样加酸控pH的作用主要是抑制微生物活动，减少其对有机物的分解，避免COD浓度降低。

（三）水样未加保存剂对COD浓度的影响

《影响COD测定因素探讨——样品保存时间和样品回流冷却后放置时间的影响》一文的研究表明，样品未加保存剂，4℃条件下48h内CODCr值无明显变化。《保存时间及酸性固定剂对地表水中CODCr的影响》一文的研究表明，不加酸性固定剂测得结果明显低于加酸性固定剂测得结果。

（四）水样保存期过长对COD浓度的影响

《COD水样保存过程中衰减情况的统计分析》一文的研究表明，水样保存期

过长,COD 浓度明显下降。

以上研究表明,未加入保存剂和保存期过长,会导致实测 COD 浓度比真实 COD 浓度低。本案实测 COD 浓度 323mg/L、154mg/L 均已超过排污许可证允许的 90mg/L 标准值,且超标达 2.59 倍和 0.71 倍。

综上,可以认定 LH 公司 COD 真实浓度超标。

二、保存剂和保存期的规范性问题不影响相关《检测报告》的证据资格

最高人民法院《关于适用〈中华人民共和国行政诉讼法〉的解释》第 42 条规定,能够反映案件真实情况、与待证事实相关联、来源和形式符合法律规定的证据,应当作为认定案件事实的根据,即行政诉讼证据应具备真实性、关联性和合法性。

相关《检测报告》得出的 COD 浓度虽然不能直接反映真实 COD 浓度的具体数值,但能够反映出“真实浓度 > 实测浓度(323mg/L、154mg/L)”这一案件真实情况,具备真实性。《检测报告》与本案待证的“未按照排污许可证的规定排放污染物”“拒不改正”等事实相关联,具备关联性。《检测报告》来源和形式符合法律规定,具备合法性。所以,虽然保存剂和保存期存在规范性问题,但《检测报告》具备证据资格,应当作为认定案件事实的根据。

三、保存剂和保存期的规范性问题对本案合法性和合理性的影响

(一)对本案合法性的影响

相关《检测报告》可以反映 LH 公司排污“真实浓度 > 实测浓度(323mg/L、154mg/L)”这一事实,结合其他在案证据,可以对 LH 公司“未按照排污许可证的规定排放污染物”“拒不改正”的违法行为进行认定,能够做到事实清楚、证据充分。所以,保存剂和保存期的规范性问题不影响本案违法行为的认定,不影响处罚决定的合法性。

(二)对本案合理性的影响

未加入保存剂、保存期过长导致《检测报告》COD 浓度偏小,所以由《检测报告》结果计算得出的实际超标倍数应小于 LH 公司排污的真实超标倍数。本案按照《检测报告》结果计算得出的实际超标倍数确定处罚裁量,既不违反裁量基准,

也有利于相对人,并无不当。

四、正视保存剂和保存期等采样监测过程中的规范性问题

虽然我们认为相关《监测报告》可以作为认定本案事实的根据,以及保存剂和保存期的规范性问题不影响本案处罚决定的合法性与合理性,但不意味着我们认可本案反映出的采样监测过程中的不规范行为。接到贵局的技术审查意见后,我们立即汇报给有关领导,并通知执法机构和监测机构,要求其按照有关标准规范认真学习、整改。本案也反映出我们在法制审查过程中存在需要改进之处。我们将继续认真研讨本案涉及的问题,在今后每个案件的审查中加大规范性审查力度,并定期组织培训,着力提升执法人员和监测人员的业务水平,确保不再出现类似问题。

(三)第1次补充代理意见

针对环境局的补充答辩意见,黎征武律师提交了第1次补充代理意见如下(节选):

××行政复议案补充代理意见

略。

1. 环保部门能否以监测结果严重失真的监测报告作为行政处罚的执法依据?若能,原环境保护部发布《地表水和污水监测技术规范》(HJ/T 91-2002)的意义何在?生态环境部于2019年12月24日发布《污水监测技术规范》(HJ 91.1-2019)对《地表水和污水监测技术规范》(HJ/T 91-2002)进行部分修改的意义何在?

2. 不是所有论文都具有权威性,被申请人提供的论文毫无意义。环保部门执法人员采样依据的是生态环境部发布的技术规范,而不是非核心期刊的文章。

3. 依被申请人所言,是不是环保部门执法人员采集水样后均可以不添加固定剂?均可以无视样品保存温度及期限?若可以,生态环境部发布环境监测技术规范的意义何在?

4. 被申请人引用的论文的观点没有任何实际意义。生态环境部制定环境监

测技术标准,对加入保存剂和保存期限进行严格规定的目的,正是因为未添加保存剂和超过保存期限会导致监测结果严重失真。

5. 被申请人在第5页第2段既承认"相关《检测报告》得出的COD浓度虽然不能直接反映真实COD浓度的具体数值",又称"(涉案《检测报告》)具有真实性";既承认"保存剂和保存期限存在规范性问题",又称"《检测报告》具有证据资格";在第6页第2段既承认"不意味着我们认可本案反映出的采样监测过程中的不规范行为",又认为涉案《检测报告》可以作为定案依据。被申请人的逻辑自相矛盾,既然依据不规范的采样作出的《检测报告》可以作为证据,被申请人又为何表示会"按照有关标准规范认真学习、整改"? 被申请人的言行严重违背了国家环境监测法律法规和制度,严重损害了我国环境监测制度的公信力和权威,应当予以纠正。

6. 根据《××市环境行政处罚裁量标准》裁量标准可知,污水中污染物的超标倍数越高,行政相对人所面临的行政处罚金额也越高。被申请人始终认为本案采样人员未添加固定剂和超过保存期限的行为会导致COD监测结果偏低,故采样人员的行为有利于申请人。但若该意见被采纳,说明被申请人承认自己的行为造成了国家行政处罚罚款的流失,有损国家利益。因此,代理人建议贵局对被申请人的违法行为进行依法处理。

略。

(四)环境局第2次补充答辩

针对黎征武律师提出的关于环境监测合法性的疑问,环境局提交了第2次答辩意见,摘录如下:

(一)取样人员取样过程规范

1. 取样人员取样点位选取符合规范

针对申请人提出的"在蓄水池采样可能导致监测结果失真"之意见,我局答复如下:根据《××省污染源排污口规范化设置导则》第二章第10条的规定,"污水排放口位置应根据实际地形和排放污染物的种类情况确定,原则应设置一段长度不小于1米长的明渠。"而申请人所称"蓄水池"实际是上述规定中所指的"明渠”,所以明渠也属于污水排放口,采样点选在明渠是符合规范的。视频拍摄期间,该明渠持续进水,但水位未见上升,足见该池不是蓄水池,而是有一定水深的排水渠道。采样人员选取的采样位置也是在当时条件下最适宜的。靠前则水深太浅,难以取样;靠后则进入缓流区,水有一定的回流,不适合取样。在9月24日和11月13日现场检查时,申请人法定代表人均在场,未对采样位置提出任何异议。

2.取样人员涤荡采样器材符合规范

针对申请人提出的“采样人员取样时大力搅动蓄水池中沉积物,故用蓄水池中的污水荡洗采样器材的操作严重不规范”之意见,我局答复如下:采样人员是按照《地表水和污水监测技术规范》(HJ/T 91－2002)中关于荡洗采样器材的相关规定,在靠前的位置(水流自上而下处),用采样水对采样器与水样容器进行荡洗,并不是如申请人描述的“大力搅动蓄水池中沉积物”。明渠中也未见沉积物质。针对申请人提出的“采样人员将荡洗后的废水倒回蓄水池,必然污染蓄水池中的污水”之意见,我局答复如下:明渠内的水是流动的。采样位置靠前,荡洗后的水倒回明渠的位置靠后,荡洗水会直接排走,不会影响采集水样。

3.取样器已按照规定进行了清洗

针对申请人提出的“2019年11月13日取样时,执法人员清洗取样器的操作不规范”之意见,我局答复如下:2019年11月13日现场采样时使用的取样器,在现场采样前已按照规定完成洗涤,因此并未在采样视频中展现。

4.保存剂和保存期问题不影响本案处罚决定的合法性与合理性

我局曾于2020年5月22日向贵局提交《关于×环行复〔2020〕11号案件的补充答复》(附件1),论证保存剂和保存期问题不影响本案处罚决定的合法性与合理性。

(二)2019年10月10日签发的《检测报告》合法有效

1.《检测报告》签发人员属于检验检测机构资质认定授权签字人

针对申请人提出的“《检测报告》未提供签发人员和审核人员的资质,不能证明《检测报告》签发、审核过程的合法性”之意见,我局答复如下:2019年10月10

日签发《检测报告》的检测单位为××有限公司,该公司是依法取得检验检测机构资质认定(CMA)的第三方检测公司;该份报告的签发人张某某为检验检测机构资质认定证书附表中明确记载的授权签字人;审核人员黄某某为通过实验室内部考核授权的审核人员(相关证明材料见附件2)。且依据《检验检测机构资质认定能力评价检验检测机构通用要求》(RB/T 214－2017)中4.2.4及4.2.5条款,报告A2190255178108C的审核、签发流程符合规定的要求,具有合法性。

2.《检测报告》中"黄某某"签名均为本人签名

针对申请人提出的"《检测报告》的《报告说明》中黄某某的签名、《送样监测委托单》中黄某某的签名和《环境实验室监测报告审核记录表》中黄某某的签名字迹各不相同,故《检测报告》因审核程序严重违法而无效"之意见,我局答复如下:经检测机构实验室确认,该三处签名均为黄某某本人所签,不存在代签的情况,后附黄某某对其三种签名方式的说明(附件3)。

3.检测水样与采集水样一致

针对申请人提出的"2019年9月24日的取样视频显示取样人员现场采集的水样有4瓶,但《检测报告》所附送检样品照片和《送样监测委托单》样品量均显示只有3瓶水样。故本案检测的水样和采集的水样同一性存疑"之意见,我局答复如下:检测水样确为9月24日在申请人污水排放口采集水样。虽然现场采集水样有4瓶,但由于检测项目仅需3瓶水样,因此多出的一瓶作为留存水样未送检。

申请人主张送检的样品数量少于取样数量,水样不具有同一性,逻辑上也不能成立。

4.保存剂和保存期问题不影响本案处罚决定的合法性和合理性

我局认为保存剂和保存期问题不影响本案处罚决定的合法性和合理性。

5.COD的实际采样量可满足检测用量

针对申请人提出的"本案COD的采样量严重不符合规范"之意见,我局答复如下:报告A2190255178108C中COD为单独1瓶样品,依据《水和废水监测分析方法》(第四版增补版)第三篇第三章二(三)中条款,检测该项目时,每次检测只需3mL水样样品即可,按照实际送样样品的体积,是可以满足相关检测的用量。

对于补充意见中提出的平行样与可能的复测,第三方检测机构依据内部质量控制方案,在每批检测中均有采取相关的质量控制措施,包含平行样品、加标回收、质控盲样检测,质控手段满足《检验检测机构资质认定能力评价检验检测机构通用要求》中4.5.19条款要求。查阅该样品的检测原始记录,COD项目采用了实验室内部平行检测的质控手段,其相对偏差满足检测标准方法的要求。

申请人所引用的《地表水和污水监测技术规范》系推荐性标准,不具有强制力。

(三)2019年11月19日签发的《检测报告》合法有效

1. 涉案《检测报告》真实有效

针对申请人提出的"被申请人提交给复议机关的《化学需氧量结果报告表》(续)和被申请人作为被告在××号案提交的同一《检测报告》的《化学需氧量结果报告表》(续)不一致,故涉案《检测报告》的真实性存疑"之意见,我局答复如下:经核实,我局提交给复议机关的《化学需氧量结果报告表》(续)与被申请人作为被告在××号案提交的同一《检测报告》的《化学需氧量结果报告表》(续)一致。

2. 检测水样与采集水样一致

针对申请人提出的"《检测报告》中《污染源废水采样原始记录表》上接样人员是彭某某,而《检测任务单(b)》上接样人是钟某某,因此检测的水样和采集的水样同一性存疑"之意见,我局答复如下:本次检测样品为我局执法人员进行采样后委托第三方检测机构分析的送样检测,第三方检测机构人员彭某某到我局取样,负责将样品送回检测机构;该样品由第三方检测机构项目部管理人员钟某某接样、核实样品信息并安排实验室检测。本份记录中《污染源废水采样原始记录表》、接收样品照片、《检测任务单(b)》中样品编号均为FS191113401,可证明报告中检测的水样和采集的水样确为同一瓶样品。

3. 检测使用COD质控样品一致

针对申请人提出的"《检测报告》中《COD测定原始记录表》质控样品编号前后不一致,不能证明实验中质量控制的有效性"之意见。我局答复如下:《COD测定原始记录表》中第1页COD质控编号B36－××为实验室内部编号,第2页COD质控编号BY××为标液证书编号及批号。根据相关采购合同、入库记录、领用记录及标液证书(附件4)可证明,第三方检测机构于2019年10月24日购买,2019年10月28日入库的内部编号为B36－××的COD－铬标液的编号及批号为BY××,记录表前后均为同一瓶标液,可证明实验中质量控制的有效性。

(五)第2次补充代理意见

针对环境局的第2次补充答辩意见,黎征武律师提交了第2次补充代理意见,摘录如下:

××行政复议案补充代理意见(2)

略。

一、对被申请人认为"《地表水和污水监测技术规范》(HJ/T 91－2002)属于国家推荐性标准,不是强制性标准,也不是法律"的意见

1.《地表水和污水监测技术规范》虽然属于行业标准,但在《污水监测技术规范》(HJ 91.1－2019)生效前,我国环境监测领域污水的采集和保存等操作一直以该规范为技术导则。

2.在2019年9月24日的《污染源废水采样原始记录表》上,"(采样)方法依据"为《水质　采样技术指导》(HJ 494－2009)。但《水质　采样技术指导》中并未对污水采集方法、保存方法和保存期限等作具体规定。实践中,污水采样仍依照《地表水和污水监测技术规范》执行。

3.2019年12月24日,生态环境部发布国家环境保护标准《污水监测技术规范》,该规范已于2020年3月24日生效实施。该规范前言部分称,"本标准是对《地表水和污水监测技术规范》(HJ/T 91－2002)中污水监测技术规范部分的修订。"由此可见,《地表水和污水监测技术规范》经过修订后已成为国家标准,侧面印证了《地表水和污水监测技术规范》的权威性和普适性。

4. 出具日期为2019年10月10日的《检测报告》中,COD的监测方法为《水和废水监测分析方法》(第四版增补版)中的快速密闭催化消解法。

首先,《水和废水监测分析方法》(第四版增补版)第45页表2-3-1中关于测定COD水样的保存、采样体积和容器洗涤方法,与《地表水和污水监测技术规范》中的规定一致,都要求加入保存剂至pH≤2,保存期为2天,采样量(单项样品的最少采样量)为500ml。而本案测定COD的水样未添加保存剂、保存期限超过2天、采样量只有100ml,严重不符合《水和废水监测分析方法》(第四版增补版)和《地表水和污水监测技术规范》的规定。

其次,《水和废水监测分析方法》(第四版增补版)第216页(三)快速密闭催化消解法第3部分"水样的采集和保存"规定,水样采集后,应加入硫酸调至pH<2,并尽快分析,必要时应在4℃冷藏保存,并在48小时内测定。而本案测定COD的水样既未添加保存剂,亦未冷藏,且保存时间超过48小时,严重不符合快速密闭催化消解法的规范要求。

5. 出具日期为2019年11月19日的《检测报告》中,COD的监测方法为《水质 化学需氧量的测定 重铬酸钾法》(HJ 828-2017),该方法为国家标准。但是,《水质 化学需氧量的测定 重铬酸钾法》"2 规范性引用文件"中仍引用了"HJ/T 91 地表水和污水监测技术规范"。而当时HJ/T 91的有效版本即《地表水和污水监测技术规范》。由此可见,《地表水和污水监测技术规范》在水样的采集和保存方面的权威性和普适性。

6. 在被申请人2019年12月27日的《污染源废水采样原始记录表》中,"(采样)方法依据"为《地表水和污水监测技术规范》。虽然该次采样与本案无关,但这充分说明了《地表水和污水监测技术规范》在环境监测领域的权威性和普适性。

因此,虽然《地表水和污水监测技术规范》属于行业标准,但在《污水监测技术规范》生效前,我国环境监测领域各种国家标准规定的污水的采集和保存等操作,仍以《地表水和污水监测技术规范》为技术导则。现被申请人采样过程严重不符合该规范,涉案出具日期为2019年10月10日和2019年11月19日的《检测报告》均无效,依法不能作为定案证据,故涉案行政处罚依法应予撤销。

二、对被申请人认为“涉案《监测报告》仍可作为证据”的意见

环境监测的重要性不言而喻,简言之:从国家层面讲,《监测报告》是国家和地方了解河流湖泊等水体的水质状况、开展环境管理的根本,是国家和地方制定环境质量标准和污水排放标准的重要依据;从个人层面讲,《监测报告》是环保部门执法的核心证据,是环保部门对被执法人作出行政处罚及确定处罚额度的核心证据,是环保部门将案件移交公安机关追究刑事责任及法院量刑的核心证据。

因此,不论是基于国家环境管理的需要还是个人权益的保护,都有必要对环境监测人员的监测行为进行严格规范。

以后者为例,在环境行政处罚行政案件和污染环境罪刑事案件中,环境监测结果——《监测报告》通常是案件的核心证据。环境监测人员看似简单、常规的操作,实际上直接决定了他人的财产权甚至自由和尊严,即环境监测人员直接掌握着决定他人命运的生死大权。

国家环保意识的空前提升,导致环境行政和环境刑事案件数量急剧增加,由此产生的环境监测服务催生了社会第三方监测机构(包括事业单位和企业)迅猛发展。但是,由于第三方监测机构法律意识淡薄,环境监测人员专业素质参差不齐,导致近年来环境监测乱象频出。

为了整治环境监测不规范的问题,2010 年,原环境保护部下发了《关于进一步加强新时期环境监测工作的意见》;2016 年,原环境保护部印发了《“十三五”环境监测质量管理工作方案》;2017 年,国务院再次印发了《关于深化环境监测改革提高环境监测数据质量的意见》。这些文件都要求实施全过程环境监测质量管理,保证监测数据的科学性、规范性,保障监测数据的准确性和权威性。除了国家层面,各地方也相继出台了相关规定。

上述规定的密集出台,充分说明了国家和地方对环境监测规范性的重视。然而,即便相关规定层出不穷,实务中环境监测状况依然令人担忧。2020 年 2 月 17 日,生态环境部审议并原则通过了《生态环境监测条例(草案)》。该条例“编制说明”明确指出,当前我国生态环境监测数据质量有待进一步提高。原因是生态环境监测机构服务水平良莠不齐,导致生态环境监测数据质量问题突出,制约了环

境管理水平的提高。可见,环境监测数据质量问题,早已引起了国家的重视。

因此,为了倒逼监测机构规范监测行为,在环境案件中,复议机关和司法机关有必要通过案例的方式来遏制环境监测乱象,督促环境监测人员规范监测行为,其中环境行政处罚案件中复议机关和法院撤销行政处罚决定、污染环境罪刑事案件中检察院不予批捕、撤回起诉和法院从证据存疑的角度作出相应的裁判显得尤为重要。

被申请人在多次环境监测过程中已经存在严重的不规范行为,但其仍认为涉案《检测报告》可作为定案证据,该观点严重了违背国家环境监测法律法规和制度,极度助长了监测机构和监测人员的不规范监测行为,严重损害了我国环境监测制度的公信力和权威。

若贵局不予采纳被申请人的观点和涉案《检测报告》,并依法撤销涉案行政处罚,不仅属于依法行政的合法行为,更能有效鞭策被申请人及相关监测机构规范监测行为,有效维护我国环境监测制度的公信力和权威。

三、对《行政复议补充答复书》的回复

1. 对被申请人认为"对'法定程序'范围的理解,应依据《行政处罚法》规定的程序"的意见

依被申请人所言,《环境行政处罚办法》《环境保护主管部门实施按日连续处罚办法》不属于"法",那环保部门执法是否可无视《环境行政处罚办法》《环境保护主管部门实施按日连续处罚办法》的程序性规定?

2. 对被申请人认为"《地表水和污水监测技术规范》属于国家推荐性标准,不是强制性标准,也不是法律"的意见

请贵局依法查明被申请人采样时依据的技术规范是否为《地表水和污水监测技术规范》? 若不是,被申请人采样依据的是何规范? 若是,被申请人采样不符合上述技术规范,以此采样为依据作出的《检测报告》能否作为定案证据?

3. 关于被申请人认为"(采样时)申请人法定代表人均在场,未对采样位置提出任何异议"的意见

依被申请人所言,其进行行政行为不是依"法",而是依行政相对人有无异议?

其判断行政行为是否合法不是依“法”,而是依据不懂法律、不懂环境专业知识的行政相对人有无异议?

4. 关于被申请人认为“2019 年 11 月 13 日现场采样时使用的取样器,在现场采样前已按照规定完成洗涤”的意见

若被申请人所言属实,则更加说明采样人员的专业性值得怀疑,因为已经洗涤过的采样器根本无需再清洗(只需荡洗),更何况是用手擦洗。

5. 关于被申请人称“检测该项目(COD)时,每次检测只需 3ml 水样样品即可,按照实际送样样品的体积,是可以满足相关检测的用量”的意见

被申请人认为按照实际送样的体积(100ml)可以满足检测的用量属于被申请人的主观臆断,没有任何依据。根据被申请人的观点,《地表水和污水监测技术规范》和《污水监测技术规范》关于 COD 采样量为 500ml 的规定完全无须适用。根据被申请人的猜测,100ml 可以满足检测,80ml 可以满足吗? 50ml 呢? 如何确定多少体积才属于可以满足检测的用量呢?

6. 关于被申请人称“我局提交给复议机关的《化学需氧量结果报告表》(续)和被申请人作为被告在 × × 号案提交的同一《检测报告》的《化学需氧量结果报告表》(续)一致”的意见

在 2020 年 6 月 30 日的听证会上,贵局主持人与申请人核对《化学需氧量结果报告表》(续)时,当场发现被申请人提交给复议机关的《化学需氧量结果报告表》(续)与被申请人作为被告在 × × 号案提交的同一《检测报告》的《化学需氧量结果报告表》(续)不一致,该事实由贵局听证会主持人当场要求记录员记录于《听证笔录》。被申请人连该事实都矢口否认,不得不让人怀疑被申请人其他的“解释”都属于虚假陈述。

略。

以上意见,谨供贵局参考。

代理人:黎征武律师

2020 年 7 月 21 日

风险提示

一、排污单位被查处违法行为后应立即改正，避免被按日计罚

《环境保护主管部门实施按日连续处罚办法》第5条规定了四种可以按日计罚的情形，分别为：(1)超标或超总量排污；(2)通过逃避监管的方式偷排；(3)排放禁止排放的污染物；(4)违法倾倒危险废物。第10条规定了环境保护主管部门复查期限为送达责令改正违法行为决定书之日起30日内。因此，针对该些违法行为，排污单位应当及时改正，避免被按日计罚。

二、行政机关应当严格把握按日计罚的适用条件

按日计罚对企业的合法权益影响巨大。

前文已分析适用按日连续处罚应满足以下三个条件：(1)属于相关法律法规规定的违法行为范畴；(2)前1次违法行为被责令改正，但企业拒不改正；(3)实施复查应当在对前1次违法行为送达《责令改正违法行为决定书》之日起的30日内。

本案中，环境局对LH公司两次适用了按日计罚。前文已分析第1次按日计罚不符合第3个条件。实际上，第2次按日计罚不符合第2个条件，原因是2019年12月26日环境局检查时，LH公司当日未生产，没有外排污水，不可能存在超标排污行为，应当视为改正了违法行为，故第3次违法行为不应当适用按日计罚。

因此，行政机关应当严格把握按日计罚的适用条件，以免违法执法导致败诉。

9. 大气采样规范性审查、自动监测设备不正常运行的认定

——两家公司被罚款 70 万元突破法定最低处罚数额调解案

摘要

本案两家关联企业 A 公司和 B 公司均被查处存在超标排放大气污染物和不正常运行自动监测设备的违法行为。A 公司超标排放颗粒物，被罚款 38 万元；自动监测系统全程通标气试验示值误差较大，被罚款 2 万元。B 公司超标排放颗粒物和二氧化硫，被罚款 28 万元；比对监测表明手工监测值和在线监测设备显示值相对准确度误差较大，被罚款 2 万元。两家公司合计被罚款 70 万元，并影响退税 230 万元，合计损失 300 万元。

黎征武律师介入后，通过对环境监测全过程、作出行政处罚的程序、举证责任等方面提出异议，并指出 A 公司、B 公司并非故意违法。最终本案以低于法定最低处罚数额的方式调解结案，A 公司 38 万元罚款降低至 9.9 万元，B 公司 28 万元罚款降低至 8.9 万元，既减少了罚款 47.2 万元，亦保住了退税款 230 万元。同时，通过在《询问笔录》中由相关部门确认两家公司无违法的主观故意，避免了被追究污染环境罪刑事责任的风险，让两家企业无后顾之忧。

本案在法院长达 6 个多月坚持不懈地努力后调解成功，实现了法律效果和社会效果的有机统一，充分体现了法院对优化营商环境、保护民营企业、促进经济发展的高度重视。同时，本案的处理对于提升生态环境局依法行政的执法水平具有深远的示范意义，为推动法治进步、构建和谐社会贡献了积极力量。

案情简介

A 公司和 B 公司系关联公司，均为大气环境重点排污单位。

2022 年 7 月 19 日，××市生态环境局(以下简称环境局)执法人员到 A 公司检查，对废气排放口取样监测，《监测报告》显示颗粒物浓度不符合排放标准。同时，执法人员对烟气自动监控系统全程通标气检查，发现自动监测设备主分析仪显示数据与标气值相差较大，涉嫌不正常运行废气自动监测设备。同年 10 月 14 日，环境局对 A 公司超标排放颗粒物的违法行为，作出 101 号《行政处罚决定书》，处以罚款 38 万元；对不正常运行废气自动监测设备的违法行为，作出 102 号《行政处罚决定书》，处以罚款 2 万元。A 公司合计被罚款 40 万元。

2022 年 7 月 22 日，环境局执法人员到 B 公司检查，对废气排放口取样监测，《监测报告》显示颗粒物和二氧化硫(SO_2)浓度不符合排放标准。同时，执法人员对烟气自动监控系统进行检查，发现烟尘分析仪故障，无法显示真实数据，且比对监测显示自动监控系统显示数据与采样监测数据误差较大，涉嫌不正常运行废气自动监测设备。同年 10 月 14 日，环境局对 B 公司超标排放颗粒物和 SO_2 的违法行为，作出 103 号《行政处罚决定书》，处以罚款 28 万元；对不正常运行废气自动监测设备的违法行为，作出 104 号《行政处罚决定书》，处以罚款 2 万元。B 公司合计被罚款 30 万元。

A 公司和 B 公司合计被罚款 70 万元。另外，根据相关规定，超过 10 万元以上的环保处罚属于重大行政处罚，影响企业享受即征即退政策，两家公司因此造成的退税款损失达 230 万元。以上损失合计 300 万元。

律师策略

虽然涉案行政处罚罚款和因此造成的退税损失合计达到 300 万元，但是，本案的首要问题为排除两家公司的污染环境罪刑事风险。

根据相关规定，重点排污单位干扰自动监测设施，排放 SO_2、氮氧化物(NO_x)等污染物的，构成污染环境罪。本案两家公司均为大气环境重点排污单位，排放

的废气中含有 SO_2、NO_x，故存在被追究刑事责任的风险。因此，从维护两家公司合法权益的角度出发，本系列案的最佳解决策略是全面撤销四项行政处罚。若无法实现，则至少应确保撤销超标排污或不正常运行在线自动监测设备中的一项处罚。

办理结果

2022 年 11 月 28 日，两家公司委托黎征武律师向 × × 市人民政府（以下简称市政府）申请行政复议，市政府决定维持涉案 4 份行政处罚决定。2023 年年初，两家公司继续委托黎征武律师向 × × 区人民法院提起行政诉讼。同年 5 月 30 日，本系列案开庭，庭后黎征武律师先后两次提交了合计 3.5 万字的代理意见。

2024 年 1 月，人民法院组织调解，将 A 公司 38 万元的行政处罚降低至 9.9 万元，将 B 公司 28 万元的行政处罚降低至 8.9 万元，合计减少行政处罚 47.2 万元。同时，黎征武律师与人民法院通过调整调解笔录询问内容，免去了两家公司被追究刑事责任的担忧。调解当天，A 公司和 B 公司分别缴纳了罚款，并撤回对 2 万元行政处罚案的起诉，人民法院准予撤回起诉。

调解后，A 公司和 B 公司分别向税务部门申请退还因行政处罚导致无法享受的退税款 230 万元。

律师评析

一、本案两家公司的刑事法律风险分析及规避方法

污染环境罪属于行政犯，即以违反生态环境相关行政法规为前提。《刑法》第 338 条规定：“违反国家规定，排放、倾倒或者处置有放射性的废物、含传染病病原体的废物、有毒物质或者其他有害物质，严重污染环境的，处三年以下有期徒刑或者拘役，并处或者单处罚金；情节严重的，处三年以上七年以下有期徒刑，并处罚金；有下列情形之一的，处七年以上有期徒刑，并处罚金：（一）在饮用水水源保护区、自然保护地核心保护区等依法确定的重点保护区域排放、倾倒、处置有放射性的废物、含传染病病原体的废物、有毒物质，情节特别严重的；（二）向国家确定的

重要江河、湖泊水域排放、倾倒、处置有放射性的废物、含传染病病原体的废物、有毒物质，情节特别严重的；（三）致使大量永久基本农田基本功能丧失或者遭受永久性破坏的；（四）致使多人重伤、严重疾病，或者致人严重残疾、死亡的。有前款行为，同时构成其他犯罪的，依照处罚较重的规定定罪处罚。”

最高人民法院、最高人民检察院《关于办理环境污染刑事案件适用法律若干问题的解释》（法释〔2023〕7号）对应当认定为污染环境罪的行为作了详细规定，该些行为在环保法律体系中均能找到对应的行政违法责任。因此，在办理环境行政处罚案件时，律师的首要任务是深入分析案件是否潜藏涉嫌污染环境罪的刑事风险。只有充分评估刑事风险后，才能有针对性地制定行政案件代理策略，最大限度地保障和维护企业的合法权益。①

具体到本案，《大气污染防治法》（2018修正）第24条第1款规定：“……重点排污单位应当安装、使用大气污染物排放自动监测设备，与生态环境主管部门的监控设备联网，保证监测设备正常运行并依法公开排放信息。监测的具体办法和重点排污单位的条件由国务院生态环境主管部门规定。”第100条第3项规定，违反本法规定，有下列行为之一的，由县级以上人民政府生态环境主管部门责令改正，处2万元以上20万元以下的罚款；拒不改正的，责令停产整治：……（3）未按照规定安装、使用大气污染物排放自动监测设备或者未按照规定与生态环境主管部门的监控设备联网，并保证监测设备正常运行的。最高人民法院、最高人民检察院《关于办理环境污染刑事案件适用法律若干问题的解释》（法释〔2023〕7号）第1条规定：“实施刑法第三百三十八条规定的行为，具有下列情形之一的，应当认定为‘严重污染环境’……（七）重点排污单位、实行排污许可重点管理的单位篡改、伪造自动监测数据或者干扰自动监测设施，排放化学需氧量、氨氮、二氧化硫、氮氧化物等污染物的……”

本案A公司与B公司均为大气环境重点排污单位，均被查处存在超标排放大气污染物及不正常运行自动监测设备的违法行为。尤为严重的是，B公司所超标

① 如本书《逃避监管排污行为的认定——SL公司逃避监管排污案》笔者亦是分析该案存在涉刑风险后，再根据案件情况制定代理策略。

排放的 SO_2 系国家重点管控的污染物。因此,根据上述规定,B 公司通过不正常运行在线自动监测设备排放 SO_2 的行为,有被追究污染环境罪刑事责任的重大隐患。

因此,本案的首要任务是为两家企业有效规避污染环境罪刑事风险,行政处罚所涉及的罚款数额及退税款问题则属次要。在深入分析本案所涉污染环境罪的构成要件后,办案律师进一步提出,超标排放的违法行为处罚数额大,必须力争撤销处罚;同时,尽管不正常运行在线自动监测设备的违法行为罚款数额仅 2 万元,但其行为性质极为严重,亦应全力争取撤销处罚。因此,从维护两家公司合法权益的角度出发,本系列案的最佳解决策略是全面撤销四项行政处罚。若无法实现全面撤销,则至少应确保撤销超标排污或不正常运行在线自动监测设备中的一项处罚。

在庭审中和庭审后,办案律师重点针对本案环境监测的规范性发表了代理意见。此后,办案律师多次与承办法官沟通,再次表达了调解意愿。经过法官长达 6 个月的不懈努力,环境局和市政府均表示可以调解。双方均能接受将超标排污的行政处罚降低至 10 万元以下,但在不正常运行自动监测设备行政处罚的处理结果上,双方发生了分歧。环境局希望两家公司能撤回对该行政处罚的起诉,原因是金额较小。办案律师则认为金额虽小但性质严重,可能埋下隐患。

在调解的关键时刻,办案律师与法官沟通表明了企业的担忧。最终,双方决定在调解笔录中由环境局和市政府确定两家公司没有违法的主观故意。在确定上述笔录内容后,两家公司当场缴纳罚款,并提交撤诉申请书,法院准予撤回起诉。

二、在线监测设备验收适用技术规范之分析

涉案《行政处罚决定书》认定两家公司的行为违反了《大气污染防治法》(2018 修正)的相关规定。但是,《大气污染防治法》(2018 修正)第 24 条仅对排污企业设定了法定义务,第 100 条仅列明了法律后果,未明确如何认定是否属于不正常运行自动监测设备的行为,涉案《行政处罚决定书》亦未载明认定的计算过程和依据。

A 公司、B 公司提起行政诉讼后,环境局提交的《行政诉讼答辩状》载明,认定上述违法行为适用的依据为《固定污染源烟气(SO_2、NO_x、颗粒物)排放连续监测系统技术要求及检测方法》(HJ 76 - 2017)。

本案庭审中，办案律师认为，HJ 76 – 2017 明确了对自动监测设备的验收条件和程序，本案两家公司的自动监测设备由于原运维单位的原因一直未能通过验收，通标气试验示值误差较大、比对监测相对准确度不符合要求都为 HJ 76 – 2017 技术规范所允许。也就是说，在线监测设备未通过验收前，不能认定存在不正常运行自动监测设备的违法行为。

在办案律师提出上述观点后，环境局改口称其认定该违法行为的依据为《固定污染源烟气（SO_2、NO_x、颗粒物）排放连续监测技术规范》（HJ 75 – 2017），HJ 76 – 2017 不适用于本案，并补充提交生态环境部《关于做好重点单位自动监控安装联网相关工作的通知》（环办执法函[2021]484 号）和《××市生态环境局关于开展 2021 年重点排污单位和排污许可重点管理单位污染源自动监控设施建设联网和标准化改造工作的通知》，拟证明两家公司没有按照规定完成验收，属于违法行为。

对此，办案律师认为，HJ 75 – 2017 和 HJ 76 – 2017 都是自动监测设备验收应遵守的技术规范，只是二者侧重点不一致；《关于做好重点单位自动监控安装联网相关工作的通知》和《××市生态环境局关于开展 2021 年重点排污单位和排污许可重点管理单位污染源自动监控设施建设联网和标准化改造工作的通知》均非法律法规或规章，不能作为认定依据。

三、涉案《监测报告》的审查要点及代理意见

（一）通标气试验程序规范性的审查要点

本案通标气试验程序严重不符合技术规范要求，主要代理意见如下（节选）：

A 公司行政诉讼案代理意见

代理人认为，本案通标气试验人员不具有执法资格，其试验数据无效。且未按要求重复测定 3 次，其结果不具有真实性、合法性。

一、通标气试验人员不具有执法资格，其试验数据无效

《行政处罚法》第 42 条第 1 款规定："行政处罚应当由具有行政执法资格的执

法人员实施。执法人员不得少于两人,法律另有规定的除外。”

在线监测设备检测技术指标包括示值误差检测,即通标气试验,故通标气试验也属于行政执法范畴。据此,通标气试验应当由执法人员或行政机关委托的第三方人员执行。但是,2023 年 6 月 7 日贵院组织核对证据原件时,被告一自称对 A 公司自动监测设备通标气试验的系为原告提供自动监测设备运维服务的运维人员。被告一庭后补充的《情况说明》第 2 页亦载明,“2022 年 7 月 19 日运维人员对在线分析仪进行了一次全程通标气检测……”也就是说,本案通标气试验人员既非执法人员,也非执法机关委托的监测人员,违反了《行政处罚法》第 42 条第 1 款的规定,通标气试验结果无效。

二、不能证明通标气试验程序的合法性,反而证明不合法

HJ 75 -2017 第 9.3.3.2a)条详细说明了示值误差的测定分为三步:一是通入零气校准;二是通入标气校准;三是依次通入零气→高浓度标气→零气→中浓度标气→零气→低浓度标气,并重复测定 3 次取平均值。但是,本案没有证据证明通标气试验符合上述要求,且《情况说明》中明确“2022 年 7 月 19 日运维人员对在线分析仪进行了一次全程通标气检测……”不符合技术规范要求。

综上,本案通标气试验结果不具有真实性、合法性。

(二)比对监测程序规范性的审查要点

本案比对监测操作不符合技术规范,且准确度计算所采用的数据不符合要求,无法进行准确度评价,故涉案行政处罚没有事实依据,代理意见如下(节选):

B 公司行政诉讼案代理意见

代理人认为,本案比对监测操作不符合技术规范,且准确度计算所采用的数据不符合要求,无法进行准确度评价,故涉案行政处罚没有事实依据。

比对监测的原理为:使用携带的监测仪器和企业在线自动监测仪器同步(在相同条件下同时测定,比对才有意义)监测排放的烟气,将二者测试结果进行对比,根据技术规范的要求和公式计算准确度。根据排放浓度的数值范围,准确度

的评价分为相对准确度、绝对误差和相对误差，详见 HJ 75－2017 第 9.3.8 条“准确度验收技术要求”。

本案比对监测结果不具有真实性、合法性，不能作为定案依据。

一、《监测报告》不具有合法性，无法进行准确度评价

本案采样严重不符合技术规范要求，导致《监测报告》无效。因此，没有其他合法有效的监测数据可与原告在线自动监测仪器的数据进行对比，无法进行准确度计算和评价。

二、未同步采集 3 个以上数据对，无法进行准确度评价

HJ 75－2017 第 9.3.2.3 条规定：“采用参比方法与 CEMS 同步测量测试断面烟气中颗粒物平均浓度，至少获取 5 对同时间区间且相同状态的测量结果……”11.7“CEMS 技术指标抽检”规定：“……用参比方法开展 CEMS 准确度抽检（比对监测）时，相比本标准 9.3，监测样品数量可相应减少，颗粒物……至少获取 3 个平均值数据对……”据此，对颗粒物准确度抽检应满足下列条件：在线监测设备和执法采样仪应同时采样，并取同时间段的平均值一一对比；且至少需 3 个平均值数据对。

但是，本案只有第 7 张《现场照片证据》能证明自动监测仪数据，且为瞬时数据，不能证明 CEMS 存在 3 个时段的平均值数据。而且，不能证明自动监测设备与执法监测仪系同一时间段采样。另外，《情况说明》采用自动监测仪 1 个瞬时数值与执法监测仪 3 次采样平均值的平均值对比，计算方法错误。该计算方法恰好证明未按要求采样，导致数据量不足，无法形成 3 个样品平均值的数据对。

（三）A 公司颗粒物采样规范性审查要点

本案中，涉案《监测报告》不具有合法性，代理意见如下（节选）：

A 公司行政诉讼案代理意见

代理人认为，案涉监测结果系伪造，且采样程序严重违反技术规范，流量计算结果错误，故监测结果不具有真实性、合法性，不能作为定案依据，故本案认定原

告存在超标排放的证据不足。

一、案涉监测结果系伪造，且采样程序严重违反技术规范，流量计算结果错误，故监测结果不具有真实性、合法性

（一）颗粒物和气态污染物采样时间重合，监测数据系伪造

本次监测污染物为颗粒物和SO_2、NO_x，后两种为气态污染物。在案第6张《现场照片证据》中的3个装置，左边两个为原告的自动监测系统采样仪器，右边1个为监测人员携带的监测仪器。烟囱只有1个采样口，证人出庭证实现场插入的为测颗粒物的烟枪，且颗粒物和气态污染物系分开测量，即采样时间有前后之分。

《自动烟尘（气）采样仪记录表》气态污染物打印单显示测试时间为2022年7月19日10:53~10:57，第2张颗粒物打印单显示测试时间为同日10:56，累计采样时间为7.5min。据此，本次采样存在颗粒物采样打印单未记载采样起止时间和颗粒物与气态污染物测量时间重合的问题，与烟囱只有一个采样口且需先后分开采样的客观事实不符。根据《检验检测机构监督管理办法》第14条和《环境监测数据弄虚作假行为判定及处理办法》第5条的规定，属于出具虚假检验检测报告和伪造监测数据的行为，故案涉《监测报告》不具有合法性。

（二）采集颗粒物时未封闭采样孔，导致监测结果偏高

案涉《监测报告》第3页载明颗粒物监测方法为《固定污染源排气中颗粒物测定与气态污染物采样方法》（GB/T 16157－1996）及修改单和《锅炉烟尘测试方法》（GB/T 5468－1991）。

GB/T 16157－1996第8.3条“普通型采样管法”8.3.5“采样步骤”第d项规定“打开烟道的采样孔，清除孔中的积灰”，第e项规定“……进行各项测定时，应将采样孔封闭”。前述规定原因是烟囱内为负压，空气会从外界被吸入烟囱内，导致实测含氧量偏高和积灰被吸入烟道。颗粒物的排放浓度系根据实测浓度和含氧量等数据经计算后的折算浓度，而折算浓度与含氧量呈高度正相关，即实测含氧量越高，过剩空气系数越大，则颗粒物折算浓度越大，故外界空气进入会导致实测含氧量偏高。积灰吸入烟道被采样器捕捉，亦会干扰监测结果的准确性。

本案监测人员使用的采样仪器为等速采样管法，GB/T 16157－1996第8.5条

"动压平衡型等速采样管法"8.5.3"采样步骤"第 f 项规定"采样前采样系统的检漏,其他操作以及滤筒处理均与普通型采样管法相同",第 8.6 条"静压平衡型等速采样管法"8.6.3"采样步骤"第 d 项规定"……其他操作以及滤筒处理均与普通型采样管相同",即采样时应将采样孔封闭。

但是,在案第 6 张《现场证据照片》显示测颗粒物时未封闭采样孔,必然使空气进入烟囱导致实测含氧量偏高,进而导致折算浓度偏高。因此,颗粒物监测结果不具有真实性,不能作为定案依据。

(三)未提供由原告签字确认的原始采样记录、样品封条,不能证明监测结果来源于对原告烟气的采样;未提供样品交接记录,不能证明采样样品和分析样品的同一性;未提供原始称量记录,不能证明颗粒物净重基础数据的来源和真实性

《环境行政处罚办法》(2010 修订)第 34 条规定:"需要取样的,应当制作取样记录或者将取样过程记入现场检查(勘察)笔录,可以采取拍照、录像或者其他方式记录取样情况。"

《工业污染源现场检查技术规范》(HJ 606－2011)前言部分载明,"为……规范工业污染源现场检查活动,制定本标准"。第 5.2.3 条"采样记录与标志"规定:"现场采样取证应填写采样记录。采样记录应一式两份,第一份随样品送检,第二份留存环境监察机构备查。排污者代表对样品和采样记录核对无误后在采样记录上签字盖章确认。采样后,除进行现场快速检测或必要的前处理外,现场采样人员应立即填制样品标签及样品封条。样品标签应贴在样品盛装容器上,样品封条应贴在样品盛装容器封口,封条的样式应便于检测单位确认接收前样品容器是否曾被开封。采样人员和排污者代表应当在封条上签名并注明封存日期。"

《环境监测质量管理技术导则》(HJ 630－2011)第 1 条"适用范围"规定:"本标准规定了环境监测质量体系基本要求以及环境监测过程的质量保证与质量控制方法……"第 4 条"环境监测质量体系基本要求"4.4"记录控制"规定:"应建立适合本机构质量体系要求的记录程序,对所有质量活动和监测过程的技术活动及时记录,保证记录信息的完整性、充分性和可追溯性,为监测过程提供客观依据……"4.13"监测方法"4.13.1 规定:"……所选用的方法应通过实验验证,并形

成满足方法检出限、精密度和准确度等质量控制要求的相关记录。”第5.3条“样品采集”5.3.3规定:“采集样品时,应满足相应的规范要求,并对采样准备工作和采样过程实行必要的质量监督……”第5.4条“样品管理”5.4.1“样品运输与交接”规定:“样品运输过程中应采取措施保证样品性质稳定,避免沾污、损失和丢失。样品接收、核查和发放各环节应受控;样品交接记录、样品标签及其包装应完整……”第5.5条“实验室分析质量控制”5.5.1“内部质量规定”规定:“监测人员应执行相应监测方法中的质量保证与质量控制规定……”

需要说明的是,GB/T 16157-1996颁发的年代较早,故规范中无质量保证和控制的相关规定,此后技术规范逐渐完善并增加了该部分内容。HJ 606-2011和HJ 630-2011均为国家环境保护标准,所有环境监测活动都应遵守其要求。另外,原环境保护部《关于在环境监测工作中实施国家环境保护标准问题的复函》(环函〔2010〕90号)第3条明确:“为规范实施环境质量标准和污染物排放标准,保证环境监测工作质量和监测结果的准确性、可靠性和权威性,在监测环境质量标准和污染物排放标准中规定的污染物项目时,任何部门或单位都应采用依法制定、现行有效的环境监测方法标准和环境监测技术规范。”因此,本案所涉现行有效的技术规范中的质量保证和控制规定,均应适用于本次采样。在环境监测实际工作中,各监测机构亦是按前述要求严格执行的。

由前述条文和技术规范的规定可知,环境监测的质量控制至少包括样品采集、样品管理和实验室分析的质量保证和控制,其中样品采集应形成原始采样记录(或记入现场检查笔录)、样品标签、样品封条等记录,样品管理应形成样品交接记录,实验室分析应形成原始分析记录、数据处理等原始记录。据此,本案环境监测存在如下问题:

1. 未提供经原告签字确认的原始采样记录,不能证明打印单数据来源于对原告公司的采样

环境监测实际工作中大量采用自动采样仪器,且多数仪器能同步自动保存原始数据并可打印,但也有部分数据无法自动保存,只能手工记录。另外,还有部分数据无法在现场监测出结果,如颗粒物采样仪器无法现场直接读取每次采集的颗

粒物重量,需将滤筒拿回实验室称量后计算才能获得颗粒物重量数据,再将重量数据手工输入仪器计算得出浓度数据。因此,根据监测项目及仪器特点,实践中记录原始数据的方式有两种:一种是将仪器显示的数据手工抄写到原始采样记录表中,由企业在原始采样记录上签字确认;另一种是现场打印原始数据并粘贴在原始采样记录表上,由企业在原始采样记录和打印单上签字确认。

本案《现场检查(勘察)笔录》未详细载明采样过程及原始数据,故应当制作取样原始记录并由原告确认。现场执法时间和蔡某某在《自动烟尘(气)采样仪记录表》上签字时间均为2022年7月19日,但气态污染物打印单记载打印时间为次日7月20日,说明蔡某某签字时记录表上没有气态污染物打印单。3张颗粒物打印单未记载打印时间,但已载明烟尘净重,结合颗粒物滤筒需带回称量的事实,可知蔡某某签字时记录表上必然无颗粒物打印单。由此可知,蔡某某在记录表上签字时记录表上无任何采样数据。

现4张打印单均无蔡某某签字,打印单上"A公司"字样与蔡某某签名的笔迹和水渍均不相同,非蔡某某所签,说明本次采样原始记录未经原告确认,不符合技术规范的要求。因打印单上无原告签名,故不能证明打印单系对原告公司采样的数据结果,不能作为定案依据。

2.未提供经原告签字确认的样品封存记录,未提供样品交接记录,不能证明采集样品和分析样品的同一性

本案采集颗粒物的仪器无法现场直读数据,故根据前述技术规范规定,采样后应当将3个滤筒标号、贴标签、封存,并由原告在样品封条上签字确认。但是,本案既无经原告确认的样品封存记录,亦无样品交接记录,不能证明采集样品和分析样品的同一性。

庭审中,证人称采样和实验室称量的均为罗某,故不需要交接记录。代理人认为,即便情况属实,本案无样品封存记录仍不符合技术规范。况且,环境监测实际工作中,现场采样人员和实验室分析人员为不同人员的情况非常普遍,交接样品系为确保样品流转正常和划分职责范围。本案证人并未提供原始称量记录证明称量人员为罗某,不能证明其主张。

因此,在案证据不能证明受检样品与采集样品的同一性,不能证明样品受检前完整、未被开封、未受污染,故不能证明数据来源的真实性和合法性。

3. 未提供实验室称量记录,不能证明有实际手工称量,不能证明基础数据来源及真实性,不能证明计算结果的真实性和准确性

根据 GB/T 16157－1996 第 8.3.4 条第 a 项,第 8.3.5 条第 a 项、第 m 项,第 8.3.6 条的规定可知,颗粒物测定方法为重量法,即用采样后滤筒的重量减去采样前滤筒的重量即为采集的颗粒物重量,该方法需在实验室使用电子天平称量。但是,在案证据无 3 次采样的颗粒物称量记录,不能证明有实际手工称量,不能证明打印单上烟尘净重数据来源及真实性,也不能证明计算结果的真实性和准确性。

(四)未提供烟气流量计算过程,不能证明计算结果准确

本案气态污染物打印单显示 3 次采样标干流量为 $0.60 \times 105m^3/h$、$1.02 \times 105m^3/h$ 和 $0.93 \times 105m^3/h$,则平均排气标干流量应当为 $0.85 \times 105m^3/h$ [$(0.60 + 1.02 + 0.93)/3 = 0.85$]。但是,《监测报告》记载烟气流量为 $1.94 \times 105m^3/h$。2023 年 5 月 30 日代理人当庭要求补充计算过程,被告一至今仍未提供,不能证明计算结果的准确性。

(五)未提供其他实验室校准记录、现场校准记录、空白样品试验等证据,应承担举证不能的不利后果

本案还存在如下问题:样品缺乏质控手段、不能提供样品的称样记录、仪器设备无法溯源样品分析时间、现场打印条未签名、缺少流量校准记录等、SO_2 和 NO_x 仅测定一次、未提供关键岗位授权书等问题。

略。

(四)B 公司 SO_2 采样规范性审查要点

涉案《监测报告》不具有合法性,代理意见如下(节选):

B 公司行政诉讼案代理意见

代理人认为,案涉《监测报告》因采样程序严重违反技术规范而不具有真实

性、合法性,不能作为定案依据。

案涉《监测报告》和《自动烟尘(气)采样仪记录表》载明,本案监测 SO_2 采用的为《固定污染源废气　二氧化硫的测定　便携式紫外吸收法》(HJ 1131－2020)。根据该技术规范,测定 SO_2 的步骤简要概括为:仪器气密性检查→仪器校准→采样(3～4次,每次5～15min)→再次校准(检验测试结果有效)。据此,本次采样存在如下问题:

1.存在伪造监测数据、出具虚假检测报告的行为

略。

2.不能证明采样时间满足5～15min的要求

HJ 1131－2020第9.3条“样品测定”规定:“……每分钟保存一个均值,连续取样5～15min测定数据的平均值可作为一个样品测定值。”

SO_2 监测数值计算方法如下:大气污染物浓度瞬时变化,故通常采用某时段内的平均值作为监测结果。原告气态污染物打印单记载为“分钟值”,A公司的则记载为“平均值”。其中,分钟值指每一分钟的平均值,即前述规范中的“每分钟保存一个均值”;平均值指分钟值的平均值。例如,某次采样时间为5分钟,则会有5个分钟值,该5个分钟值的平均值即为本次采样样品的测定值。然后测定3～4次(详见下文第3点),产生3～4个样品的测定值,再取其平均值,即本次采样 SO_2 的实测浓度值。再进行折算,得到排放浓度值。

本案原告气态污染物打印单上没有记载测试起止时间,不符合技术规范要求,不能证明采样时间足够。而且打印单显示为“分钟值”,说明本次采样时间不超过1分钟,不符合要求。

3.不能证明采样频次满足3～4次的要求

HJ 1131－2020第8条“样品”规定:“按GB/T 16157、HJ/T 397、HJ/T 373、HJ 75及有关规定,确定采样位置、采样点及频次,采集二氧化硫样品进行分析。”

HJ 75－2017是关于在线自动监测设备的技术规范,比对监测时适用,不适用于本次是否超标的情形。GB/T 16157－1996和《污染源监测质量保证与质量控制技术规范(试行)》(HJ/T 373－2007)中均无 SO_2 采样频次的规定,《固定源废

气监测技术规范》(HJ/T 397 -2007)中10.2.2规定:“除相关标准另有规定,排气筒中废气的采样以连续1小时的采样获取平均值,或在1小时内,以等时间间隔采集3~4个样品,并计算平均值。”

本案采样人员未连续采集1小时,故结合HJ 1131 -2020第8条、第9.3条(前述第2点)和HJ/T 397 -2007第10.2.2条的规定可知,测定SO_2应当采集3~4个样品,形成3~4张打印单,并计算平均值作为监测结果。但是,在案证据显然无法证明采样次数符合要求。

4.不能证明采样前有对采样仪器进行校准

HJ 1131 -2020第9.2条“仪器校准”规定:“将零点气和二氧化硫标准气体依次导入仪器,按照仪器说明书校准仪器零点和校准量程……”但是,本案没有采样前已对采样仪器进行零点校准和量程校准的记录,不能证明采样的规范性。

5.不能证明采样后有再次校准,不能证明测试结果的有效性

采样后仍然需要对仪器进行校准,检验采样仪器示值误差和/或系统误差是否符合要求,以判断本次监测结果的有效性。

HJ 1131 -2020第7.1.2条“性能要求”中,7.1.2a)和7.1.2b)分别对采样仪器的示值误差和系统误差的要求进行了规定。

HJ 1131 -2020第9.4条“质量检查与关机”规定测定结束后,应当按步骤检查测试结果的有效性,其中第e)项明确规定:“若b)、c)、d)的结果满足7.1.2要求,测试结果有效,否则测试结果无效”。

HJ 1131 -2020第12.1条规定:“样品测定后按9.4测定零点气和二氧化硫标准气体,计算测定的示值误差,并检查仪器的系统误差,应满足7.1.2a)和b)的要求。也可采取包括采样管、导气管、除湿装置等全系统示值误差的检查,其评价执行7.1.2a)的要求。”12.4规定:“当测定结果不满足12.1、12.2、12.3任意一条的要求时,测试结果无效,应当重新选择校准量程、维护修复仪器后重新测试。”

但是,本案没有证据证明采样结束后采样人员有按9.4的规定进行示值误差和系统误差检测,不能证明其结果满足7.1.2的要求,故不能证明本次测试结果有效。

❖风险提示

一、律师在办理行政处罚案件中，首要考虑的是为企业规避刑事法律风险

污染环境罪属于行政犯，即以违反生态环境相关行政法规为前提。因此，律师在办理此类案件的时候，应当首先分析案件可能隐藏的刑事法律风险。

本案中，两家公司均为重点排污单位，被认定存在超标排放大气污染物和不正常运行在线自动监测设备的违法行为，根据相关规定，有被追究刑事责任的可能。因此，笔者制定的代理策略为，涉案两家公司涉嫌的超标排污和不正常运行在线自动监测设备的行政处罚，至少应当撤销其中一项。从罚款数额及对退税的角度来看，超标排污的影响更大，但从刑事风险角度来看，不正常运行在线自动监测设备的隐患更大。

在就超标排污的行政处罚达成调解意向后，双方对不正常运行在线自动监测设备该行政处罚的处理方式产生了较大分歧。经查阅，《环境监测数据弄虚作假行为判定及处理办法》第 2 条第 1 款规定："本办法所称环境监测数据弄虚作假行为，系指故意违反国家法律法规、规章等以及环境监测技术规范，篡改、伪造或者指使篡改、伪造环境监测数据等行为。"该条文明确弄虚作假的主观状态为故意。而《行政处罚法》(2021 修订)第 33 条第 2 款规定："当事人有证据足以证明没有主观过错的，不予行政处罚。法律、行政法规另有规定的，从其规定。"该条文明确过失状态亦可进行行政处罚。因此，笔者与承办法官沟通后，决定否定两家企业具有违法的主观故意，既确保了行政处罚的合法性，减少了罚款数额，企业能正常退税，又能规避刑事责任，最终促成了调解。该调解方案获得了企业的高度认可。

在本书《逃避监管排污行为的认定——SL 公司逃避监管排污案》中，笔者亦是先分析案件可能存在的刑事法律风险，再从首要规避刑事责任的角度，制定行政处罚案件的代理策略，同样获得了企业的认可。

二、应谨慎申请技术人员出庭作证

本案中，在开庭前，笔者跟承办法官表明对涉案《监测报告》的合法性异议较大，请求法庭通知涉案监测机构的技术人员出庭作证。通过技术人员出庭的方

式,能够了解更多与环境监测相关的事实。同时,通过与技术人员对质,能向法庭展示环境监测存在的问题。

但是,律师在办理此类案件时,应当谨慎申请技术人员出庭,主要原因为案件所涉环境监测技术性较强,而律师往往不懂技术,更不懂相关行业的“行规”,一旦技术人员提出不利于我方的意见,律师往往无法找出技术人员的漏洞,反而让法庭觉得技术人员有理有据。

因此,律师应当充分考虑利与弊,不宜盲目申请技术人员出庭作证。

10. 不正常运行水污染防治设施的认定

——WJ 公司不正常运行水污染防治设施听证案

摘要

WJ 公司因含镍废水管道堵塞，将含镍废水临时接入空置的氨氮浓水池，拟待含镍废水管道疏通后再将含镍废水恢复排入含镍废水收集池，并将氨氮浓水池中暂存的含镍废水抽回含镍废水收集池。因工作人员临时有急事，离岗后未及时交接上述工作，导致被环境局查处。环境局认定 WJ 公司利用酸碱废水排入含镍废水收集池稀释含镍废水，属于不正常运行污染防治设施，遂作出《行政处罚听证告知书》，拟罚款 20 万元。黎征武律师介入后，通过现场实地调查、阅卷、出席听证会并再次实地调查等工作找到合理理由，对 WJ 公司的行为作了合理解释。随后，环境局再次到 WJ 公司核实案情，认可前述解释。但环境局以污水处理站工作人员在《调查询问笔录》中陈述的内容，另行作出《行政处罚听证告知书》，仍然拟处罚 20 万元，WJ 公司因故决定不再申请听证。本案暴露出排污单位和污水处理站运营单位环保工作管理混乱、不熟悉相应行为的法律后果和缺乏应对环境执法经验等问题。

案情简介

2023 年 11 月 28 日，某市生态环境局（以下简称环境局）执法人员到 WJ 公司检查，发现 WJ 公司将含镍废水排入“酸碱废水池”。

2024 年 4 月 8 日,环境局作出《行政处罚听证告知书》,载明:“当事人……生产过程产生的废水主要是含镍废水、氨氮浓水、前处理工序的含油废水和酸碱综合水等。其中,含镍废水排入含镍废水收集池,经混凝、沉淀后排入综合废水池;氨氮浓水和酸碱废水排入酸碱废水收集池,经酸碱调节后排入综合废水池;含油废水排入含油废水收集池,经混凝、气浮后排入综合废水池。之后综合废水池废水排入污水处理站,经‘物化 + 生化’处理后,由专管排放至 × ×水道。另查明,当事人已取得环评批复和排污许可证。2023 年 11 月 28 日,我局执法人员调查发现,当事人存在以下事实情形:当事人正在生产,含镍废水排放水管中的一条 PVC 管道已经断开。当事人利用塑料管把该管中的含镍废水接入了氨氮浓水的排水管,含镍废水经氨氮浓水的排水管排入了酸碱废水池,再经酸碱废水池出水管排入含镍废水收集池。检查时,酸碱废水池内已有酸碱废水和含镍废水。综上,当事人把第一类污染物混入第二类污染物处理设施中处理,当事人存在不正常运行水污染防治设施排放水污染物的违法行为……当事人上述行为违反了《排污许可管理条例》第 17 条第 2 款的规定。根据《排污许可管理条例》第 34 条第 2 项及《× ×省生态环境行政处罚自由裁量权规定》附件 1 第 × ×项的规定,我局现拟对当事人作出如下决定:(1)责令改正违法行为;(2)处罚款 20 万元(贰拾万元整)。”

2024 年 4 月 11 日,WJ 公司委托黎征武律师向环境局申请听证,环境局定于当月 28 日召开听证会。

律师策略

一、环境局认定 WJ 公司存在涉案违法行为的理由

涉案《行政处罚听证告知书》适用《排污许可管理条例》的规定拟进行处罚。《排污许可管理条例》第 17 条第 2 款规定:“排污单位应当遵守排污许可证规定,按照生态环境管理要求运行和维护污染防治设施,建立环境管理制度,严格控制污染物排放。”第 34 条第 2 项规定,违反本条例规定,排污单位有下列行为之一的,由生态环境主管部门责令改正或者限制生产、停产整治,处 20 万元以上 100 万

元以下的罚款;情节严重的,吊销排污许可证,报经有批准权的人民政府批准,责令停业、关闭:通过暗管、渗井、渗坑、灌注或者篡改、伪造监测数据,或者不正常运行污染防治设施等逃避监管的方式违法排放污染物。

根据《污水综合排放标准》(GB 8978 – 1996)的规定,镍属于第一类污染物。另外,WJ 公司含镍废水的处理方式为加入氢氧化钠(NaOH),通过化学反应形成沉淀的方式去除污水中的镍,该过程化学方程式为 $Ni^{2+} + 2NaOH = 2Na^{+} + Ni(OH)_2 \downarrow$。

根据涉案《行政处罚听证告知书》可知,环境局认为 WJ 公司存在违法行为的理由为:WJ 公司本应当将含镍废水和酸碱废水分别处理后再分别排入综合废水池处理后排放。本案中,WJ 公司先将含镍废水排入"酸碱废水池",且检查时"酸碱废水池"内已有酸碱废水和含镍废水,此时 WJ 公司再将该混合废水排入含镍废水收集池,导致含镍废水收集池中镍的浓度下降,相当于 WJ 公司将酸碱废水引入含镍废水收集池中将含镍废水稀释,从而减少需要投加的 NaOH 的用量,达到降低运营成本的目的。根据原环境保护部《关于〈水污染防治法〉第二十二条有关"其他规避监管的方式排放水污染物"及相关法律责任适用问题的复函》(环函〔2008〕308 号)"《水污染防治法》第二十二条第二款规定:'禁止私设暗管或者采取其他规避监管的方式排放水污染物。'在实际工作中,'采取其他规避监管的方式排放水污染物'有多种情形,我部认为,以下几种情形可以理解为属于'采取其他规避监管的方式排放水污染物':1. 将废水进行稀释后排放……"的规定,WJ 公司用二类污染物的废水稀释一类污染物的行为,属于不正常运行水污染防治设施排放水污染物的违法行为。

二、实地调查,了解案发原因

2024 年 4 月 22 日,黎征武律师到 WJ 公司实地调查了解案情,WJ 公司介绍了如下情况:

1. 将含镍废水引入"酸碱废水池"的原因系含镍废水排水管堵塞。2023 年 11 月 24 日,生产车间反映含镍废水排水不通畅,污水处理站工作人员排查后发现含镍废水排水管排入含镍废水收集池的管道弯头处堵塞,为不影响车间正常生产,其将含镍废水排水管在弯头堵塞处切断,将含镍废水接入氨氮浓水管流入"酸碱废水池”临时存储,欲待含镍废水管道疏通后,再将含镍废水管道恢复排入含镍废水收集池,并将“酸碱废水池”临时存储的含镍废水用泵抽回含镍废水收集池进行处理。因污水处理站现场负责人家中有急事请假回家,未交代污水处理站其他工作人员将含镍废水排水管道及时恢复,故 2023 年 11 月 28 日被环境局查到案发现场“酸碱废水池”中只有含镍废水。当晚,WJ 公司将含镍废水排水管道恢复排入含镍废水收集池,并将“酸碱废水池”中的含镍废水抽回含镍废水收集池。

2. WJ 公司排污管道标识有误,未及时更新。WJ 公司的生产工艺曾发生变更,此后并无氨氮浓水产生,故贴有“氨氮浓水”标识的排污管道实际已不再排放污水,但因疏忽 WJ 公司未及时变更排污管道上的标识。另外,执法人员所称的“酸碱废水池”实际是闲置的水池,平时用于临时贮存其他污水。

3. 污水处理站是 WJ 公司委托给第三方公司运营的。因排污管道和水池的标识混乱,检查当天现场配合检查的 WJ 公司工作人员不熟悉现场情况,故在污水处理站负责人请假的情况下,该工作人员对现场管路、污水收集设施、污水处理流程等异常问题作了错误解释。

4. 根据现场情况,含镍废水排水管堵塞处距离含镍废水池约 6 米,距离“酸碱废水池”约 25 米,且含镍废水接入氨氮浓水的管道从含镍废水收集池旁经过。

根据上述了解的情况,黎征武律师认为,本案的核心问题为在案证据能否证明涉案《行政处罚听证告知书》所载“检查时,酸碱废水池内已有酸碱废水和含镍废水”的法律事实。

三、提前到环境局阅卷了解案情

为提前了解案情,黎征武律师到 WJ 公司实地调查后,再前往环境局阅卷。执法人员提供的证据显示:(1)2023 年 11 月 28 日《现场检查(勘验)笔录》载明,“(WJ 公司)负责人称,含镍废水排水管排进含镍收集池的管道弯头处堵塞,为不影响车间正常生产,技术人员将含镍废水排水管在弯头堵塞处切断,将含镍废水接入酸碱废水管,排入酸碱废水池暂存,经酸碱废水池的出水管接入含镍废水管没有堵塞的后段,再排入含镍收集池。”WJ 公司环保负责人 Y 某在笔录上签名,并加盖公章。(2)2023 年 11 月 28 日 Y 某《调查询问笔录》载明,Y 某称:“含镍废水在酸碱废水反应池经酸碱调节后排入综合废水池,再经‘物化 + 生化’处理后,由专管引到 × ×水道排放。”(3)2023 年 11 月 29 日的现场检查照片显示,有废水通过管道正在排入“酸碱废水池”。(4)2024 年 1 月 22 日 Y 某《调查询问笔录》载明,Y 某称:“检查时,酸碱池内已有酸碱废水和含镍废水。”

四、听证会新焦点:为何舍近求远

2024 年 4 月 28 日,环境局召开听证会。听证会上,黎征武律师主要发表如下代理意见:(1)没有证据证明含镍废水在“酸碱废水池”经酸碱调节后排入综合废水池。WJ 公司只是将含镍废水引入“酸碱废水池”暂存,本案案发当天 WJ 公司已经将含镍废水抽回含镍废水收集池。另外,“酸碱废水池”的唯一出口连接含镍废水收集池,没有管道连接综合废水池。(2)没有证据证明“检查时,酸碱废水池内已有酸碱废水和含镍废水”。2023 年 11 月 28 日《现场检查(勘验)笔录》中无此记载,亦无照片等证据证实。2023 年 11 月 29 日现场检查照片显示确有废水排入“酸碱废水池”,但并无证据证明排入的废水种类及此时废水池中是否含有其他废水。据 WJ 公司介绍,2023 年 11 月 29 日现场检查时,排入“酸碱废水池”中的为酸碱废水,此时该池中并无含镍废水。(3)本案不属于《行政主管部门移送适用行政拘留环境违法案件暂行办法》第 7 条规定的不正常运行污染防治设施的情形,故涉案行政处罚没有法律依据。

听证会上,执法人员提出了两点疑问:含镍废水排水管堵塞处距离含镍废水收集池更近,为何不用软管将含镍废水直接接入临近的含镍废水收集池,而要接入更远的“酸碱废水池”再抽回含镍废水收集池?“酸碱废水池”为何会有管道连接至含镍废水收集池?也就是说,执法人员怀疑 WJ 公司用酸碱废水稀释含镍废水后排放。

针对上述疑问,黎征武律师表示需要跟 WJ 公司再次核实后回复。

五、再次实地调查,找到原因

通过听证会的辩论,办案律师已清楚执法人员的疑问,故听证会后再次到 WJ 公司了解情况。经核实了解到如下情况:

1. WJ 公司原本拟建设的生产工艺会产生氨氮浓水，故 WJ 公司将相关管道标识为“氨氮浓水管”，并拟排入氨氮浓水池。也就是说，涉案《行政处罚听证告知书》中载明的“酸碱废水池”实际为氨氮浓水池。但是，WJ 公司后来并未投产该工艺，故标识“氨氮浓水”的管道从未排过氨氮浓水。

2. WJ 公司的电镀工序使用氰化钠作为辅料，因此电镀废水中含有一定量的氰化物。理论和实践研究结果表明，含镍废水中的氰化物会与镍形成络合物，影响镍的沉淀，故需先破氰后沉淀除镍。《WJ 项目物化处理作业指导书》载明含镍废水物化工艺流程为：“含镍废水→ + NaOH 溶液调 pH≥11→双氧水→重捕剂→聚丙烯酰胺（PAM）→含镍沉淀池→综合废水池”。其中，投加双氧水的作用即为破氰。也就是说，WJ 公司的含镍废水先通过“氨氮浓水管”排入氨氮浓水池中破氰，再用水泵抽回含镍废水收集池进行沉淀除镍，故连接各水池的管道早已存在。

3. 2020 年前后，WJ 公司调整含镍废水处理工艺，将含镍废水先直接收集至含镍废水收集池，再用泵将污水抽至污水处理设施中处理，处理工艺仍是先破氰后沉淀除镍。上述工艺调整后，氨氮浓水管中的污水处理设备全部拆除，该池后来实际作为应急池用于临时存放各类污水。但污水处理站运营单位接手后，错误地在该池悬挂“酸碱废水池”标识。另外，WJ 公司因疏忽未及时拆除连接氨氮浓水池和含镍废水收集池的管道。

4. 基于上述含镍废水处理工艺的变化和相关管道早已存在的事实，WJ 公司含镍废水管道堵塞后，相对于用软管将堵塞处的含镍废水接入 6 米远的含镍废水收集池，用约 30 厘米长的塑料管将含镍废水利用现有管道先接入旁边的“氨氮浓水管”排入氨氮浓水池，再抽回含镍废水收集池，只是含镍废水的行程增加，但使用的软管长度大大减少，故实际并未舍近求远。

2024 年 5 月 7 日，黎征武律师向环境局提交《代理意见》，一一说明上述情况并提供相关证明材料。

办理结果

2024 年 5 月 14 日，环境局执法人员带着律师和技术专家到 WJ 公司核实情况,并对相关人员再次调查询问,技术专家对 WJ 公司含镍废水“先破氰后沉淀除镍”的工艺流程表示认可。但是,污水处理站工作人员在《调查询问笔录》中陈述,“由于 2023 年 11 月 28 日将含镍废水抽回含镍废水池的操作,会在氨氮浓水池残留部分含镍废水,所以当天又将酸碱废水抽入氨氮浓水池,肯定会混有含镍废水,含镍废水残留量是 100~200 升。11 月 29 日将氨氮浓水池的废水抽回酸碱废水池后,直接按照酸碱废水进行处理,没有考虑混入了含镍废水的问题。”

2024 年 6 月 13 日,环境局另行作出《行政处罚听证告知书》,载明“2023 年 11 月 28 日,当事人将氨氮浓水池中的含镍废水抽至含镍废水池,但氨氮浓水池仍残留未经处理的含镍废水,随后,当事人又将酸碱综合水池的酸碱废水抽至氨氮浓水池,导致含镍废水和酸碱废水混合。当事人随后将氨氮浓水池中的酸碱废水、含镍废水混合液抽至地面废水收集池,按照酸碱废水处理工艺处理后排放,导致部分含镍废水未按规范处理排放。综上,当事人存在不正常运行水污染防治设施排放水污染物的违法行为……当事人上述行为违反了《排污许可管理条例》第 17 条第 2 款的规定。根据《排污许可管理条例》第 34 条第 2 项及《××省生态环境行政处罚自由裁量权规定》附件 1 第××项的规定,我局现拟对当事人作出如下决定:(1)责令改正违法行为;(2)处罚款 20 万元(贰拾万元整)。”

根据《行政处罚听证告知书》的内容可知,环境局未再认为 WJ 公司将含镍废水临时排入氨氮浓水池中暂存的行为违法,但认为其将氨氮浓水池中残留的含镍废水和酸碱废水混合后排放的行为,属于不正常运行水污染防治设施排放水污染物的违法行为,故重新作出处罚文书。

WJ 公司收到《行政处罚听证告知书》后,因故未再申请听证。

律师评析

一、本案 WJ 公司涉案行为的法律后果分析

根据本案查明的事实和污水处理站工作人员的陈述,本案 WJ 公司实施的行为包括:(1)将含镍废水引入氨氮浓水池后再用泵抽回含镍废水收集池;(2)将氨氮浓水池中残留的含镍废水混入酸碱废水中,将混合污水按照酸碱废水的处理方

式处理后排放。

针对第 1 项行为,环境局认为 WJ 公司的目的为将氨氮浓水池中的酸碱废水引入含镍废水收集池,以稀释含镍废水,故根据原环境保护部《关于〈水污染防治法〉第二十二条有关“其他规避监管的方式排放水污染物”及相关法律责任适用问题的复函》的规定,认定属于通过逃避监管的方式排放水污染物的违法行为。在 WJ 公司作出合理解释后,环境局未再认定属于违法行为。

针对第 2 项行为,环境局认为 WJ 公司将氨氮浓水池中残留的含镍废水未经处理直接外排,属于《行政主管部门移送适用行政拘留环境违法案件暂行办法》第 7 条“《环境保护法》第六十三条第三项规定的通过不正常运行防治污染设施等逃避监管的方式违法排放污染物,包括以下情形:(一)将部分或全部污染物不经过处理设施,直接排放的……”的行为,故认定属于通过不正常运行防治污染设施排放污染物的违法行为。

用其他废水稀释含镍废水排放和将含镍废水混入其他废水中排放的区别如下:前者系将其他废水引入含镍废水收集池稀释含镍废水,降低含镍废水的浓度,从而减少加入的 NaOH 用量,达到降低污水处置费用的目的;后者系将含镍废水混入或排入其他废水中,导致含镍废水全部未经处理直接通过其他废水管道外排,达到完全不处置含镍废水的目的。

根据前述法律规定,该两种行为均属于通过逃避监管的方式排放污染物的违法行为,依法应当承担罚款、行政拘留的法律责任,在某些情况下还将可能承担污染环境罪的刑事责任。

二、逃避监管排污行为适用的罚款条款分析

针对通过逃避监管的方式排放污染物的违法行为,《水污染防治法》《大气污染防治法》《排污许可管理条例》均设置了罚款处罚条款。

《水污染防治法》(2017 修正)第 83 条第 1 款第 3 项规定,违反本法规定,有下列行为之一的,由县级以上人民政府环境保护主管部门责令改正或者责令限制生产、停产整治,并处 10 万元以上 100 万元以下的罚款;情节严重的,报经有批准权的人民政府批准,责令停业、关闭:利用渗井、渗坑、裂隙、溶洞,私设暗管,篡改、伪造

监测数据,或者不正常运行水污染防治设施等逃避监管的方式排放水污染物的。

《大气污染防治法》(2018 修正)第 99 条第 3 项规定,违反本法规定,有下列行为之一的,由县级以上人民政府生态环境主管部门责令改正或者限制生产、停产整治,并处 10 万元以上 100 万元以下的罚款;情节严重的,报经有批准权的人民政府批准,责令停业、关闭:通过逃避监管的方式排放大气污染物的。

《排污许可管理条例》第 34 条第 2 项规定,违反本条例规定,排污单位有下列行为之一的,由生态环境主管部门责令改正或者限制生产、停产整治,处 20 万元以上 100 万元以下的罚款;情节严重的,吊销排污许可证,报经有批准权的人民政府批准,责令停业、关闭:通过暗管、渗井、渗坑、灌注或者篡改、伪造监测数据,或者不正常运行污染防治设施等逃避监管的方式违法排放污染物。

《水污染防治法》(2017 修正)和《大气污染防治法》(2018 修正)是全国人民代表大会常务委员会发布的法律,规定的罚款数额均为 10 万～100 万元。《排污许可管理条例》是国务院发布的行政法规,规定的罚款数额为 20 万～100 万元。后者将该违法行为的法定最低罚款数额提高至 20 万元,似有违反上位法之嫌。关于如何适用上述条款,在环境执法实践中,执法部门通常会根据排污企业是否需要办理排污许可证分别适用处罚条款:需要办理排污许可证的,适用《排污许可管理条例》的规定处罚;无需办理排污许可证的,适用《水污染防治法》或《大气污染防治法》的规定处罚。

三、代理意见

2024 年 5 月 7 日,黎征武律师在调查核实案情后,向环境局提交了如下代理意见:

WJ 公司听证代理意见

××市生态环境局:

贵局查处的 WJ 公司涉嫌不正常运行水污染防治设施一案[案号:×环(×)罚告(2024)×号],北京市盈科(广州)律师事务所接受 WJ 公司委托,指派黎征武律师作为其代理人。代理人于2024年4月28日参加听证会后再次到WJ公司实地调查,现代理人根据相关法律法规、在案证据、听证会争议焦点和实地调查了解的情况,发表如下代理意见,供贵局参考决策。

代理人认为,涉案《行政处罚听证告知书》认定WJ公司存在不正常运行污染防治设施违法行为,事实不清,证据不足,且无法律依据。因此,代理人恳请贵局依法作出不予处罚决定,并撤回《责令改正通知书》。

一、涉案《行政处罚听证告知书》认定事实错误,且证据不足,依法应当不予处罚

《行政诉讼法》(2017修正)第34条第1款规定:"被告对作出的行政行为负有举证责任,应当提供作出该行政行为的证据和所依据的规范性文件。"

《生态环境行政处罚办法》(生态环境部令第30号)第21条规定:"生态环境主管部门对登记立案的生态环境违法行为,应当指定专人负责,全面、客观、公正地调查,收集有关证据。"第25条规定:"执法人员负有下列责任:(一)对当事人的基本情况、违法事实、危害后果、违法情节等情况进行全面、客观、及时、公正的调查;(二)依法收集与案件有关的证据,不得以暴力、威胁、引诱、欺骗以及其他违法手段获取证据……"

涉案《行政处罚听证告知书》第2页载明,"检查时,酸碱废水池内已有酸碱废水和含镍废水。综上,当事人把第一类污染物混入第二类污染物处理设施中处理……"根据上述规定,本案应当由执法人员提供证据证明上述内容,而非由当事人自证清白。显然,本案没有相关证据证明上述事实:

1. 没有证据证明"检查时,酸碱废水池内已有酸碱废水和含镍废水"(注:经与WJ公司核实,该酸碱废水池标识张贴错误,实际用途并非酸碱废水池,详见下文)。2023年11月28日的《现场检查(勘验)笔录》中并无此记载,亦无照片等证据证实。2023年11月29日的现场照片虽然显示确有废水排入"酸碱废水池",但并无证据证明排入的废水种类及此时废水池中是否含有其他废水。据WJ公司介绍,2023年11月28日当天晚上WJ公司即已将"酸碱废水池"中含镍废水用泵抽回含镍废水收集池,后拆除连接管道。2023年11月29日现场检查时,排入"酸碱

废水池”中的为地面废水(酸碱废水),此时该池中并无含镍废水。因此,处罚告知书中的表述不属实,且无证据证明。

2. 没有证据证明“当事人把第一类污染物混入第二类污染物处理设施中处理”。WJ 公司只是将含镍废水排入“酸碱废水池”暂存,并未进行处理,更何况该池中没有污水处理设备,故该表述不属实,且无证据证明。

二、WJ 公司只是将含镍废水暂存至“酸碱废水池”,并无不正常运行污染防治设施的违法行为

经与 WJ 公司核实,WJ 公司的行为并未舍近求远,更不属于不正常运行污染防治设施。

(一)含镍废水处理工艺的变更情况

据 WJ 公司介绍,WJ 公司的表面处理项目于 2003 年建成投产。因电镀过程需添加氰化钠,故电镀废水中含有少量氰化物,需要先进行破氰处理再沉淀除镍。《建设项目环境保护设施竣工验收申报表》(×环管验字〔2003〕××号)(附件 1)“治理废水”一栏载明,氰系废水处理工艺为氧化破氰。只是在当时的环评文件中,未详细写明电镀废水的处理工艺。

2020 年之前(具体时间 WJ 公司工作人员已记不清楚)含镍废水处理流程为:先排入现在的“酸碱废水池”进行破氰后,再用泵回流至含镍废水收集池,最后用泵抽到污水处理设施中沉淀除镍。也就是说,“酸碱废水池”原用途为破氰。之后因工艺调整,WJ 公司将含镍废水处理工艺变更为先收集至含镍废水收集池,再用泵将含镍废水抽至污水处理设施中处理,处理工艺仍是先破氰后沉淀除镍。

先破氰后沉淀的原因。含镍废水中的氰化物会与镍形成络合物,影响镍的沉淀,若不先破氰处理,废水中镍含量无法达标。《WJ 项目物化处理作业指导书》(附件 2)第 5.2.1 条载明含镍废水物化工艺的流程为:“含镍废水→+NaOH 溶液调 pH≥11→双氧水→重捕剂→PAM→含镍沉淀池→综合废水池,其中一沉池时,清液到综合废水池,污泥到含镍污泥浓缩池。注意:在含镍废水中有氰化物存在,在处理过程中密切关注氰化物的变化,根据氰化物的浓度调整双氧水的投加量。”该处理工艺中,破氰的药剂为双氧水。

上述工艺调整后,“酸碱废水池”已失去原用途,后一直闲置,池中的废水处理装置亦全部拆除,仅用于临时贮存各类污水。故 2023 年 11 月 29 日现场检查时,仍有地面废水(酸碱废水)排入该池暂存。2022 年年底 ××公司承接该污水处理站运营后,才悬挂“酸碱废水池”标牌,但实际无酸碱废水处理装置(现场检查照片可印证)。另外,上述工艺调整后,WJ 公司未将连接“酸碱废水池”和含镍废水收集池的管道拆除,原因之一为紧急情况下该池可临时贮存含镍废水,并通过管道输送至含镍收集池。

(二)WJ 公司将含镍废水排入“酸碱废水池”的原因

2023 年 11 月 24 日,WJ 公司发现含镍废水排水不畅后,临时将含镍废水接入浓氮废水管道并引入“酸碱废水池”。虽然该行为导致含镍废水的行程变长,但如前所述,浓氮废水排入“酸碱废水池”的管道和“酸碱废水池”排入含镍废水收集池的管道此前均已存在,WJ 公司并未新设管道。WJ 公司用于连接含镍废水排水管和浓氮废水管的管道仅约 30 厘米,若用软管直接接入含镍废水收集池则长达 6 米,故在操作上前者更为方便,实际上并未舍近求远。况且,根据现场情况,原堵塞处的地势比含镍废水收集池地面地势低 30~40 厘米,加之含镍废水量较小,用软管连接可能仍会排水不畅。另外,二者相距虽然只有 6 米,但该处沟渠较多且人来人往,软管易受人为影响。

因此,WJ 公司的行为符合现场实际情况,不存在异常。

(三)WJ 公司的行为不属于不正常运行污染防治设施,认定该行为的法律依据不足

《行政主管部门移送适用行政拘留环境违法案件暂行办法》第 7 条规定:“《环境保护法》第六十三条第三项规定的通过不正常运行防治污染设施等逃避监管的方式违法排放污染物,包括以下情形:(一)将部分或全部污染物不经过处理设施,直接排放的;(二)非紧急情况下开启污染物处理设施的应急排放阀门,将部分或者全部污染物直接排放的;(三)将未经处理的污染物从污染物处理设施的中间工序引出直接排放的;(四)在生产经营或者作业过程中,停止运行污染物处理设施的;(五)违反操作规程使用污染物处理设施,致使处理设施不能正常发挥处理作

用的;(六)污染物处理设施发生故障后,排污单位不及时或者不按规程进行检查和维修,致使处理设施不能正常发挥处理作用的;(七)其他不正常运行污染防治设施的情形。”

由上述条文及文义解释规则可知,认定“不正常运行污染防治设施”的行为需满足以下条件:(1)行为对象为污染防治设施;(2)采用不经过处理设施、停止运行处理设施或使污染防治设施不能正常发挥处理作用的方式,以达到直接排放污染物之目的;(3)根据(2)的分析,行为人需具有直接排放的主观故意。

据此,WJ 公司的行为不属于不正常运行污染防治设施,理由为:首先,WJ 公司将含镍废水排入“酸碱废水池”暂存再抽回含镍废水收集池,该行为对象为进入污染防治设施前的排水管道,而非污染防治设施,WJ 公司的污染防治设施系正常运行;其次,该含镍废水最终仍进入含镍废水收集池,并经处理后进入下一处理工序,未直接排放;最后,WJ 公司只是将含镍废水引入其他池内暂存,并无未经处理直接排放的主观目的。因此,WJ 公司的行为不属于通过不正常运行防治污染设施违法排放污染物,涉案《行政处罚听证告知书》认定事实错误,法律依据不足。

综上,代理人认为,涉案《行政处罚听证告知书》认定 WJ 公司存在不正常运行污染防治设施违法行为,事实不清,证据不足,且无法律依据。因此,恳请贵局依法作出不予行政处罚的决定。

代理人:黎征武律师

2024 年 5 月 7 日

附件:

1.《建设项目环境保护设施竣工验收申报表》(×环管验字〔2003〕××号),4 页

2.《WJ 项目物化处理作业指导书》,1 页

风险提示

一、逃避监管排污违法行为的表现形式及法律后果分析

根据《环境保护法》(2014 修订),《环境保护主管部门实施限制生产、停产整

治办法》，《水污染防治法》(2017 修正)，《大气污染防治法》(2018 修正)，《排污许可管理条例》，《环境保护主管部门实施按日连续处罚办法》，《企业环境信用评价办法(试行)》，《刑法》(2023 修正)，最高人民法院、最高人民检察院《关于办理环境污染刑事案件适用法律若干问题的解释》，最高人民法院、最高人民检察院、公安部等印发《〈关于办理环境污染刑事案件有关问题座谈会纪要〉的通知》等法律法规的规定，通过逃避监管排污违法行为的表现形式可分为三大类：(1)不经法定排放口排污；(2)篡改、伪造监测数据；(3)不正常运行防治污染设施。其法律后果包括以下五个方面：(1)罚款、限制生产、停产整治、吊销排污许可证、责令停业、关闭；(2)按日连续处罚；(3)环境信用等级为红牌等级，即环保不良企业；(4)行政拘留；(5)刑事责任。该违法行为的表现形式及法律后果具体详见本书《逃避监管排污行为的认定——SL 公司逃避监管排污案》。

二、企业应加强环保合规管理工作，并适当地对相关人员进行执法应对培训

笔者认为，环境局作出后一份《行政处罚听证告知书》的证据不足，理由为：关于“氨氮浓水池中残留的含镍废水混入酸碱废水未经处理直接排放至综合废水池”一事，只有污水处理站运营单位工作人员的《调查询问笔录》证实。该工作人员并非 WJ 公司的员工，故其陈述属于证人证言而非 WJ 公司的陈述，WJ 公司及其员工均无上述陈述。况且，该事实已无法再取证查明，亦无其他证据相互印证，故该证人证言属于孤证。因此，环境局作出后一份处罚文书的证据不足。但是，WJ 公司仍选择不再申请听证。据 WJ 公司介绍，在本案办理过程中，该环境局相关领导被查，导致环境局处理包括本案在内的所有案件时，对于适用“证据不足不予处罚”或“情节轻微首违不罚”条款存在后顾之忧。笔者认为，环境局的行为不符合依法行政的要求，对行政相对人不公平。但考虑到此类情况是行政相对人无法掌控和预料的案外因素，故排污企业只有规范员工日常行为，防范发生违法行为，才能最大限度地避免此类事件对企业的影响。

WJ 公司决定不申请听证后，污水处理站运营单位工作人员的上述证言是否为客观事实已无从考证，笔者亦未询问该工作人员作出上述证言的具体原因。

《行政处罚法》(2021 修订)第 40 条规定:“公民、法人或者其他组织违反行政管理秩序的行为,依法应当给予行政处罚的,行政机关必须查明事实;违法事实不清、证据不足的,不得给予行政处罚。”也就是说,行政机关需要查明的是有证据证实的法律事实。

因此,笔者对排污单位、污染防治设施运营单位和在线监测设备运营单位等相关企业及工作人员提出如下建议:

1. 规范员工相关操作,在离岗时做好交接工作。本案案发的主要原因为污水处理站工作人员将含镍废水接入氨氮浓水管后,因有急事未及时跟其他工作人员做好交接工作,未及时将含镍废水恢复排入含镍废水收集池,被执法人员现场查获。

2. 适当地对相关岗位人员进行执法检查培训,避免作出不符合客观事实的证言,或在不了解实际情况时凭空捏造理由进行解释。同时,在签署笔录时应详细查看笔录内容,确保与陈述的一致,如记录有误应当予以修改。例如,本案 WJ 公司工作人员在不熟悉污水处理流程的情况下,在 2023 年 11 月 28 日《调查询问笔录》中称“含镍废水在酸碱废水反应池经酸碱调节后排入综合废水池,再经‘物化 + 生化’处理后,由专管引到 × × 水道排放。”在 2024 年 1 月 22 日《调查询问笔录》中称“检查时,酸碱池内已有酸碱废水和含镍废水。”再如,污水处理站运营单位工作人员在 2024 年 5 月 14 日《调查询问笔录》中称“会在氨氮浓水池残留部分含镍废水的,所以当天又将酸碱废水抽入氨氮浓水池,肯定会混有含镍废水,含镍废水残留量是 100 ~ 200 升”等。

3. 合规才是可持续发展的唯一道路。前述应对执法检查的方法并不能从根本上改变企业存在或不存在环境违法行为的客观事实,若想避免承担法律责任,企业应当做好环保合规管理工作,从源头预防环境违法事件的发生。

11. 擅自堆放和未按规定贮存危险废物之区别

——QY 材料公司行政复议案

摘要

本案中,QY 公司存在的违法行为包括产生有机废气的工序未在密闭空间进行和将危险废物桶露天堆放在厂房外。就第 2 项违法行为而言,若认定为“擅自堆放危险废物”,则罚款数额起点为 60 万元且无上限;若认定为“未按规定贮存危险废物”,则罚款数额为 10 万~100 万元。因此,该违法行为的性质认定对 QY 公司的重大利益有着关键影响。

对此,盈科广州黎征武律师认为,根据法律规范的定义及文义解释和体系解释,“贮存”是指行为人对固体废物进行临时、在掌控范围内的管理,而“堆放”更倾向于行为人对固体废物进行非法、长期(甚至永久)的、脱离控制的抛弃。具体到本案,QY 公司将危险废物桶暂时放置于厂房门口等待危险废物处理公司前来拖运,属于贮存危险废物的行为,只是该行为不符合国家环境保护标准的规定。因此,本案中 QY 公司的行为应认定为“未按规定贮存危险废物”。但在环境执法和环境司法实践中,可能存在不同的观点。为此,企业应高度重视危险废物的管理工作,避免发生违法行为。

案情简介

2020 年 12 月 16 日,某市生态环境局(以下简称环境局)到 QY 公司现场检查,发现QY公司存在以下环境违法行为:(1)产生有机废气的印刷工序正在生产,密闭房出入口呈打开状态,使用完或正在使用的有机溶剂桶未加盖,导致部分有机废气无组织排放;(2)约有18个废有机溶剂桶及1桶漆渣未按危险废物管理要求贮存,擅自在厂房外露天堆放。

2020年12月24日,环境局对QY公司作出《行政处罚告知书》,载明"第1项违法行为根据《中华人民共和国大气污染防治法》第一百零八条第一项'违反本法规定,有下列行为之一的,由县级以上人民政府生态环境主管部门责令改正,处二万元以上二十万元以下的罚款;拒不改正的,责令停产整治:(一)产生含挥发性有机物废气的生产和服务活动,未在密闭空间或者设备中进行,未按照规定安装、使用污染防治设施,或者未采取减少废气排放措施的……'的规定,我局拟责令你公司改正,并处罚款壹拾万元整(¥100,000.00元)。

第2项违法行为根据《中华人民共和国固体废物污染环境防治法》第一百一十二条'违反本法规定,有下列行为之一,由生态环境主管部门责令改正,处以罚款,没收违法所得;情节严重的,报经有批准权的人民政府批准,可以责令停业或者关闭:……(三)擅自倾倒、堆放危险废物的……有前款第三项、第四项、第十项、第十一项行为之一,处所需处置费用三倍以上五倍以下的罚款,所需处置费用不足二十万元的,按二十万元计算'的规定,我局拟责令你公司改正,并处罚款贰拾万元整(¥200,000.00元)。

综上所述,我局拟责令你公司改正,合计共处以罚款叁拾万元整(¥300,000.00元)。"

2020年12月29日,QY公司向环境局提交《环境行政处罚陈述申辩书》,请求免于处罚。

2021年1月14日,环境局对QY公司作出《行政处罚决定书》,不予采纳QY公司免于处罚的理由,对第1项违法行为处以罚款10万元,对第2项违法行为处以罚款20万元,合计处罚30万元。

律师策略

本案QY公司发生违法行为的时间为2020年12月16日,环境局作出行政处罚的时间为 2021 年 1 月 14 日，根据当时有效的法律法规，黎征武律师分析如下：

1. 第 1 项未密闭的违法行为。《××市生态环境局环境保护行政处罚自由裁量权标准》（2019）对于该项违法行为，仅针对需要编制环境影响报告书、环境影响报告表和填报环境影响登记表的建设项目作出了处罚规定。根据《建设项目环境影响评价分类管理名录》（2017 年版）的规定，QY 公司的建设项目需编制环境影响报告表，故环境局作出《行政处罚告知书》适用法律正确。但是，2021 年 1 月 1 日，《建设项目环境影响评价分类管理名录》（2021 年版）施行。根据该名录，QY 公司的建设项目不纳入环境影响评价管理。因此，根据从旧兼从轻原则，环境局应当对该违法行为不予处罚。另外，根据"行政一体"原则，若本案进入行政复议程序，复议机关仍应适用新法的规定不予处罚。

2. 第 2 项堆放危险废物的违法行为。根据《行政处罚决定书》适用的《固体废物污染环境防治法》（2020 修订）第 112 条第 1 款第 3 项"擅自倾倒、堆放危险废物"条款，其罚款数额应当为 60 万元起。本案环境局只罚款 20 万元，本已属幸事。但据 QY 公司介绍，其电话通知供应商拖回危险废物桶后，将这些桶放置在厂房门口空地上等待供应商上门回收，并非长时间将危废桶堆放于此。黎征武律师认为，该行为应属于《固体废物污染环境防治法》（2020 修订）第 112 条第 1 款第 6 项未按照国家环境保护标准贮存危险废物的行为，其处罚数额为 10 万～100 万元，故可争取只处罚 10 万元。

综上，黎征武律师认为，本案第 1 项处罚没有法律依据，第 2 项处罚适用法律错误。因此，本案可通过申请行政复议处理。

办理结果

2021 年 3 月 10 日，QY 公司向××省生态环境厅申请行政复议。

2021 年 5 月 24 日，黎征武律师向复议机关提交代理意见。

2021 年 6 月 4 日，经沟通，QY 公司先行撤回行政复议申请。

2021 年 7 月 19 日，环境局撤销行政处罚。

2021 年 7 月 20 日，环境局对 QY 公司的违法行为另行作出《行政处罚告知书》,适用《固体废物污染环境防治法》(2020 修订)第 112 条第 1 款第 6 项未按照国家环境保护标准贮存危险废物的规定,拟对 QY 公司罚款 20 万元。

2021 年 7 月 26 日,黎征武律师提交陈述申辩意见,认为本案处罚过重,不符合过罚相当原则,请求按照法定最低处罚数额 10 万元进行处罚。

2021 年 9 月 1 日,环境局作出《行政处罚决定书》,对 QY 公司未按照国家环境保护标准贮存危险废物的违法行为罚款 10 万元。

律师评析

一、第一项违法行为罚款的法律适用分析

《环境影响评价法》(2018 修正)第 16 条规定:"国家根据建设项目对环境的影响程度,对建设项目的环境影响评价实行分类管理。建设单位应当按照下列规定组织编制环境影响报告书、环境影响报告表或者填报环境影响登记表(以下统称环境影响评价文件):(一)可能造成重大环境影响的,应当编制环境影响报告书,对产生的环境影响进行全面评价;(二)可能造成轻度环境影响的,应当编制环境影响报告表,对产生的环境影响进行分析或者专项评价;(三)对环境影响很小、不需要进行环境影响评价的,应当填报环境影响登记表。建设项目的环境影响评价分类管理名录,由国务院生态环境主管部门制定并公布。"

《建设项目环境影响评价分类管理名录》(2021 年版)第 2 条规定:"根据建设项目特征和所在区域的环境敏感程度,综合考虑建设项目可能对环境产生的影响,对建设项目的环境影响评价实行分类管理。建设单位应当按照本名录的规定,分别组织编制建设项目环境影响报告书、环境影响报告表或者填报环境影响登记表。"第 5 条规定:"本名录未作规定的建设项目,不纳入建设项目环境影响评价管理……"

由上述规定可知,国家对建设项目的环境影响评价实行分类管理,根据建设项目对环境影响程度的大小分为四类,依次为编制环境影响报告书、编制环境影响报告表、填报环境影响登记表和不纳入环境影响评价管理的建设项目。

《大气污染防治法》(2018 修正)第 108 条第 1 项规定:"违反本法规定,有下

列行为之一的,由县级以上人民政府生态环境主管部门责令改正,处二万元以上二十万元以下的罚款;拒不改正的,责令停产整治:(一)产生含挥发性有机物废气的生产和服务活动,未在密闭空间或者设备中进行,未按照规定安装、使用污染防治设施,或者未采取减少废气排放措施的……”

《××市生态环境局环境保护行政处罚自由裁量权标准》(2019)对《大气污染防治法》(2018 修正)第 108 条第 1 项违法行为作出行政处罚的裁量规则为:(1)编制环境影响登记表的建设项目:未在密闭空间或者设备中进行,但按照规定安装、使用了污染防治设施或者采取减少废气排放措施的,处以 2 万元以上 8 万元以下罚款;未在密闭空间或者设备中进行,且未按照规定安装、使用污染防治设施或未采取减少废气排放措施的,处以 8 万元以上 12 万元以下罚款。(2)编制环境影响报告表的建设项目:未在密闭空间或者设备中进行,但按照规定安装、使用了污染防治设施或者采取减少废气排放措施的,处以 8 万元以上 12 万元以下罚款;未在密闭空间或者设备中进行,且未按照规定安装、使用污染防治设施或者未采取减少废气排放措施的,处以 12 万元以上 16 万元以下罚款。(3)编制环境影响报告书的建设项目:未在密闭空间或者设备中进行,但按照规定安装、使用了污染防治设施或者采取了减少废气排放措施的,处以 12 万元以上 16 万元以下罚款;未在密闭空间或者设备中进行,且未按照规定安装、使用污染防治设施或未采取减少废气排放措施的,处以 16 万元以上 20 万元以下罚款。

《××市生态环境局环境保护行政处罚自由裁量权标准》(2019)将《大气污染防治法》(2018 修正)第 108 条第 1 项违法行为作出行政处罚的裁量幅度分为三类六种情况,但未将不纳入环境影响评价管理的情形作出规定。考虑到该类建设项目对环境的影响很小,上述裁量规则的设置是否意味着对该类建设项目的违法行为无需作出行政处罚,只需责令改正即可?

经查,《建设项目环境影响评价分类管理名录》(2021 年版)未将本案 QY 公司的建设项目纳入环境影响评价管理。因此,对该项违法行为予以行政处罚没有法律依据,只能责令改正。

二、擅自堆放和未按规定贮存危险废物之区别

《固体废物污染环境防治法》(2020 修订)第 112 条规定:“违反本法规定,有

下列行为之一,由生态环境主管部门责令改正,处以罚款,没收违法所得;情节严重的,报经有批准权的人民政府批准,可以责令停业或者关闭:(一)未按照规定设置危险废物识别标志的;(二)未按照国家有关规定制定危险废物管理计划或者申报危险废物有关资料的;(三)擅自倾倒、堆放危险废物的;(四)将危险废物提供或者委托给无许可证的单位或者其他生产经营者从事经营活动的;(五)未按照国家有关规定填写、运行危险废物转移联单或者未经批准擅自转移危险废物的;(六)未按照国家环境保护标准贮存、利用、处置危险废物或者将危险废物混入非危险废物中贮存的;(七)未经安全性处置,混合收集、贮存、运输、处置具有不相容性质的危险废物的;(八)将危险废物与旅客在同一运输工具上载运的;(九)未经消除污染处理,将收集、贮存、运输、处置危险废物的场所、设施、设备和容器、包装物及其他物品转作他用的;(十)未采取相应防范措施,造成危险废物扬散、流失、渗漏或者其他环境污染的;(十一)在运输过程中沿途丢弃、遗撒危险废物的;(十二)未制定危险废物意外事故防范措施和应急预案的;(十三)未按照国家有关规定建立危险废物管理台账并如实记录的。有前款第一项、第二项、第五项、第六项、第七项、第八项、第九项、第十二项、第十三项行为之一,处十万元以上一百万元以下的罚款;有前款第三项、第四项、第十项、第十一项行为之一,处所需处置费用三倍以上五倍以下的罚款,所需处置费用不足二十万元的,按二十万元计算。"

《固体废物污染环境防治法》(2020修订)第112条第2款将第1款所列13项违法行为设置了两种罚款方式,一种是罚款10万~100万元,另一种是罚款60万元起,上不封顶。经分析,适用第1种罚款方式的9项行为虽违反了危险废物的相关管理规定,但不一定已经产生危险废物污染环境的危害后果。而适用第2种罚款方式的4项行为中,第3项"倾倒"、第10项"造成危险废物扬散、流失、渗漏或者其他环境污染"以及第11项"丢弃、遗撒"的行为,均已产生危险废物污染环境的危害后果。而第4项"将危险废物提供或者委托给无许可证的单位或者其他生产经营者从事经营活动"的行为,根据执法实践,这些无危险废物经营许可资质的经营主体,通常会将收集的危险废物非法排放、倾倒或处置,从而污染环境。也就是说,这四项行为造成环境污染的可能性极大,故按照第2种罚款方式处理。因此,根据是否造成污染环境的危害后果将上述两类行为分别设置罚款数额，符合过罚相当原则。

根据前述分析，从体系解释的角度理解，第 1 款第 3 项中的“堆放”行为，应当与其他项中“倾倒”“造成危险废物扬散、流失、渗漏或者其他环境污染”“丢弃、遗撒”的行为性质相同或相似，即该行为已造成环境污染，或具有造成环境污染的巨大风险。另外，从文义解释的角度理解，“倾倒”“造成危险废物扬散、流失、渗漏或者其他环境污染”“丢弃、遗撒”的行为系对危险废物非法的、长期（永久）的、脱离控制的放弃。因此，第 1 款第 3 项中的“堆放”行为也应作此理解，即将危险废物放置于不受行为人控制的外环境，以达到逃避应当依法处置危险废物的法定义务，其违法主观恶性较大。例如，行为人未采取相应防范措施将污泥、危险废物桶等废弃物放置于野外，放任危险废物等成分进入外环境。

《固体废物污染环境防治法》（2020 修订）第 124 条第 7 项规定，本法下列用语的含义：贮存，是指将固体废物临时置于特定设施或者场所中的活动。也就是说，“贮存”行为是对固体废物临时的、使之在掌控范围内的管理。《固体废物污染环境防治法》（2020 修订）第 81 条第 2 款规定：“贮存危险废物应当采取符合国家环境保护标准的防护措施……”根据《危险废物收集　贮存　运输技术规范》（HJ 2025－2012）等技术规范的规定，贮存危险废物需要建设危险废物贮存间，并做好防雨、防火、防雷、防扬尘等措施。

本案中，QY 公司在电话通知第三方危废处置公司后，即将危险废物桶放置于厂房门口空地上，等待危险废物处置公司拖运，其行为符合《固体废物污染环境防治法》（2020 修订）第 124 条第 7 项关于“贮存”的定义。只不过，QY 公司的该行为不符合国家规定的贮存要求，故该行为属于未按照国家环境保护标准贮存危险废物的行为，应当适用《固体废物污染环境防治法》（2020 修订）第 112 条第 1 款第 6 项的规定予以处罚。

三、代理意见

（一）行政复议申请书

2021 年 3 月 10 日，黎征武律师向 ×× 省生态环境厅提交《行政复议申请书》，申请行政复议。

行政复议申请书

申请人:××材料有限公司,统一社会信用代码:略,住址:略。

法定代表人:略。

被申请人:××市生态环境局,统一社会信用代码:略,住址:略。

法定代表人:略。

申请事项:

申请撤销《行政处罚决定书》(×环××罚〔2021〕1号)。

事实与理由:

……

申请人认为:(1)根据《建设项目环境影响评价分类管理名录》(2021年版)的规定,申请人建设项目无须纳入环评管理,故按照《××市生态环境局环境保护行政处罚自由裁量权标准》(2019)的裁量标准,申请人不应受到行政处罚;(2)申请人属于初次违法,事后及时改正不当行为,该行为未造成污染环境的危害后果,故请求对申请人免于行政处罚。

一、大气环境违法行为

涉案《行政处罚决定书》第3页载明:"……按照《××市生态环境局环境保护行政处罚自由裁量权标准》(2019)的裁量标准:'编制环境影响报告表的建设项目……'我局决定责令你公司改正,并处以罚款壹拾万元整。"由此可知,被申请人认定申请人的建设项目应当编制环境影响报告表,并按照《××市生态环境局环境保护行政处罚自由裁量权标准》(2019)(以下简称《××市裁量标准》)作出涉案《行政处罚决定书》。但是,涉案建设项目根据《建设项目环境影响评价分类管理名录》(2021年版)[以下简称《管理名录》(2021年版)]无须纳入环评管理,故根据《××市裁量标准》,申请人不应受到行政处罚。

1. 涉案建设项目行业类别:C192皮革制品制造

2019年8月,申请人曾委托第三方机构编制《建设项目环境影响报告表》。该报告表第 1 页载明:“行业类别及代码:C192 皮革制品制造”“××有限公司成立于 2019 年 6 月……项目建成后主要从事 PVC 人造革后处理加工,年加工量为 240 万米(生产出来的 PVC 人造革成品分为箱包革、沙发革和汽车革……)。”

经查阅《国民经济行业分类》(GB/T 4754 – 2017),申请人的建设项目属于第 19 类皮革、毛皮、羽毛及其制品和制鞋业 – 192 皮革制品制造 – 1922 皮箱、包(袋)制造和 – 1929 其他皮革制品制造。因此,《建设项目环境影响报告表》第 1 页载明的“行业类别及代码:C192 皮革制品制造”属实。

2. 涉案建设项目无须纳入环评管理

《建设项目环境影响报告表》第 1 页载明:“本项目属于分类管理名录中:八、皮革、毛皮、羽毛及其制品和制鞋业 – 22 皮革、毛皮、羽毛(绒)制品中的‘其他’类别,本项目不含制革、毛皮鞣制,需要编制环境影响报告表。”也就是说,2019 年 8 月第三方机构认为涉案项目需要编制环评文件的依据是《管理名录》(2017 年版)。

2020 年 11 月 30 日,生态环境部发布《管理名录》(2021 年版),自 2021 年 1 月 1 日起施行。根据该名录,皮革制品制造 192 – 其他类别需要编制环境影响报告表,但“无鞣制、染色工艺的皮革制品制造”除外。也就是说,根据《管理名录》(2021 年版),申请人的建设项目无须纳入环评管理。

3. 根据《××市裁量标准》,申请人不应受到行政处罚

《××市裁量标准》关于“产生含挥发性有机物废气的生产和服务活动,未在密闭空间”的行为,对建设项目未纳入环评管理的,未设置罚款裁量幅度,即无须进行行政处罚。因此,本案申请人即便有涉案《行政处罚决定书》认定的行为,依法也不应受到行政处罚。

4. 根据从旧兼从轻原则,本案应当适用《管理名录》(2021 年版)的规定

《关于审理行政案件适用法律规范问题的座谈会纪要》“三、关于新旧法律规范的适用规则”规定:“根据行政审判中的普遍认识和做法,行政相对人的行为发生在新法施行以前,具体行政行为作出在新法施行以后,人民法院审查具体行政行为的合法性时,实体问题适用旧法规定,程序问题适用新法规定,但下列情形除

外:(一)法律、法规或规章另有规定的;(二)适用新法对保护行政相对人的合法权益更为有利的;(三)按照具体行政行为的性质应当适用新法的实体规定的。"

本案《管理名录》(2021 年版)生效时间为 2021 年 1 月 1 日,申请人违法行为发生时间为 2020 年 12 月 16 日,被申请人作出涉案《行政处罚决定书》时间为 2021 年 1 月 14 日。因此,本案属于"行政相对人的行为发生在新法施行以前,具体行政行为作出在新法施行以后"的情形。因适用新法《管理名录》(2021 年版)对申请人有利,故本案应当适用新法《管理名录》(2021 年版)的规定。

……

综上,恳请贵厅依法撤销涉案《行政处罚决定书》(××环××罚〔2021〕1 号)。

申请人:××有限公司

2021 年 3 月 10 日

(二)行政复议代理意见

2021 年 5 月 4 日,黎征武律师向复议机关提交了如下行政复议代理意见:

××有限公司行政复议案代理意见

××省生态环境厅:

贵厅受理的申请人××有限公司和被申请人××市生态环境局行政复议一案[×环行复(2021)××号],北京市盈科(广州)律师事务所接受申请人××有限公司的委托,指派黎征武律师作为其代理人。代理人阅卷后,在《行政复议申请书》的基础上,提出如下代理意见,恳请贵厅采纳。

一、大气环境违法行为

略。

二、固体废物环境违法行为

代理人认为,涉案《行政处罚决定书》认定申请人属于"擅自堆放危险废物"的行为错误,应当属于"未按照国家环境保护标准贮存危险废物"的行为。《固体废物污染环境防治法》第 20 条第 2 款规定:"禁止任何单位或者个人向江河、湖泊、运河、渠道、水库及其最高水位线以下的滩地和岸坡以及法律法规规定的其他地点倾倒、堆放、贮存固体废物。”由此可知,“堆放”和“贮存”属于不同性质的行为。

1. 法律解释方面。在对法律规范的文字进行解释时,应根据法律规范的定义和文义解释、体系解释等方法进行。《固体废物污染环境防治法》(2020 修订)第124 条第 1 款第 7 项规定“贮存”指“将固体废物临时置于特定设施或者场所中的活动”,但未对“堆放”进行定义。

综观《固体废物污染环境防治法》(2020 修订),“贮存”通常出现于“收集、贮存、运输、利用、处置”等词组中,而堆放则与“倾倒、堆放、丢弃、遗撒”等词组并列。如《固体废物污染环境防治法》(2020 修订)第 20 条第 1 款规定:“产生、收集、贮存、运输、利用、处置固体废物的单位和其他生产经营者,应当采取防扬散、防流失、防渗漏或者其他防止污染环境的措施,不得擅自倾倒、堆放、丢弃、遗撒固体废物。”结合前述定义可知,“贮存”属于对固体废物临时的、在掌控范围内的管理,而“堆放”更倾向于对固体废物非法的、长期(永久)的、脱离控制的抛弃。

2. 法律后果方面。根据法律规定:“堆放”与“倾倒、丢弃、遗撒”的法律后果相同,也严于未按规定贮存的行为。例如,《固体废物污染环境防治法》(2020 修订)第 112 条规定,对未按规定贮存危险废物的行为处罚额度为 10 万～100 万元,而对擅自倾倒、堆放、丢弃、遗撒危险废物的行为处罚额度为 60 万元起,上不封顶。后者法定最低处罚数额远高于前者,最高处罚数额更是上不封顶,显然处罚力度更重。其原因在于,相较于未按规定贮存危险废物的行为,脱离行为人控制的倾倒、堆放、丢弃、遗撒危险废物的行为对人类生命安全和生态环境的危害更大,故上述处罚数额的设置符合过罚相当原则。此外,该条文对第 3 项、第 4 项、第 10 项、第 11 项的违法行为规定了相同的处罚数额,而本案申请人的行为显然与该四种行为的危害性不具有可比性,故适用该处罚规定显然违反过罚相当原则。因此,本案应当适用《固体废物污染环境防治法》(2020 修订)第 112 条第 1 款第 6 项的规定予以处罚。

另外,本案申请人已建成危险废物贮存间,且与有资质的环保公司签订了危险废物处置协议并经验收,废漆渣产生量仅 0. 3 吨/年(验收报告第 17 页),相应处置费用少,申请人没有铤而走险抛弃危险废物的必要。本案案发时,申请人已联系危险废物处置公司上门回收,遂将废溶剂桶和漆渣桶提前搬运至申请人厂房门口。该处虽位于申请人厂房门外,但紧靠厂房建筑物墙边,仍属于申请人的工厂用地范围,未脱离申请人控制(申请人的水喷淋塔+活性炭吸附装置也处于室外,不能因此认定脱离申请人控制),故该行为不属于脱离控制的堆放行为,而是贮存行为的延伸。即便该行为具有可罚性,也属于"未按照国家环境保护标准贮存危险废物"的行为。在此基础上,结合本案申请人属于初次违法、案发后及时将废桶清理完毕且未造成实际损害后果等情节,恳请贵厅按法定最低处罚额度10万元予以处罚,以达到罚教结合之目的。

综上,恳请贵厅依法撤销涉案《行政处罚决定书》(×环××罚〔2021〕1号),或依法变更处罚数额。

代理人:黎征武律师

2021年5月4日

(三)陈述申辩意见

2021年7月20日,环境局撤销原《行政处罚决定书》后对QY公司的违法行为另行作出《行政处罚告知书》,适用《固体废物污染环境防治法》(2020修订)第112条第1款第6项"未按照国家环境保护标准贮存危险废物"的规定,拟对QY公司罚款20万元。

2021年7月26日,黎征武律师认为本案处罚过重,不符合过罚相当原则,故向环境局提交如下陈述申辩意见,请求按照法定最低处罚数额10万元进行处罚:

××有限公司申辩意见

××市生态环境局:

2021年7月21日,我司收到贵局下发的《行政处罚听证告知书》(×环××告〔2021〕××号),贵局以我司存在"约有18个废有机溶剂桶及1桶漆渣未按危险废物管理要求贮存,擅自在厂房外露天堆放"的行为为由,根据《固体废物污染环境防治法》(2020修订)第112条第1款第6项的规定,拟对我司罚款20万元。针对该违法行为,我司高度重视,已整改完毕。现我司申辩如下,恳请贵局结合实际情况,减少处罚数额。

首先,我司的行为没有造成环境污染的危害后果,不同于偷排、超标、超总量排污等违法行为。

其次,我司已签订固体废物(危险废物)处置合同。本次事件的发生系我司环境管理不到位,员工环保意识不够,并非故意为之。

再次,我司被查处后立即改正了违法行为,详见《××公司环境违法行为整改说明》。行政处罚的目的不是处罚本身,而是教育行政相对人改正错误。我司今后必会增强法律意识,更加遵纪守法。

最后,我司正常生产经营时间不长,经营较困难。2019年6月,我司取得环评批复后才动工建设,并按要求配备环保设备。2020年年初全国疫情暴发,导致我司开工时间后延几个月。2021年年初至今,全国部分原材料价格上涨。2021年6月,××地区出现本土新冠病毒。目前,全国各地又有疫情暴发,对我司的影响尚无法预测。总之,我司从租厂房以来正常生产经营时间不足1年,仅够勉强维持日常开支。

综上,我司已深刻认识到错误,保证今后加强环保管理,杜绝再发。恳请贵局考虑到本案情节和我司实际情况,按法定最低罚款数额10万元予以处罚,以达到罚教结合之目的!

申辩人:××有限公司

2021年7月26日

◆风险提示

一、产生含挥发性有机物废气的活动未密闭的法律后果分析

《大气污染防治法》(2018修正)第45条规定:“产生含挥发性有机物废气的生产和服务活动,应当在密闭空间或者设备中进行,并按照规定安装、使用污染防治设施;无法密闭的,应当采取措施减少废气排放。”

该条文对产生含挥发性有机物废气(VOCs)的生产和服务活动在防治大气污染物方面提出了两个层次的要求,即能够对空间或设备密闭的,应当密闭。只有无法密闭的,才可以不密闭,但应采取措施减少废气排放。实践中,只有极少部分工艺流程长、密闭难度大的生产设备无法密闭,其余空间和设备均应进行密闭,以减少 VOCs 排放。

《大气污染防治法》(2018 修正)第 108 条第 1 项规定:“违反本法规定,有下列行为之一的,由县级以上人民政府生态环境主管部门责令改正,处二万元以上二十万元以下的罚款;拒不改正的,责令停产整治:(一)产生含挥发性有机物废气的生产和服务活动,未在密闭空间或者设备中进行,未按照规定安装、使用污染防治设施,或者未采取减少废气排放措施的……”该条文确定的三种违法行为中,企业最易发生的是“未在密闭空间或者设备中进行”的行为。该行为又包含两种情况:(1)未设置密闭空间,如未将喷涂等工艺密闭,导致废气逸散;盛装有机溶剂、油漆等物质的容器(如油漆桶)敞开,未及时盖好密封,导致废气逸散等。(2)已设置密闭空间,但实际上没有完全发挥密闭的作用,如密闭空间的门窗敞开,未随时关闭,导致废气逸散;密闭空间门窗破损后未及时维修,导致废气逸散等。

上述违法行为中,企业未及时将容器桶盖好和未及时关闭密闭空间房门的行为,存在一定客观原因。也就是说,若严格按照法律的规定执行,操作人员需频繁开、关桶盖或房门,影响工作效率。但是,若不按照规定执行,可能面临 2 万～20 万元的罚款处罚。因此,基于兼顾遵纪守法和提高工作效率的需要,建议企业优化相关操作。例如,将容器盖放在容器上,使用时拿开,在最终使用完毕后再拧紧密封;对于需要频繁进出的密闭空间,可使用方便打开、关闭的房门,或使用塑料门帘等。

二、本案所涉危险废物违法行为的法律后果分析

《固体废物污染环境防治法》(2020 修订)第 112 条规定,对于擅自堆放危险废物的行为,罚款数额为 60 万元起;对于未按规定贮存危险废物的行为,罚款数额为 10 万～100 万元,前文已详细分析该两种行为的区别。

需要特别提醒的是,虽然本案中环境局采纳了笔者的观点,但不同执法机关、

司法机关对此可能持有不同意见。例如,有观点认为,只有将危险废物置于特定的设施或场所中,即危险废物贮存设施或场所,才能构成贮存行为;未将危险废物置于特定设施或者场所中,不能认定为贮存行为。①

鉴于该行为的性质认定分歧较大,导致违法后果差异巨大,故企业在危险废物管理工作中,宜按照该行为属于"擅自堆放危险废物"将受到60万元以上罚款处罚的标准,严格规范危险废物贮存行为,提高基层员工环保意识和法律风险意识,避免因小疏忽而遭受巨额罚款处罚。但在案发后,则应争取适用"未按规定贮存危险废物"的规定以减少罚款数额。

另外,本案环境局适用的处罚条款和罚款数额明显不匹配,律师在办理此类案件时,应注意自身执业风险。虽然《行政处罚法》(2021修订)第45条第2款规定"行政机关不得因当事人陈述、申辩而给予更重的处罚",《生态环境行政处罚办法》第45条第2款亦明确"不得因当事人的陈述、申辩而给予更重的处罚",但《行政诉讼法》(2017修正)未规定人民法院以行政处罚适用法律错误判决行政机关重新作出行政处罚后,行政机关在重新作出行政处罚时不能给予更重的处罚,《行政复议法》(2023修订)中亦无此类似规定。考虑到此类案件进入行政复议或行政诉讼程序后,案件结果难以预测,故作为行政相对人的代理律师,需做好执业风险防范,谨慎处理。

三、对于本案所涉危险废物的违法行为,行政机关作出行政处罚时宜谨慎适用法律依据

在认定涉案行为属于"擅自堆放危险废物"还是"未按规定贮存危险废物"行为时,建议执法部门综合考虑行政相对人的动机、主观过错、具体案情和违法行为是否造成环境污染等情况,准确适用法律条款,兼顾打击环境违法行为和确保过罚相当,避免案件涉诉后面临败诉风险。

---

① 参见赵宁宇:《"擅自堆放"与"未按标准贮存"危废如何区分适用?》,载《中国环境报》2022年2月24日,https://www.cenews.com.cn/news.html?aid=231513。

12. 县级人民政府划定禁养区的合法性审查

——某养殖场关停行政诉讼案

摘要

《畜牧法》和《畜禽规模养殖污染防治条例》将生活饮用水的水源保护区、风景名胜区、自然保护区的核心区和缓冲区、城镇居民区及文化教育科学研究区等人口集中区域划定为禁养区,同时明确“法律、法规规定的其他禁止养殖区域”属于禁养区。据此,省级人民政府和地级市人民政府可制定地方性法规,在上述列明的禁养区外另行划定禁养区。但是,县级人民政府只能在法律、法规列明的禁养区内,结合本地区的实际情况划定具体禁养区域,而不能另行划定禁养区域。本案中,LC 县人民政府在没有地方性法规规定的情况下,制定《LC 县畜禽禁养区划定方案》将高速公路两侧 500 米范围内的区域划定为禁养区,违反了上位法《畜牧法》和《畜禽规模养殖污染防治条例》关于只有法律、法规可以划定禁养区的规定,依法应当无效,不能作为执法依据。

案情简介

2005 年,叶某修建养猪场用于饲养生猪。2013 年,蒋某与叶某签订《猪场承包经营合同》,约定由蒋某承包叶某的养猪场,租期为 10 年。

2020 年,LC 县人民政府发布《LC 县畜禽禁养区划定方案》(以下简称《划定方案》),规定“国道、省道、高速公路、铁路等主要交通干线两侧500米范围内的区域”为禁养区(以下简称“距离划分条款”)。

2021年8月10日,LC县LL镇人民政府到养殖场检查,经卫星遥感测量,养殖场距离××高速278米。LC镇人民政府遂作出《责令改正通知书》,要求蒋某在2021年8月20日前改正违法行为,改正内容为关停养殖场。蒋某未在规定期限内关停养殖场。

2021年9月9日,LL镇人民政府作出《行政处罚告知书》,拟责令蒋某在2022年1月5日前关停养殖场。

2021年9月13日,蒋某提出申述申辩,认为《划定方案》“距离划分条款”无效。

2021年12月22日,LL镇人民政府作出《行政处罚决定书》[L府(罚)字××号],决定不予采纳蒋某的陈述申辩理由,原因为:《广东省环境保护条例》(2019修正)第49条第1款规定:“除法律、法规规定的禁止养殖区域外,县级以上人民政府有关主管部门可以根据当地环境承载能力和污染物排放总量控制要求,划定畜禽禁养区和限养区,报同级人民政府批准后实施,并向社会公布。”故LC县人民政府据此制定《划定方案》有法律依据。因此,LL镇人民政府责令蒋某于2022年1月5日前关停养殖场。蒋某未在规定期限内关停养殖场,亦未申请行政复议、提起行政诉讼。

2022年3月8日,LL镇人民政府作出《行政处罚决定书》[L府(罚)字〔2022〕××号],责令蒋某立即停止违法行为、立即改正违法行为,并处以罚款3万元。蒋某不服,向LC县人民政府申请行政复议。

2022年5月10日,LC县人民政府作出《行政复议决定书》,维持LL镇人民政府作出的《行政处罚决定书》[L府(罚)字〔2022〕××号]。

随后,蒋某找到黎征武律师,拟提起行政诉讼。

律师策略

本案的核心争议焦点为:LC县人民政府制定的《划定方案》将国道、省道、高速公路、铁路等主要交通干线两侧500米范围内的区域划定为禁养区,是否有法律依据?蒋某认为该"距离划分条款"无法律依据,因为没有法律法规规定高速公路500米内属于禁养区,故该规定无效。LC县人民政府则认为有效,依据为《广东省环境保护条例》(2019修正)(已被修改)第49条第1款授权县级人民政府有关主管部门可以划定禁养区。

经深入研究,黎征武律师认为,《广东省环境保护条例》(2019修正)(已被修改)第49条第1款和《划定方案》"距离划分条款"均因违反上位法而无效,故涉案行政处罚没有法律依据,应予撤销。另外,考虑到《划定方案》可能对当地养殖业造成冲击,黎征武律师建议在行政诉讼中一并请求人民法院对该规定的合法性进行审查,避免进一步扩大不利影响。

办理结果

2022年5月28日,蒋某根据行政案件集中管辖规定,将LL镇人民政府和LC县人民政府起诉到××县人民法院,请求撤销涉案《行政处罚决定书》《行政复议决定书》,一并审查《划定方案》的合法性。

2022年8月17日,××县人民法院开庭审理本案。

2022年8月20日,黎征武律师根据庭审争议焦点,向人民法院提交《蒋某行政诉讼案代理意见》,主要意见如下:(1)在《划定方案》"距离划分条款"合法的前提下,根据法不溯及既往原则,本案蒋某不存在违法行为,不应对其予以行政处罚,而应责令其关闭或搬迁养殖场,并进行合理补偿。(2)本案蒋某可提请人民法院审查《划定方案》的合法性,没有法律规定对经过行政复议的案件请求审查规范性文件合法性的,必须在行政复议中先行提出。(3)《划定方案》"距离划分条款"与环保要求无关,LC县人民政府无权将其作为划定禁养区的条件,故该规定无法律依据且违反上位法的规定,应属无效,不能作为执法依据。

2022年7月26日,农业农村部作出《对十三届全国人大五次会议第0509号建议的答复》(农办议〔2022〕100号)。2022年8月26日,黎征武律师向人民法院提交《蒋某行政诉讼案补充代理意见》。

2022 年 10 月 15 日,国务院办公厅《关于印发第十次全国深化“放管服”改革电视电话会议重点任务分工方案的通知》(国办发〔2022〕37 号)。2022 年 11 月 4 日,黎征武律师向人民法院提交《蒋某行政诉讼案补充代理意见(2)》。

2022 年 11 月 23 日,××县人民法院作出《行政判决书》,以 LL 镇人民政府作出涉案行政处罚程序违法为由,撤销涉案《行政处罚决定书》和《行政复议决定书》。同时,以涉案行政处罚撤销后,《划定方案》的合法性审查与否不会对蒋某的权利义务造成实际影响,故驳回蒋某的该项诉讼请求。

一审宣判后,各方均未提起上诉,蒋某的养殖场正常经营。

律师评析

一、《广东省环境保护条例》(2019 修正)第 49 条第 1 款的合法性分析

《畜牧法》(2015 修正)第 40 条规定:“禁止在下列区域内建设畜禽养殖场、养殖小区:(一)生活饮用水的水源保护区,风景名胜区,以及自然保护区的核心区和缓冲区;(二)城镇居民区、文化教育科学研究区等人口集中区域;(三)法律、法规规定的其他禁养区域。”《畜禽规模养殖污染防治条例》(国务院令第 643 号)第 11 条规定:“禁止在下列区域内建设畜禽养殖场、养殖小区:(一)饮用水水源保护区,风景名胜区;(二)自然保护区的核心区和缓冲区;(三)城镇居民区、文化教育科学研究区等人口集中区域;(四)法律、法规规定的其他禁止养殖区域。”

前述条文详细列明了属于禁养区的区域,同时明确法律、法规可规定禁养区。对于“法律、法规规定的其他禁养区域”的理解,应当指法律、法规确定的具有明确指向性的区域,如生活饮用水的水源保护区、风景名胜区等区域。但是,《广东省环境保护条例》(2019 修正)第 49 条第 1 款未明确列举属于禁养区的区域,而是授权县级人民政府有关主管部门划定禁养区并报同级人民政府批准后实施,该规定涉及违反了上位法关于只有法律、法规才可以划定禁养区的规定。

二、《划定方案》“距离划分条款”的合法性分析

LC 县人民政府制定《划定方案》的法律依据为《广东省环境保护条例》(2019 修正)第 49 条第 1 款,后者不具有合法性后,《划定方案》的制定便缺乏法律依据。

况且,《划定方案》"距离划分条款"违反了上位法《畜牧法》第40条和《畜禽规模养殖污染防治条例》第11条的规定。

三、律师代理意见

(一)行政诉讼代理意见

2022年8月17日,××县人民法院开庭审理本案。

2022年8月20日,黎征武律师根据庭审争议焦点,向人民法院提交了如下代理意见(节选):

蒋某行政诉讼案代理意见

××县人民法院:

贵院受理的原告蒋某与被告LL镇人民政府、LC县人民政府行政诉讼一案,北京市盈科(广州)律师事务所接受原告蒋某的委托,指派黎征武律师作为其代理人,参与本案的诉讼活动。现代理人根据相关法律规定、本案证据材料和庭审争议焦点,谨提出如下代理意见,恳请贵院依法采纳。

代理人认为,本案LC县人民政府划定禁养区的规范性文件违反了上位法的规定,依法应当无效,故原告蒋某不存在违法行为。同时,被告一作出行政处罚程序严重违法,理由如下。

一、原告非适格行政相对人

略。

二、在《划定方案》"距离划分条款"合法的前提下,根据法不溯及既往原则,本案蒋某不存在违法行为,不应对其予以行政处罚,而应责令其关闭或搬迁养殖场,并进行合理补偿

《水污染防治法》系环保单行法,其关于禁止在饮用水源建设相关建设项目的规定,对于正确理解本案的相关规定有重要意义。该法第65条第1款规定:"禁止在饮用水水源一级保护区内新建、改建、扩建与供水设施和保护水源无关的建设项目;已建成的与供水设施和保护水源无关的建设项目,由县级以上人民政府

责令拆除或者关闭。”第 66 条第 1 款规定:“禁止在饮用水水源二级保护区内新建、改建、扩建排放污染物的建设项目;已建成的排放污染物的建设项目,由县级以上人民政府责令拆除或者关闭。”第 91 条第 1 款规定:“有下列行为之一的,由县级以上地方人民政府环境保护主管部门责令停止违法行为,处十万元以上五十万元以下的罚款;并报经有批准权的人民政府批准,责令拆除或者关闭:(一)在饮用水水源一级保护区内新建、改建、扩建与供水设施和保护水源无关的建设项目的;(二)在饮用水水源二级保护区内新建、改建、扩建排放污染物的建设项目的;(三)在饮用水水源准保护区内新建、扩建对水体污染严重的建设项目,或者改建建设项目增加排污量的。”上述条文明确对于在饮用水水源一级保护区、二级保护区新、改、扩建相关建设项目的行为予以罚款处罚,而对已建成的项目责令拆除或关闭而非罚款,体现了法不溯及既往的原则。

涉案《行政处罚决定书》载明,被告一适用《畜牧法》(2015 修正)第 40 条等规定作出行政处罚。《畜牧法》(2015 修正)第 40 条规定:“禁止在下列区域内建设畜禽养殖场、养殖小区:(一)生活饮用水的水源保护区,风景名胜区,以及自然保护区的核心区和缓冲区;(二)城镇居民区、文化教育科学研究区等人口集中区域;(三)法律、法规规定的其他禁养区域。”《畜禽规模养殖污染防治条例》第 11 条规定:“禁止在下列区域内建设畜禽养殖场、养殖小区:(一)饮用水水源保护区,风景名胜区;(二)自然保护区的核心区和缓冲区;(三)城镇居民区、文化教育科学研究区等人口集中区域;(四)法律、法规规定的其他禁止养殖区域。”第 37 条规定:“违反本条例规定,在禁止养殖区域内建设畜禽养殖场、养殖小区的,由县级以上地方人民政府环境保护主管部门责令停止违法行为;拒不停止违法行为的,处 3 万元以上 10 万元以下的罚款,并报县级以上人民政府责令拆除或者关闭。在饮用水水源保护区建设畜禽养殖场、养殖小区的,由县级以上地方人民政府环境保护主管部门责令停止违法行为,处 10 万元以上 50 万元以下的罚款,并报经有批准权的人民政府批准,责令拆除或者关闭。”

代理人认为,《畜牧法》和《畜禽规模养殖污染防治条例》上述条款中“建设”的定义,应当与《水污染防治法》保持一致,即新、改、扩建,如此才能保证法律理解和适用的统一性。本案养殖场经营时间为2005年,而《划定方案》于2020年才施行,故根据法不溯及既往原则,本案养殖场不存在违法行为,不应予以行政处罚。另外,《畜禽规模养殖污染防治条例》第25条规定:"因畜牧业发展规划、土地利用总体规划、城乡规划调整以及划定禁止养殖区域,或者因对污染严重的畜禽养殖密集区域进行综合整治,确需关闭或者搬迁现有畜禽养殖场所,致使畜禽养殖者遭受经济损失的,由县级以上地方人民政府依法予以补偿。"据此,本案LC县人民政府要求养殖场关闭或搬迁的,应当予以补偿。

还需要说明的是,本案养殖场符合相关环保和动物防疫规定的要求,具体为:(1)根据《建设项目环境影响评价分类管理名录》(2021年版)的规定,本案养殖场无须报批环评取得行政许可。(2)自然资源部办公厅《关于保障生猪养殖用地有关问题的通知》(自然资电发〔2019〕39号)"二、落实和完善用地政策"规定,"一是,生猪养殖用地作为设施农用地,按农用地管理,不需办理建设用地审批手续……"故本案养殖场无需办理建设用地审批手续。(3)农业农村部《关于调整动物防疫条件审查有关规定的通知》(农牧发〔2019〕42号)规定,"为优化动物防疫条件审查工作,促进生猪等畜禽养殖业健康发展,按照'放管服'改革要求,现就有关要求通知如下。自本通知印发之日起,暂停执行关于兴办动物饲养场、养殖小区、动物隔离场所、动物屠宰加工场所以及动物和动物产品无害化处理场所的选址距离规定。《动物防疫条件合格证》发证机关要组织开展兴办上述所列场所选址风险评估,依据场所周边的天然屏障、人工屏障、行政区划、饲养环境、动物分布等情况,以及动物疫病的发生、流行状况等因素实施风险评估,根据评估结果确认选址。具体评估办法由省、自治区、直辖市人民政府兽医主管部门制定。"也就是说,本案养殖场已无须执行选址距离的规定,只需开展选址风险评估确认选址即可。(4)广东省农业农村厅《关于动物防疫条件审查场所选址风险评估暂行办法》第3条"(二)评估要点"规定:"2.动物饲养场、养殖小区、动物隔离场所选址侧重于防范病原微生物的传入和各场之间的相互传染。距离生活饮用水源地、主干道、动物屠宰加工场、动物和动物产品无害化处理场、活畜禽交易市场及其他养殖场所等相关场所不足500米的,要有自然屏障或人工屏障,配套与防疫需要相对应的隔断设施，以及与其规模相适应的清洗消毒等设施。”本案养殖场与××高速公路之间存在山丘作为天然屏障，故养殖场与高速公路的距离可低于500米，本案养殖场选址距离符合防疫要求。综上，本案养殖场完全符合现行环保和动物防疫要求，依法不能责令关闭或搬迁。

三、在应当予以处罚的前提下，本案应作为另案处理

略。

四、本案蒋某可提请人民法院审查《划定方案》的合法性

《行政诉讼法》（2017修正）第53条规定：“公民、法人或者其他组织认为行政行为所依据的国务院部门和地方人民政府及其部门制定的规范性文件不合法，在对行政行为提起诉讼时，可以一并请求对该规范性文件进行审查。前款规定的规范性文件不含规章。”最高人民法院《关于适用〈中华人民共和国行政诉讼法〉的解释》第68条规定：“行政诉讼法第四十九条第三项规定的‘有具体的诉讼请求’是指：……（七）请求一并审查规章以下规范性文件……”据此，本案原告在提起行政诉讼时，有权同时请求撤销原行政行为和一并审查规范性文件的合法性，该二项请求系独立的具体诉讼请求。

另外，最高人民法院《关于适用〈中华人民共和国行政诉讼法〉的解释》第145条规定：“公民、法人或者其他组织在对行政行为提起诉讼时一并请求对所依据的规范性文件审查的，由行政行为案件管辖法院一并审查。”第146条规定：“公民、法人或者其他组织请求人民法院一并审查行政诉讼法第五十三条规定的规范性文件，应当在第一审开庭审理前提出；有正当理由的，也可以在法庭调查中提出。”上述条文均未规定对经过行政复议的案件请求审查规范性文件合法性的，必须在行政复议中先行提出。

综上，本案原告有权请求贵院一并审查《划定方案》的合法性。

五、《划定方案》“距离划分条款”与环保要求无关，被告二无权将其作为划定禁养区的条件，故该规定无法律依据且违反上位法的规定，应属无效，不能作为执法依据

（一）《划定方案》中“距离划分条款”与环保无关，系出于防疫考虑

在《广东省环境保护条例》（2019修正）（已被修改）第49条第1款具有合法

性的前提下，县级人民政府也只能根据当地环境承载能力和污染物排放总量控制要求划定畜禽禁养区，而本案“距离划分条款”显然并非出于环保的需要。根据《划定方案》前言“鉴于×江水是全省的‘生命水、政治水、经济水’，其水质关系到全省经济、社会的全面发展，因此需要进一步严格规范畜禽养殖禁养区划定和管理”的表述可知，该《划定方案》制定初衷为保护×江水质。但是，《划定方案》制定所依据的《环境保护法》《水污染防治法》《畜牧法》《动物防疫法》《大气污染防治法》《畜禽规模养殖污染防治条例》《水污染防治行动计划》《广东省环境保护条例》中，均无“国道、省道、高速公路、铁路等主要交通干线两侧500米范围内的区域”的相关规定和表述，只有《动物防疫条件审查办法》（农业部令〔2010〕第7号）第5条第3项规定动物饲养场、养殖小区选址应当符合下列条件：(3)距离城镇居民区、文化教育科研等人口集中区域及公路、铁路等主要交通干线500米以上。而且，《划定方案》“二、划分原则”第5项为“符合动物防疫条例的原则”，“三、划分依据”中列明“《动物防疫法》”，充分说明该“距离划分条款”是出于防疫考虑，而非被告一所称系基于环保的需要。况且，本案庭审中，在原告要求其明确出于环保的何种需要及保护何种对象时，被告一未予以答复并举证，故应承担举证不能的后果。

因此，《划定方案》“距离划分条款”不属于《广东省环境保护条例》（2019修正）第49条第1款规定的县级人民政府可划定禁养区的情形，该条款没有上位法支持，不能作为执法依据。

（二）《广东省环境保护条例》（2019修正）第49条第1款因违反上位法而无效，故《划定方案》“距离划分条款”无法律依据，依法应无效

1.《广东省环境保护条例》（2019修正）第49条第1款因违反上位法而无效

2000年7月1日，《立法法》实施，其第64条第2款规定：“除本法第八条规定的事项外，其他事项国家尚未制定法律或者行政法规的，省、自治区、直辖市和较大的市根据本地方的具体情况和实际需要，可以先制定地方性法规。在国家制定的法律或者行政法规生效后，地方性法规同法律或者行政法规相抵触的规定无效，制定机关应当及时予以修改或者废止。”《立法法》（2015修正）第73条第2款

沿用了该规定。

《广东省环境保护条例》首次发布时间为2004年9月24日,施行时间为2005年1月1日。该条例第35条规定,县级以上人民政府可以根据环境保护的需要,划定畜禽禁养区。因当时《畜牧法》《畜禽规模养殖污染防治条例》尚未施行,故该条文根据当时施行的《立法法》第64条第2款的规定,具有合法性。

但是,2006年7月1日《畜牧法》施行,其第40条规定:"禁止在下列区域内建设畜禽养殖场、养殖小区:(一)生活饮用水的水源保护区,风景名胜区,以及自然保护区的核心区和缓冲区;(二)城镇居民区、文化教育科学研究区等人口集中区域;(三)法律、法规规定的其他禁养区域。"《畜牧法》(2015修正)第40条沿用了该条文。2014年1月1日,《畜禽规模养殖污染防治条例》施行,其第11条规定:"禁止在下列区域内建设畜禽养殖场、养殖小区:(一)饮用水水源保护区,风景名胜区;(二)自然保护区的核心区和缓冲区;(三)城镇居民区、文化教育科学研究区等人口集中区域;(四)法律、法规规定的其他禁止养殖区域。"上述条文均明确,除已确定为禁养区的区域外,只有法律、法规可划定禁养区域。

因此,自2006年7月1日起,《广东省环境保护条例》关于"县级以上人民政府有关主管部门可以划定畜禽禁养区"的规定,因违反上位法《畜牧法》《畜禽规模养殖污染防治条例》而无效。

2.《划定方案》"距离划分条款"无法律依据,且涉及违反上位法的规定

《广东省环境保护条例》(2019修正)第49条第1款无效后,《划定方案》不再具有法律依据。况且,其"距离划分条款"违反了《畜牧法》《畜禽规模养殖污染防治条例》关于只有法律、法规才能划定禁养区的规定,超出了法律、法规关于禁养区的定义和范畴,应属无效,不能作为执法依据。

3. 县级人民政府只是法律法规的具体执行者,不能超出法律法规的范围自行划定禁养区

《畜禽养殖禁养区划定技术指南》3.3"禁养区"的定义为"指县级以上地方人民政府依法划定的禁止建设养殖场或禁止建设有污染物排放的养殖场的区域。"该条文中"县级以上地方人民政府依法划定",应当指县级以上地方人民政府依据

《畜牧法》(2015 修正)第 40 条和《畜禽规模养殖污染防治条例》第 11 条已经确定的生活饮用水的水源保护区、风景名胜区等禁养区域,结合本地区实际情况,进一步明确本地区的禁养区域。也就是说,县级以上地方人民政府只是法律、法规的具体执行者,而无权在法律、法规规定的禁养区外自行划定新的禁养区。

被告一当庭提交参考案例《苏某某诉广东省××县人民政府划定禁养区范围通告案》,该案中广东省高级人民法院认为,"罗浮山国家级现代农业科技示范园承担着农业科技推广的任务,需要严格的环境保护条件,且科技示范园附近河涌连接当地饮用水源地沙河和东江,在科技示范园内进行畜禽养殖有可能造成空气和水质污染,故××县人民政府将其划定为禁养区并未违反法律规定"。代理人认为,因罗浮山国家级现代农业科技示范园同时属于《畜牧法》(2015 修正)第 40 条第 1 项中的"生活饮用水的水源保护区"和第 2 项中的"文化教育科学研究区",属于法律明文规定的禁养区,故××县人民政府将之划定为禁养区符合法律、法规的规定。因此,该案对本案不具有参考意义。

六、本案行政处罚程序严重违法

略。

综上,《划定方案》"距离划分条款"因既无法律依据亦违反上位法的规定而无效,依法不能作为执法依据。退一步讲,即便该规定合法有效,根据法不溯及既往的原则,也不能对蒋某予以行政处罚。

因此,恳请贵院依法查明事实并撤销涉案处罚决定。

代理人:黎征武律师

2022 年 8 月 20 日

(二)行政诉讼补充代理意见

2022 年 7 月 26 日,农业农村部作出《对十三届全国人大五次会议第 0509 号建议的答复》(农办议〔2022〕100 号)。2022 年 8 月 26 日,黎征武律师向人民法院提交补充代理意见。

蒋某行政诉讼案补充代理意见

××县人民法院：

贵院受理的原告蒋某与被告LL镇人民政府、LC县人民政府行政诉讼一案，原告代理人补充代理意见如下：

一、《划定方案》“距离划分条款”超出了法律、法规的划定范围

2022年7月26日，农业农村部作出《对十三届全国人大五次会议第0509号建议的答复》（农办议〔2022〕100号）。其中“一、关于依法依规为养殖业保驾护航”载明：“2019年以来，我部联合生态环境部印发《关于进一步规范畜禽养殖禁养区划定和管理促进生猪生产发展的通知》，明确要求各地依法科学划定禁养区，国家法律法规和地方法规之外的其他规章和规范性文件不得作为禁养区划定依据；要坚决迅速取消超出法律法规的禁养规定和超划的禁养区；对违反法律法规限制养猪业发展和压减生猪产能的情况要立即进行整改，对确需关闭的养殖场户给予合理过渡期，避免清理代替治理，严禁采取一律关停等简单做法。会同生态环境部成立规范禁养区划定和管理工作专班专项部署工作，组成20个调研组赴全国相关地区开展调研与指导调整工作，累计排查禁养区7107个，实地核查禁养区530个。截至目前，全国共依法划定禁养区8.6万个、面积121.2万平方公里，调整减少无法律法规依据划定的禁养区1.41万个、面积12.9万平方公里。”

涉案《划定方案》“距离划分条款”无法律法规依据，应属无效。

二、根据法不溯及既往原则，不应对蒋某作出行政处罚

关于法不溯及既往原则的适用，提交两个案例供贵院参考：

原××市环境保护局作出的《行政复议决定书》（×环行复〔2016〕××号）载明，“申请人经营的餐饮服务建设项目位于饮用水水源二级保护区，依据《水污染防治法》第66条第1款的规定，属于已建成的排放污染物的建设项目，由县级以上人民政府责令拆除或者关闭，故撤销被申请人作出的行政处罚决定”。

原××市环境保护局作出的《行政复议决定书》（×环行复〔2018〕××号）载

明,"申请人的养殖场建设项目自1996年建成投用,根据现行水污染防治相关法律规定,该建设项目属于饮用水水源一级保护区范围内已建成的与供水设施和保护水源无关的建设项目,依法应当由县级以上人民政府责令拆除或者关闭,而不应当由环保部门认定为未经竣工环保验收的建设项目并依照《建设项目环境保护管理条例》的规定进行处罚,故撤销被申请人作出的行政处罚决定"。

综上,涉案行政处罚没有法律依据,恳请贵院依法撤销。

代理人:黎征武律师

2022年8月26日

附:1. 农业农村部《对十三届全国人大五次会议第0509号建议的答复》(农办议〔2022〕100号)

2.《行政复议决定书》(×环行复〔2016〕××号)

3.《行政复议决定书》(×环行复〔2018〕××号)

(三)行政诉讼补充代理意见(2)

2022年10月26日,国务院办公厅《关于印发第十次全国深化"放管服"改革电视电话会议重点任务分工方案的通知》(国办发〔2022〕37号)。2022年11月4日,黎征武律师向人民法院提交补充代理意见(2)。

蒋某行政诉讼案补充代理意见(2)

××县人民法院:

贵院受理的原告蒋某与被告LL镇人民政府、LC县人民政府行政诉讼一案,原告代理人再次补充代理意见如下:

2022年10月15日,国务院办公厅发布《关于印发第十次全国深化"放管服"改革电视电话会议重点任务分工方案的通知》(国办发〔2022〕37号),其中第(十九)点要求,"保障好粮食、能源安全稳定供应,确保全年粮食产量保持在1.3万亿斤以上……稳定生猪产能,防范生猪生产和猪肉价格出现大的波动。(农业农村部、水利部、应急部、国家发展改革委、财政部、商务部、国家粮食和储备局等国务院相关部门及各地区按职责分工负责)具体举措:……2. 压实生猪产能分级调控责任,督促产能过度下降的省份及时增养能繁母猪,重点排查并纠正以用地、环保等名义关停合法运营养殖场的行为,确保全国能繁母猪存栏量稳定在4100万头以上。加强政府猪肉储备调节,切实做好猪肉市场保供稳价工作(农业农村部、国家发展改革委、财政部、自然资源部、生态环境部、商务部等国务院相关部门及各地区按职责分工负责)"。根据该文件精神,针对本案被告二违法划定禁养区的行为,贵院应予纠正。

另外,经对比该市HP县和LC县发布的畜禽养殖禁养区划分规定,可见本案《划定方案》的不合理。首先,HP县划定禁养区严格按照《畜牧法》第40条的规定执行,并无本案被告二制定的"距离划分条款"。其次,HP县划定方案由该市生态环境局HP分局和HP县农业农村局共同制定,而LC县《划定方案》由环保部门单独制定,忽视了当地属于生猪养殖大县的客观事实,导致无人关心养殖户的合法权益。据原告介绍,LC县农业农村局和环保部门对是否应当禁止养殖生猪的意见不一,侧面反映了本案《划定方案》的不合理性。

综上,本案二被告打着环保的名义违法划定禁养区,严重侵害了包括原告在内的广大养殖户的合法权益,故代理人恳请贵院依法纠正其违法行为。

以上代理意见,恳请贵院采纳。

代理人:黎征武律师

2022年11月4日

附:1. 国务院办公厅《关于印发第十次全国深化"放管服"改革电视电话会议重点任务分工方案的通知》(国办发〔2022〕37号)

2.《××县畜禽养殖禁养区划定方案》(×环〔2020〕××号)

风险提示

一、养殖户应当做好养殖场环保管理工作

《建设项目环境影响评价分类管理名录》(2021年版)规定,畜牧业需要报批环境影响报告书的情形有:年出栏生猪5000头(其他畜禽种类折合猪的养殖量)

及以上的规模化畜禽养殖;存栏生猪2500头(其他畜禽种类折合猪的养殖规模)及以上无出栏量的规模化畜禽养殖;涉及环境敏感区的规模化畜禽养殖。除此之外,规模化的养殖场只需填报环境影响登记表,而规模化以下的养殖场未纳入环评管理。因此,养殖户在建设养殖场之前,应当根据养殖场拟建设的规模确定环评管理类别。

另外,养殖场产生的粪便、废水等污染物散发恶臭,易引发周边居民投诉的事件。因此,养殖户应当配备相关环保设施并达标排放。

二、地方人民政府划定禁养区应确保行政行为的合法性

实践中,由于养殖场环保问题突出等原因,各地方人民政府多有出台政策随意划定禁养区的现象,损害了广大养殖户的合法权益。因此,建议各地人民政府及有关主管部门在严抓环保的同时,能合法合理地制定相关政策。对位于禁养区确需关闭或搬迁的养殖户,应当依法予以补偿。

13. 以胁迫、欺骗手段获取的证据不具有合法性

——ZA 公司 65 万元环境行政处罚影响投标案

摘要

ZA 公司是某省建设工程领域的龙头企业之一，主要承接政府建设工程项目，年纳税几亿元。2021 年，环境局以 ZA 公司存在违法行为为由，对 ZA 公司罚款 65 万元。直到该行政处罚严重影响到公司参加招投标，ZA 公司才意识到问题的重要性，遂向当地县人民政府申请行政复议。经调查发现，执法人员为达到处罚 ZA 公司之目的，通过邀请县公安局森林警察大队工作人员到场，并告知被询问人相关人员将被追究刑事责任的方式，导致被询问人违背客观事实出具证人证言，执法支队据此对 ZA 公司作出行政处罚。经召开听证会并通知证人出席听证会作证，复议机关认为本案认定 ZA 公司为违法主体的证据不足，遂决定撤销行政处罚。该复议决定纠正了执法部门的违法执法行为，体现了依法治国的原则，维护了企业的合法权益，优化了营商环境，增强了企业对政府公正执法的信任感。

案情简介

ZA 公司是某省建设工程领域的龙头企业之一，主要承接政府建设工程项目。2021 年 2 月，ZA 公司通过公开招投标的方式中标 ××县××岸线环境综合整治

工程项目。

2021年9月13日，××县生态环境保护综合行政执法支队（以下简称执法支队）到工程项目所在地检查，发现河堤上新建打沙场，未配备污水治理设施，洗沙过程产生的污水直接排放至××河道。执法人员对排放的污水进行取样监测，监测结果为悬浮物超标947倍。

2021年9月14日，执法支队对项目现场副经理丁某进行调查询问。执法人员问："在治理河道中有哪些设施设备？"丁某回答："有打沙场一个，临时搅拌站一个……"丁某在《调查询问笔录》上签名，未加盖ZA公司公章。

2021年9月16日，执法支队作出《行政处罚事先（听证）告知书》，载明："依据《水污染防治法》第83条第3项违反本法规定，有下列行为之一的，由县级以上人民政府环境保护主管部门责令改正或者责令限制生产、停产整治，并处10万元以上100万元以下的罚款；情节严重的，报经有批准权的人民政府批准，责令停业、关闭：利用渗井、渗坑、裂隙、溶洞，私设暗管，篡改、伪造监测数据，或者不正常运行水污染防治设施等逃避监管的方式排放水污染物的规定，我队拟对你单位作出如下行政处罚：处10万元以上100万元以下的罚款。"同日，执法支队作出《责令改正违法行为决定书》，责令ZA公司立即改正违法行为。ZA公司未对《行政处罚事先（听证）告知书》提出陈述申辩或申请听证，亦未对《责令改正违法行为决定书》申请行政复议或提起行政诉讼。

2021年9月28日，涉案打沙场停止经营。

2021年10月20日，执法支队作出《行政处罚决定书》，载明："你公司的打沙场无污水处理设施，其在洗沙工序过程中产生的污水直接排放至××河道，已构成环境违法行为，依法应承担相应的法律责任。依据《××市环境行政处罚裁量基准》第10条第8项、第10项有下列情形之一的，应当从重处罚：环境违法行为经责令改正后拒不改正的；法律、法规和规章规定应当从重处罚的其他情形的规定，2021年8月9日，我执法支队已召开××环境综合整治会，会上已普法告知并要求你公司在1个月内整改违法行为。9月13日、10月9日复查时你公司仍未改正违法行为。鉴于你公司生态环境保护主体意识不强、外排水严重超标、××河道长期污染严重,没有积极配合改正违法行为,经综合考虑,予以从重裁量……决定对你公司作出如下行政处罚:罚款人民币陆拾伍万元整。”

ZA公司被罚款65万元,但其收到《行政处罚决定书》后,起初未打算处理。但是,ZA公司很快发现,该行政处罚已导致公司丧失参加政府建设工程项目的投标资格,对公司业务产生了严重不利影响。因此,2021年11月26日,ZA公司向××县人民政府申请行政复议,以ZA公司并非涉案打沙场经营主体、涉案《行政处罚决定书》处罚对象有误为由,请求撤销涉案行政处罚。××县人民政府受理本案后,定于2022年1月4日召开听证会。

2022年1月3日,ZA公司找到盈科广州黎征武律师,拟委托处理。

律师策略

经初步了解案情,黎征武律师认为,涉案打沙场涉嫌的环境违法行为包括:(1)建设项目没有环评批复,未配备环保设施并经验收,存在“未批先建”“未验先投”的违法行为,其中“未验先投”违法行为的罚款数额为20万~100万元;(2)打沙场清洗污水直排,存在通过逃避监管的方式排放水污染物的行为,罚款数额为10万~100万元;(3)超标排放水污染物,罚款数额为10万~100万元。该三项违法行为的罚款数额均超过10万元,属于重大环境违法行为,均会对ZA公司参加政府采购产生严重影响。因此,本案的首要问题是从根本上否定ZA公司存在违法行为的事实,如不能实现该目的,才考虑降低罚款数额。

据ZA公司介绍,涉案打沙场的经营者为章某,ZA公司将清理河道挖出的砂石交给章某加工成碎石,然后ZA公司再将碎石运输至搅拌站,回用于工程。但是,现阶段ZA公司无法提供完整证据材料,只有律师介入阅卷后才能进一步分析案情,并制定代理策略。

另外,2022年1月3日为元旦放假的最后一天,复议机关已定于2022年1月4日下午召开听证会。因此,当务之急是与复议机关沟通,请求延期举行听证会。2022年1月4日上午,黎征武律师与复议机关沟通,复议机关同意将听证会延期至2022年1月13日。随后,ZA公司委托黎征武律师介入本案。

2022年1月9日,黎征武律师到复议机关阅卷,在案证据显示,在ZA公司以其不是打沙场经营主体为由申请行政复议后,执法支队对章某作了2次《调查询问笔录》,对项目副经理丁某作了1次《调查询问笔录》,具体为:(1)2021年12月17日,执法支队对章某进行调查询问,章某在《调查询问笔录》中称,"今年5月开始在ZA公司,主要做劳务工作,我是班组组长……只做劳务不包材料……我只提供工人和模具""打沙场由夏某全权负责建设""夏某是我聘请的该打沙场的管理人员"。另外,《调查询问笔录》显示,章某接受调查询问时,有××县公安局森林警察大队工作人员在场。(2)2021年12月25日,执法支队再次对章某进行调查询问,章某在《调查询问笔录》中称,"该碎石加工厂是ZA公司安排我建的……该碎石厂只对ZA公司负责。""碎石加工厂又不是我的,我凭什么接受处罚,我肯定不愿意。"(3)2021年12月28日,执法支队对丁某进行调查询问,丁某在《调查询问笔录》中明确称打沙场系ZA公司建设。

ZA公司介绍,丁某接受调查询问时,起初陈述打沙场系章某所建,由章某负责管理。但执法支队聘请当地森林公安局工作人员到场,告知丁某若打沙场系章某所有,则章某洗沙的行为涉嫌非法采矿罪,将被追究刑事责任。丁某和章某原本就认识,丁某担心章某被抓,且其当时并不清楚行政处罚会对公司造成不利影响,故在后一份《调查询问笔录》中陈述打沙场系ZA公司经营。

经详细研究案件材料,结合ZA公司介绍的情况,黎征武律师认为,本案认定ZA公司为打沙场经营者的证据不足,核心理由为:(1)丁某并非ZA公司的法定代表人,接受询问时亦无ZA公司出具的授权委托书,故丁某不能代表ZA公司接受调查询问,其《调查询问笔录》为个人证言,而非ZA公司陈述。(2)2021年12月17日、12月25日执法支队对章某、丁某所作的笔录均系复议期间收集,程序违法,更何况章某前后两次笔录的内容不一致。另外,执法人员询问丁某时,存在以追究章某刑事责任而胁迫、欺骗丁某的嫌疑,程序违法,据此还可推断章某改变笔录内容的原因可能亦是受执法支队胁迫、欺骗。

因此,黎征武律师建议向复议机关申请章某、夏某、ZA公司的丁某、尹某(系ZA公司项目部财务,负责与章某、夏某对账、安排打沙场加工款项)出席听证会,对涉案打沙场的经营主体及笔录内容等事宜进行作证。

办理结果

2022 年 1 月 10 日,黎征武律师向复议机关提交《证人出席听证会申请书》,请求复议机关通知章某、夏某、丁某、尹某出席听证会作证。

2022 年 1 月 13 日,复议机关召开听证会,章某和夏某未出席听证会,丁某和尹某出席听证会详细说明了涉案打沙场与 ZA 公司之间的关系及丁某在《调查询问笔录》中陈述打沙场系 ZA 公司经营的原因。听证会上,黎征武律师提出如下代理意见:(1)丁某不能代表 ZA 公司接受调查询问,2021 年 12 月 17 日、12 月 25 日、12 月 28 日执法支队对章某、丁某所作的三份《调查询问笔录》均不具有合法性,故本案认定 ZA 公司为涉案打沙场经营者的证据不足;(2)执法支队作出行政处罚的程序违法;(3)本案依法不属于应当从重处罚的情形,执法支队适用法律错误。听证会从下午 2 点半开始,至晚上 8 点半结束。

2022 年 1 月 18 日,黎征武律师向复议机关提交书面代理意见。

2022 年 1 月 20 日,复议机关作出《行政复议决定书》,载明:"本府认为:……被申请人提供的证据能够证明打沙场存在洗沙过程产生的污水直排至 × ×河道,但无法证明违法排污主体是申请人。被申请人仅依据 × ×岸线环境综合整治工程项目副经理丁某关于设施设备有一个打沙场的陈述认定违法主体是申请人,将申请人作为处行政处罚对象,证据不足。2021 年 9 月 16 日,被申请人向申请人作出书面责令改正违法行为决定书,责令立即改正违法行为,申请人是否改正违法行为应根据申请人收到责令改正违法行为决定书之后的行为判定。被申请人在 2021 年 10 月 9 日对打沙场复查时认定申请人未改正违法行为,关于此次复查被申请人提供的证据仅两张现场检查图片,无其他证据相互印证证明打沙厂未进行整改。被申请人……对申请人予以从重处罚的证据不足。被申请人在实施环境违法行为主体不明和适用从重处罚证据不足的情况下作出《行政处罚决定书》,违反了《行政处罚法》第 40 条'公民、法人或者其他组织违反行政管理秩序的行为,依法应当给予行政处罚的,行政机关必须查明事实;违法事实不清、证据不足的,不得给予行政处罚'的规定。综上,被申请人作出的《行政处罚决定书》事实不清、证据不足,应予撤销。根据《行政复议法》第28条第1款第3项第1目、《行政复议法实施条例》第45条的规定,决定如下:撤销被申请人作出的《行政处罚决定书》(××环执罚〔2021〕××号),责令被申请人于本复议决定生效后60日内重新调查处理。"

2022年1月26日,黎征武律师向执法支队提交《关于撤销责令改正违法行为决定书的建议》,请求执法支队撤销《责令改正违法行为决定书》。

2022年3月2日,执法支队撤销《责令改正违法行为决定书》,并以章某为被处罚主体,处以罚款20万元,ZA公司为章某缴纳罚款20万元。

律师评析

一、涉案打沙场所涉违法行为分析

根据本案证据可知,涉案打沙场涉嫌的环境违法行为包括:(1)"未批先建""未验先投";(2)通过逃避监管的方式排放水污染物;(3)超标排放水污染物,有如下具体分析。

(一)"未批先建""未验先投"

《环境影响评价法》(2018修正)第16条第2款规定:"建设单位应当按照下列规定组织编制环境影响报告书、环境影响报告表或者填报环境影响登记表(以下统称环境影响评价文件):(一)可能造成重大环境影响的,应当编制环境影响报告书,对产生的环境影响进行全面评价;(二)可能造成轻度环境影响的,应当编制环境影响报告表,对产生的环境影响进行分析或者专项评价;(三)对环境影响很小、不需要进行环境影响评价的,应当填报环境影响登记表。"第22条第1款规定:"建设项目的环境影响报告书、报告表,由建设单位按照国务院的规定报有审批权的生态环境主管部门审批。"第22条第4款规定:"国家对环境影响登记表实行备案管理。"第25条规定:"建设项目的环境影响评价文件未依法经审批部门审查或者审查后未予批准的,建设单位不得开工建设。"《建设项目环境保护管理条例》(2017修订)第17条第1款规定:"编制环境影响报告书、环境影响报告表的建设项目竣工后,建设单位应当按照国务院环境保护行政主管部门规定的标准和程序,对配套建设的环境保护设施进行验收,编制验收报告。”第23条第1款规定:“违反本条例规定,需要配套建设的环境保护设施未建成、未经验收或者验收不合格,建设项目即投入生产或者使用,或者在环境保护设施验收中弄虚作假的,由县级以上环境保护行政主管部门责令限期改正,处20万元以上100万元以下的罚款;逾期不改正的,处100万元以上200万元以下的罚款;对直接负责的主管人员和其他责任人员,处5万元以上20万元以下的罚款;造成重大环境污染或者生态破坏的,责令停止生产或者使用,或者报经有批准权的人民政府批准,责令关闭。”

根据上述规定可知,国家对建设项目的环境影响评价实行分类管理,根据对环境的影响程度大小,依次为环境影响报告书、环境影响报告表和环境影响登记表。其中,应当编制报告书和报告表的建设项目,在开工建设前应当报批环评文件,并经生态环境主管部门审批通过(取得环评批复),方可开工建设,否则属于“未批先建”的违法行为。另外,对于需要编制报告书或报告表的建设项目,应当配备环保设施并对环保设施进行验收后才能投产,否则属于“未验先投”的违法行为。

涉案打沙场用于破碎砂石并具有清洗工艺,根据《建设项目环境影响评价分类管理名录》(2021年版)的规定,应当编制环境影响报告表,对建设项目配备环保设施并经验收后才能投产。而涉案打沙场无任何环保手续,存在“未批先建”“未验先投”的违法行为。根据《建设项目环境保护管理条例》(2017修订)第23条第1款的规定,针对“未验先投”违法行为的罚款数额为20万~100万元。

(二)通过逃避监管的方式排放水污染物

《水污染防治法》(2017修正)第39条规定:“禁止利用渗井、渗坑、裂隙、溶洞,私设暗管,篡改、伪造监测数据,或者不正常运行水污染防治设施等逃避监管的方式排放水污染物。”第83条第3项规定,违反本法规定,有下列行为之一的,由县级以上人民政府环境保护主管部门责令改正或者责令限制生产、停产整治,并处10万元以上100万元以下的罚款;情节严重的,报经有批准权的人民政府批准,责令停业、关闭:利用渗井、渗坑、裂隙、溶洞,私设暗管,篡改、伪造监测数据,或者不正常运行水污染防治设施等逃避监管的方式排放水污染物的。原环境保护部《关于〈水污染防治法〉第二十二条有关"其他规避监管的方式排放水污染物"及相关法律责任适用问题的复函》(环函〔2008〕308 号)明确:"《水污染防治法》第二十二条第二款规定:'禁止私设暗管或者采取其他规避监管的方式排放水污染物。'在实际工作中,'采取其他规避监管的方式排放水污染物'有多种情形,我部认为,以下几种情形可以理解为属于'采取其他规避监管的方式排放水污染物':1. 将废水进行稀释后排放;2. 将废水通过槽车、储水罐等运输工具或容器转移出厂、非法倾倒;3. 在雨污管道分离后利用雨水管道排放废水;4. 其他擅自改变污水处理方式、不经法定排放口排放废水等规避监管的行为。"

涉案打沙场没有法定排污口,根据上述规定,其将清洗污水直排的行为属于通过逃避监管排放水污染物,针对该违法行为的罚款数额为 10 万~100 万元。

(三)超标排放水污染物

《水污染防治法》(2017 修正)第 10 条规定:"排放水污染物,不得超过国家或者地方规定的水污染物排放标准和重点水污染物排放总量控制指标。"第 83 条第 2 项规定,违反本法规定,有下列行为之一的,由县级以上人民政府环境保护主管部门责令改正或者责令限制生产、停产整治,并处 10 万元以上 100 万元以下的罚款;情节严重的,报经有批准权的人民政府批准,责令停业、关闭:超过水污染物排放标准或者超过重点水污染物排放总量控制指标排放水污染物的。

根据××县生态环境监测站出具的《监测报告》,涉案打沙场排放的清洗污水悬浮物超标 947 倍,根据上述规定,针对该违法行为的罚款数额为 10 万~100 万元。

二、涉案违法行为对 ZA 公司参加政府采购的影响分析

《政府采购法》(2014 修正)第 22 条第 1 款第 5 项规定,供应商参加政府采购活动应当具备下列条件:参加政府采购活动前 3 年内,在经营活动中没有重大违法记录。第 26 条第 1 款规定:"政府采购采用以下方式:(一)公开招标;(二)邀请招标;(三)竞争性谈判;(四)单一来源采购;(五)询价;(六)国务院政府采购监督

管理部门认定的其他采购方式。"根据该规定,参加政府采购的条件之一是前3年内没有重大违法记录,包括未受到罚款10万元以上的环境行政处罚。

根据前述第一部分的分析,涉案三项违法行为的处罚数额均超过10万元,任何一项违法行为的存在,都将对ZA公司参加政府采购产生严重不利影响,故本案仅减少罚款数额对ZA公司的意义不大。特别是第1项和第2项违法行为,一般情况下难以从事实的角度予以否定,这也是本案必须要依法查明涉案打沙场建设主体的原因。正因如此,才需向复议机关申请相关证人出席听证会,详细说明案件情况,还原案件事实。

三、律师代理意见

2022年1月18日,黎征武律师根据案件争议焦点,向复议机关提交了如下代理意见:

××有限公司行政复议案代理意见

××县人民政府:

申请人ZA公司与被申请人执法支队行政复议一案[案号:××府复字(2021)××号],北京市盈科(广州)律师事务所接受申请人ZA公司的委托,指派黎征武律师作为其代理人。代理人介入本案后,详细查阅了案卷材料并出席听证会,现代理人根据相关法律法规、案件证据材料和听证会情况,针对本案争议焦点,谨提出如下代理意见,供贵府参考决策,恳请贵府依法撤销涉案行政处罚。

一、本案违法主体认定错误,应当为章某

本案丁某不具有代表申请人接受执法支队检查和调查询问的职权和授权,其笔录为个人证言,不能视为申请人陈述。结合相关证人证言和书证可知,涉案打沙场经营者为章某,应由其独立承担法律责任,故涉案行政处罚违法主体认定错误,依法应予撤销。

(一)丁某不具有代表申请人接受检查和调查的职权,也未经申请人授权

丁某非申请人公司的法定代表人或环保负责人,且未经申请人授权,故其不

具有代表申请人接受检查和调查询问的资格，其无权在《现场检查(勘察)笔录》“被检查人”处签名。同时，该2份笔录无申请人盖章，依法不能视为申请人陈述。诚然，被申请人具有对与案件相关的人员或知晓案情的人员调查询问的法定权利，相关人员亦具有接受调查询问的法定义务。但是，丁某既无职权又无授权，其《调查询问笔录》属于证人证言，不能视为申请人陈述。

本案听证会上，丁某称打沙场被执法支队检查时其有向申请人汇报情况。代理人认为，章某开设的打沙场一直为申请人提供砂石材料，该打沙场被执法支队查处到环境违法问题，可能导致打沙场无法正常供货，会对申请人的工程进展造成影响。因此，作为公司的员工向上级汇报情况属于正常现象，并不能因此认定打沙场经营者系申请人，也不能因此认定丁某得到了申请人的明确授权。

因此，丁某不具有代表申请人的职权和授权，涉案笔录均不能视为申请人陈述，不能作为认定打沙场经营者为申请人的依据。

(二)在案证据不能证明打沙场经营者为申请人

关于章某为打沙场经营者的事实，有章某本人、夏某、丁某、尹某等人的证言相互印证，且与《送货单》《出库单》印证，足以认定。

关于被申请人在行政复议过程中擅自收集证据的行为。《行政复议法》(2017修正)第24条规定：“在行政复议过程中，被申请人不得自行向申请人和其他有关组织或者个人收集证据。”被申请人认为其可在行政复议过程中收集证据，但未提供法律依据。因此，被申请人在行政复议过程中擅自收集章某和夏某的《调查询问笔录》，因收集程序违法不能作为定案依据。况且，章某的2份《调查询问笔录》前后相互矛盾，显然异常。因此，本案只有被申请人提交的丁某签字的《调查询问笔录》证明打沙场经营者为申请人，该证据本质上属于丁某的证言，而申请人提交的多份不同证人的证言、书证均可相互印证。因此，根据最高人民法院《关于行政诉讼证据若干问题的规定》(法释〔2002〕21号)第63条第9项“数个种类不同、内容一致的证据优于一个孤立的证据”的规定，申请人提交的证据证明效力优于被申请人提交的证据证明效力。

关于丁某证言前后矛盾的问题，其已出席听证会做了合理解释，即执法人员告知丁某若打沙场经营者为章某,则章某采砂的行为涉嫌非法采矿罪,将被追究刑事责任。事实上,执法人员所称的采砂实为河道疏浚,系涉案工程项目的主要工作内容,且实施主体为申请人,不存在个人盗采问题,故执法人员具有通过威胁和欺骗丁某从而获得《调查询问笔录》的违法行为。根据《环境行政处罚办法》(2010修订)第30条①"依法收集与案件有关的证据,不得以暴力、威胁、引诱、欺骗以及其他违法手段获取证据……"的规定,本案丁某于2021年12月28日所作的《调查询问笔录》不具有合法性。

尹某出席听证会证实涉案打沙场的经营者为章某,同时对申请人和章某之间的交易过程作了详细说明。因章某未出席听证会,故根据最高人民法院《关于行政诉讼证据若干问题的规定》(法释〔2002〕21号)第63条第8项"出庭作证的证人证言优于未出庭作证的证人证言"的规定,本案尹某的证人证言优于章某的证人证言。

关于申请人未在处罚告知阶段提出陈述申辩的问题。申请人收到《行政处罚事先(听证)告知书》后,提出陈述、申辩是其法定权利,其可自行处分。申请人未提出陈述、申辩,不能因此认定申请人认可处罚文书的内容。

综上,根据最高人民法院《关于行政诉讼证据若干问题的规定》(法释〔2002〕21号)第63条第8项和第9项的规定,本案认定申请人为涉案打沙场经营者的证据不足。

(三)章某与申请人之间为加工承揽合同关系,应各自承担法律责任

章某所称的"采购合同",实为加工承揽合同。该口头协议系平等民事主体间的意思自治,不违反法律规定,依法有效。该合同双方均为独立民事主体,应各自对其经营行为承担法律责任。

关于砂石价格。打沙场原材料系申请人河道疏浚出的砂石,由申请人运输至打沙场,章某加工完毕后,再由申请人将成品运输至工地。也就是说,该过程章某只负责加工。法律并未禁止承揽合同双方的该种合作方式,故该砂石价格与市场价对比毫无意义。况且,尹某已说明章某最初的要价为30元/方,双方成交价27元/方与之相近。

---

①　现已失效,现行为《生态环境行政处罚办法》第25条第1款第2项。

关于打沙场砂石只提供给申请人。章某与申请人是否约定只能加工申请人提供的砂石,现有证据无法证实。若未约定,章某可自行与他人合作,申请人无权干涉,因打沙场场地、设备、电源、人工等都系章某负责。若有约定,则属独家合作方式,未被法律所禁止。本案中章某加工的砂石原材料均来源于申请人,章某未向申请人支付原材料价款,当然无权出售该原材料加工后的成品。

综上,在案证据不能证明申请人为打沙场经营者,亦不能证明申请人应对打沙场的环境违法行为负责。因此,涉案行政处罚违法主体认定错误,依法应予撤销。

二、被申请人法制审核程序严重违法

被申请人法制审核程序违反了应当先法制审核后集体审议的程序性规定,违反了国务院办公厅《关于全面推行行政规范性文件合法性审核机制的指导意见》(国办发〔2018〕115 号)“(七)强化审核责任”规定不得以征求意见、会签、参加审议等方式代替合法性审核。因此,涉案行政处罚作出程序严重违法,依法应予撤销。

三、本案不属于应当从重处罚的情形,被申请人适用法律错误

××市生态环境局《××市环境行政处罚裁量基准》第 10 条规定:“有下列情形之一的,应当从重处罚:(一)重污染天气预警期间超过规定标准排放大气污染物,或者趁发生自然灾害、事故灾难、公共卫生或者社会安全等突发事件之机实施环境违法行为的;(二)两年内因同类环境违法行为被查处三次及以上的;(三)在案件查处过程中对执法人员或者举报人、证人进行威胁、辱骂、殴打、恐吓或者打击报复的;(四)环境违法行为引发突发环境事件或者群体性事件的;(五)环境违法行为因被媒体曝光等引起强烈不良社会反响的;(六)环境违法行为造成跨行政区域环境污染的;(七)伪造、变造、隐匿或者销毁环境违法证据的;(八)环境违法行为经责令改正后拒不改正的;(九)在高、中考结束前十五日内在噪声敏感建筑物集中区域擅自进行环境噪声扰民作业(抢修、抢险作业除外),以及在自然保护区、风景名胜区、饮用水水源保护区、居住功能区、基本农田保护区及其他环境敏感区实施环境违法行为的;(十)法律、法规和规章规定应当从重处罚的其他

情形。”

根据该条文并结合本案案情，被申请人若进行从重处罚，仅能适用第8项“环境违法行为经责令改正后拒不改正的”的规定。但是，本案申请人于2021年9月16日收到《责令改正违法行为决定书》后立即转告章某，章某随即开挖沉淀池用于沉淀清洗废水中的悬浮物，故被申请人所称“没有积极配合改正违法行为”没有事实和法律依据。

1. 责令改正的行政命令必须以《责令改正违法行为决定书》的方式作出

《环境行政处罚办法》(2010修订)第11条第1款规定：“环境保护主管部门实施行政处罚时，应当及时作出责令当事人改正或者限期改正违法行为的行政命令。”

责令改正的行政命令应以《责令改正违法行为决定书》为准，载明认定违法主体及存在环境违法行为的全部证据材料及法律依据，并告知行政相对人可申请行政复议或提起行政诉讼的救济途径。而本案执法支队出具的《现场检查(勘察)笔录》未记载该些内容，故其不具有责令改正的法律效果。因此，在假设本案违法主体为申请人的前提下，也应认定被申请人于2021年9月16日才责令申请人改正违法行为。

2. 被申请人作出行政处罚时未提供申请人“拒不改正”的证据

被申请人作出的《行政处罚决定书》中没有列举其在2021年9月16日责令整改之后有复查且复查发现拒不改正的证据。同时，《行政执法案审会会议记录》中明确载明“拒不改正”的理由为环境综合整治会已告知申请人要求整改。如前所述，被申请人以环境综合整治会的方式进行责令改正，不符合法律规定。

3. 章某开挖沉淀池属于整改行为

虽然章某2021年9月底才关停打沙场，但申请人向其转发《责令改正违法行为决定书》后，章某有开挖沉淀池，对本案唯一超标的污染物悬浮物具有很好的沉降效果。因此，应认定章某具有整改行为，且能达到治污效果。

综上，本案依法不属于从重处罚的情形，涉案行政处罚认定事实不清，法律适用错误，依法应予撤销。

四、涉案《监测报告》无效，不能证明超标排污

关于涉案《监测报告》无效的理由，代理人已在《质证意见》中详细阐述，此处不再赘述。

五、本案自由裁量处罚数额错误

《××市环境行政处罚裁量基准》第10条规定："有下列情形之一的，应当从轻处罚：（一）无污染物排放、排放污染物未超过排污许可证规定或者排放污染物未超过规定排放标准的；（二）主动中止环境违法行为，危害后果轻微的；（三）主动消除或者减轻环境违法行为危害后果的；（四）主动报告并如实陈述违法行为的；（五）建设项目属于民生公益类的；（六）涉案财物或者违法所得较少的；（七）法律、法规和规章规定应当从轻处罚的其他情形。"据此，本案具有以下从轻处罚情节：(1)未超标排污。涉案《监测报告》无效后，本案没有证据证明存在超标排污行为。(2)涉案工程项目属于民生公益类项目。河道疏浚是本工程的重要内容之一，属于民生工程。

因此，本案依法属于应当从轻处罚的情形。也就是说，本案不仅不具有从重处罚情节，且具有两个从轻处罚情节，故根据《××市环境行政处罚裁量基准》第12条第1款"除法律、法规和规章另有规定外，环境违法行为当事人具有多种违法情节的，按照下列规则实施处罚：（一）具有两个或者两个以上从轻情节且不具有从重情节的，应当按最低处罚幅度实施处罚"的规定，本案应当按最低处罚幅度予以处罚。因此，涉案行政处罚罚款数额错误，依法应予纠正。

综上，涉案行政处罚违法主体认定错误，作出程序严重违法，且处罚数额有误，依法应予撤销。因此，为督促被申请人规范行政执法行为，维护申请人合法权益，代理人恳请贵府依法撤销涉案行政处罚。

代理人：黎征武律师

2022年1月18日

风险提示

一、企业应正确认识到环境行政处罚对企业的严重不利影响

本案中，涉案打沙场显然并非ZA公司所建，但其在2021年10月20日被罚

款65万元后，出于各种考虑并未在第一时间诉诸法律，直到该行政处罚严重影响到公司投标，才于2021年11月26日决定申请行政复议。虽然涉案行政处罚最终于2022年1月20日被撤销，但2021年10月20日至2022年1月20日该3个月期间，涉案行政处罚已经对ZA公司的正常经营产生严重影响。因此，企业应正确认识到环境行政处罚对公司环境信用等级、贷款、融资、认定高新技术企业、认定优质中小企业、所得税优惠、增值税即征即退、参加政府采购、股票发行、（被）收购、成为（绿色）供应商等多方面的影响，及时应对环境违法事件。环境行政处罚对公司上述方面的影响，详见本书《30万元环保处罚影响千万元退税——HZ公司污水超标听证案》“风险提示”部分。当然，要避免受到不利影响，企业应当做好环保合规管理工作，从源头预防环境违法事件的发生。

二、行政机关应避免以非法手段获取证据

《环境行政处罚办法》（2010修订）第30条规定：“调查人员负有下列责任：……（二）依法收集与案件有关的证据，不得以暴力、威胁、引诱、欺骗以及其他违法手段获取证据……”

《生态环境行政处罚办法》（生态环境部令第30号）第25条规定：“执法人员负有下列责任：……（二）依法收集与案件有关的证据，不得以暴力、威胁、引诱、欺骗以及其他违法手段获取证据……”

《行政诉讼法》（2017修正）第43条第3款规定：“以非法手段取得的证据，不得作为认定案件事实的根据。”

最高人民法院《关于适用〈中华人民共和国行政诉讼法〉的解释》（法释〔2018〕1号）第43条规定：“有下列情形之一的，属于行政诉讼法第四十三条第三款规定的‘以非法手段取得的证据’：（一）严重违反法定程序收集的证据材料；（二）以违反法律强制性规定的手段获取且侵害他人合法权益的证据材料；（三）以利诱、欺诈、胁迫、暴力等手段获取的证据材料。”

本案中，执法人员为达到处罚ZA公司之目的，通过邀请县公安局森林警察大队工作人员到场，并告知被询问人相关人员将被追究刑事责任的方式，导致被询问人违背客观事实出具证人证言，执法人员的行为属于以胁迫、欺骗手段获取证

据。根据《行政诉讼法》的规定,此类证据依法不能成为定案依据。因此,建议执法人员依法取证,保障被询问人权益,并通过加强培训和内部监督方式提升依法行政水平,避免类似违法行为的发生。

14. 未分别询问违反法定程序

——YT 公司将危险废物提供给无危险废物经营资质的个人被拟处罚 60 万元听证案

摘要

某市生态环境局执法人员在园区巡检时，发现收废品的张某正在从 YT 公司设置在路边的危险废物贮存间搬运危险废物废油漆桶。张某和 YT 公司厂长李某在《调查询问笔录》中均承认，系 YT 公司将废油漆桶提供给张某。生态环境局遂以 YT 公司将危险废物提供给没有危险废物经营许可证的张某为由，对 YT 公司作出《行政处罚听证告知书》，拟罚款 60 万元。YT 公司以《调查询问笔录》内容不属实、系被执法人员误导为由，向生态环境局申请听证。承办律师介入后，发现执法人员收集证据时存在如下程序违法行为：未对李某和张某分别询问，未向不识字的张某宣读笔录。为直接客观地向生态环境局展现上述事实，承办律师通知李某和张某出席听证会就案件情况进行作证，最终生态环境局适用“首违不罚”条款决定对 YT 公司不予行政处罚。

案情简介

YT 公司的生产工艺流程包含喷漆工序，需使用油性油漆，会产生废油漆包装桶，属于危险废物。YT 公司将厂房大楼旁边的小平房设置为危险废物贮存间，与厂房大楼相隔一条工业园区的内部道路。同时，YT 公司已按规定与有资质的第三方危险废物处置公司签订合同,将产生的危险废物交给其处理。

2021年8月23日,某市生态环境局执法人员在工业园区巡检,发现张某正在从YT公司的危险废物贮存间搬运危险废物废油漆桶到三轮车上。经询问,张某为收废品的个体工商户,没有危险废物经营许可证。张某称,YT公司打电话让其将废油漆桶拿走卖钱。于是执法人员对张某和YT公司的厂长李某进行调查询问,张某和李某均在《调查询问笔录》中陈述系YT公司将废油漆桶提供给张某。

2021年10月26日,该市生态环境局作出《行政处罚听证告知书》,载明:"我局执法人员对当事人进行调查时发现,当事人存在以下事实情形:当事人将产生的废油漆包装桶提供给张某。经查,张某从事收集废品的经营活动,收集废品后转卖给废品回购站,未取得危险废物的经营许可证。当事人上述行为属于将危险废物提供给无许可证的个人从事经营活动……当事人上述行为违反了《中华人民共和国固体废物污染环境防治法》第八十三条第三款的规定,根据《中华人民共和国固体废物污染环境防治法》第一百一十二条第一款第四项、第二款及《××市规范生态环境行政处罚自由裁量权规定》附件第××项的规定,我局现拟对当事人作出如下决定:1.责令改正违法行为;2.处罚款60万元(陆拾万元)。"

收到《行政处罚听证告知书》后,YT公司以处罚文书内容不属实、李某和张某系被执法人员误导为由,向生态环境局申请听证,生态环境局定于2021年11月25日召开听证会。

2021年11月9日,TY公司经律师推荐找到盈科广州陈勇儒律师、黎征武律师,委托处理。

律师策略

生态环境局认定YT公司的行为属于将危险废物提供给无危险废物经营许可证的个人从事经营活动。承办律师认为,涉案废油漆桶属于危险废物和张某没有危险废物经营许可证是无法否认的事实,故本案的核心争议焦点为废油漆桶系YT公司提供给张某,还是张某自行拿的。

2021年11月22日,承办律师到YT公司了解到如下重要案情:

(1)关于张某拿废油漆桶的原因。YT公司厂长李某称，为方便管理，YT公司有时会将废纸皮存放于危险废物贮存间，本案案发前其打电话给张某来拿废纸皮。因张某此前就来公司收集过废纸皮，故本次YT公司没有安排员工在现场看管，张某就自行将废油漆桶搬走。张某认可李某的说法，称是自己拿的废油漆桶。另外，李某和张某均称，其二人在《调查询问笔录》中陈述废油漆桶系YT公司叫张某拿走的原因为执法人员告知对该二人不会作出行政处罚，只需配合作笔录即可。但对于该主张，张某和李某均无法提供证据证明。

(2)李某和张某均称，该二人系坐在一起同时接受调查询问。

(3)张某称其年逾五旬，农村人，几乎没有文化，只能认识少数简单的汉字，本案执法人员做完《调查询问笔录》后未向其宣读即要求张某签字，并用纸条写上“已阅确认无误”字样让张某照着笔迹抄写在《调查询问笔录》上。

(4)YT公司提供的《危险废物管理计划备案登记表》《危险废物处置处理服务合同》《危废转移联单》《YT公司环保工作管理组织架构图》等证据显示，YT公司环保管理部门负责人为涂某，其只对公司法定代表人负责。

本案的客观事实如何已无从考证，不过作为代理律师，需要查明的是法律事实，以维护当事人的合法权益。根据以上了解到的情况，承办律师认为，本案的核心要点为上述第(2)点和第(3)点。如查明属实，则生态环境局作出行政处罚的核心证据《调查询问笔录》不具有合法性，依法不能作为定案依据，导致本案认定事实不清、证据不足，依法不能给予行政处罚。

在YT公司了解上述情况后，承办律师又前往生态环境局阅卷。执法人员提供的证据显示：(1)李某和张某在《调查询问笔录》中均承认系YT公司将废油漆桶交给张某的；(2)有一张现场照片显示李某和张某相邻而坐，执法人员在照片上注明证明内容为生态环境局在对李某和张某调查询问；(3)张某的《调查询问笔录》上有其签字，并签有“已阅确认无误”字样。

为了更强有力、更直观地向生态环境局证明李某和张某系同时接受询问及张某不识字的事实，承办律师建议由李某和张某出席听证会说明情况，李某和张某均表示同意。

2021 年 11 月 22 日,承办律师向生态环境局提交《证人出席听证会申请(通知)书》,告知生态环境局 YT 公司将通知李某和张某出席听证会作证。

办理结果

2021 年 11 月 25 日,生态环境局召开听证会,李某和张某出席听证会,就二人同时接受调查询问和张某不识字等事宜进行说明。

2021 年 12 月 7 日,生态环境局执法人员带着律师再次到 YT 公司调查,YT 公司坚持声称系张某自己拿的废油漆桶。

2022 年 5 月 12 日,生态环境局作出《行政处理决定书》,载明:“经查,当事人确有将危险废物提供给无许可证的个人从事经营活动的违法行为。鉴于当事人违法行为轻微,及时改正,执法人员现场检查时,案涉废包装桶未被带离厂界,未造成危害后果,经集体审议,根据《中华人民共和国行政处罚法》第三十三条的规定,我局决定对当事人作出如下处理:1. 对当事人不予行政处罚;2. 责令当事人在经营过程中严格遵守《中华人民共和国固体废物污染环境防治法》等生态环境法律法规,加强对危险废物的管理,确保危险废物合法转移。”

YT 公司收到《行政处理决定书》后,未申请行政复议,未提起行政诉讼。

律师评析

一、分别询问原则的法理分析

关于证人应当分别询问的要求,《行政处罚法》(2017 修正)、《行政处罚法》(2021 修订)、《环境行政处罚办法》(环境保护部令第 8 号)、《生态环境行政处罚办法》(生态环境部令第 30 号)、《行政复议法》(2017 修正)、《行政复议法》(2023 修订)、《行政诉讼法》(2017 修正)、最高人民法院《关于适用〈中华人民共和国行政诉讼法〉的解释》(法释〔2018〕1 号)等相关法律法规中,均无明文规定。

但是,分别询问原则普遍适用于民事、行政和刑事案件,主要是为了防止相关人员串供和减少外界干扰,从而确保证人证言的真实性和独立性。例如,《市场监督管理行政处罚程序规定》(2022 修正)第 29 条规定:“办案人员可以询问当事人及其他有关单位和个人。询问应当个别进行……”最高人民法院《关于适用〈中华人民共和国刑事诉讼法〉的解释》(法释〔2021〕1号)第243条规定:“讯问同案审理的被告人,应当分别进行。”第264条规定:“向证人、调查人员、侦查人员发问应当分别进行。”

二、证人出席听证会申请(通知)书

2021年11月22日,承办律师向某市生态环境局提交《证人出席听证会申请(通知)书》,内容如下:

证人出席听证会申请(通知)书

申请人:黎征武,北京市盈科(广州)律师事务所律师,YT公司涉嫌环境违法一案[X环听告字〔2021〕××号]代理人。

被申请证人一:张某,身份证号码:××,身份证地址:××,现住××。

被申请证人二:李某,身份证号码:××,YT公司员工,职务:厂长。

申请事项:通知证人张某、李某出席听证会作证。

事实与理由:贵局查处的YT公司涉嫌将危险废物提供给张某从事经营活动一案,据YT公司介绍,本案证人张某、李某在接受贵局执法人员调查询问时所作的笔录内容与当时的客观事实略有出入。因此,为查明案件事实,根据《环境行政处罚听证程序规定》(环办〔2010〕174号)第26条“案件调查人员、当事人、第三人可以通知鉴定人、监测人员和证人出席听证会,并在听证会举行的1日前将前述人员的基本情况和拟证明的事项书面告知组织听证的环境保护主管部门”的规定,YT公司将通知二证人出席听证会作证,望予准许。

此致

××市生态环境局

申请人:黎征武律师

2021年11月22日

三、律师代理意见

2021年11月25日听证会上,承办律师发表了如下代理意见,认为本案事实不清、证据不足,依法不应对 YT 公司予以行政处罚。

(一)同时对李某和张某进行调查询问,程序违法

《环境行政处罚办法》(2010 修订)第 30 条规定:“调查人员负有下列责任:……(二)依法收集与案件有关的证据,不得以暴力、威胁、引诱、欺骗以及其他违法手段获取证据……”

《行政诉讼法》(2017 修正)第 43 条第 3 款规定:“以非法手段取得的证据,不得作为认定案件事实的根据。”

最高人民法院《关于适用〈中华人民共和国行政诉讼法〉的解释》(法释〔2018〕1 号)第 43 条规定:“有下列情形之一的,属于行政诉讼法第四十三条第三款规定的‘以非法手段取得的证据’:(一)严重违反法定程序收集的证据材料;(二)以违反法律强制性规定的手段获取且侵害他人合法权益的证据材料;(三)以利诱、欺诈、胁迫、暴力等手段获取的证据材料。”

本案执法人员提供的现场照片显示,李某和张某同时接受执法人员调查询问,违反了证人应当分别询问的原则,故李某和张某的《调查询问笔录》均不具有合法性,依法不能作为定案依据。

(二)未向不识字的张某宣读笔录内容,程序违法

《环境行政执法文书制作指南》(2016)附件 4 调查询问笔录制作指南“二、文书内容”第 8 项规定:“有被询问人对笔录的审阅确认意见,如注明‘以上笔录已阅无误’,并逐页签名、注明日期。被询问人拒不审阅确认或者拒不签名的,由记录人予以注明。”

本案中,张某已出席听证会证明其不认识《调查询问笔录》上的绝大部分内容,并称执法人员做完笔录后亦未向其宣读就让其签字。同时,执法人员用纸条写上“已阅确认无误”字样,让其抄写在《调查询问笔录》上。本案执法人员调查询问的程序严重违法,故张某的《调查询问笔录》不具有合法性,依法不能作为定案依据。

(三)认定涉案废油漆桶系 YT 公司提供给张某这一事实的证据不足

本案执法人员认定涉案废油漆桶系 YT 公司提供给张某的主要证据为李某和

张某的《调查询问笔录》,该证据因执法人员收集证据的程序违法而不具有合法性。现李某和张某均称李某只是让张某拿走废纸皮,张某自行将废油漆桶拿走,故本案证明涉案废油漆桶系 YT 公司提供给张某的证据不足。根据《行政处罚法》(2021 修订)第 40 条“公民、法人或者其他组织违反行政管理秩序的行为,依法应当给予行政处罚的,行政机关必须查明事实;违法事实不清、证据不足的,不得给予行政处罚”的规定,本案不得给予 YT 公司行政处罚。

(四)李某不具有代表 YT 公司的法定职权,其行为系个人行为

YT 公司的《危险废物管理计划备案登记表》《危险废物处置处理服务合同》《危废转移联单》《YT 公司环保工作管理组织架构图》等证据证明,YT 公司的环保负责人为涂某,其只对法定代表人负责,李某无权处理公司环保事务。本案案发时 YT 公司未授权李某处理环保事务,本案案发后 YT 亦未追认李某的行为,故本案李某让张某搬运废油漆桶的行为属于其个人行为,不能认定为 YT 公司的行为。

(五)YT 公司尚未完成“提供”动作

《固体废物污染环境防治法》(2020 修订)第 112 条规定:“违反本法规定,有下列行为之一,由生态环境主管部门责令改正,处以罚款,没收违法所得;情节严重的,报经有批准权的人民政府批准,可以责令停业或者关闭:……(四)将危险废物提供或者委托给无许可证的单位或者其他生产经营者从事经营活动的……有前款第三项、第四项、第十项、第十一项行为之一,处所需处置费用三倍以上五倍以下的罚款,所需处置费用不足二十万元的,按二十万元计算。”

根据该规定,本案 YT 公司不存在违法行为。首先,李某不具有代表 YT 公司处理环保事务的资格,故涉案废油漆桶并非 YT 公司提供给张某。其次,根据以往 YT 公司将废纸皮交给张某的工作流程,应当由 YT 公司对张某搬运的物品清点确认后再由张某拖走。但是,本案执法人员检查时,张某正在从危险废物贮存间搬运废油漆桶,尚未完成搬运,亦未经 YT 公司清点查验,此时废油漆桶还未脱离 YT 公司控制,故不能认定 YT 公司已经将废油漆桶提供给张某。

(六)可适用“不予处罚”条款

《行政处罚法》(2021 修订)第 33 条第 1 款规定:“违法行为轻微并及时改正,

没有造成危害后果的,不予行政处罚。初次违法且危害后果轻微并及时改正的,可以不予行政处罚。"涉案废油漆桶尚未脱离 YT 公司的控制,李某和张某的行为尚未造成危害后果,故根据上述规定,本案可对 YT 公司不予行政处罚。

风险提示

一、无许可证从事危险废物经营活动的法律后果分析

根据相关规定,违反法律规定无证从事危险废物经营活动的,依法应承担罚款 100 万~500 万元并行政拘留 5~15 日的行政责任。如果造成环境污染,还可能承担刑事责任和民事责任。

(一)行政责任:罚款和行政拘留

《固体废物污染环境防治法》(2020 修订)第 80 条第 1 项、第 2 项规定:"从事收集、贮存、利用、处置危险废物经营活动的单位,应当按照国家有关规定申请取得许可证。许可证的具体管理办法由国务院制定。禁止无许可证或者未按照许可证规定从事危险废物收集、贮存、利用、处置的经营活动。"第 114 条第 1 款规定:"无许可证从事收集、贮存、利用、处置危险废物经营活动的,由生态环境主管部门责令改正,处一百万元以上五百万元以下的罚款,并报经有批准权的人民政府批准,责令停业或者关闭;对法定代表人、主要负责人、直接负责的主管人员和其他责任人员,处十万元以上一百万元以下的罚款。"

上述条文规定,针对无许可证从事危险废物经营活动的行为,实行双罚制,即对单位处以罚款 100 万~500 万元,同时对相关责任人员处以罚款 10 万~100 万元。

另外,《固体废物污染环境防治法》(2020 修订)第 114 条第 2 款规定:"未按照许可证规定从事收集、贮存、利用、处置危险废物经营活动的,由生态环境主管部门责令改正,限制生产、停产整治,处五十万元以上二百万元以下的罚款;对法定代表人、主要负责人、直接负责的主管人员和其他责任人员,处五万元以上五十万元以下的罚款;情节严重的,报经有批准权的人民政府批准,责令停业或者关闭,还可以由发证机关吊销许可证。"针对不按许可证规定从事危险废物经营活动

的,同样实行双罚制,对单位处以罚款50万~200万元,同时对相关责任人员处以罚款5万~50万元。

除罚款处罚外,相关责任人员还将面临行政拘留的处罚。《固体废物污染环境防治法》(2020修订)第120条规定:"违反本法规定,有下列行为之一,尚不构成犯罪的,由公安机关对法定代表人、主要负责人、直接负责的主管人员和其他责任人员处十日以上十五日以下的拘留;情节较轻的,处五日以上十日以下的拘留:……(四)无许可证或者未按照许可证规定从事收集、贮存、利用、处置危险废物经营活动的……"

(二)刑事责任:涉嫌污染环境罪或非法经营罪

《刑法》(2023修正)第338条第1款规定:"违反国家规定,排放、倾倒或者处置有放射性的废物、含传染病病原体的废物、有毒物质或者其他有害物质,严重污染环境的,处三年以下有期徒刑或者拘役,并处或者单处罚金;情节严重的,处三年以上七年以下有期徒刑,并处罚金;有下列情形之一的,处七年以上有期徒刑,并处罚金:(一)在饮用水水源保护区、自然保护地核心保护区等依法确定的重点保护区域排放、倾倒、处置有放射性的废物、含传染病病原体的废物、有毒物质,情节特别严重的;(二)向国家确定的重要江河、湖泊水域排放、倾倒、处置有放射性的废物、含传染病病原体的废物、有毒物质,情节特别严重的;(三)致使大量永久基本农田基本功能丧失或者遭受永久性破坏的;(四)致使多人重伤、严重疾病,或者致人严重残疾、死亡的。"

最高人民法院、最高人民检察院《关于办理环境污染刑事案件适用法律若干问题的解释》(法释〔2023〕7号)第1条规定:"实施刑法第三百三十八条规定的行为,具有下列情形之一的,应当认定为'严重污染环境':……(二)非法排放、倾倒、处置危险废物三吨以上的……"第2条规定:"实施刑法第三百三十八条规定的行为,具有下列情形之一的,应当认定为'情节严重':……(三)非法排放、倾倒、处置危险废物一百吨以上的……"第7条第1款规定:"无危险废物经营许可证从事收集、贮存、利用、处置危险废物经营活动,严重污染环境的,按照污染环境罪定罪处罚;同时构成非法经营罪的,依照处罚较重的规定定罪处罚。"

根据上述规定,非法排放、倾倒、处置危险废物3吨以上的,可能会被判处3年以下有期徒刑或者拘役,并处或单处罚金;非法排放、倾倒、处置危险废物100吨以上的,可能会被判处3~7年有期徒刑,并处罚金;对于某些特定的行为,可能会被判处7年以上有期徒刑,并处罚金。如果同时构成污染环境罪和非法经营罪的,依照处罚较重的规定定罪处罚。

现实中,行为人无危险废物经营许可证从事收集、贮存、利用、处置危险废物经营活动的最终目的,通常包括以下几种情形:(1)以低价收取危险废物处置费用的方式,收集危险废物后直接排放、倾倒或填埋。(2)以支付费用或收取费用的方式收集危险废物后,采用化学方法从危险废物中提取物质作为原材料或燃料进行出售,常见的有:从一次铝灰或二次铝灰中提炼金属铝;从重金属或贵金属含量较高的废水、废渣、污泥中提炼重金属、贵金属;对各种废油进行提纯处理;对香蕉水(天那水)等有毒有机物进行提纯处理等。(3)以支付费用或收取费用的方式收集危险废物后,采用物理方法处置危险废物,常见的有:收集废胶桶后清洗干净出售;收集废铁桶后切割、清洗干净后出售铁皮;收集铅蓄电池等物品进行拆解等。(4)收集危险废物后,再转售给其他没有危险废物经营许可证的主体从事第(2)项或第(3)项经营活动。

上述行为中,第(1)项行为当然会造成环境污染,第(2)项和第(3)项行为通常也会造成环境污染,原因是行为人非法利用、处置危险废物时,一般都不会配备环保设施,导致产生的污水、污泥、废气直接进入水体、土壤和空气等外环境,造成环境污染。也就是说,无证从事危险废物经营活动的行为,通常会造成环境污染,从而涉嫌污染环境罪。

另外,最高人民法院、最高人民检察院《关于办理环境污染刑事案件适用法律若干问题的解释》(法释〔2023〕7号)第19条第5款规定:“本解释所称‘无危险废物经营许可证’,是指未取得危险废物经营许可证,或者超出危险废物经营许可证的经营范围。”因此,取得危险废物经营许可证但超出许可证经营范围从事危险废物经营活动造成环境污染的,按照前述的规定承担刑事责任。

(三)民事赔偿责任

《固体废物污染环境防治法》(2020修订)第122条第1款规定:“固体废物污

染环境、破坏生态给国家造成重大损失的,由设区的市级以上地方人民政府或者其指定的部门、机构组织与造成环境污染和生态破坏的单位和其他生产经营者进行磋商,要求其承担损害赔偿责任;磋商未达成一致的,可以向人民法院提起诉讼。”第123条规定:“违反本法规定,构成违反治安管理行为的,由公安机关依法给予治安管理处罚;构成犯罪的,依法追究刑事责任;造成人身、财产损害的,依法承担民事责任。”据此,无证从事危险废物经营活动造成环境污染的,还应承担民事赔偿责任。其中,第122条规定的权利人为行政机关,第123条规定的权利人为民事主体。

二、将危险废物提供给无许可证主体从事经营活动的法律后果分析及风险预防

根据相关规定,产生危险废物的单位明知他人没有危险废物经营许可证,仍向其提供危险废物的,依法应承担罚款60万元以上并行政拘留5~15日的行政责任。如果造成环境污染,还可能与受托人共同承担刑事和民事责任。因此,产生危险废物的单位应将危险废物交给具有合法资质的第三方公司处置,履行查验受托方处置资质的法定义务,支付合理处置费用,并对受托方的处置行为进行跟踪、监督,以降低自身法律风险。

(一)行政责任:罚款和行政拘留

《固体废物污染环境防治法》(2020修订)第80条第3款规定:“禁止将危险废物提供或者委托给无许可证的单位或者其他生产经营者从事收集、贮存、利用、处置活动。”第112条第1款规定:“违反本法规定,有下列行为之一,由生态环境主管部门责令改正,处以罚款,没收违法所得;情节严重的,报经有批准权的人民政府批准,可以责令停业或者关闭:……(四)将危险废物提供或者委托给无许可证的单位或者其他生产经营者从事经营活动的……有前款第三项、第四项、第十项、第十一项行为之一,处所需处置费用三倍以上五倍以下的罚款,所需处置费用不足二十万元的,按二十万元计算。”从上述条文规定可知,将危险废物提供给无证主体从事危险废物经营活动的,处以罚款60万元起,且无上限。

除罚款处罚外,相关人员还将面临行政拘留的处罚。《固体废物污染环境防

治法》(2020 修订)第 120 条规定:“违反本法规定,有下列行为之一,尚不构成犯罪的,由公安机关对法定代表人、主要负责人、直接负责的主管人员和其他责任人员处十日以上十五日以下的拘留;情节较轻的,处五日以上十日以下的拘留:……(三)将危险废物提供或者委托给无许可证的单位或者其他生产经营者堆放、利用、处置的……”

(二)刑事责任:与受托人为共犯

最高人民法院、最高人民检察院《关于办理环境污染刑事案件适用法律若干问题的解释》(法释〔2023〕7 号)第 8 条规定:“明知他人无危险废物经营许可证,向其提供或者委托其收集、贮存、利用、处置危险废物,严重污染环境的,以共同犯罪论处。”最高人民法院、最高人民检察院、公安部、司法部、生态环境部《关于办理环境污染刑事案件有关问题座谈会纪要》第 3 条“关于主观过错的认定”规定:“实践中,具有下列情形之一,犯罪嫌疑人、被告人不能作出合理解释的,可以认定其故意实施环境污染犯罪,但有证据证明确系不知情的除外:……(5)将危险废物委托第三方处置,没有尽到查验经营许可的义务,或者委托处置费用明显低于市场价格或者处置成本的……”

由上述条文规定可知,明知他人无危险废物经营许可证,向其提供危险废物造成环境污染的,提供方(委托方)和受托方将被认定为共犯。其中,关于明知的认定,主要从以下三个方面判别:

(1)未尽到查验危险废物经营许可证的义务。《固体废物污染环境防治法》(2020 修订)第 37 条第 1 款规定:“产生工业固体废物的单位委托他人运输、利用、处置工业固体废物的,应当对受托方的主体资格和技术能力进行核实,依法签订书面合同,在合同中约定污染防治要求。”因此,将危险废物委托给他人时,对受托方的资质进行核实是委托方的法定义务。需要特别注意的是,此处“查验”“核实”不仅仅是查看电子或纸质经营许可证件,而是应当在危险废物受托方所在地生态环境主管部门官网核实。《危险废物经营许可证管理办法》(2016 修订)第 19 条规定:“县级以上人民政府环境保护主管部门应当建立、健全危险废物经营许可证的档案管理制度,并定期向社会公布审批颁发危险废物经营许可证的情况。”现实中，存在受托方伪造危险废物经营许可证与产废单位签订合同，收取处置费用后将危险废物非法倾倒、填埋，导致委托方被追究法律责任的案例。

（2）委托处置费用明显低于市场价格。最高人民法院《关于适用〈中华人民共和国民法典〉合同编通则若干问题的解释》（法释〔2023〕13 号）第 42 条第 2 款规定："转让价格未达到交易时交易地的市场交易价或者指导价百分之七十的，一般可以认定为'明显不合理的低价'；受让价格高于交易时交易地的市场交易价或者指导价百分之三十的，一般可以认定为'明显不合理的高价'。"据此，处置费用明显低于市场价格的认定，一般以是否低于市场价格 70% 作为判断标准。

（3）委托处置费用明显低于处置成本。营利是企业或个人从事经营活动追求的主要目标，受托人收取的处置费用明显低于处置成本的，受托人若依法依规处置危险废物则无法营利，故据此判断受托人从事危险废物经营活动的目的为非法排放、倾倒、处置危险废物，并依此推断委托人对此明知，故认定委托人和受托人共同犯罪。

（三）民事赔偿责任：与受托人承担连带责任

除最高人民法院、最高人民检察院《关于办理环境污染刑事案件适用法律若干问题的解释》（法释〔2023〕7 号）第 8 条的规定外，《固体废物污染环境防治法》（2020 修订）第 37 条第 3 款规定："产生工业固体废物的单位违反本条第一款规定的，除依照有关法律法规的规定予以处罚外，还应当与造成环境污染和生态破坏的受托方承担连带责任。"因此，将危险废物提供给无证经营主体的，委托方将和受托方承担连带责任。

现实中，在将危险废物提供给无证经营主体从事经营活动的案件中，委托方一般为企业，受托方主要为无证小作坊或个人。一旦造成环境污染，除各自承担行政或刑事责任外，关于民事赔偿部分，一般受托方都没有赔偿能力，主要由委托方承担赔偿责任。因此，若为了节省危险废物处置费用而将危险废物提供给无证经营主体，可能面临与该行为能获取的利益极不匹配的法律责任。

（四）法律风险防范建议

综上，建议产生危险废物的单位严格落实危险废物环保管理要求，严格按照法律规定将危险废物交给具有合法资质的第三方公司处置,同时应履行查验受托方处置资质的法定义务,不以明显低于市场价支付处置费用,并对受托方的处置行为进行跟踪、监督,避免因处置公司的违法行为而承担法律责任。

三、行政机关应避免以非法手段获取证据

《环境行政处罚办法》(2010 修订)第 30 条规定:"调查人员负有下列责任:……(二)依法收集与案件有关的证据,不得以暴力、威胁、引诱、欺骗以及其他违法手段获取证据……"

《生态环境行政处罚办法》(生态环境部令第 30 号)第 25 条规定:"执法人员负有下列责任:……(二)依法收集与案件有关的证据,不得以暴力、威胁、引诱、欺骗以及其他违法手段获取证据……"

《行政诉讼法》(2017 修正)第 43 条第 3 款规定:"以非法手段取得的证据,不得作为认定案件事实的根据。"

最高人民法院《关于适用〈中华人民共和国行政诉讼法〉的解释》(法释〔2018〕1 号)第 43 条规定:"有下列情形之一的,属于行政诉讼法第四十三条第三款规定的'以非法手段取得的证据':(一)严重违反法定程序收集的证据材料;(二)以违反法律强制性规定的手段获取且侵害他人合法权益的证据材料;(三)以利诱、欺诈、胁迫、暴力等手段获取的证据材料。"

本案中,某市生态环境局执法人员在收集证据的过程中未对李某和张某分别询问,未对不识字的张某宣读笔录内容,故该二人的《调查询问笔录》属于严重违反法定程序收集的证据材料。根据《行政诉讼法》的规定,此类证据依法不能成为定案依据。因此,建议执法人员依法取证,保障被询问人权益,并通过加强培训和内部监督的方式提升依法行政水平,避免类似违法行为的发生。

15. 行政处罚因法律文书送达程序违法被撤销

——XB 材料公司、林某“未批先建”“未验先投”行政复议系列案

摘要

根据相关规定，行政机关送达处罚文书的方式包括直接送达、留置送达、邮寄送达、电子送达和公告送达等，只有在受送达人下落不明或穷尽其他方式无法送达的，才能适用公告送达。执法实践中，大量没有获得环评批复和环保竣工验收报告的企业，被生态环境局查处后连夜搬离原址，以期规避行政处罚。该类案件极大增加了行政机关送达法律文书的工作量和送达难度，但从维护行政相对人合法权益的角度，行政机关依法应当严格按照相关规定送达处罚文书。然而，执法实践中未穷尽送达方式而采用公告送达的情况普遍存在。

本案复议机关某省生态环境厅以某市生态环境局公告送达行政处罚告知书的程序违法为由，撤销涉案3份行政处罚，不仅维护了行政相对人的合法权益，也强调了行政机关在执法过程中应遵循的法定程序，有助于增强公众对法律的信任，促进社会的公平与正义。但是，不同的复议机关和人民法院对行政机关送达程序违法问题的裁量尺度不一。因此，在被环境局查处违法行为后，行政相对人一走了之并不能规避行政处罚，反而因为未及时行使陈述、申辩、申请听证、申请行政复议和提起行政诉讼的权利，丧失了争取减免行政处罚的机会，并被加处罚款。

案情简介

2020 年 4 月 13 日，某市生态环境局执法人员到 XB 材料公司检查，发现该公司未经批准擅自建设塑料制品加工项目并投入生产，存在“未批先建”“未验先投”的违法行为。

2020 年 6 月 19 日，生态环境局以存在“未验先投”违法行为为由，对 XB 材料公司作出 × 环罚告字〔2020〕1374 号行政处罚告知书，拟处以罚款 20 万元；对 XB 材料公司实际控制人林某作出 × 环罚告字〔2020〕1376 号行政处罚告知书，拟处以罚款 5 万元；以存在“未批先建”违法行为为由，对 XB 材料公司作出 × 环罚告字〔2020〕1375 号行政处罚告知书，拟处以罚款 2760 元。

生态环境局现场检查后，林某将工厂搬离原址。

2020 年 10 月 10 日，生态环境局以存在“未验先投”违法行为为由，对 XB 材料公司作出 × 环罚字〔2020〕3366 号行政处罚决定书，处以罚款 20 万元；对 XB 材料公司实际控制人林某作出 × 环罚字〔2020〕3364 号行政处罚决定书，处以罚款 5 万元；以存在“未批先建”违法行为为由，对 XB 材料公司作出 × 环罚字〔2020〕3365 号行政处罚决定书，处以罚款 2760 元。

2020 年 12 月 17 日，林某签收 × 环罚字〔2020〕3364 号行政处罚决定书 EMS 快递。同年 12 月 19 日，XB 材料公司法定代表人叶某签收 × 环罚字〔2020〕3365 号行政处罚决定书和 × 环罚字〔2020〕3366 号行政处罚决定书 EMS 快递。

2020 年 12 月 21 日，林某找到笔者，拟委托处理该系列行政处罚案。

律师策略

经查阅林某提供的处罚文书和相关法律规定，笔者认为涉案处罚文书认定的行业类别错误，属于认定事实错误。另外，据林某介绍，其此前没有收到过行政处罚告知书，故本案行政处罚文书送达程序可能违法。

办理结果

2021 年 1 月 26 日，XB 材料公司和林某委托笔者向某省生态环境厅申请行政复议。

2021 年 2 月 5 日，生态环境局向复议机关提交答辩材料。

2021 年 3 月 15 日，笔者向复议机关提交代理意见，主要观点如下：(1)涉案行政处罚认定事实错误；(2)生态环境局送达程序违法。

2021 年 4 月 20 日，复议机关作出 × 环行复〔2021〕62 号、× 环行复〔2021〕63 号和 × 环行复〔2021〕64 号行政复议决定书，以生态环境局送达程序违法为由，撤销涉案 3 份行政处罚决定书。理由摘录如下：

被申请人因不能通过直接送达和邮寄送达等方式向申请人送达涉案行政处罚告知书，于 2020 年 7 月 10 日在申请人住所所在地的 × × 镇 × × 村村委会公开栏张贴了涉案行政处罚告知书和公告进行公告。但是，被申请人未提交证据证明其张贴公告的地点是申请人的住所地或者采取了在报纸、信息网络等媒体上刊登公告等送达方式，不能证明对申请人作出涉案处罚决定前已进行了涉案行政处罚相关事项和法定权利的告知。因此，被申请人作出涉案行政处罚决定书违反了法定程序。

律师评析

一、涉案建设项目行业类别及环评类别分析

涉案行政处罚决定书载明："你单位主要从事塑胶制品加工……现场设有塑料分选、破碎、清洗、打包、混料、挤出成型、烘烤定型、收缩等生产工序及破碎机 3 台、清洗线 1 条、打包机 1 台、混料机 1 台、挤出成型线 1 条、烤箱 1 个、收缩机 1 台等生产设备，上述建设项目属于《建设项目环境影响评价分类管理名录》第三十类'废弃资源综合利用业'第 86 项'废塑料(除分拣清洗工艺的)'行业，应当编制环境影响报告表……"

林某介绍，其工厂使用废旧塑料瓶生产塑料丝，客户公司购买后将塑料丝进行剪切即可制作成扫帚等物品。据此，涉案行政处罚决定书认定建设项目所属的行业类别错误，应当为塑料制品业。

(一)涉案建设项目行业类别分析

《国民经济行业分类》(GB/T 4754 －2017)及国家标准第 1 号修改单中，"292

塑料制品业”的定义为“指以合成树脂(高分子化合物)为主要原料,经采用挤塑、注塑、吹塑、压延、层压等工艺加工成型的各种制品的生产,以及利用回收的废旧塑料加工再生产塑料制品的活动;不包括塑料鞋制造”。涉案建设项目使用废旧塑料瓶生产塑料丝,属于“利用回收的废旧塑料加工再生产塑料制品的活动”,故属于“292 塑料制品业”行业。

(二)涉案建设项目环评类别分析

根据《建设项目环境影响评价分类管理名录》(2017 年版)和《关于修改〈建设项目环境影响评价分类管理名录〉部分内容的决定》(生态环境部令第 1 号)[以下简称《环境评价管理名录》(2018 年版)],“292 塑料制品业”行业对应的为第 18 类“橡胶和塑料制品业”第 47 项“塑料制品制造”,其中应当编制环境影响报告书的情形为“人造革、发泡胶等涉及有毒原材料的;以再生塑料为原料的;有电镀或喷漆工艺且年用油性漆量(含稀释剂)10 吨及以上的”,“其他”情形应当编制环境影响报告表。第 30 类“废弃资源综合利用业”第 86 项“废旧资源(含生物质)加工、再生利用”中应当编制环境影响报告书的情形为“废电子电器产品、废电池、废汽车、废电机、废五金、废塑料(除分拣清洗工艺的)、废油、废船、废轮胎等加工、再生利用”,“其他”情形应当编制环境影响报告表。

本案 XB 材料公司涉嫌的违法行为发生时间和生态环境局作出涉案行政处罚决定的时间均为 2020 年,当时有效的《环境评价管理名录》(2018 年版)、《国民经济行业分类》(GB/T 4754 -2017)及国家标准第 1 号修改单和《废塑料回收与再生利用污染控制技术规范(试行)》(HJ/T 364 -2007)等法律法规均未规定“再生塑料”的定义。经查阅,百度百科对其的定义为“指通过预处理、熔融造粒、改性等物理或化学的方法对废旧塑料进行加工处理后重新得到的塑料原料,是对塑料的再次利用”。故再生塑料指对废旧塑料进行加工后得到的塑料原料(如塑料颗粒),可用于生产塑料制品。

因此,若建设项目使用废旧塑料为原料,经分拣、清洗、破碎、熔融、造粒等工序,生产再生塑料的,属于第 86 项中“废塑料(除分拣清洗工艺的)……加工、再生利用”行业,应当编制环境影响报告书;若建设项目使用再生塑料为原料,经熔融、挤塑(或注塑、吹塑)等工序,生产塑料制品的,则属于第47项中“以再生塑料为原料的”行业,应当编制环境影响报告书。但是,涉案建设项目使用废旧塑料瓶,直接生产出塑料制品塑料丝,不属于上述应当编制环境影响报告书的情形,属于第47项中的“其他”情形,应当编制环境影响报告表。

另外,本案XB材料公司和林某申请行政复议前,《建设项目环境影响评价分类管理名录》(2021年版)[以下简称《环境评价管理名录》(2021年版)]已于2021年1月1日施行。根据该名录,涉案建设项目属于第26类“橡胶和塑料制品业29”第53项“塑料制品业292”中“其他(年用非溶剂型低VOCs含量涂料10吨以下的除外)”情形,应当编制环境影响报告表。

二、涉案《行政处罚告知书》送达程序违法

2020年7月3日,生态环境局在无法直接送达、邮寄送达涉案3份行政处罚告知书后,于2020年7月10日将该文书公告粘贴在XB材料公司所在地××镇××村村委会公开栏处。

2020年12月16日,生态环境局在无法直接送达涉案行政处罚决定书的情况下,向叶某邮寄其对XB材料公司作出的2份行政处罚决定书,叶某于同月19日收到该文书;向林某邮寄对其作出的涉案行政处罚决定书,林某于同月17日收到该文书。

显然,XB材料公司所在地××镇××村村委会并非公告送达的法定地址,故涉案3份行政处罚告知书送达程序均违法。

三、律师代理意见

2021年3月15日,笔者向复议机关提交了如下代理意见(以×环行复〔2021〕63号为例,节选):

XB材料公司行政复议案代理意见

××省生态环境厅:

贵厅受理的申请人XB材料公司与被申请人××市生态环境局行政复议一案

[案号:×环行复(2021)63号],申请人代理律师阅卷后,认为被申请人作出涉案行政处罚决定没有事实和法律依据,且送达程序严重违法。因此,代理律师特提出如下代理意见,恳请贵厅依法查明事实,撤销涉案行政处罚决定。

一、被申请人未依法查明事实,认定涉案建设项目类别错误

涉案行政处罚决定书第1页载明:“你单位主要从事塑胶制品加工,在未经生态环境主管部门审批同意的情况下,擅自开工建设,现场设有塑料分选、破碎、清洗、打包、混料、挤出成型、烘烤定型、收缩等生产工序及破碎机3台、清洗线1条、打包机1台、混料机1台、挤出成型线1条、烤箱1个、收缩机1台等生产设备,上述建设项目属于《建设项目环境影响评价分类管理名录》(2017年版)第30类‘废弃资源综合利用业’第86项‘废塑料(除分拣清洗工艺的)’行业,应当编制环境影响报告表……”

《国民经济行业分类》(GB/T 4754－2017)及国家标准第1号修改单对“292塑料制品业”的定义为,“指以合成树脂(高分子化合物)为主要原料,经采用挤塑、注塑、吹塑、压延、层压等工艺加工成型的各种制品的生产,以及利用回收的废旧塑料加工再生产塑料制品的活动;不包括塑料鞋制造”;对“422非金属废料和碎屑加工处理”的定义为,“指从各种废料[包括固体废料、废水(液)、废气等]中回收,或经过分类,使其适于进一步加工为新原料的非金属废料和碎屑的再加工处理活动”。由此可知,前者产品为成品;后者产品非成品。

本案申请人建设项目的最终产品为成品,故其类别应当为“292塑料制品业”,属于《环境评价管理名录》(2017年版)和《关于修改〈建设项目环境影响评价分类管理名录〉部分内容的决定》(生态环境部令第1号)第18类“橡胶和塑料制品业”第47项“塑料制品制造”中的“其他”行业。因此,涉案行政处罚决定书认定事实错误。

另外,涉案建设项目依法应当编制环境影响报告表。若属于《环境评价管理名录》(2017年版)第30类“废弃资源综合利用业”第86项“废塑料(除分拣清洗工艺的)”行业,则应当编制环境影响报告书。但涉案行政处罚决定书却认定应当编制环境影响报告表,自相矛盾。

二、被申请人作出涉案行政处罚决定未经法制审核、集体审议,程序严重违法

略。

三、涉案处罚文书送达程序不合法

本案被申请人作出的多份《送达回执》有造假嫌疑,涉案处罚文书邮寄送达、公告送达地址错误,送达时间超过法定期限。

(一)被申请人提交的多份《送达回执》有造假嫌疑

1. 本案中,被申请人提交的材料显示(以下时间均省略年份):7 月 3 日,被申请人 0039574 号现场送达《送达回执》"备注"栏签字人为"何某某";7 月 8 日,被申请人 0040645 号邮寄送达《送达回执》载明"因当事人已搬迁原址,故于 7 月 10 日在××镇××村村委会公告送达";7 月 10 日,被申请人 0039577 号公告送达《送达回执》"备注"栏签字人为"何某某"。

2. 在贵厅受理的申请人与被申请人另案[×环行复(2021)62 号]中,被申请人提交的材料显示:7 月 3 日,被申请人 0039572 号现场送达《送达回执》"备注"栏签字人为"何某某";7 月 8 日,被申请人 0040646 号邮寄送达《送达回执》载明,"因当事人已搬迁原址,故于 7 月 10 日在××镇××村村委会公告送达";7 月 10 日,被申请人 0039576 号公告送达《送达回执》"备注"栏签字人为"何某某"。

3. 在贵厅受理的申请人实际控制人林某与被申请人另案[×环行复(2021)64 号]中,被申请人提交的材料显示:7 月 3 日,被申请人 0039635 号现场送达《送达回执》"备注"栏无见证人签字;7 月 8 日,被申请人 0040647 号邮寄送达《送达回执》载明,"因当事人已搬迁原址,故于 7 月 10 日在××镇××村村委会公告送达";7 月 10 日,被申请人 0039578 号公告送达《送达回执》"备注"栏签字人为"何某某"。

表 1 为上述《送达回执》文号按照案号排列的情况,表 2 为上述《送达回执》文号按照送达时间排列的情况。

表1 《送达回执》文号按照案号排列情况

案号	送达时间	送达方式	文号	备注
×环行复(2021)63号	7月3日	现场送达	0039574	"何某某"签名
	7月8日	邮寄送达	0040645	"故于7月10日……公告送达"
	7月10日	公告送达	0039577	"何某某"签名
×环行复(2021)62号	7月3日	现场送达	0039572	"何某某"签名
	7月8日	邮寄送达	0040646	"故于7月10日……公告送达"
	7月10日	公告送达	0039576	"何某某"签名
×环行复(2021)64号	7月3日	现场送达	0039635	无签名
	7月8日	邮寄送达	0040647	"故于7月10日……公告送达"
	7月10日	公告送达	0039578	"何某某"签名

由表1和表2可知,本案被申请人送达涉案处罚文书存在造假嫌疑,分析如下:

1.7月3日,0039574号和0039572号现场送达的《送达回执》"备注"栏"何某某"签名的笔迹一致;7月10日,0039577号、0039576号和0039578号公告送达的《送达回执》"备注"栏"何某某"签名的笔迹一致。但是,7月3日与7月10日的《送达回执》中"何某某"签名的笔迹明显不同。另外,被申请人未提供证据证明何某某是××镇××村村委会工作人员,不能证明何某某具有见证人资格。

2.7月8日,邮寄送达的《送达回执》编号依次为0040645号、0040646号和0040647号(连号);7月10日,公告送达的《送达回执》编号依次为0039577号、0039576号和0039578号(连号),被申请人同一日在同一地点对同一关联当事人作出的文书为连号符合常理。但是,被申请人7月3日现场送达的《送达回执》并非连号(0039574号、0039572号和0039635号),0039635号《送达回执》显然是后续补充的(详见下文)。

表2 《送达回执》文号按照案号排列情况

案号	送达时间	送达方式	文号	备注
×环行复(2021)63号	7月3日	现场送达	0039574	"何某某"签名
×环行复(2021)62号	7月3日	现场送达	0039572	"何某某"签名

续表

案号	送达时间	送达方式	文号	备注
×环行复(2021)64 号	7 月 3 日	现场送达	0039635	无签名
×环行复(2021)63 号	7 月 8 日	邮寄送达	0040645	"故于 7 月 10 日……公告送达"
×环行复(2021)62 号	7 月 8 日	邮寄送达	0040646	"故于 7 月 10 日……公告送达"
×环行复(2021)64 号	7 月 8 日	邮寄送达	0040647	"故于 7 月 10 日……公告送达"
×环行复(2021)63 号	7 月 10 日	公告送达	0039577	"何某某"签名
×环行复(2021)62 号	7 月 10 日	公告送达	0039576	"何某某"签名
×环行复(2021)64 号	7 月 10 日	公告送达	0039578	"何某某"签名

3.7 月 10 日,公告送达的《送达回执》编号(0039577 号、0039576 号、0039578 号)不仅与 7 月 3 日现场送达的《送达回执》编号(0039574 号、0039572 号)非常接近(但早于 0039635 号),且早于 7 月 8 日邮寄送达的《送达回执》编号(0040645 号、0040646 号、0040647 号),显然异常。结合 3 份 7 月 8 日邮寄送达的《送达回执》均载明"因当事人已搬迁原址,故于 7 月 10 日在××镇××村村委会公告送达"的事实,可知:(1)7 月 3 日被申请人在现场送达时将现场送达的《送达回执》和公告送达的《送达回执》同时作出,并由××村村委会盖章但不填写日期以便将来补写;(2)7 月 8 日的 3 份邮寄送达的《送达回执》均为 7 月 10 日以后在被申请人处补写,这也是 7 月 3 日和 7 月 10 日的《送达回执》均有××村村委会盖章而 7 月 8 日的《送达回执》均无盖章的原因。其中,0039635 号《送达回执》显然也是后补的,故也无村委会盖章。

因此,被申请人提供的相关《送达回执》明显有造假嫌疑,不具有合法性,不能证明送达程序合法。

(二)涉案行政处罚告知书邮寄送达地址错误

《行政处罚法》(2017 修正)第 40 条规定:"行政处罚决定书应当在宣告后当场交付当事人;当事人不在场的,行政机关应当在七日内依照民事诉讼法的有关规定,将行政处罚决定书送达当事人。"

最高人民法院《关于进一步加强民事送达工作的若干意见》(法发〔2017〕19 号)第 8 条规定:"当事人拒绝确认送达地址或以拒绝应诉、拒接电话、避而不见送达人员、搬离原住所等躲避、规避送达,人民法院不能或无法要求其确认送达地址的,可以分别以下列情形处理:……(二)没有约定的,以当事人在诉讼中提交的书面材料中载明的自己的地址为送达地址……”第9条规定:“依第八条规定仍不能确认送达地址的,自然人以其户籍登记的住所或者在经常居住地登记的住址为送达地址,法人或者其他组织以其工商登记或其他依法登记、备案的住所地为送达地址。”

由上述规定可知,当事人对送达地址有约定的从其约定,没有约定的再按自然人户籍地或法人/组织工商登记地址作为送达地址。

由被申请人提交的两份《调查询问笔录》(XW2001384 和 XW20021929)等材料可知,被申请人对申请人的实际经营者为林某这一事实是知情的(如申请人处罚文书收件人即为林某),且林某在《调查询问笔录》(XW20021929)中,明确邮寄地址为“××省××市××”。因此,根据上述规定,涉案行政处罚告知书应当优先寄至该地址,而非申请人工商登记地址。更何况,被申请人明知申请人已搬迁,为维护申请人合法权益,保障其知情权和救济权利,被申请人理应将行政处罚告知书邮寄至林某提供的地址。

因此,被申请人邮寄送达程序违法,导致申请人未收到行政处罚告知书,剥夺了申请人的知情权和救济权利。

(三)涉案行政处罚告知书公告送达地址错误

由前文分析可知,当事人对送达地址有约定的从其约定,没有约定的再按自然人户籍地或法人/组织工商登记地址作为送达地址。因此,本案被申请人将申请人所在地的村委会作为公告送达地址没有法律依据。

(四)被申请人送达行政处罚告知书和行政处罚决定书的时间超过法定期限

略。

❖风险提示

一、废塑料、塑料制品业建设项目行业类别及环评类别分析

《环境影响评价法》(2018 修正)第22条第1款规定:“建设项目的环境影响报告书、报告表,由建设单位按照国务院的规定报有审批权的生态环境主管部门

审批。”第25条规定:“建设项目的环境影响评价文件未依法经审批部门审查或者审查后未予批准的,建设单位不得开工建设。”《建设项目环境保护管理条例》(2017修订)第19条第1款规定:“编制环境影响报告书、环境影响报告表的建设项目,其配套建设的环境保护设施经验收合格,方可投入生产或者使用;未经验收或者验收不合格的,不得投入生产或者使用。”

对于特定的建设项目,获得环境影响评价批复是建设项目开工建设的前提,配备环境保护设施并通过竣工验收是建设项目投入生产使用的前提。因此,无论是行政相对人还是行政机关,都应准确认定建设项目的行业类别和环评类别,避免错误地实施行政许可和作出行政处罚。

与废塑料和塑料制品有关的企业,根据使用的原材料、生产工艺和成品的不同,主要可分为以下三种情形:(1)使用废塑料生产再生塑料;(2)使用再生塑料或非再生塑料生产塑料制品;(3)使用废塑料生产塑料制品。前文已分析“292 塑料制品业”和“422 非金属废料和碎屑加工处理”的本质区别为,前者产品为成品,后者产品非成品。

2021年5月21日,国家市场监督管理总局和国家标准化管理委员会发布《塑料　再生塑料　第1部分:通则》(GB/T 40006.1－2021),自2021年12月1日实施。其中,“3.1 再生塑料 recycled plastic”定义为,“利用废弃的塑料加工而成的用作原用途或其他用途的塑料,但不包括能量回收”。

2022年5月31日,生态环境部发布《废塑料污染控制技术规范》(HJ 364－2022),自当日实施,系对《废塑料回收与再生利用污染控制技术规范(试行)》(HJ/T 364－2007)的修订。其中,“3.3 再生利用 recycling”定义为,“从废塑料中获取或使其转化为可利用物质的活动,一般包括物理再生和化学再生”。

根据上述规定,再生塑料指将废塑料进行加工(不包括焚烧)后得到的塑料原料(如塑料颗粒),可用于生产塑料制品。据此,上述3种建设项目所属行业类别和环评类别分析如下。

(一)使用废塑料生产再生塑料

使用废塑料生产再生塑料的,行业类别为“422 非金属废料和碎屑加工处理”,对应《环境评价管理名录》(2018 年版)第 30 类“废弃资源综合利用业”第 86 项“废旧资源(含生物质)加工、再生利用”中“废塑料(除分拣清洗工艺的)加工、再生利用”,应当编制环境影响报告书。

但是,2021 年 1 月 1 日施行的《环境评价管理名录》(2021 年版)规定,第 39 类“废弃资源综合利用业 42”第 85 项“非金属废料和碎屑加工处理 422(不含原料为危险废物的,均不含仅分拣、破碎的)”中“废塑料、废轮胎、废船、含水洗工艺的其他废料和碎屑加工处理(农业生产产生的废旧秧盘、薄膜破碎和清洗工艺的除外)”的建设项目,应当编制环境影响报告表。不涉及水洗工艺的破碎打包项目,不纳入环评管理。也就是说,自 2021 年 1 月 1 日起,除特殊情况外,使用废塑料生产再生塑料的建设项目,环评类别由环境影响报告书调整为环境影响报告表。

(二)使用再生塑料或非再生塑料生产塑料制品

使用再生塑料或非再生塑料生产塑料制品的,均属于“292 塑料制品业”行业。根据使用的原料分别分析如下:

1. 以再生塑料为原料生产的建设项目,应根据项目产品判定项目的环评类型

《环境评价管理名录》(2018 年版)第 18 类“橡胶和塑料制品业”第 47 项“塑料制品制造”中,“以再生塑料为原料的”,应当编制环境影响报告书。《环境评价管理名录》(2021 年版)第 26 类“橡胶和塑料制品业 29”第 53 项“塑料制品业 292”中,“以再生塑料为原料生产的”,应当编制环境影响报告书。因此,以再生塑料为原料生产塑料制品的建设项目,应当编制环境影响报告书。

但是,2021 年 8 月生态环境部发布《〈建设项目环境影响评价分类管理名录(2021 年版)〉常见问题解答》,其中,“(二十六)塑料鞋生产项目环评类别的判定 -32”规定:“以再生塑料为原料的塑料鞋生产项目,根据名录‘32 制鞋业 195 *’相关规定,编制环境影响报告表。”“(二十八)再生塑料文教、乐器和体育等用品制造项目环评类别的判定 -40”规定:“以再生塑料为原料,经塑料注塑等工艺生产文教、乐器和体育等用品的项目,根据名录‘40 文教办公用品制造 241 *;乐器制造 242 *;体育用品制造 244 *;玩具制造 245 *;游艺器材及娱乐用品制造 246 *’相关规定,编制环境影响报告表。”

因此,以再生塑料为原料生产塑料制品的建设项目,除生产塑料鞋和文教、乐器及体育等用品应当编制环境影响报告表外,其他项目均应当编制环境影响报告书。

2. 以非再生塑料为原料生产的建设项目

《环境评价管理名录》(2018 年版)第 18 类“橡胶和塑料制品业”第 47 项“塑料制品制造”中,“人造革、发泡胶等涉及有毒原材料的……有电镀或喷漆工艺且年用油性漆量(含稀释剂)10 吨及以上的”,应当编制环境影响报告书;“其他”情形应当编制环境影响报告表。《环境评价管理名录》(2021 年版)第 26 类“橡胶和塑料制品业 29”第 53 项“塑料制品业 292”中,“有电镀工艺的;年用溶剂型胶粘剂 10 吨及以上的;年用溶剂型涂料(含稀释剂)10 吨及以上的”,应当编制环境影响报告书;“其他(年用非溶剂型低 VOCs 含量涂料 10 吨以下的除外)”情形应当编制环境影响报告表。《〈建设项目环境影响评价分类管理名录(2021 年版)〉常见问题解答》第 6 点“名录中‘年用非溶剂型低 VOCs 含量涂料 10 吨以下的除外’含义的解答 –36、53、66、67、69、70、71、72、73、74、75、76、77、83”规定:“名录报告表类别中‘年用非溶剂型低 VOCs 含量涂料 10 吨以下的除外’,指仅有涂装工艺且年用非溶剂型低 VOCs 含量涂料 10 吨以下的项目不纳入环评管理,年用非溶剂型低 VOCs 含量涂料 10 吨及以上或使用溶剂型涂料等的项目,需纳入环评管理。”

因此,以非再生塑料为原料生产的建设项目,“有电镀工艺的;年用溶剂型胶粘剂 10 吨及以上的;年用溶剂型涂料(含稀释剂)10 吨及以上的”,应当编制环境影响报告书;仅有涂装工艺且年用非溶剂型低 VOCs 含量涂料 10 吨以下的,不纳入环评管理;其他情形应当编制环境影响报告表。

(三)使用废塑料生产塑料制品

使用废塑料直接生产塑料制品的,属于“292 塑料制品业”行业,对应《环境评价管理名录》(2018 年版)第 18 类“橡胶和塑料制品业”第 47 项“塑料制品制造”中的“其他”情形,应当编制环境影响报告表;对应《环境评价管理名录》(2021 年版)第 26 类“橡胶和塑料制品业 29”第 53 项“塑料制品业 292”中的“其他(年用非溶剂型低 VOCs 含量涂料 10 吨以下的除外)”情形,应当编制环境影响报告表。

因此，使用废塑料直接生产塑料制品的，应当编制环境影响报告表。

综上，根据现行法律规定，除特殊情形外，只有使用再生塑料生产塑料制品的才需编制环境影响报告书，而使用废塑料生产再生塑料、使用非再生塑料生产塑料制品和使用废塑料生产塑料制品的，均只需编制环境影响报告表。

二、行政机关送达法律文书的程序要求

《行政处罚法》(2021 修订)第 61 条规定："行政处罚决定书应当在宣告后当场交付当事人；当事人不在场的，行政机关应当在七日内依照《中华人民共和国民事诉讼法》的有关规定，将行政处罚决定书送达当事人。当事人同意并签订确认书的，行政机关可以采用传真、电子邮件等方式，将行政处罚决定书等送达当事人。"根据《民事诉讼法》等相关规定和执法实践，行政机关送达法律文书的方式主要为直接送达、留置送达、邮寄送达、电子送达和公告送达。

(一)直接送达

直接送达是行政机关应当优先使用的送达方式。

《民事诉讼法》(2023 修正)第 88 条第 1 款规定："送达诉讼文书，应当直接送交受送达人。受送达人是公民的，本人不在交他的同住成年家属签收；受送达人是法人或者其他组织的，应当由法人的法定代表人、其他组织的主要负责人或者该法人、组织负责收件的人签收；受送达人有诉讼代理人的，可以送交其代理人签收；受送达人已向人民法院指定代收人的，送交代收人签收。"

最高人民法院《关于适用〈中华人民共和国民事诉讼法〉的解释》(2022 修正)[以下简称《民诉法解释》(2022 修正)]第 131 条规定："人民法院直接送达诉讼文书的，可以通知当事人到人民法院领取。当事人到达人民法院，拒绝签署送达回证的，视为送达。审判人员、书记员应当在送达回证上注明送达情况并签名。人民法院可以在当事人住所地以外向当事人直接送达诉讼文书。当事人拒绝签署送达回证的，采用拍照、录像等方式记录送达过程即视为送达。审判人员、书记员应当在送达回证上注明送达情况并签名。"第 132 条规定："受送达人有诉讼代理人的，人民法院既可以向受送达人送达，也可以向其诉讼代理人送达。受送达人指定诉讼代理人为代收人的，向诉讼代理人送达时，适用留置送达。"

上述条文规定了直接送达的方式包含三种：通知当事人到行政机关领取、到当事人住所地送达和在当事人住所地以外的地址送达。

（二）留置送达

《民事诉讼法》（2023修正）第89条规定："受送达人或者他的同住成年家属拒绝接收诉讼文书的，送达人可以邀请有关基层组织或者所在单位的代表到场，说明情况，在送达回证上记明拒收事由和日期，由送达人、见证人签名或者盖章，把诉讼文书留在受送达人的住所；也可以把诉讼文书留在受送达人的住所，并采用拍照、录像等方式记录送达过程，即视为送达。"

需要注意的是，只有在直接送达时受送达人拒收的情况下才能适用留置送达，且需邀请有关基层组织或所在单位的代表到场并签名，才能视为送达。执法实践中，执法人员常见的不规范送达行为包括：在受送达人不在送达地点时适用拍照的方式留置送达；未邀请有关见证人到现场见证；见证人身份不符合法律规定的要求；见证人未在送达回证上签字等。

（三）邮寄送达

《民事诉讼法》（2023修正）第91条规定："直接送达诉讼文书有困难的，可以委托其他人民法院代为送达，或者邮寄送达。邮寄送达的，以回执上注明的收件日期为送达日期。"

执法实践中，部分企业被生态环境局查处后立即拆除机器设备搬空工厂，导致执法人员无法直接送达，此时执法人员通常会采用邮寄送达的方式送达处罚文书。

最高人民法院《关于进一步加强民事送达工作的若干意见》（法发〔2017〕19号）第8条规定："当事人拒绝确认送达地址或以拒绝应诉、拒接电话、避而不见送达人员、搬离原住所等躲避、规避送达，人民法院不能或无法要求其确认送达地址的，可以分别以下列情形处理：（一）当事人在诉讼所涉及的合同、往来函件中对送达地址有明确约定的，以约定的地址为送达地址；（二）没有约定的，以当事人在诉讼中提交的书面材料中载明的自己的地址为送达地址；（三）没有约定、当事人也未提交书面材料或者书面材料中未载明地址的，以一年内进行其他诉讼、仲裁案件中提供的地址为送达地址;(四)无以上情形的,以当事人一年内进行民事活动时经常使用的地址为送达地址。人民法院按照上述地址进行送达的,可以同时以电话、微信等方式通知受送达人。"第 9 条规定:"依第八条规定仍不能确认送达地址的,自然人以其户籍登记的住所或者在经常居住地登记的住址为送达地址,法人或者其他组织以其工商登记或其他依法登记、备案的住所地为送达地址。"因此,建议执法人员在制作笔录时,要求当事人明确送达地址,以免因为邮寄送达地址错误导致送达程序不合法。

另外,在邮寄送达方式未能送达时,邮政机构会将文件退回行政机关,此时执法人员应当审查邮寄送达是否符合 5 日内投递 3 次的规定,再确定是否进行下一步公告送达,否则可能存在邮寄送达不合法的问题。最高人民法院《关于以法院专递方式邮寄送达民事诉讼文书的若干规定》(法释〔2004〕13 号)第 6 条第 2 款规定:"邮政机构按照当事人提供或确认的送达地址在五日内投送三次以上未能送达,通过电话或者其他联系方式又无法告知受送达人的,应当将邮件在规定的日期内退回人民法院,并说明退回的理由。"

(四)电子送达

《民事诉讼法》(2023 修正)第 90 条第 1 款规定:"经受送达人同意,人民法院可以采用能够确认其收悉的电子方式送达诉讼文书。通过电子方式送达的判决书、裁定书、调解书,受送达人提出需要纸质文书的,人民法院应当提供。"

《民诉法解释》(2022 修正)第 135 条第 1 款规定:"电子送达可以采用传真、电子邮件、移动通信等即时收悉的特定系统作为送达媒介。"第 136 条规定:"受送达人同意采用电子方式送达的,应当在送达地址确认书中予以确认。"

最高人民法院《关于进一步加强民事送达工作的若干意见》(法发〔2017〕19 号)第 12 条规定:"采用短信、微信等方式送达的,送达人员应记录收发手机号码、发送时间、送达诉讼文书名称,并将短信、微信等送达内容拍摄照片,存卷备查。"第 14 条规定:"对于移动通信工具能够接通但无法直接送达、邮寄送达的,除判决书、裁定书、调解书外,可以采取电话送达的方式,由送达人员告知当事人诉讼文书内容,并记录拨打、接听电话号码、通话时间、送达诉讼文书内容,通话过程应当录音以存卷备查。"

由上述规定可知,电子送达的方式包括采用传真、电子邮件、短信、微信和电话等方式,但应当先经当事人同意。

(五)公告送达

《民事诉讼法》(2023 修正)第 95 条规定:"受送达人下落不明,或者用本节规定的其他方式无法送达的,公告送达。自发出公告之日起,经过三十日,即视为送达。公告送达,应当在案卷中记明原因和经过。"《民诉法解释》(2022 修正)第 138 条规定:"公告送达可以在法院的公告栏和受送达人住所地张贴公告,也可以在报纸、信息网络等媒体上刊登公告,发出公告日期以最后张贴或者刊登的日期为准。对公告送达方式有特殊要求的,应当按要求的方式进行。公告期满,即视为送达。人民法院在受送达人住所地张贴公告的,应当采取拍照、录像等方式记录张贴过程。"

公告送达是送达法律文书的最后一种方式,旨在确保法律程序的完整性。然而,司法实践表明,凡是采用公告送达的方式,受送达人几乎都无法收到相关法律文书。正因如此,1982 年 3 月 8 日全国人大常委会发布的《民事诉讼法(试行)》第 75 条即规定:"受送达人下落不明,或者用本章规定的其他方式无法送达的,公告送达……"1991 年 4 月 9 日,全国人民代表大会发布《民事诉讼法》,第 84 条规定:"受送达人下落不明,或者用本节规定的其他方式无法送达的,公告送达……"此后,《民事诉讼法》历经多次修正,均沿用该条文。2017 年 7 月 19 日,最高人民法院发布《关于进一步加强民事送达工作的若干意见》(法发〔2017〕19 号),第 15 条再次明确要严格适用公告送达的规定,只有在受送达人下落不明,或穷尽各种送达方式均无法送达时,才能适用公告送达,以充分保障当事人的权利。

据此,执法实践中存在大量违法公告送达的情况,具体表现为:执法人员到当事人处直接送达处罚文书,发现当事人已搬迁的,一般会向企业所在地和法定代表人、实际控制人或环保负责人等相关人员住所地或/和户籍地邮寄送达处罚文书。邮件被退回后,在当事人未同意电子送达的情况下,执法人员直接公告送达处罚文书。上述送达方式存在程序违法的原因包含以下几方面内容。

《民事诉讼法》规定了两种可以公告送达的情形:受送达人下落不明或穷尽其

他方式仍无法送达。(1)受送达人下落不明。当事人从原址搬迁并不属于下落不明,况且执法人员在现场检查和调查询问时都会记录当事人的电话号码,故执法实践中几乎不存在当事人下落不明的情形。(2)穷尽其他方式仍无法送达。如前所述,上述送达方式中包含电话送达,最高人民法院《关于进一步加强民事送达工作的若干意见》(法发〔2017〕19 号)第 8 条第 2 款亦规定:“人民法院按照上述地址进行送达的,可以同时以电话、微信等方式通知受送达人”。因此,在当事人已经告知执法人员其电话号码且该号码在正常使用的情况下,执法人员未经电话通知当事人行政处罚事宜而直接公告送达法律文书,显然不妥。需要特别提醒的是,《民诉法解释》(2022 修正)第 131 条明确“人民法院直接送达诉讼文书的,可以通知当事人到人民法院领取”,即直接送达的方式还包含电话通知当事人到行政机关领取。因此,前述行为违反了先直接送达后邮寄送达、公告送达以及只有穷尽送达方式的情况下才能公告送达的规定,程序严重违法。

因此,建议执法人员在直接送达法律文书时,先以电话的方式通知当事人到行政机关领取执法文书并保留相关通话记录,既避免行政行为程序违法,又充分保障行政相对人的合法权益。

三、企业被查处后,一走了之并不能逃避行政处罚,反而可能丧失法定权利,并被加处滞纳金

实践中,大量企业在被查处到存在环境行政违法行为后,采用一走了之的方式拟达到逃避行政处罚之目的。虽然前文详细分析了行政机关应当依法送达法律文书,否则其行政行为可能因程序违法而被撤销。但是,行政相对人应当清楚地认识到,目前不同的复议机关和人民法院对行政机关送达程序违法的问题有不同的裁量尺度。特别是行政复议制度改革后,大量的行政复议案件只能由当地人民政府受理,这在一定程度上可能加大了此类案件被撤销的难度。

例如,本案某省生态环境局厅以行政机关送达程序违法为由,撤销涉案行政处罚。但是,2024 年笔者在广东省中山市办理的一起环境行政处罚案件中,执法人员现场检查并制作《现场检查(勘察)笔录》《调查询问笔录》一周后,企业搬离原厂址。此后,执法人员依次到企业原厂址直接送达、邮寄送达处罚文书后,向企

业法定代表人户籍地邮寄送达处罚文书，均无法送达。随后，执法人员在未电话通知法定代表人的前提下，先后公告送达《行政处罚（听证）告知书》《行政处罚决定书》。法定代表人通过其他方式知悉上述行政处罚后，向中山市人民政府申请行政复议，以送达程序违法、剥夺其陈述、申辩和申请听证的权利为由，请求撤销涉案行政处罚，但未被支持。

因此，企业一走了之并不一定能逃避行政处罚，反而可能因为没有及时收到处罚文书而错过陈述、申辩、申请听证、申请行政复议或提起行政诉讼的法定权利，从而丧失可能减免行政处罚的机会。

另外，《行政处罚法》（2021 修订）第 67 条第 3 款规定："当事人应当自收到行政处罚决定书之日起十五日内，到指定的银行或者通过电子支付系统缴纳罚款。银行应当收受罚款，并将罚款直接上缴国库。"第 72 条第 1 款规定："当事人逾期不履行行政处罚决定的，作出行政处罚决定的行政机关可以采取下列措施：（一）到期不缴纳罚款的，每日按罚款数额的百分之三加处罚款，加处罚款的数额不得超出罚款的数额……"故当事人应当在收到行政处罚决定书后 15 日内缴纳罚款，否则每日将被加处罚款数额 3% 的罚款，直至加处罚款与原罚款数额相同。例如，行政机关对当事人处以罚款 30 万元，当事人未在 15 日内缴纳罚款的，行政机关将从送达行政处罚决定书之日起计算加处罚款，直到加处罚款数额为 30 万元，相当于此时当事人已经受到 60 万元的行政处罚。笔者办案过程中接触过大量因搬迁或未在法定期限内行使权利最终导致罚款数额翻倍的案例。

因此，行政相对人应当知悉该方面的法律规定，根据实际情况作出决定，以最大化保障自身的合法权益。

16. 行政非诉执行案件中追加股东为被执行人的条件

——李某、莫某执行异议案

摘要

行政机关作出行政处罚决定后，当事人没有在法定期限内申请行政复议或提起行政诉讼，又不缴纳罚款的，行政机关依法应当申请人民法院强制执行。在申请强制执行时，应当遵守法定程序，如作出催告书并依法送达、在法定期限内申请执行等，避免因程序违法等被人民法院裁定不予立案、不予受理或不准予强制执行等。被执行人认为人民法院的执行行为损害其合法权益的，可依法提出执行异议。

本案中，广州市××区市监局在送达法律文书时程序不规范，导致MZ公司未能收到处罚文书并在不知悉被行政处罚的情况下进行清算并办理注销登记。××区市监局向××区人民法院申请强制执行后，该院立案受理后以MZ公司没有可供执行的财产为由终结执行。随后，××区市监局以MZ公司的股东李某、莫某没有实际出资为由申请追加该二人为被执行人。为此，××区人民法院向李某、莫某送达听证通知书。此时该二人才知MZ公司被行政处罚及被强制执行事宜，遂委托盈科广州黎征武律师和蒋白雪律师处理。承办律师认为，××区市监局申请追加李某、莫某为被执行人的请求不符合法定条件，依法应不予支持。同时，承办律师代理李某、莫某向××区人民法院对该院终结执行的行为提出异议。

听证后,××区人民法院驳回××区市监局申请追加李某、莫某为被执行人的请求,并撤销该院作出的终结执行的裁定,体现了法院维护当事人合法权益、公平公正、依法裁决的态度。

案情简介

李某、莫某为餐饮公司 MZ 公司的股东,李某担任法定代表人。

2016 年 9 月,MZ 公司发生疑似食物中毒事件,原广州市××区食品药品监督管理局(以下简称××区食药监局)介入调查。不久后,李某、莫某关闭涉案餐饮店。

2018 年 9 月 13 日,××区食药监局作出行政处罚事先告知书,以 MZ 公司 2016 年 9 月未取得食品经营许可从事食品经营活动并造成食物中毒的危害后果为由,拟对 MZ 公司处以罚款 9 万元。因采用直接、邮寄送达方式均无法送达处罚文书,该局作出×食药监公告〔2018〕34 号公告,要求 MZ 公司在 60 日内到该局领取处罚文书,并在××区政务服务中心公告栏张贴处罚文书和公告。

2019 年 1 月 21 日,××区食药监局作出行政处罚决定书,对 MZ 公司处以罚款 9 万元。因采用直接、邮寄送达方式均无法送达处罚文书,该局作出×食药监公告〔2019〕33 号公告,要求 MZ 公司在 60 日内到该局领取处罚文书,并在××区政务服务中心公告栏张贴处罚文书和公告。

市场监管体制改革后,原广州市××区食品药品监督管理局的职权由广州市××区市场监督管理局(以下简称××区市监局)行使。

2019 年 9 月 30 日,××区市监局作出行政处罚决定履行催告书。同日,该局向李某邮寄文件,但 EMS 快递单上未记载邮寄内容。因采用直接、邮寄送达方式均无法送达催告书,同年 10 月 25 日该局作出×市监公告〔2019〕69 号公告,要求 MZ 公司在 60 日内到该局领取催告书,并在该局公告栏和××区人民政府网站公告。

2019 年 12 月 2 日,MZ 公司经核准注销登记。

2020 年 1 月 13 日,××区市监局根据行政案件集中管辖的规定,向广州铁路运输法院申请强制执行涉案行政处罚。同年4月27日,该院立案受理,并于同年5月27日作出(2020)粤7101行审53××号行政裁定书,裁定准予强制执行涉案行政处罚决定书,责令MZ公司缴纳罚款9万元,及加处罚款9万元,共计罚款18万元。在以邮寄方式未能送达行政裁定书后,同年6月17日该院公告送达行政裁定书。

公告期满后,××区市监局根据属地原则,依据(2020)粤7101行审53××号行政裁定书向广州市××区人民法院申请强制执行,该院于2020年9月18日立案执行。经查,MZ公司没有可供执行的财产。该院遂于同年11月23日作出(2020)粤01××执7051号执行裁定书,裁定终结本次执行程序。

2020年12月22日,××区市监局以MZ公司已注销但李某、莫某没有实际出资为由,向××区人民法院申请追加该二人为被执行人,法院以(2021)粤01××执异13号案立案受理。

2021年1月19日,××区人民法院作出(2021)粤01××执异13号听证通知书,并联系曾为李某办理公司注销手续的公司,该公司转告李某后,李某立即联系该院并提供邮寄地址。

2021年1月22日,李某收到××区人民法院邮寄的听证通知书,此时李某才得知涉案行政处罚及强制执行事宜,随后到广州铁路运输法院和××区人民法院复制案件材料。另外,该听证通知书载明××区人民法院将于2021年2月1日就追加李某、莫某为被执行人一案举行听证。

2021年1月29日,李某、莫某经律师推荐找到盈科广州黎征武律师、蒋白雪律师,拟委托处理。

律师策略

本案当事人找到承办律师时,距离召开听证会仅3天时间。经查阅李某提供的材料,承办律师认为,××区市监局向广州铁路运输法院申请强制执行时MZ公司已经注销,广州铁路运输法院依法应当裁定不予立案,故广州铁路运输法院立案受理并作出(2020)粤7101行审53××号行政裁定书准予强制执行的做法存在错误，××区人民法院立案受理并作出（2020）粤 01××执 7051 号执行裁定书裁定终结执行程序错误，××区市监局申请追加李某、莫某为被执行人亦不符合法定条件。

因此，承办律师提出如下建议：（1）积极应对被申请追加为被执行人的纠纷，请求法院驳回××区市监局的请求；（2）向××区人民法院提出执行异议，请求撤销终结执行程序的裁定。

办理结果

2021 年 2 月 1 日，黎征武律师和蒋白雪律师出席听证会，提出如下代理意见：（1）××区市监局送达涉案法律文书的程序违法，导致 MZ 公司、李某、莫某均未能收到相关法律文书；（2）李某、莫某在不知悉涉案行政处罚的情况下，注销 MZ 公司不具有逃避行政处罚的主观故意；（3）MZ 公司注销后，广州铁路运输法院和××区人民法院作出涉案裁定均适用法律错误，导致依法本不应当存在的本案发生；（4）MZ 公司已经清算完毕，李某、莫某不应再对 MZ 公司的债务承担责任。综上，本案××区市监局关于追加李某、莫某为被执行人的请求，依法不应得到支持。

同日，承办律师以××区人民法院作出（2020）粤 01××执 7051 号执行裁定书裁定终结本次执行程序错误为由，向该院提交执行异议申请书提出执行异议，请求撤销该院作出的（2020）粤 01××执 7051 号和（2021）粤 01××执异 13 号执行裁定书。同年 2 月 3 日，该院以材料不符合立案要求为由，要求承办律师将材料拿回。经多次沟通，同年 2 月 10 日该院以（2021）粤 01××执异 38 号立案受理。

2021 年 3 月 9 日，××区人民法院作出（2021）粤 01××执异 38 号执行裁定书，裁定撤销该院此前作出的（2020）粤 01××执 7051 号执行裁定书。理由摘录如下：本院认为……本案中，MZ 公司于 2019 年 12 月 2 日经核准注销登记，而（2020）粤 01××执 7051 号执行案是经××区市监局申请于 2020 年 9 月 18 日立案执行，即（2020）粤 01××执 7051 号案件立案时，MZ 公司已经完成注销登记，其法人的民事权利能力和民事行为能力已经消灭，不符合最高人民法院《关于人民法院执行工作若干问题的规定(试行)》第18条中“被执行人明确”的相关规定。故本院作出(2020)粤01××执7051号执行裁定书裁定终结本次执行程序有误,应当予以撤销。

2021年4月13日,××区人民法院作出(2021)粤01××执异13号执行裁定书,裁定驳回申请人××区市监局申请追加李某、莫某为被执行人的请求。理由摘录如下:本院认为,最高人民法院《关于民事执行中变更、追加当事人若干问题的规定》第22条规定:“作为被执行人的法人或其他组织,被注销或出现被吊销营业执照、被撤销、被责令关闭、歇业等解散事由后,其股东、出资人或主管部门无偿接受其财产,致使该被执行人无遗留财产或遗留财产不足以清偿债务,申请执行人申请变更、追加该股东、出资人或主管部门为被执行人,在接受的财产范围内承担责任的,人民法院应予支持。”本案中,被执行人已被工商部门注销,其清算报告载明:公司停止经营,成立清算组。根据《公司法》及公司章程的有关规定,清算组于2019年10月11日开始对公司的资产、负债进行清算,现已清算完毕,具体情况如下:公司于2019年10月11日在国家企业信用信息公示系统上进行清算备案的公示书面通知了债权人,清算组刊登公告已超过45日;公司已停止经营,各项业务已清算完结;公司税款已缴清;公司债权债务情况已经处理完毕。现申请执行人认为被执行人已经注销但本案债务未清偿,且根据股东会决议载明公司债务已经清偿完毕,如有未了事宜股东愿意继续承担责任和公司章程规定,两第三人作为股东应对本案债务承担连带责任的主张与上述清算报告内容不符,故申请执行人要求追加李某、莫某为本案被执行人的申请,不符合上述法条中追加股东的情形,法院不予支持。

律师评析

一、人民法院准予强制执行的条件

2012年1月1日施行的《行政强制法》(主席令第49号)第13条第2款规定:“法律没有规定行政机关强制执行的,作出行政决定的行政机关应当申请人民法院强制执行。”第53条规定:“当事人在法定期限内不申请行政复议或者提起行政诉讼，又不履行行政决定的，没有行政强制执行权的行政机关可以自期限届满之日起三个月内，依照本章规定申请人民法院强制执行。”《行政处罚法》(2017 修正)第 51 条规定：“当事人逾期不履行行政处罚决定的，作出行政处罚决定的行政机关可以采取下列措施：……(三)申请人民法院强制执行。”《行政处罚法》(2021 修订)第 72 条第 1 款规定：“当事人逾期不履行行政处罚决定的，作出行政处罚决定的行政机关可以采取下列措施：……(四)依照《中华人民共和国行政强制法》的规定申请人民法院强制执行。”因此，没有行政强制执行权的行政机关作出行政处罚后，应当向人民法院申请强制执行。

(一)申请强制执行的期限

《行政强制法》第 53 条规定：“当事人在法定期限内不申请行政复议或者提起行政诉讼，又不履行行政决定的，没有行政强制执行权的行政机关可以自期限届满之日起三个月内，依照本章规定申请人民法院强制执行。”《行政诉讼法》(2017 修正)第 97 条规定：“公民、法人或者其他组织对行政行为在法定期限内不提起诉讼又不履行的，行政机关可以申请人民法院强制执行，或者依法强制执行。”最高人民法院《关于适用〈中华人民共和国行政诉讼法〉的解释》(法释〔2018〕1 号)第 156 条规定：“没有强制执行权的行政机关申请人民法院强制执行其行政行为，应当自被执行人的法定起诉期限届满之日起三个月内提出。逾期申请的，除有正当理由外，人民法院不予受理。”

因此，当事人在法定期限内不申请行政复议或者提起行政诉讼，又不履行行政决定的，没有行政强制执行权的行政机关应当在法定起诉期限届满之日起 3 个月内申请人民法院强制执行。

(二)申请强制执行前应当进行催告

《行政强制法》第 54 条规定：“行政机关申请人民法院强制执行前，应当催告当事人履行义务。催告书送达十日后当事人仍未履行义务的，行政机关可以向所在地有管辖权的人民法院申请强制执行；执行对象是不动产的，向不动产所在地有管辖权的人民法院申请强制执行。”第 55 条第 1 款规定：“行政机关向人民法院申请强制执行，应当提供下列材料：……(三)当事人的意见及行政机关催告情况……”最高人民法院《关于适用〈中华人民共和国行政诉讼法〉的解释》(法释〔2018〕1号)第155条第1款规定:“行政机关根据行政诉讼法第九十七条的规定申请执行其行政行为,应当具备以下条件:……(五)被申请人在行政行为确定的期限内或者行政机关催告期限内未履行义务。”

因此,行政机关申请强制执行前,应当履行催告义务。

(三)申请强制执行应提交的材料

《行政强制法》第55条规定:“行政机关向人民法院申请强制执行,应当提供下列材料:(一)强制执行申请书;(二)行政决定书及作出决定的事实、理由和依据;(三)当事人的意见及行政机关催告情况;(四)申请强制执行标的情况;(五)法律、行政法规规定的其他材料。强制执行申请书应当由行政机关负责人签名,加盖行政机关的印章,并注明日期。”

(四)人民法院立案受理、准予强制执行的条件

最高人民法院《关于适用〈中华人民共和国行政诉讼法〉的解释》(法释〔2018〕1号)第155条规定:“行政机关根据行政诉讼法第九十七条的规定申请执行其行政行为,应当具备以下条件:(一)行政行为依法可以由人民法院执行;(二)行政行为已经生效并具有可执行内容;(三)申请人是作出该行政行为的行政机关或者法律、法规、规章授权的组织;(四)被申请人是该行政行为所确定的义务人;(五)被申请人在行政行为确定的期限内或者行政机关催告期限内未履行义务;(六)申请人在法定期限内提出申请;(七)被申请执行的行政案件属于受理执行申请的人民法院管辖。行政机关申请人民法院执行,应当提交行政强制法第五十五条规定的相关材料。人民法院对符合条件的申请,应当在五日内立案受理,并通知申请人;对不符合条件的申请,应当裁定不予受理。行政机关对不予受理裁定有异议,在十五日内向上一级人民法院申请复议的,上一级人民法院应当在收到复议申请之日起十五日内作出裁定。”

《行政强制法》第57条规定:“人民法院对行政机关强制执行的申请进行书面审查,对符合本法第五十五条规定,且行政决定具备法定执行效力的,除本法第五十八条规定的情形外,人民法院应当自受理之日起七日内作出执行裁定。”第58

条规定:“人民法院发现有下列情形之一的,在作出裁定前可以听取被执行人和行政机关的意见:(一)明显缺乏事实根据的;(二)明显缺乏法律、法规依据的;(三)其他明显违法并损害被执行人合法权益的。人民法院应当自受理之日起三十日内作出是否执行的裁定。裁定不予执行的,应当说明理由,并在五日内将不予执行的裁定送达行政机关……”

最高人民法院《关于适用〈中华人民共和国行政诉讼法〉的解释》(法释〔2018〕1 号)第 160 条规定:“人民法院受理行政机关申请执行其行政行为的案件后,应当在七日内由行政审判庭对行政行为的合法性进行审查,并作出是否准予执行的裁定。人民法院在作出裁定前发现行政行为明显违法并损害被执行人合法权益的,应当听取被执行人和行政机关的意见,并自受理之日起三十日内作出是否准予执行的裁定。需要采取强制执行措施的,由本院负责强制执行非诉行政行为的机构执行。”第 161 条规定:“被申请执行的行政行为有下列情形之一的,人民法院应当裁定不准予执行:(一)实施主体不具有行政主体资格的;(二)明显缺乏事实根据的;(三)明显缺乏法律、法规依据的;(四)其他明显违法并损害被执行人合法权益的情形。”

前述条款明确规定了人民法院应当裁定不予立案和不准予强制执行的情形。但实践中,部分人民法院存在只对行政机关提交的材料进行形式审查的情况,即只要行政机关提交的材料符合形式要求,则一律裁定立案受理并准予强制执行,并不实质审查是否符合法定条件。

例如,本案 × × 区市监局向广州铁路运输法院申请强制执行时,MZ 公司已经被注销,显然不符合最高人民法院《关于适用〈中华人民共和国行政诉讼法〉的解释》(法释〔2018〕1 号)第 155 条第 1 款第 4 项“被申请人是该行政行为所确定的义务人”的条件,但法院仍作出准予强制执行的裁定。

又如,笔者曾代理过两起环境行政处罚的强制执行案件:一是在江苏省淮安市淮安区人民法院,笔者提出行政机关申请强制执行超过 3 个月法定期限,申请执行人主体不符,应当为淮安市生态环境局而非淮安市淮安区生态环境局(为淮安市生态环境局在淮安区的派出机构),及因申请执行人主体错误导致管辖法院错误等异议，但企业提出执行异议后未获得支持；二是广东省东莞市第一人民法院，笔者提出行政机关申请强制执行超过 3 个月法定期限，送达《催告书》的程序严重违法应当视为没有履行催告义务，以及提交的当事人主体资料失效等异议，但企业提出执行异议后未获得支持。

二、当事人对执行行为不服的救济途径——提出执行异议

《行政强制法》和最高人民法院《关于适用〈中华人民共和国行政诉讼法〉的解释》（法释〔2018〕1 号）均只规定行政机关不服人民法院裁定不予受理或不准予执行提出异议的权利，而未规定当事人享有的救济权利。《行政诉讼法》（2017 修正）第 101 条规定："人民法院审理行政案件，关于期间、送达、财产保全、开庭审理、调解、中止诉讼、终结诉讼、简易程序、执行等，以及人民检察院对行政案件受理、审理、裁判、执行的监督，本法没有规定的，适用《中华人民共和国民事诉讼法》的相关规定。"因此，当事人可以根据《民事诉讼法》的相关规定寻求救济。

《民事诉讼法》（2017 修正）第 225 条规定："当事人、利害关系人认为执行行为违反法律规定的，可以向负责执行的人民法院提出书面异议。当事人、利害关系人提出书面异议的，人民法院应当自收到书面异议之日起十五日内审查，理由成立的，裁定撤销或者改正；理由不成立的，裁定驳回。当事人、利害关系人对裁定不服的，可以自裁定送达之日起十日内向上一级人民法院申请复议。"《民事诉讼法》（2023 修正）第 236 条沿用了该规定。

最高人民法院《关于适用〈中华人民共和国民事诉讼法〉执行程序若干问题的解释》（2020 修正）第 5 条第 1 款规定："执行过程中，当事人、利害关系人认为执行法院的执行行为违反法律规定的，可以依照民事诉讼法第二百二十五条的规定提出异议。"

（一）提出执行异议的期限

最高人民法院《关于人民法院办理执行异议和复议案件若干问题的规定》（2020 修正）第 6 条第 1 款规定："当事人、利害关系人依照民事诉讼法第二百二十五条规定提出异议的，应当在执行程序终结之前提出，但对终结执行措施提出异议的除外。"

最高人民法院《关于对人民法院终结执行行为提出执行异议期限问题的批复》(法释〔2016〕3号)规定:“当事人、利害关系人依照民事诉讼法第二百二十五条规定对终结执行行为提出异议的,应当自收到终结执行法律文书之日起六十日内提出;未收到法律文书的,应当自知道或者应当知道人民法院终结执行之日起六十日内提出。批复发布前终结执行的,自批复发布之日起六十日内提出。超出该期限提出执行异议的,人民法院不予受理。”

据此,当事人对人民法院裁定准予执行、被追加为被执行人有异议的,应当在执行终结程序前提出;对裁定终结执行提出异议的,应当自知道或者应当知道终结执行之日起60日内提出。基于此,本案承办律师提出异议针对的是××区人民法院裁定终结执行的行为,而非其裁定受理××区市监局执行申请或准予执行的行为。

(二)人民法院受理执行异议案件的期限

最高人民法院《关于人民法院办理执行异议和复议案件若干问题的规定》(2020修正)第2条第1款规定:“执行异议符合民事诉讼法第二百二十五条或者第二百二十七条规定条件的,人民法院应当在三日内立案,并在立案后三日内通知异议人和相关当事人。不符合受理条件的,裁定不予受理;立案后发现不符合受理条件的,裁定驳回申请。”第3条规定:“执行法院收到执行异议后三日内既不立案又不作出不予受理裁定,或者受理后无正当理由超过法定期限不作出异议裁定的,异议人可以向上一级人民法院提出异议。上一级人民法院审查后认为理由成立的,应当指令执行法院在三日内立案或者在十五日内作出异议裁定。”

本案中,2021年2月1日承办律师代理当事人向××区人民法院提出执行异议后,同年2月3日该院以材料不符合立案条件等为由要求承办律师将材料拿回。经过多次沟通,同年2月10日法院立案受理。

(三)人民法院审查方式、结果

最高人民法院《关于人民法院办理执行异议和复议案件若干问题的规定》(2020修正)第7条规定:“当事人、利害关系人认为执行过程中或者执行保全、先予执行裁定过程中的下列行为违法提出异议的,人民法院应当依照民事诉讼法第二百二十五条规定进行审查:(一)查封、扣押、冻结、拍卖、变卖、以物抵债、暂缓执行、中止执行、终结执行等执行措施;(二)执行的期间、顺序等应当遵守的法定程序;(三)人民法院作出的侵害当事人、利害关系人合法权益的其他行为。被执行人以债权消灭、丧失强制执行效力等执行依据生效之后的实体事由提出排除执行异议的,人民法院应当参照民事诉讼法第二百二十五条规定进行审查。除本规定第十九条规定的情形外,被执行人以执行依据生效之前的实体事由提出排除执行异议的,人民法院应当告知其依法申请再审或者通过其他程序解决。"第 12 条规定:"人民法院对执行异议和复议案件实行书面审查。案情复杂、争议较大的,应当进行听证。"第 17 条规定:"人民法院对执行行为异议,应当按照下列情形,分别处理:(一)异议不成立的,裁定驳回异议;(二)异议成立的,裁定撤销相关执行行为;(三)异议部分成立的,裁定变更相关执行行为;(四)异议成立或者部分成立,但执行行为无撤销、变更内容的,裁定异议成立或者相应部分异议成立。"

最高人民法院《关于人民法院办理执行异议和复议案件若干问题的规定》(2020 修正)第 7 条规定了可以提出执行异议的情形;第 12 条规定了审查方式,本案××区市监局申请追加当事人为被执行人后,××区人民法院即通过曾为 MZ 公司办理注销登记手续的公司联系到当事人并举行听证,体现了法院维护当事人合法权益、公平公正、依法裁决的态度;第 17 条规定了处理结果,本案××区人民法院即驳回了××区市监局申请追加当事人为被执行人的请求。

(四)当事人不服裁定的救济途径

《民事诉讼法》(2017 修正)第 225 条规定:"当事人、利害关系人认为执行行为违反法律规定的,可以向负责执行的人民法院提出书面异议。当事人、利害关系人提出书面异议的,人民法院应当自收到书面异议之日起十五日内审查,理由成立的,裁定撤销或者改正;理由不成立的,裁定驳回。当事人、利害关系人对裁定不服的,可以自裁定送达之日起十日内向上一级人民法院申请复议。"

最高人民法院《关于人民法院办理执行异议和复议案件若干问题的规定》(2020 修正)第 2 条第 3 款规定:"异议人对不予受理或者驳回申请裁定不服的,可以自裁定送达之日起十日内向上一级人民法院申请复议。上一级人民法院审查后认为符合受理条件的,应当裁定撤销原裁定,指令执行法院立案或者对执行异议进行审查。"第3条规定:"执行法院收到执行异议后三日内既不立案又不作出不予受理裁定,或者受理后无正当理由超过法定期限不作出异议裁定的,异议人可以向上一级人民法院提出异议。上一级人民法院审查后认为理由成立的,应当指令执行法院在三日内立案或者在十五日内作出异议裁定。"

据此,当事人对人民法院不予受理或驳回申请裁定不服的,可向其上一级人民法院申请复议;对人民法院在法定期限内既不立案又不作出不予受理裁定或无正当理由不作出异议裁定的,可向其上一级人民法院提出异议。

三、行政机关追加股东为被执行人的条件及程序

(一)行政机关追加股东为被执行人的条件

最高人民法院《关于民事执行中变更、追加当事人若干问题的规定》(2020修正)明确规定了执行程序中可以变更、追加当事人的情形,与注销登记相关的条文如下:第21条规定:"作为被执行人的公司,未经清算即办理注销登记,导致公司无法进行清算,申请执行人申请变更、追加有限责任公司的股东、股份有限公司的董事和控股股东为被执行人,对公司债务承担连带清偿责任的,人民法院应予支持。"第22条规定:"作为被执行人的法人或非法人组织,被注销或出现被吊销营业执照、被撤销、被责令关闭、歇业等解散事由后,其股东、出资人或主管部门无偿接受其财产,致使该被执行人无遗留财产或遗留财产不足以清偿债务,申请执行人申请变更、追加该股东、出资人或主管部门为被执行人,在接受的财产范围内承担责任的,人民法院应予支持。"第23条规定:"作为被执行人的法人或非法人组织,未经依法清算即办理注销登记,在登记机关办理注销登记时,第三人书面承诺对被执行人的债务承担清偿责任,申请执行人申请变更、追加该第三人为被执行人,在承诺范围内承担清偿责任的,人民法院应予支持。"

本案××区市监局申请追加李某、莫某为被执行人理由为,"经贵院审查,被执行人MZ公司没有财产可供执行。现申请人发现MZ公司章程载明:公司法定代表人为李某,股东出资情况为李某个人持股20%,莫某个人持股80%,股东的义务之一是'以其出资额为限对公司债务承担责任'。2019年12月12日MZ公司

的股东会决议载明:'公司债务已清偿完毕,若有未了事宜,股东愿意在法律规定的范围内继续承担责任'"。

因本案MZ公司办理注销登记时,李某、莫某不知晓行政处罚事宜,不具有以注销登记而逃避债务的主观故意。而且,MZ公司在注销登记前已经清算,且并未将公司财产无偿赠与李某、莫某。因此,本案××区市监局申请追加李某、莫某为被执行人不符合法定条件。

(二)人民法院应当以执行异议案件立案

最高人民法院《关于执行案件立案、结案若干问题的意见》第9条规定:"下列案件,人民法院应当按照执行异议案件予以立案:……(四)申请执行人申请追加、变更被执行人的……"

2019年8月29日,最高人民法院执行局作出《关于追加被执行人是否立执行异议立案审查的答复》,明确"执行程序中追加被执行人属于执行审查类案件中执行异议案件的一种类型。《最高人民法院关于执行立案结案若干问题的意见》第九条是根据民事诉讼法的相关规定,对执行异议案件的类型予以明确,除了包括《中华人民共和国民事诉讼法》第二百二十五条、第二百二十七条规定的执行行为异议、案外人异议外,还包括管辖权异议、变更追加被执行人、债务人异议、不予执行仲裁裁决或者公证债权文书等"。

据此,申请追加被执行人的属于执行异议案件,人民法院应当以案件类型代字"执异"进行审查。本案××区人民法院对于××区市监局追加被执行人的申请,即以(2021)粤01××执异13号为案号进行立案审查。

(三)人民法院审理结果及当事人救济途径

最高人民法院《关于民事执行中变更、追加当事人若干问题的规定》(2020修正)第30条规定:"被申请人、申请人或其他执行当事人对执行法院作出的变更、追加裁定或驳回申请裁定不服的,可以自裁定书送达之日起十日内向上一级人民法院申请复议,但依据本规定第三十二条的规定应当提起诉讼的除外。"第34条规定:"被申请人提起的执行异议之诉,人民法院经审理,按照下列情形分别处理:(一)理由成立的,判决变更、追加被申请人为被执行人并承担相应责任或者判决变更责任范围；(二)理由不成立的，判决驳回诉讼请求。"

四、行政机关送达法律文书的程序要求

详见本书《行政处罚因法律文书送达程序违法被撤销——XB材料公司、林某"未批先建""未验先投"行政复议系列案》"风险提示"部分，此处不再赘述。

五、针对××区市监局申请追加被执行人的答辩状

2021年2月1日，针对××区市监局申请追加李某、莫某为被执行人的请求，承办律师向××区人民法院提交了如下答辩状：

答 辩 状

答辩人一：李某(原广州MZ公司法定代表人、股东)。

答辩人二：莫某(原广州MZ公司股东)。

被答辩人：广州市××区市场监督管理局。

答辩状概述：请求贵院不予支持被答辩人追加答辩人为被执行人的申请。

事实与理由：

答辩人一为原广州MZ公司的法定代表人和股东，答辩人二为其股东。

2020年1月19日，答辩人一委托办理MZ公司注销手续的工作人员微信告知答辩人一，"今天有收到一个电话说，说MZ，之前注销的那个公司有什么纠纷，让你们联系下法院，电话××，某助理"。随后，答辩人一联系了上述电话，系贵院的电话。贵院告知答辩人一有法院文件领取，要求答辩人一提供邮寄地址，答辩人一将现住址告知了贵院。

2021年1月22日，答辩人一收到贵院邮寄的(2021)粤01××执异13号《听证通知书》。答辩人一此时才知广州市××区市场监督管理局曾对MZ公司作出《行政处罚决定书》，并于2020年1月13日向广州铁路运输法院申请强制执行；2020年5月27日，广州铁路运输法院作出(2020)粤7101行审53××号行政裁定书，裁定准予强制执行该《行政处罚决定书》。此后本案被答辩人向贵院申请强制执行，贵院于2020年9月18日立案执行。

二答辩人认为,本案被答辩人广州市××区市场监督管理局的强制执行申请不符合法定条件,贵院依法应当裁定不予受理。

《行政诉讼法》(2017 修正)第 97 条规定:"公民、法人或者其他组织对行政行为在法定期限内不提起诉讼又不履行的,行政机关可以申请人民法院强制执行,或者依法强制执行。"

最高人民法院《关于适用〈中华人民共和国行政诉讼法〉的解释》(法释〔2018〕1 号,本答辩状以下简称《行诉法解释》)第 155 条规定:"行政机关根据行政诉讼法第九十七条的规定申请执行其行政行为,应当具备以下条件:……(四)被申请人是该行政行为所确定的义务人;(五)被申请人在行政行为确定的期限内或者行政机关催告期限内未履行义务;……

行政机关申请人民法院执行,应当提交行政强制法第五十五条规定的相关材料。

人民法院对符合条件的申请,应当在五日内立案受理,并通知申请人;对不符合条件的申请,应当裁定不予受理。行政机关对不予受理裁定有异议,在十五日内向上一级人民法院申请复议的,上一级人民法院应当在收到复议申请之日起十五日内作出裁定。"

一、MZ 公司在被答辩人申请强制执行前已注销

本案被答辩人向贵院申请强制执行的依据为广州铁路运输法院 2020 年 5 月 27 日作出的(2020)粤 7101 行审 53××号行政裁定书,贵院作出立案执行的时间为 2020 年 9 月 18 日。然而,早在 2019 年 12 月 2 日,MZ 公司已被注销。因此,根据上述法律规定,针对本案被答辩人的强制执行申请,贵院依法应当裁定不予受理。

二、被答辩人送达催告书的程序违法

(一)行政机关申请强制执行前应当依法送达催告书

《行政强制法》(主席令第 49 号)第 36 条规定:"当事人收到催告书后有权进行陈述和申辩。行政机关应当充分听取当事人的意见,对当事人提出的事实、理由和证据,应当进行记录、复核。当事人提出的事实、理由或者证据成立的,行政

机关应当采纳。”

由《行诉法解释》第155条第1款第5项和《行政强制法》第36条可知,行政机关向人民法院申请强制执行前,应当依法进行催告。

(二)只有在穷尽送达方式仍不能送达时,才可以公告送达

《行政处罚法》(2017修正)第40条规定:“行政处罚决定书应当在宣告后当场交付当事人;当事人不在场的,行政机关应当在七日内依照民事诉讼法的有关规定,将行政处罚决定书送达当事人。”

《民事诉讼法》(2017修正)第86条规定了直接送达的方式,同时该法第88条规定:“直接送达诉讼文书有困难的,可以委托其他人民法院代为送达,或者邮寄送达……”第92条第1款规定:“受送达人下落不明,或者用本节规定的其他方式无法送达的,公告送达。自发出公告之日起,经过六十日,即视为送达。”

由上述规定可知,行政处罚文书应当优先采用直接送达,然后是邮寄等送达方式,最后才是公告送达。

(三)本案被答辩人送达催告书的程序严重违法

根据上述规定,本案被答辩人送达催告书的程序存在以下违法行为:

1. 未直接送达

被答辩人申请强制执行提交的材料中,并无其已向MZ公司直接送达且送达不能的证明材料,即被答辩人未采用直接送达方式,程序违法。

2. 未邮寄送达

被答辩人申请强制执行提交的材料中,并无其已向MZ公司邮寄送达且送达不能的证明材料,即被答辩人未邮寄送达,程序违法。

需要说明的是,案卷材料中有一份单号为××、收件人为答辩人一的无名文件快递。在假设该无名文件为涉案催告书的情况下,被答辩人送达程序仍然违法。

《民法总则》第63条规定:“法人以其主要办事机构所在地为住所……”

《民事诉讼法》(2017修正)第85条第1款规定:“……受送达人是法人或者其他组织的,应当由法人的法定代表人、其他组织的主要负责人或者该法人、组织

负责收件的人签收……”

最高人民法院《关于适用〈中华人民共和国民事诉讼法〉的解释》(2020修正)第130条第1款规定:“向法人或者其他组织送达诉讼文书,应当由法人的法定代表人、该组织的主要负责人或者办公室、收发室、值班室等负责收件的人签收或者盖章,拒绝签收或者盖章的,适用留置送达。”

由上述规定可知,当事人为非个人时,受送达人和收件人是两个完全不同的概念和主体。本案被答辩人向答辩人一邮寄上述无名文件的时间为2019年9月30日,此时MZ公司并未注销。因此,涉案催告书的受送达人应当为MZ公司,收件人为其法定代表人。而上述无名文件并未注明受送达人为MZ公司,故即便该无名文件为涉案催告书,也因其受送达主体不明,导致本案被答辩人送达程序违法。

3. 在涉案无名文件为催告书的前提下,本案被答辩人进行公告送达,程序违法

法律文书是对当事人的财产、名誉、自由甚至生命等权利具有重大影响的文件,行政机关应当采取措施充分保证当事人的知情权和救济权利。

最高人民法院《关于进一步加强民事送达工作的若干意见》(法发〔2017〕19号)第14条规定:“对于移动通信工具能够接通但无法直接送达、邮寄送达的,除判决书、裁定书、调解书外,可以采取电话送达的方式,由送达人员告知当事人诉讼文书内容,并记录拨打、接听电话号码、通话时间、送达诉讼文书内容,通话过程应当录音以存卷备查。”第15条规定:“要严格适用民事诉讼法关于公告送达的规定,加强对公告送达的管理,充分保障当事人的诉讼权利。只有在受送达人下落不明,或者用民事诉讼法第一编第七章第二节规定的其他方式无法送达的,才能适用公告送达。”故本案只有在穷尽所有送达方式仍不能送达的情况下,才可以公告送达。

被答辩人提交的多份EMS快递单上,均有MZ公司的法定代表人李某和股东莫某的电话,且该两个电话至今仍在使用中。在被答辩人得知MZ公司不在原经营地址导致不能直接送达、邮寄送达的情况下,为了维护MZ公司的知情权、救

济权,也为了合法、高效地办理案件,被答辩人理应先以电话或短信的方式告知MZ公司的法定代表人李某和股东莫某。现被答辩人在已获取MZ公司的法定代表人和股东联系电话的情况下,直接采取公告送达的方式,导致二答辩人未能及时得知相关重要信息,并错失救济机会,严重损害了MZ公司及二答辩人的合法权益。

4. 涉案催告书公告送达期间MZ公司已被注销

本案被答辩人送达涉案催告书的时间为2019年10月25日,公告时间为60日,从2019年10月26日起至2019年12月24日止。MZ公司于2019年12月2日注销,故不能视为涉案催告书已于2019年12月24日送达MZ公司。需要说明的是,由本案被答辩人提交的材料和申请人得知被追加为被执行人的途径可知,本案申请人不存在为逃避行政处罚而注销公司的情况。

综上,本案被答辩人送达涉案催告书的程序严重违法,应视为被答辩人在申请强制执行前未依法送达催告书,剥夺了MZ公司及二答辩人的合法权益。根据《行诉法解释》第155条第1款第4项、第5项和第2款的规定,针对本案被答辩人的强制执行申请,贵院依法本应当裁定不予受理。因此,本案被答辩人申请追加二答辩人为被执行人的申请不应得到支持,请求贵院依法驳回被答辩人的申请。

此致

××区人民法院

答辩人:黎征武律师、蒋白雪律师

2021年2月1日

六、针对法院裁定终结强制执行提交的执行异议申请书

2021年2月1日,承办律师以××区人民法院作出(2020)粤01××执7051号执行裁定书裁定终结本次执行程序错误为由,向该院提交执行异议申请书,请求撤销该院作出的(2020)粤01××执7051号和(2021)粤01××执异13号执行裁定书。

执行异议申请书

申请人一:李某(原广州MZ公司法定代表人、股东)。

申请人二:莫某(原广州MZ公司股东)。

被申请人:广州市××区市场监督管理局。

申请事项:撤销(2020)粤01××执7051号和(2021)粤01××执异13号执行裁定书。

事实与理由:

事实与理由同前述答辩状内容,略。

综上,本案被申请人申请强制执行前,MZ公司已注销。同时,被申请人送达涉案催告书的程序严重违法,视为在申请强制执行前未依法送达催告书。根据《行诉法解释》第155条第1款第4项、第5项和第2款的规定,针对本案被申请人的强制执行申请,贵院依法本应当裁定不予受理。

现因贵院作出(2020)粤01××执7051号和(2021)粤01××执异13号执行裁定书,导致二申请人可能被追加为被执行人。因此,根据《行政诉讼法》(2017修正)第101条、《民事诉讼法》(2017修正)第225条、最高人民法院《关于人民法院办理执行异议和复议案件若干问题的规定》(2020修正)第4条、第6条、第7条等规定,为维护二申请人的合法权益,二申请人特向贵院提出执行异议,望贵院依法查明事实,撤销(2020)粤01××执7051号和(2021)粤01××执异13号执行裁定书。

此致

××区人民法院

申请人:×××

2021年2月1日

❖风险提示

行政机关应当依法申请强制执行包含两层含义:一是应当申请强制执行,二是在申请强制执行时应当依法遵守法定程序。

一、申请强制执行是行政机关的法定义务

《行政处罚法》(主席令〔1996〕第63号)第46条第3款规定:“当事人应当自收到行政处罚决定书之日起十五日内,到指定的银行缴纳罚款。银行应当收受罚款,并将罚款直接上缴国库。”此后,《行政处罚法》经2009年修正、2017年修正和2021年修订,均沿用了该条文的规定。《行政处罚法》(2021修订)第67条第3款规定:“当事人应当自收到行政处罚决定书之日起十五日内,到指定的银行或者通过电子支付系统缴受罚款。银行应当收受罚款,并将罚款直接上缴国库。”

据此,行政处罚的罚款属于国有财产,行政机关未依法向人民法院申请强制执行的,损害了国家利益,存在被检察机关提起行政公益诉讼的风险。2017年7月1日修正施行的《行政诉讼法》第25条新增的第4款规定:“人民检察院在履行职责中发现生态环境和资源保护、食品药品安全、国有财产保护、国有土地使用权出让等领域负有监督管理职责的行政机关违法行使职权或者不作为,致使国家利益或者社会公共利益受到侵害的,应当向行政机关提出检察建议,督促其依法履行职责。行政机关不依法履行职责的,人民检察院依法向人民法院提起诉讼。”2018年3月2日,最高人民法院、最高人民检察院发布《关于检察公益诉讼案件适用法律若干问题的解释》(法释〔2018〕6号),自同日施行,其第21条第1款规定:“人民检察院在履行职责中发现生态环境和资源保护、食品药品安全、国有财产保护、国有土地使用权出让等领域负有监督管理职责的行政机关违法行使职权或者不作为,致使国家利益或者社会公共利益受到侵害的,应当向行政机关提出检察建议,督促其依法履行职责。”最高人民法院、最高人民检察院《关于检察公益诉讼案件适用法律若干问题的解释》(2020修正)第21条第1款沿用了该规定。

2018年5月23日,江苏省高级人民法院发布了2018年度十大环境资源审判典型案例,其中案例九为“盱眙县检察院诉盱眙县农业委员会不履行法定职责行

政公益诉讼案"①。案情及裁判结果摘录如下:2016 年 9 月 20 日,淮安市盱眙县农业委员会以该县某驾培中心未经县级以上林业主管部门批准,占用省级生态公益林地和国家级生态公益林地共计 13,300 平方米为由作出行政处罚决定,责令该驾培中心于 2016 年 10 月 26 日前恢复原状,并处罚款人民币 133,000 元。同日,驾培中心向盱眙县农业委员会缴纳罚款 40,000 元,并申请暂缓缴纳剩余罚款。盱眙县农业委员会制作了林业行政处罚结案报告。驾培中心在收到行政处罚决定书后既未提起行政复议,也未提起行政诉讼。盱眙县农业委员会在法定期限内既未催告驾培中心履行行政处罚决定所确定的义务,也未向人民法院申请强制执行,致使其作出的行政处罚决定未得到全面履行,被占用的公益林地也未得到及时修复。2017 年 9 月 21 日,盱眙县人民检察院向盱眙农业委员会发出检察建议书,督促该农业委员会依法继续履职。盱眙县农业委员会收到检察建议后,在规定期限内既未按检察建议进行整改落实,也未书面回复。2018 年 1 月 9 日,盱眙县人民检察院以盱眙县农业委员会未履行职责,致使国家和社会公共利益受到侵害为由提起行政公益诉讼,要求确认盱眙县农业委员会未依法履行职责的行为违法,并判令其依法继续履行职责。2018 年 4 月 23 日,盱眙县人民法院判决:(1)确认被告盱眙县农业委员会在行政处罚决定作出后,未依法履行后续监督、管理和申请人民法院强制执行的法定职责的行为违法;(2)责令被告盱眙县农业委员会继续履行收缴剩余罚款的法定职责;(3)责令被告盱眙县农业委员会继续履行被非法占用林地的生态修复工作的监督、管理法定职责。宣判后,驾培中心不服一审判决,向淮安市中级人民法院上诉。淮安市中级人民法院维持了一审判决。

2019 年 5 月 30 日,全椒县人民法院作出(2019)皖 1124 行初 3 号行政判决书,载明:2017 年 2 月 14 日,全椒县环境保护局对全椒某公司作出全环罚字(2017)3 号行政处罚决定书,决定对全椒某公司处以罚款 5 万元。全椒某公司于 2017 年 2 月 22 日签收了该行政处罚决定书,后该公司一直没有缴纳罚款,也未在法定期限内申请复议或提起行政诉讼。全椒县人民检察院在履行职责中发现全

① 参见江苏省淮安市中级人民法院行政判决书,(2018)苏 08 行终 102 号。

椒某公司在法定期限内既没有提出行政复议和行政诉讼,也没有履行缴纳罚款的义务,而县环保局没有按照法律规定下达和送达行政处罚催告通知书,未在法定期限内申请法院强制执行。2018 年 7 月 24 日,县人民检察院向县环保局发出全检民(行)行政违监(2018)34112400002 号检察建议书,指出县环保局怠于履职,没有向法院申请强制执行,致使环境污染侵权人没有受到应有的行政处罚,损害了国家和社会公共利益,同时要求该局在 2 个月内作出处理并书面回复处理结果。县环保局收到检察建议书后,于 2018 年 10 月 19 日在《北京青年报》公告向全椒某公司送达行政处罚催告通知书。2019 年 1 月 11 日,全椒县人民检察院向全椒县人民法院提起行政公益诉讼,请求判令:(1)确认被告县环保局怠于履行环境保护职责的行为违法;(2)判令被告继续依法履行职责。2019 年 5 月 30 日,因全椒某公司足额缴纳了 5 万元罚款,县人民检察院申请变更诉请,只要求判令确认被告怠于履行环境保护职责违法。全椒县人民法院认为:《行政强制法》规定,行政机关作出强制执行决定前,应当事先催告当事人履行义务。催告书应当直接送达当事人。当事人拒绝接收或者无法直接送达当事人的,应当依照《民事诉讼法》的有关规定送达。当事人在法定期限内不申请行政复议或者提起行政诉讼,又不履行行政决定的,没有行政强制执行权的行政机关可以自期限届满之日起 3 个月内,申请人民法院强制执行。本案中,县环保局向全椒某公司直接送达了行政处罚决定书,全椒某公司在法定期限内没有申请行政复议或提起行政诉讼,该行政处罚决定书业已生效,但全椒某公司没有履行行政处罚决定,县环保局依法应当向全椒某公司下达催告书,到期后申请人民法院强制执行。县环保局在县人民检察院向其发出检察建议书后,才公告向全椒某公司送达了行政处罚催告通知书,此时已超过申请人民法院强制执行法定的 3 个月期限,显然违反了《行政强制法》第 53 条规定,故对于县人民检察院确认县环保局怠于履行环境保护职责的行为违法的请求,法院予以支持。综上所述,依照《行政诉讼法》第 74 条第 2 款的规定,判决如下:确认被告全椒县环保局怠于履行环境保护职责违法。

二、申请强制执行应遵守法定程序

《行政强制法》等法律规定明确了行政机关申请人民法院强制执行应遵守的

法定程序,如作出催告书、在法定期限内申请强制执行等。因此,行政机关应当严格遵守相关程序,避免因程序违法等原因被人民法院裁定不予立案、不予受理或不准予强制执行等。

2

PART

第二篇

污染环境罪篇

1. 不具有偷排主观故意的，不构成污染环境罪

——某国有企业及车间主管张某涉嫌污染环境罪无罪辩护案

摘要

认定行为人通过逃避监管的方式排放污染物时，要求行为人具有违法的主观故意，否则不能适用该条款对行为人进行规制。本案中，某国有企业A金属厂前处理车间操作工吴某因操作不规范导致酸洗废水通过地下雨水管道外排。经检测，外排酸洗废水中重金属锌超标60倍。公安机关以涉嫌污染环境罪为由，对A厂和车间主管张某刑事立案，并将张某刑事拘留。案件移送人民检察院审查批准逮捕后，盈科广州黎征武律师作为张某的辩护人，认为A厂和张某不具有通过逃避监管的方式排放酸洗废水的主观故意，不构成污染环境罪。××区人民检察院采纳辩护意见，决定对张某不批准逮捕，此后将案件退回公安机关并建议作撤案处理。2024年8月21日，公安机关作出撤案决定。

另外，本案案发系操作工吴某不规范操作所致，但被认定为单位犯罪，故A厂和车间主管张某被刑事立案。因此，企业应当提升基层员工的环保法律意识，避免因基层员工的过错，导致公司及相关负责人被追究法律责任。

案情简介

2021年10月27日，某市河长办领导到××区工业园区视察，发现路边的雨水

井中有水流动，而当地最近几天天气晴朗没有下雨，视察人员怀疑附近有企业在偷排。经对雨水井中流动水体快速检测 pH 值，未超标。离该雨水井几十米远处，有且仅有一家企业，为国有企业 A 金属厂。河长办巡查人员立即通知当地生态环境局执法人员进入该企业调查。经查，系 A 厂金属表面前处理车间的酸洗废水泄漏，通过厂内雨水管道外排后，进入厂外雨水管道。经检测，厂界内雨水井水中重金属锌超标60倍。

2021 年 11 月初，A 厂负责环保的副总经理刘某经律师推荐联系盈科广州黎征武律师，但未确定委托律师介入。2022 年 3 月 17 日，刘某再次联系黎征武律师，称该案已由当地生态环境主管部门移送公安机关刑事立案，公安机关已于 2022 年 2 月 16 日将前处理车间主管张某刑事拘留，并将于 3 月 18 日将案件移送检察机关申请批准逮捕。时间紧急，当晚刘某带着张某的家属来到律所面谈，并于次日早晨确定委托。

律师策略

检察机关审查批准逮捕的时间只有 7 天，时间紧急。接受委托后，黎征武律师立即预约做核酸和预约会见。2022 年 3 月 18 日下午，黎征武律师到 A 厂查看现场、了解案情，并据此拟定会见笔录、辩护要点和辩护方向。3 月 21 日，黎征武律师到看守所会见张某，了解案情、提供法律咨询并进行辅导。

根据 A 厂提供的证据、现场情况和张某介绍的情况，本案案发原因梳理如下：前处理车间的原材料为铁丝，先经过磷酸清洗，把铁丝表面的杂质清洗干净；再用清水清洗；再进行磷化；再用清水清洗，烘干后进入下一道工艺流程。前述这些环节产生的酸洗废水、清洗废水经过处理后全部进行回用，所以该工艺流程已实现废水零排放。但是，铁丝在经过清洗工艺时，会因为抖动将少量酸洗废水、清洗废水溅到地面，积少成多后在地面形成小面积积水。负责这条生产线的员工吴某每天都要用抹布去吸地上的水，将水拧干到池子里处理后回用，把抹布作为危险废物处理。2020 年前后，吴某为提高工作效率，在车间地面挖了个洞并埋了个胶桶放到洞里，让地面的积水自然流到桶里，等桶里面的水积累到一定量后，再用泵抽回到处理工艺处理后回用。据 A 厂和张某介绍，吴某做该事情未向工厂报告。

2021 年前后,该条生产线维修,张某发现了该桶,询问吴某原因。吴某系外省人,50 多岁,没有什么文化,普通话说得很费劲,别人听不太懂。张某只大概听懂埋了个桶,觉得应该没问题就没再过问,也没有向 A 厂上报。

本案案发后,执法人员通过浮标试验发现埋桶处的底下有水流流动,最终从厂房内车间门口的雨水井流出,说明埋桶处底下已发生泄漏。经开挖后发现,吴某埋的桶为无底桶,其为防止收集的废液泄漏,在洞底铺了约 20 厘米厚的水泥,再将无底桶插入水泥中。因酸洗废水具有腐蚀性,水泥被腐蚀出一条缝隙,酸洗废水经过地下缝隙流至 5 米远处隔壁车间的雨水管道连接处。早年的管道连接未采用三通管,而是用水泥密封。酸洗废水腐蚀水泥后进入雨水管,流经车间门口的雨水井后,沿着车间门口的雨水明渠流至厂界内雨水井,最终疑似外排,被河长办工作人员巡查发现从而案发。经检测,厂界内雨水井 pH 值超标,锌超标 60 倍,但厂界外雨水井 pH 值不超标。同时,经委托第三方对涉案厂区进行检测,未发现土壤受到污染。

知己知彼,方能做到有效辩护。在了解上述案情后,黎征武律师认为,本案若要认定 A 厂、张某构成污染环境罪,只能适用最高人民法院、最高人民检察院《关于办理环境污染刑事案件适用法律若干问题的解释》(法释〔2016〕29 号)第 1 条第 5 项“通过暗管排放有毒物质”的条款。而若要适用该条款,需满足以下条件:(1)行为人具有通过逃避监管的方式排放污染物的主观故意;(2)污水已排放至外环境;(3)污水中重金属超标等。

据此,黎征武律师确定了以下辩护要点:

1. 张某、吴某都没有通过逃避监管的方式排放污染物的主观故意。根据前述案情,吴某埋桶的目的是提高工作效率,不是污染环境。否则,吴某没有在洞底铺设水泥的必要。而根据吴某的文化水平和工作经历,显然无法认知到废酸液会腐蚀水泥导致泄漏。张某因与吴某沟通较为困难,只知道吴某埋桶用于收集溅出的废水,并不知道桶是无底的,埋无底桶收集废水也超出一般人的预期。因此,张某、吴某都不具有通过逃避监管的方式排放污染物的主观故意。

2. 在案证据难以证明泄漏的废酸已经排放至厂界外。经查看现场,厂界内雨水井出水口处的地势比厂界外雨水井进水口处的地势低10厘米左右,在废水泄漏量较少且没有下雨的情况下,水体无法流出厂界。且涉案《监测报告》显示,厂界内雨水井中的水体pH值超标,但厂界外门口雨水井pH值不超标。

3. 涉案《监测报告》监测结果的真实性存疑。涉案《监测报告》显示,A厂酸洗池中酸洗水的铜浓度为ND①,厂界内雨水井水中铜浓度也为ND,但该两处中间的车间门口雨水井水中铜浓度却为0.2mg/L,显然异常。另外,因本案尚处于公安侦查阶段,黎征武律师无法查阅到采样视频等证据,暂无法对采样规范性等问题进行审查。

办理结果

2022年3月21日,黎征武律师到××区人民检察院当面沟通辩护意见,并提交《法律意见书》,认为本案认定张某构成污染环境罪的证据不足。当晚11时,承办检察官电话联系黎征武律师沟通案情。

2022年3月22日,黎征武律师根据承办检察官的观点起草《法律意见书(2)》,并于3月23日提交到××区人民检察院,再次与承办检察官沟通辩护意见。

2023年3月24日是检察机关审查批准逮捕的最后一天。当日下午,××区人民检察院对张某作出不批准逮捕决定,区公安局决定对张某取保候审。2024年4月,××区人民检察院以A厂、张某不具有污染环境的主观故意为由,建议区公安局作撤案处理。2024年8月21日,区公安局作出《撤销案件决定书》,决定撤销此案。

律师评析

一、本案可能的入罪理由

分析当事人可能的入罪理由,是辩护律师确定辩护方向和制定辩护策略的前提。本案发生在2021年10月,当时有效的《刑法》(2017修正)第338条规定:

---

① 指未检出。根据涉案《监测报告》所使用的分析方法,铜的检出限为0.01mg/L。未检出铜,则说明水中铜的浓度低于0.01mg/L。

“违反国家规定，排放、倾倒或者处置有放射性的废物、含传染病病原体的废物、有毒物质或者其他有害物质，严重污染环境的，处三年以下有期徒刑或者拘役，并处或者单处罚金；后果特别严重的，处三年以上七年以下有期徒刑，并处罚金。”

最高人民法院、最高人民检察院《关于办理环境污染刑事案件适用法律若干问题的解释》（法释〔2016〕29 号）第 1 条规定了 18 项属于严重污染的情形，其中第 4 项和第 5 项为“（四）排放、倾倒、处置含镍、铜、锌、银、钒、锰、钴的污染物，超过国家或者地方污染物排放标准十倍以上的；（五）通过暗管、渗井、渗坑、裂隙、溶洞、灌注等逃避监管的方式排放、倾倒、处置有放射性的废物、含传染病病原体的废物、有毒物质的”。同时，该法第 15 条第 3 项规定：“下列物质应当认定为刑法第三百三十八条规定的‘有毒物质’：……（三）含重金属的污染物。”

本案中，涉案《监测报告》显示厂界内雨水井排放口水体中重金属锌含量超标 60 倍。根据上述规定，本案认定 A 厂、张某构成污染环境罪可能适用的法律依据为最高人民法院、最高人民检察院《关于办理环境污染刑事案件适用法律若干问题的解释》（法释〔2016〕29 号）第 1 条第 4 项（排放锌含量超标 10 倍以上的污水）和/或第 5 项（通过暗管该逃避监管的方式排放重金属锌含量超标的污水）。该两项对污水中重金属含量设置了不同超标倍数的原因在于排放方式不同，第 4 项隐含的条件为通过法定排污口排放污水，而第 5 项为通过逃避监管的方式排放污水，俗称“偷排”。除对重金属超标倍数的要求不同外，第 4 项和第 5 项的适用决定了本案是否能以张某、吴某的主观状态作为重要辩护点，详见下文分析。

本案中，A 厂的前处理工序经过技术改造后，已实现污水零排放，雨水管道也不是 A 厂的原法定排污口。因此，本案只能适用最高人民法院、最高人民检察院《关于办理环境污染刑事案件适用法律若干问题的解释》（法释〔2016〕29 号）第 1 条第 5 项的规定入罪。

二、本案污染环境罪主观罪过的形式为故意

前文已分析本案 A 厂、张某、吴某入罪适用的法律依据只能为最高人民法院、最高人民检察院《关于办理环境污染刑事案件适用法律若干问题的解释》（法释〔2016〕29 号）第 1 条第 5 项（通过暗管该逃避监管的方式排放重金属锌含量超标

的污水）。据此，A 厂、张某和吴某的主观状态只能为故意，分析如下。

《环境保护法》（2014 修订）第 42 条第 4 款规定：“严禁通过暗管、渗井、渗坑、灌注或者篡改、伪造监测数据，或者不正常运行防治污染设施等逃避监管的方式违法排放污染物。”《水污染防治法》（2017 修正）第 39 条规定：“禁止利用渗井、渗坑、裂隙、溶洞，私设暗管，篡改、伪造监测数据，或者不正常运行水污染防治设施等逃避监管的方式排放水污染物。”《大气污染防治法》（2018 修订）第 20 条第 2 款规定：“禁止通过偷排、篡改或者伪造监测数据、以逃避现场检查为目的的临时停产、非紧急情况下开启应急排放通道、不正常运行大气污染防治设施等逃避监管的方式排放大气污染物。”该 3 个条文未对利用逃避监管的方式排污所列的具体行为方式进行定义。

公安部、工业和信息化部、环境保护部、农业部、国家质量监督检验检疫总局《关于印发〈行政主管部门移送适用行政拘留环境违法案件暂行办法〉的通知》（公治〔2014〕853 号）第 5 条规定：“《环境保护法》第六十三条第三项规定的通过暗管、渗井、渗坑、灌注等逃避监管的方式违法排放污染物，是指通过暗管、渗井、渗坑、灌注等不经法定排放口排放污染物等逃避监管的方式违法排放污染物：暗管是指通过隐蔽的方式达到规避监管目的而设置的排污管道，包括埋入地下的水泥管、瓷管、塑料管等，以及地上的临时排污管道；渗井、渗坑是指无防渗漏措施或起不到防渗作用的、封闭或半封闭的坑、池、塘、井和沟、渠等；灌注是指通过高压深井向地下排放污染物。”第 6 条规定：“《环境保护法》第六十三条第三项规定的通过篡改、伪造监测数据等逃避监管的方式违法排放污染物，是指篡改、伪造用于监控、监测污染物排放的手工及自动监测仪器设备的监测数据，包括以下情形：（一）违反国家规定，对污染源监控系统进行删除、修改、增加、干扰，或者对污染源监控系统中存储、处理、传输的数据和应用程序进行删除、修改、增加，造成污染源监控系统不能正常运行的；（二）破坏、损毁监控仪器站房、通讯线路、信息采集传输设备、视频设备、电力设备、空调、风机、采样泵及其它监控设施的，以及破坏、损毁监控设施采样管线，破坏、损毁监控仪器、仪表的；（三）稀释排放的污染物故意干扰监测数据的；（四）其他致使监测、监控设施不能正常运行的情形。”第 7 条规定:"《环境保护法》第六十三条第三项规定的通过不正常运行防治污染设施等逃避监管的方式违法排放污染物,包括以下情形:(一)将部分或全部污染物不经过处理设施,直接排放的;(二)非紧急情况下开启污染物处理设施的应急排放阀门,将部分或者全部污染物直接排放的;(三)将未经处理的污染物从污染物处理设施的中间工序引出直接排放的;(四)在生产经营或者作业过程中,停止运行污染物处理设施的;(五)违反操作规程使用污染物处理设施,致使处理设施不能正常发挥处理作用的;(六)污染物处理设施发生故障后,排污单位不及时或者不按规程进行检查和维修,致使处理设施不能正常发挥处理作用的;(七)其他不正常运行污染防治设施的情形。"

另外,在线新华字典网对"逃"的定义为"为躲避不利于自己的环境或事物而离开;躲开不愿意或不敢接触的事物"①;对"避"的定义为"设法躲开;防止"②;对"逃避"的定义为"躲开不愿或不敢接触的人和事"③。

根据上述法律条文所列逃避监管的行为方式、定义及"逃避"的定义可知,通过暗管、渗井、渗坑、灌注、篡改、伪造监测数据,不正常运行防治污染设施等方式排放污染物的目的,即为躲避生态环境主管部门的监管,以达到减少污染防治费用的目的,具有明显的主观故意。

三、公安机关撤案后,生态环境局能否对 A 厂进行行政处罚

《行政处罚法》(2021 修订)第 27 条第 1 款规定:"违法行为涉嫌犯罪的,行政机关应当及时将案件移送司法机关,依法追究刑事责任。对依法不需要追究刑事责任或者免予刑事处罚,但应当给予行政处罚的,司法机关应当及时将案件移送有关行政机关。"最高人民法院、最高人民检察院《关于办理环境污染刑事案件适用法律若干问题的解释》(法释〔2023〕7 号)第 12 条规定:"对于实施本解释规定的相关行为被不起诉或者免予刑事处罚的行为人,需要给予行政处罚、政务处分或者其他处分的,依法移送有关主管机关处理。有关主管机关应当将处理结果及

① https://zd.diyifanwen.com/zidian/T/0931808310251966461.htm。
② https://zd.diyifanwen.com/zidian/B/0931804192276641715.htm。
③ https://cd.diyifanwen.com/hanyucidian/T/093300018389273373.htm。

时通知人民检察院、人民法院。”据此,对于未被追究刑事责任但需要给予行政处罚的,司法机关应当将案件移送行政机关,即行刑反向衔接制度。

本案公安机关对A厂、张某涉嫌污染环境罪一案撤案后,生态环境局能否对A厂进行行政处罚?笔者认为不能。

《行政处罚法》(2021修订)第33条第2款规定:“当事人有证据足以证明没有主观过错的,不予行政处罚。法律、行政法规另有规定的,从其规定。”该条款确定了行为人故意或过失违法的,应当给予行政处罚;没有主观过错的,不予行政处罚。

但是,如前所述,本案认定A厂、张某构成犯罪只能适用最高人民法院、最高人民检察院《关于办理环境污染刑事案件适用法律若干问题的解释》(法释〔2016〕29号)第1条第5项(通过暗管该逃避监管的方式排放重金属锌含量超标的污水)的规定。与之相对应的,若生态环境局作出行政处罚,也只能适用《水污染防治法》(2017修正)第83条“违反本法规定,有下列行为之一的,由县级以上人民政府环境保护主管部门责令改正或者责令限制生产、停产整治,并处十万元以上一百万元以下的罚款;情节严重的,报经有批准权的人民政府批准,责令停业、关闭:……(三)利用渗井、渗坑、裂隙、溶洞,私设暗管,篡改、伪造监测数据,或者不正常运行水污染防治设施等逃避监管的方式排放水污染物的……”的规定进行行政处罚,而不能适用第2项“超过水污染物排放标准排放水污染物的”的条款。而××区人民检察院已经认定A厂、张某不具有通过逃避监管的方式排放污水的主观故意,故生态环境局不能因此适用通过逃避监管的方式排放污水的条款进行行政处罚。

四、律师法律意见书

2022年3月21日,黎征武律师向××区人民检察院提交如下法律意见书:

关于张某涉嫌污染环境罪一案
建议贵院对张某作出不予批准逮捕决定的法律意见书

××区人民检察院:

北京市盈科(广州)律师事务所接受张某家属的委托,指派本律师担任张某涉嫌污染环境罪一案的辩护人。在介入本案后,辩护人前往该工厂查看现场,并详细研究了该工厂提供的相关资料。

现××区公安局已将本案呈请贵院审查批捕,辩护人认为,本案没有证据证明该工厂意外泄漏的槽液已排至外环境,没有证据证明外环境的水体被污染,且涉案《监测报告》因监测结果明显异常而不能作为定案证据。因此,本案认定张某构成污染环境罪的证据不足,恳请贵院依法对张某作出不予批准逮捕的决定。

一、没有证据证明厂界内的水排至外环境

对于厂界内的环境,生态环境主管部门不具有行政管辖权,即本案污染环境罪中的"环境",指该工厂厂界外的环境。本案没有证据证明厂界内雨水井的水外排至厂界外,不能证明外环境水体已被污染。

(1)厂界内雨水井pH值超标,但厂界外门口雨水井pH值不超标。张某为A厂的员工,据该工厂介绍,本案案发原因为当地河长办工作人员在该工厂厂界外门口雨水井检查时,发现前几日未下雨的情况下雨水井内有流水,怀疑有企业偷排污水。工作人员现场对该厂界外门口雨水井用pH试纸检测时,pH值正常。工作人员到该工厂厂界内的雨水井取样检测,pH值超标。因厂界外门口雨水井的前段只承接了该工厂的雨水管道,而厂界内水体pH值超标、厂界外pH值不超标,充分说明厂界内雨水井的水未外排至厂界外。

(2)厂界内水渠底部地势低,厂界外雨水管底部地势高,不具有外排条件。据该工厂介绍,本案案发后,该工厂于2021年11月4日开挖厂界外墙角雨水井,发现该处雨水井外排管道的底部,比厂界内雨水井顶部和明渠底部高约10厘米,即内低外高,不具有水体自然流动条件。因2021年10月27日环保部门工作人员现场检查时没有开挖厂界外墙角雨水井并取样监测,故本案没有证据证明厂界内雨水井的水外排至厂界外,且没有证据证明厂界外墙角雨水井的水超标。结合检查前几日××区无雨水天气和前述pH值的监测结果,完全可以得出厂界内雨水井的水未外排至厂界外的结论。

因此,本案没有任何证据证明厂界内雨水井里的水外排,反而证明并未外排。若仅因厂界内外相通,在一定情况下(如下大雨水量充足)具有外排的可能而认定水体外排,不符合证据确实、充分的要求。

二、涉案《监测报告》监测结果的真实性高度存疑

2021 年 10 月 27 日,× × 环境监测站在该工厂取样监测,《监测报告》载明取样点依次为生产废水(酸洗池,该工厂前处理车间采用废水零排放工艺,实际上无生产废水)、生产废水(雨水井)、厂界(内)雨水排放口。为便于阐述,将上述点位依次计为 A 点、B 点和 C 点。其中,A 点位于前处理车间,B 点位于前处理车间门口雨水井,C 点位于厂界内雨水井。根据环保部门的认定,前处理车间意外泄漏的槽液流经顺序依次为 A→B→C。

根据 × × 环境监测站出具的(× ×)环境监测(2021)第 NOXX 号《监测报告》,其监测结果明显异常的情况至少包括:

(1)铜的监测结果不具有连贯性。涉案《监测报告》显示,A 点和 C 点铜的监测结果均为"ND"未检出,而 B 点的监测结果却为 0.2mg/L。

(2)水体颜色不具有连贯性,且前后矛盾。涉案《监测报告》显示,A、B、C 三点水体颜色分别为灰色、微黄色、浅白色,不具有连贯性,且 2021 年 10 月 29 日的《× × 市生态环境局现场检查(勘察)笔录》和《× × 市生态环境局调查询问笔录》记载,前处理车间门口雨水井(B 点)水体为绿色,前后矛盾。

因此,上述监测结果的真实性高度存疑,涉案《监测报告》依法不能作为定案依据。

综上,本案没有证据证明厂界内雨水井的水外排,也没有证据证明已造成环境污染,且涉案《监测报告》的真实性高度存疑,即认定本案构成污染环境罪的证据不足。在构建法治政府和"少捕慎诉"的大背景下,辩护人恳请贵院依法查明事实,依法对张某作出不批准逮捕的决定,让其早日回归家庭和社会。

辩护人:黎征武律师

2022 年 3 月 20 日

五、律师法律意见书(2)

2022 年 3 月 21 日,承办检察官电话联系黎征武律师沟通案情和辩护意见。3 月 23 日,黎征武律师根据承办检察官的观点起草并提交如下法律意见书(2):

关于张某涉嫌污染环境罪一案
建议贵院对张某作出不予批准逮捕决定的法律意见书(2)

××区人民检察院:

北京市盈科(广州)律师事务所接受张某家属的委托,指派本律师担任张某涉嫌污染环境罪一案的辩护人。在介入本案后,辩护人前往该工厂查看现场,并详细研究了该工厂提供的相关资料。辩护人曾于2022年3月21日提交法律意见书并会见张某。现根据会见情况补充提交法律意见如下,恳请贵院依法对张某作出不予批准逮捕的决定。

本案张某不具有污染环境的主观故意、必要和动机,依法不构成污染环境罪。本案案发后该工厂已积极改正,且张某系初犯,自首,依法符合不予批捕的条件。

一、关于厂界内雨水井的水未外排,补充如下意见

根据现场开挖的情况,可知本案槽液泄漏的时间短,泄漏流量小、数量少。因此,虽然厂界内雨水井 pH 超标,但在无充分证据证明厂界内雨水井里的水外排时,依法不能认定构成污染环境罪,否则违反证据确实、充分原则。

1. ××所出具的《土壤污染状况调查报告》结果为地下土壤未受污染,若是长期泄漏,则地下土壤必定严重超标。

2. 2021年10月27日,环保部门现场开挖时,管道交汇泄漏处泄漏口无明显腐蚀痕迹,说明泄漏时间短。且现场开挖时发现管道交汇唯一泄漏处泄漏缝隙很小,泄漏处无明显水流,环保部门工作人员用浮标才发现有水体流动,说明泄漏流量小。另外,涉案工艺溅出地面流至胶桶的槽液量本身较少,结合现场开挖时胶桶内仍有几厘米深的槽液(循环泵无法完全抽干)的事实,说明流至胶桶的槽液并未完全泄漏出去,即泄漏量少。

3. 埋桶处与泄漏点地下均为水泥硬化底,直线距离5米,泄漏难度大、路径长。

4. 在本案案发前的2021年9月15日及更早之前,当地环保部门连续检查10

次,均未发现异常。据该工厂介绍,为应对环保部门检查,该工厂于2021年10月21日自行组织了排查,未发现异常。本案案发时间为同月27日,据此推测意外泄漏的时间发生在21~27日。

上述事实表明,本案槽液泄漏的时间短,泄漏距离长、难度大,泄漏流量小、数量少。结合检查当日及前几日××区无雨水天气、厂界内pH超标但厂界外不超标和厂界水渠地势内低外高的事实,不能排除“厂界内雨水井里的水没有外排”的可能。现本案没有充分的证据证明厂界内的水已经外排,即本案没有证据证明存在污染环境的行为,故张某依法不构成污染环境罪。

二、没有污染环境的主观故意、必要性和动机,依法不构成污染环境罪

本案张某没有污染环境罪的故意,其在得知涉案胶桶后已尽到合理注意义务,且其没有偷排槽液的必要和动机,本案纯属意外事件,依法不属于犯罪行为。

(一)污染环境罪的主观状态只能为“明知”的故意

《刑法》第14条第1款规定:“明知自己的行为会发生危害社会的结果,并且希望或者放任这种结果发生,因而构成犯罪的,是故意犯罪。”据此,只有“明知”的主观状态才属于故意。《刑法》第15条规定:“应当预见自己的行为可能发生危害社会的结果,因为疏忽大意而没有预见,或者已经预见而轻信能够避免,以致发生这种结果的,是过失犯罪。过失犯罪,法律有规定的才负刑事责任。”据此,“应当预见”的主观状态为过失,且法律有规定的才负刑事责任。

张明楷教授在《如何理解和认定窝赃、销赃罪中的“明知”》一文中亦指出:“‘应当知道’是赃物本身就表明行为人事实上还不知道是赃物,而‘明知’是赃物表明行为人事实上已经知道是赃物,故‘应当知道’不属于‘明知’……‘应当知道’只是过失心理状态的表现。”

(二)前处理车间工艺流程、槽液溅出原因及处理方法

前处理车间工艺流程。据该工厂介绍,其前处理车间采用的工艺为超声波磷酸清洗—(高压)水冲洗—磷化—(高压)水冲洗—烘干,已实现废水零排放。回用流程:酸洗、磷化废水使用双氧水氧化,经压滤处理后回用;清洗水直接回用至酸洗槽内。循环使用方法:该工艺分上下两个槽,上槽用于装载上述工艺流程设备,

下槽用于回收上槽使用完后掉下的槽液;循环泵用水管连接下槽和上槽,将下槽收集的槽液抽回至上槽继续使用,依此循环,故可实现零排放。

槽液溅出原因。据该工厂和张某介绍,正常情况下槽液不会溅出,但偶尔有弯折的铁丝经过时,弯折处发生振动将槽液弹出溅到地面。另外,因循环泵偶尔出现故障(有时为两三周至几个月不等,工厂配备一用一备2个泵轮流使用,每台泵下方均有托盘接住可能溅出的槽液),换泵时可能会有槽液溅至托盘外的地面。

溅出槽液处理方法。据该工厂介绍,前处理车间工艺所用槽液价格昂贵(2.3万元/吨),此前由吴某用扫帚扫到垃圾铲倒回下槽,再用抹布吸收并拧干抹布将槽液回收利用(抹布另作为废物处理)。之后,吴某嫌操作麻烦,遂自行将前处理车间挖开用混凝土封底后,将桶放入其中(桶底下有20~30厘米厚的混凝土)以收集溅出的槽液,待桶内槽液达到一定高度后,用泵(放置于胶桶内)直接抽回至槽内回用。

(三)张某发现涉案胶桶的经过

据张某介绍:

张某的工作内容。张某的工作主要包含以下3条生产线:(1)拉丝工艺,负责安排工人工作、工艺技术、原材料配比、模具和对接设备维修人员;(2)扒皮,即铁丝扒皮工序的工作;(3)前处理车间,即涉案发生槽液泄漏的生产线。

张某发现埋桶的时间、原因和后续做法。2021年2月左右,前处理车间生产线使用的循环泵发生故障,张某安排工人维修时发现了涉案胶桶,其看到胶桶均用水泥包裹,觉得没多大问题,就忽略了,没有上报公司管理层。维修完毕后,张某问吴某胶桶事宜。吴某系广西人,50多岁,几乎无文化水平,不会讲普通话,与人沟通较为困难,因此安排工作时非常费力,公司其他部门都不愿继续留用他。张某不忍心赶走让他失业,就将他留在前处理车间做一些杂活。张某问吴某后,吴某的回答张某没怎么听懂,只知道大概是挖了个坑将桶埋在里面,然后用水泥封住,吴某也未强调是无底的桶。

(四)张某没有污染环境的故意、偷排槽液的必要性和动机

由上述事实和经过可知:

没有污染环境的故意。张某在发现涉案胶桶之后,已尽到合理注意义务,查

看了桶四周均用水泥包裹，且向吴某了解了情况。张某既无法预料到胶桶无底，也无法预料到槽液会腐蚀水泥造成泄漏。（需要说明的是，埋桶的位置与泄漏点分别处于完全独立且隔离的两个车间，位于墙的两侧，两点直线距离约5米，且与雨水管道无任何连接，无法预知可能发生泄漏）关于桶无底一事，辩护人认为，正常情况普通人想到“桶”字时，脑海中浮现的都是有底的桶，根本不会产生“桶是否有底”的疑问。张某没有询问桶是否有底，完全符合正常思维逻辑，不属于异常情况。因此，张某没有泄漏槽液的“明知”故意，没有污染环境的“明知”故意，依法不构成污染环境罪。

没有偷排槽液的必要和动机。涉案工艺使用的槽液价格昂贵，且均已回用实现零排放，没有偷排的必要。而吴某埋桶之目的也只是为提高工作效率，其调离岗位后张某继续使用该方法，也只因便于操作。事实上，改用泵抽回槽液回用后，既减少了固体废物抹布产生量，也提高了槽液回收率（抹布吸收部分槽液无法拧干），有利于环保。

综上，本案吴某和张某均没有污染环境的主观故意，没有偷排槽液的必要和动机，依法不构成本罪。诚然，本案槽液渗漏的事件已经发生，但纯属意外事件。

三、在假定构成犯罪的前提下，符合不予批准逮捕的情形

略。

本案实因吴某和张某的无知和过失而事发。该工厂因此停用涉案生产线，并花费大量人力、物力配合排查、整改。张某亦因自己的无知行为失去人身自由长达30多天。刑法是严厉的，也是有温度的。张某虽有过错，如其构成犯罪依法仍可从轻处罚，无羁押的必要。因此，辩护人恳请贵院给予张某一个改过自新的机会，恳请贵院在“少捕慎诉”的大背景下，依法对张某作出不批准逮捕的决定，让其感受到司法的温度，早日回归家庭、奉献社会。

辩护人：黎征武律师

2022年3月22日

风险提示

一、排污单位应当提升全员环境法律风险意识，避免员工违法导致单位和负责人被追究刑事责任

(一) 单位犯罪的认定

本案中，挖洞并埋桶的是操作工吴某，但公安机关认定涉嫌污染环境罪的为A厂和张某，源于相关法律对单位犯罪的规定。

2019年2月20日，最高人民法院、最高人民检察院、公安部、司法部、生态环境部印发《关于办理环境污染刑事案件有关问题座谈会纪要》，其中第1条“关于单位犯罪的认定”规定：“会议针对一些地方存在追究自然人犯罪多，追究单位犯罪少，单位犯罪认定难的情况和问题进行了讨论。会议认为，办理环境污染犯罪案件，认定单位犯罪时，应当依法合理把握追究刑事责任的范围，贯彻宽严相济刑事政策，重点打击出资者、经营者和主要获利者，既要防止不当缩小追究刑事责任的人员范围，又要防止打击面过大。

为了单位利益，实施环境污染行为，并具有下列情形之一的，应当认定为单位犯罪：(1)经单位决策机构按照决策程序决定的；(2)经单位实际控制人、主要负责人或者授权的分管负责人决定、同意的；(3)单位实际控制人、主要负责人或者授权的分管负责人得知单位成员个人实施环境污染犯罪行为，并未加以制止或者及时采取措施，而是予以追认、纵容或者默许的；(4)使用单位营业执照、合同书、公章、印鉴等对外开展活动，并调用单位车辆、船舶、生产设备、原辅材料等实施环境污染犯罪行为的。

单位犯罪中的‘直接负责的主管人员’，一般是指对单位犯罪起决定、批准、组织、策划、指挥、授意、纵容等作用的主管人员，包括单位实际控制人、主要负责人或者授权的分管负责人、高级管理人员等；‘其他直接责任人员’，一般是指在直接负责的主管人员的指挥、授意下积极参与实施单位犯罪或者对具体实施单位犯罪起较大作用的人员。

对于应当认定为单位犯罪的环境污染犯罪案件，公安机关未作为单位犯罪移

送审查起诉的，人民检察院应当退回公安机关补充侦查。对于应当认定为单位犯罪的环境污染犯罪案件，人民检察院只作为自然人犯罪起诉的，人民法院应当建议人民检察院对犯罪单位补充起诉。”

该条文明确了应当认定为单位犯罪的4种情形，其中企业需要特别注意的是第(2)种和第(3)种。该两项规定中，单位实际控制人和主要负责人一般是单位的最高领导，其决定、同意或得知单位成员个人实施环境污染犯罪行为并未加以制止的，认定为单位犯罪符合情理。但是，根据该两项的规定，授权的分管负责人存在该些行为的，也应认定为单位犯罪。至于何为授权的分管负责人，或者说授权的分管负责人指哪些人，前述规定未予明确。结合最高人民法院、最高人民检察院《关于办理环境污染刑事案件适用法律若干问题的解释》（法释〔2023〕7号）第13条“单位实施本解释规定的犯罪的，依照本解释规定的定罪量刑标准，对直接负责的主管人员和其他直接责任人员定罪处罚，并对单位判处罚金”和最高人民法院、最高人民检察院、公安部、司法部、生态环境部《〈关于办理环境污染刑事案件有关问题座谈会纪要〉的通知》第1条“关于单位犯罪的认定”第3款的规定，授权的分管负责人当指对单位犯罪起决定、批准、组织、策划、指挥、授意、纵容等作用的管理人员等。

本案中，张某系车间主管，在得知吴某埋桶后未予以制止，被公安机关认定为纵容吴某实施犯罪行为。从公安机关将A厂和张某作为犯罪主体的行为来看，公安机关认定张某为授权的分管负责人，故而将本案认定为单位犯罪。

（二）单位犯罪的担责主体

《刑法》（2023修正）第31条规定：“单位犯罪的，对单位判处罚金，并对其直接负责的主管人员和其他直接责任人员判处刑罚。本法分则和其他法律另有规定的，依照规定。”最高人民法院、最高人民检察院《关于办理环境污染刑事案件适用法律若干问题的解释》（法释〔2023〕7号）第13条规定：“单位实施本解释规定的犯罪的，依照本解释规定的定罪量刑标准，对直接负责的主管人员和其他直接责任人员定罪处罚，并对单位判处罚金。”故单位犯罪的，对单位判处罚金，对相关人员定罪处罚。

最高人民法院、最高人民检察院、公安部、司法部、生态环境部《关于办理环境污染刑事案件有关问题座谈会纪要》第 1 条“关于单位犯罪的认定”第 4 款对“直接负责的主管人员”和“其他直接责任人员”进行了明确。实践中，“直接负责的主管人员”一般包括法定代表人、董事（长）、（总）经理、环保负责人、环保主管等，“其他直接责任人员”指直接实施违法犯罪行为的人员。

（三）企业和负责人需避免员工违法导致单位和负责人被追究刑事责任

由前述规定可知，若环保负责人等授权的分管负责人在未经公司同意的情况下，自行或指使基层员工实施违法犯罪行为，或得知基层员工实施违法犯罪行为未予制止亦未向公司报告，即便公司及相关负责人均不知情，仍可认定为单位犯罪，而公司及实际控制人可能是首要责任人。因此，公司应当提升员工的环境法律知识和环境法律风险意识，制定相应规章制度，要求员工签署承诺书，并定期排查环境法律风险，避免员工的个人行为导致公司及负责人被追究刑事责任。

二、企业应对重点岗位重点人员进行培训，提升环境法律风险意识

本案中，虽然笔者从法律规定和证据的角度提出了相关法律意见，认为 A 厂不具有污染环境的主观故意。但是，平心而论，根据笔者对现场的查看情况及 A 厂环保负责人刘某的介绍，笔者认为至本案案发时，A 厂的废酸液泄漏很有可能已经持续一段时间，但 A 厂相关工作人员均出于疏忽未予重视。

如前所述，A 厂车间内地下雨水管通向车间门口的雨水井，该雨水井连接车间门口的雨水明渠连接厂界内雨水井。正常情况下，雨水明渠内部沉积物为淤泥，为黑色。但是，涉案《××市生态环境局现场检查（勘察）笔录》载明：“该雨水井唯有该管道排水，该雨水井绿色废水只能通过明渠排至厂界雨水排放口，明渠内有少量积液及白色沉积物。”故本案案发时，车间门口明渠内已积累一定数量的白色沉积物，而常见的磷酸盐大多呈白色。涉案前处理车间使用磷酸进行清洗并有磷化工艺，车间门口明渠的白色沉淀即为该车间泄漏的磷酸盐。而从本案案发时涉案无底桶内仍存有废酸液的情况来看，废酸液的泄漏速度应当很慢，否则案发时无底桶内应当没有液体，进而会引起相关人员警觉。据此可推断出，涉案前处理车间的废酸液已经泄漏了一定时间，才在雨水明渠逐渐累积一定数量的白色沉淀。但是,长时间以来,A 厂工作人员从明渠旁进出前处理车间均未发现明渠内白色沉淀该异常情况,或发现异常情况后未联想到前处理车间使用磷酸清洗等相关事宜,导致泄漏事件一直未被发现,直到本案案发。

因此,笔者建议企业至少应当对重点岗位重点人员进行培训,提高该些人员的环保知识、环保法律知识和环保法律风险意识,在发现异常情况时要有警觉性,及时向公司报告并进行排查,避免因疏忽发生环境污染事件。

2. 司机不知道承运货物为危险废物的，不构成污染环境罪

——李某某涉嫌污染环境罪不批捕案

摘要

危险废物发货方和收货方串通非法处置危险废物，通过正规软件下单并隐瞒所运输的物品为危险废物的，承运人不构成污染环境罪。本案中，李某某在“省省回头车”App上接单，发货方告知李某某所运货物为沥青，并出示货运单给李某某查看，导致李某某误以为承运的是沥青。本案案发后，李某某因涉嫌污染环境罪被公安机关刑事拘留，此时其才得知承运的是危险废物废机油。

盈科广州黎征武律师介入后，从李某某的职业、学历、专业背景、接单方式、结算方式、确认货物内容的方式、发货时间、发货地点、到货时间、到货地点、参与的工作内容等角度了解案情，充分论证李某某对承运的货物为危险废物一事毫不知情，依法不构成犯罪污染环境罪。最终，检察机关采纳黎征武律师辩护意见，决定对李某某不批准逮捕。

案情简介

李某某自2013年开始从事货车司机运输行业，2017年前后，李某某开始在“省省回头车”App上接单。

2020年9月21日晚上10点，李某某与往常一样在“省省回头车”App上接

单,看到有一单从A市出发运输货物至B市,路程100多公里,运费600元。李某某电话联系发货方,发货方称系沥青,最终双方同意运费为650元。2020年9月22日早上8点,李某某到A市发货地运输货物,发货方提供的运输单显示货物为沥青,李某某遂同意拖运。随后,发货方将40个铁桶装上李某某的车辆,并告知李某某收货方联系电话。当日下午1点多,李某某到达B市后,电话联系收货方,并跟随收货方将铁桶运输到某高架桥下,收货方称工厂堆放不下,暂时存放在该处,李某某未提出异议。

过了一段时间后,有人向当地生态环境主管部门举报该处存放不明废物。生态环境主管部门调查后,发现涉案铁桶里的物质为废机油,属于危险废物,随后以相关人员涉嫌污染环境罪为由将案件移送公安机关。

2021年1月10日半夜,李某某在住所被公安机关抓获,并于次日被刑事拘留。此时李某某才得知,其在2020年9月22日拉的货物为废机油。案发后,发货方和收货方均因非法处置危险废物涉嫌污染环境罪被刑事拘留。

2021年1月11日下午,李某某的家属经律师推荐找到盈科广州黎征武律师,拟委托处理。

律师策略

李某某的家属找到笔者时,其对具体案情知之甚少,只是坚信李某某不会做违法犯罪的事情。

根据李某某家属的简单介绍,结合相关法律法规、办案经验,笔者初步分析本案主要突破口为:(1)运输的货物是否为危险废物?(2)涉案人员将铁桶堆放在高架桥下,是否造成危险废物泄漏导致环境污染?(3)李某某是否明知其运输的为危险废物?

接受委托后,黎征武律师起草了会见提纲,从以下7大方面拟定了45个问题,并于2021年1月13日、1月15日和1月26日到看守所会见李某某了解案情:

1. 职业、学历、专业背景

(1)学历?专业背景?

(2)从事的是什么职业?什么时候开始的?

(3)以前有无因为污染环境受过行政处罚或刑事处罚?

(4)以前有无受过污染环境相关方面的培训?

(5)以前有无听说过同行运输沥青被追究刑事责任?

2.接单、结算方式

(1)平时是怎么接单的?

(2)平时是怎么确定运费价格的?

(3)平时是怎么付款的?

(4)这单是怎么接的?

(5)这单是怎么确定价格的?与平时相比是偏高还是偏低,为什么?

(6)这单是怎么付款的?与平时有何不同,为什么?

3.确认货物内容的方式

(1)按照行规是否什么货物都会拉?是否有什么货物不拉?

(2)按照行规是否会在接单前确定货物内容?

(3)按照行规是否会在拉货时确定货物内容?怎么确定?现场开箱、口头询问还是看货运单?

(4)你平时是否什么货物都拉?是否有什么货物不拉?

(5)你平时在接单时是否会跟发货方确认货物内容?怎么确定的?

(6)你平时拉货时是否会现场确定货物内容?怎么确定?现场开箱、口头询问还是看货运单?

(7)你接这单时有无跟发货方确认是什么货物?怎么确定的?

(8)你拉这单货物时是否有跟发货方确认货物内容?怎么确定?现场开箱、口头询问还是看货运单?假设对方不让你验货,你是否会拉?

(9)这单货物你是如何确定是沥青的?有无开箱验货?

(10)你以前有无拉过沥青?你认为沥青是否属于危险化学品、易燃易爆的物质?

(11)你以前有无拉过废机油?你是否知道废机油是危险废物?

(12)这单货物用什么装的,材质、型号、数量,包装上是否有图案、标志等?

(13)你是否知道这单货物拉的是废机油？

(14)你以前有没有拉过用铁桶装的货物？是否隐蔽存放、特殊包装？

4. 发货、到货时间、地点

(1)之前有无帮这家发货方拉过货？

(2)什么时间下单的？

(3)拉货地点在哪？与平时相比有无异常？

(4)什么时间前去拉货的？

(5)怎么前往发货地的？

(6)什么时候发货的？

(7)约定的送货地点在哪？怎么确定的？

(8)什么时候到收货地址的？

(9)实际送货地址在哪？是谁确定的，怎么确定的？

(10)实际送货地址是否跟你平常的送货地址不一样，有无异常？

(11)你是否知道他们为什么将货物堆放在这里？

(12)运输路径？高速还是小路？是否有意绕开检查？

5. 参与工作内容

(1)是谁负责搬货的，你是否有参与？

(2)搬货的时候有无泄漏？

(3)是谁负责卸货的，你是否有参与？

(4)卸货的时候有无泄漏？

(5)桶是怎么存放的？

6. 拉货、送货、签收

(1)你平时是怎么跟发货方确定送到货的？

(2)这一单你是怎么跟发货方确定送到货的？

7. 被抓获时的反应

被抓获的时间、地点？是否有反抗？

在会见李某某了解案情之后，黎征武律师又向公安机关了解到涉案铁桶盛装的废机油未发生泄漏。

办理结果

2021 年 2 月 2 日，公安机关将案件移送 BL 县人民检察院申请批准逮捕。2022 年 2 月 5 日，黎征武律师再次会见李某某，告知案件已移送检察机关，承办检察官将对其进行讯问。同时，黎征武律师对李某某进行辅导。会见结束后，黎征武律师当面向承办检察官交流辩护意见，并提交《关于李某某涉嫌污染环境罪一案建议贵院对李某某作出不予批准逮捕决定的法律意见书》。

2021 年 2 月 8 日，BL 县人民检察院决定对李某某不批准逮捕。同日，BL 县公安局决定对李某某取保候审。2022 年 2 月，公安机关决定解除对李某某的取保候审，并作结案处理。

律师评析

一、污染环境主观故意的认定

《刑法》(2017 修正)第 338 条规定："违反国家规定，排放、倾倒或者处置有放射性的废物、含传染病病原体的废物、有毒物质或者其他有害物质，严重污染环境的，处三年以下有期徒刑或者拘役，并处或者单处罚金；后果特别严重的，处三年以上七年以下有期徒刑，并处罚金。"最高人民法院、最高人民检察院《关于办理环境污染刑事案件适用法律若干问题的解释》(法释〔2016〕29 号)(已失效，2023 版中序号未变)第 1 条规定："实施刑法第三百三十八条规定的行为，具有下列情形之一的，应当认定为'严重污染环境'：……(二)非法排放、倾倒、处置危险废物三吨以上的……"因此，非法处置危险废物 3 吨以上的，构成污染环境罪。

2019 年 2 月 20 日，最高人民法院、最高人民检察院、公安部、司法部、生态环境部印发《关于办理环境污染刑事案件有关问题座谈会纪要》，其中第 3 条"关于主观过错的认定"规定："会议针对当前办理环境污染犯罪案件中，如何准确认定犯罪嫌疑人、被告人主观过错的问题进行了讨论。会议认为，判断犯罪嫌疑人、被告人是否具有环境污染犯罪的故意，应当依据犯罪嫌疑人、被告人的任职情况、职业经历、专业背景、培训经历、本人因同类行为受到行政处罚或者刑事追究情况以及污染物种类、污染方式、资金流向等证据,结合其供述,进行综合分析判断。

实践中,具有下列情形之一,犯罪嫌疑人、被告人不能作出合理解释的,可以认定其故意实施环境污染犯罪,但有证据证明确系不知情的除外:(1)企业没有依法通过环境影响评价,或者未依法取得排污许可证,排放污染物,或者已经通过环境影响评价并且防治污染设施验收合格后,擅自更改工艺流程、原辅材料,导致产生新的污染物质的;(2)不使用验收合格的防治污染设施或者不按规范要求使用的;(3)防治污染设施发生故障,发现后不及时排除,继续生产放任污染物排放的;(4)生态环境部门责令限制生产、停产整治或者予以行政处罚后,继续生产放任污染物排放的;(5)将危险废物委托第三方处置,没有尽到查验经营许可的义务,或者委托处置费用明显低于市场价格或者处置成本的;(6)通过暗管、渗井、渗坑、裂隙、溶洞、灌注等逃避监管的方式排放污染物的;(7)通过篡改、伪造监测数据的方式排放污染物的;(8)其他足以认定的情形。"

本案中,涉案危险废物废机油的发货方和收货方非法处置危险废物,且数量超过3吨,涉嫌污染环境罪。但是,综合李某某的职业、学历、专业背景、接单方式、结算方式、确认货物内容的方式、发货时间、发货地点、到货时间、到货地点、参与的工作内容等环节可知,李某某一直以为其运输的货物为沥青,故李某某没有非法处置危险废物的共谋行为,依法不构成犯罪污染环境罪。

在游某、穆某污染环境一案[①]中,游某驾驶一辆装有强废酸液体的大型罐车到某路口后,在穆某家吃完饭,拉着穆某、张某二人将罐车开至某停车院内,将罐车内的废酸液用软管排放到沟渠,被公安民警当场抓获。经检测,罐车内的废酸液 $pH<1$,属于危险废物,数量约10吨。检察院认为,游某、穆某、张某三人非法排放危险废物,数量超过3吨,根据《刑法》第338条和最高人民法院、最高人民检察院《关于办理环境污染刑事案件适用法律若干问题的解释》(法释〔2016〕29号)(已失效,2023版中序号未变)第1条第2项的规定,游某等三人构成污染环境罪。穆

① 参见河北省石家庄市辛集市人民法院刑事判决书,(2017)冀0181刑初226号。

某和张某称,其并不知道游某罐车内装的液体是废酸液,其也未参与非法排放行为,所有事情都是游某一人操作的,其二人不应构成犯罪。法院认为,游某非法排放危险废物,其对检察院的指控供认不讳,构成污染环境罪。由于检察院不能证明穆某和张某在游某实施犯罪前有通谋,不能证实二人有参与非法排放的行为,因此游某和张某不构成污染环境罪。最终,法院判决游某构成污染环境罪,判处有期徒刑1年,并处罚金1.2万元;穆某无罪;张某无罪。

在康某甲、高某甲污染环境一案①中,高某甲找到某废盐酸厂的主管人员高某乙,告知其可以处理该厂的废盐酸。高某乙明知高某甲没有处理废酸液的资质,仍答应将废盐酸交给高某甲处理。同时,高某甲找到康某甲,康某甲称可以帮忙找油罐车和倾倒废酸液的地点。随后,高某甲和康某甲先后五次从高某乙处拉走200余吨废酸液,并倾倒在河里。另外,康某甲每次去盐酸厂乘坐的都是康某乙的出租车,但康某乙并不知道康某甲所做的事情。康某甲除出租车费用外,未另行给康某乙其他费用。检察院起诉认为,高某甲、高某乙、康某甲和康某乙四人,先后多次将未经处理的废酸液进行倾倒,造成严重环境污染,该四人均构成污染环境罪。法院认为,高某甲、康某甲将未经处理的废酸液进行倾倒,造成严重的环境污染,构成污染环境罪。高某乙明知高某甲、康某甲二人没有处理废酸液的资质,仍将废酸液交予二人进行处理,导致严重的环境污染,亦构成污染环境罪。由于康某乙并不知道康某甲乘坐出租车是去从事污染环境的违法行为,也未收取出租车费用之外的其他费用,因此康某乙不构成污染环境罪。最终法院判决,高某甲、康某甲、高某乙构成污染环境罪,系共犯,分别判处该三人有期徒刑1年6个月;康某乙无罪。

二、律师法律意见书

2021年2月5日,黎征武律师向BL县人民检察院提交如下法律意见书:

---

① 参见河北省沧州市黄骅市人民法院刑事判决书,(2015)黄刑初字第67号。

关于李某某涉嫌污染环境罪一案
建议贵院对李某某作出不予批准逮捕决定的法律意见书

BL县人民检察院:

北京市盈科(广州)律师事务所接受李某某的委托,指派本律师担任李某某涉嫌污染环境罪一案的辩护人。在介入本案后,辩护人前往侦查机关了解案情,并前往BL县看守所与李某某进行了充分沟通。

现BL县公安局已将本案呈请贵院进行审查批捕,辩护人认为:本案并未造成环境污染的后果,依法不构成污染环境罪;此外,在相关人员构成污染环境罪的前提下,李某某没有运输和非法处置危险废物的共谋,没有污染环境的故意,故李某某依法不构成污染环境罪的共犯。因此,恳请贵院依法对李某某作出不予批准逮捕的决定。

一、本案未造成泄漏,依法不构成污染环境罪

最高人民法院、最高人民检察院《关于办理环境污染刑事案件适用法律若干问题的解释》(法释〔2016〕29号)(本意见书以下简称《环境司法解释》)第6条规定,“无危险废物经营许可证从事收集、贮存、利用、处置危险废物经营活动,严重污染环境的,按照污染环境罪定罪处罚;同时构成非法经营罪的,依照处罚较重的规定定罪处罚。实施前款规定的行为,不具有超标排放污染物、非法倾倒污染物或者其他违法造成环境污染的情形的,可以认定为非法经营情节显著轻微危害不大,不认为是犯罪;构成生产、销售伪劣产品等其他犯罪的,以其他犯罪论处。”

最高人民法院、最高人民检察院、公安部、司法部、生态环境部印发的《关于办理环境污染刑事案件有关问题座谈会纪要》(本意见书以下简称《环境污染座谈会纪要》)第5条“关于非法经营罪的适用”第2款规定,“会议认为,准确理解和适用《环境解释》第六条的规定应当注意把握两个原则:一要坚持实质判断原则,对行为人非法经营危险废物行为的社会危害性作实质性判断。比如,一些单位或者个人虽未依法取得危险废物经营许可证,但其收集、贮存、利用、处置危险废物经营

活动,没有超标排放污染物、非法倾倒污染物或者其他违法造成环境污染情形的,则不宜以非法经营罪论处……”

由上述规定可知,非法处置危险废物构成污染环境罪或非法经营罪的前提是具有超标排放污染物等造成环境污染的后果。据辩护人向公安机关了解,涉案货物为废机油,属于危险废物。但涉案盛装废机油的铁桶是密封的,现场并无泄漏。故涉案相关人员非法处置危险废物的行为并未造成环境污染。因此,根据上述规定,涉案相关人员依法不构成污染环境罪,则李某某亦不构成污染环境罪。

二、在涉案相关人员构成污染环境罪的前提下,因李某某没有运输和非法处置废机油的共谋,没有污染环境的共谋,其依法不构成污染环境罪

本案污染环境罪的主观状态只能为故意,而本案李某某显然不具有运输和非法处置废机油的故意,故其依法不构成污染环境罪。

1.污染环境罪的主观状态只能为故意

《环境司法解释》第7条规定,“明知他人无危险废物经营许可证,向其提供或者委托其收集、贮存、利用、处置危险废物,严重污染环境的,以共同犯罪论处”。由此可知,本案污染环境罪的主观状态只能为故意。

此外,张明楷教授在《如何理解和认定窝赃、销赃罪中的“明知”》一文中指出,“‘应当知道’是赃物本身就表明行为人事实上还不知道是赃物,而‘明知’是赃物表明行为人事实上已经知道是赃物,故‘应当知道’不属于‘明知’……‘应当知道’只是过失心理状态的表现”。

《刑法》第15条第2款规定,“过失犯罪,法律有规定的才负刑事责任”。

本案发货方和收货方非法处置危险废物,而《环境司法解释》第7条明确规定行为人的主观状态只能为“明知”。因此,本案只有在认定李某某明知涉案货物为废机油的情况下,才能认定其构成污染环境罪,否则违反罪刑法定原则。

2.本案李某某没有运输、非法处置废机油的故意

据辩护人了解,李某某一直以为涉案货物为沥青,而公安机关告知辩护人为废机油,属于危险废物。因沥青不属于危险废物,故李某某是否明知涉案货物为废机油,对认定李某某是否构成污染环境罪具有重要意义。

《环境污染座谈会纪要》第3条“关于主观过错的认定”规定，“会议针对当前办理环境污染犯罪案件中，如何准确认定犯罪嫌疑人、被告人主观过错的问题进行了讨论。会议认为，判断犯罪嫌疑人、被告人是否具有环境污染犯罪的故意，应当依据犯罪嫌疑人、被告人的任职情况、职业经历、专业背景、培训经历、本人因同类行为受到行政处罚或者刑事追究情况以及污染物种类、污染方式、资金流向等证据，结合其供述，进行综合分析判断……”

据此，辩护人从以下6个方面对李某某的主观状态进行分析：

(1)学历、职业

李某某小学毕业，其从2013年至被抓之日一直从事货车司机工作，以前未因污染环境受过行政处罚和刑事处罚。李某某平时与同行交流较少，其也没有听说过同行因运输废机油被追究过行政或刑事责任。

(2)接单方式、运费数额和结算方式

据李某某介绍，其在2020年之前是固定帮两家物流公司拉货。2020年该两家公司搬走，其就在“省省回头车”App上接单。

“省省回头车”特点如下：①接单方式。发货方在App上发单后，司机可以在App上看到相关信息，并可打电话给发货方确认货物内容、价格等具体事宜。双方谈妥后，司机就在App上接单。②运输费用。“省省回头车”的单程运费一般低于正常情况下的单程运费价格，原因是司机送到货后，回程时可以在App上顺带一单货物回来，有点类似顺风车的性质，故其单程收费相对较低。但是，平台为了保护司机的利益，规定了每单运输的最低价格。当发货方的报价低于最低价格时，即使发货方和司机均同意该价格，平台也不会成交。③结算方式。与其他平台相同的是，发货方在平台上付款后司机可在平台上提款。但与其他平台不同的是，“省省回头车”可以采用包月的方式，即司机购买包月服务后，平台不再在每单运费中提成。因此，此时不论发货方和司机是在平台上结算还是私下结算，都不损害平台的利益，不改变发货方的支付数额和司机的收款数额。

关于本案的接单方式。据李某某介绍，其平时一直在“省省回头车”App上接单，涉案这单货物也是在该平台上接单的。

关于本案的运费数额。据李某某介绍，其在 App 上看到涉案这单运输时发货方的报价为 600 元，为平台的最低价格。其打电话跟对方沟通，说从广州白云区到惠州博罗园洲镇有 100 多公里，可不可以加 50 元。对方同意后，双方在 App 上标注的价格为 650 元。

关于本案的收款方式。据李某某介绍，其在平台上购买了 300 元/月的套餐。但因其在平台有时不能提现，所以其也经常采用线下微信收款的方式。本案李某某收款方式即为微信收款，与平时做法并无不同，也未损害平台的利益。除事先确定好的运费外，李某某并未收取发货方和收货方的其他费用。

因此，不论是李某某的接单方式、获得的运费数额和收款方式，与其平时的操作并无不同。在此情形下，李某某显然无法预见到发货方和收货方在从事违法犯罪活动。

(3) 确认货物内容的方式

据李某某介绍，其所在的运输行业和其本人并非什么货物都拉，一些常见的易燃易爆危险品、违禁品、毒品等物质他们不接单。

李某某所在的行业和其本人通常会在 App 上接单前，电话跟发货方确认货物内容。到发货现场后还会再次确认货物内容，方法是看货运单或货物外包装。司机没有验货的权利，原因是收货方看到货物被动过后会拒收，收货方拒收后发货方也会不要货物，该单货物只能由司机自己承担。显然，若开箱验货，司机得到的运费收益(可能只有几百元)与需要承担的风险(货物价值可能数万元甚至更高)不成正比。

据李某某介绍，其在 App 上接单前电话向发货方确认过货物内容，对方称是沥青。到发货现场后，对方拿着写明货物内容为“沥青”的运输单，告诉李某某身旁没有任何标志和图案的铁桶就是他要运输的沥青。据此，李某某认为涉案货物就是沥青。另外，李某某介绍说涉案铁桶需要用专门的工具打开，其并无相关专业工具。

需要说明的是，李某某介绍说其在发货现场看到涉案某个铁桶上有指甲大小的类似沥青的黑色物质。在园洲镇收货方卸货后李某某去关车门时，其在地上也发现有指甲大小的黑色物质。李某某问收货方是什么，收货方告知其为沥青。由此可知,不论是发货方下单时的说明,还是运货单的记载,抑或收货方的回答,都指明涉案货物为沥青,而非废机油。

综上,本案李某某确认货物内容的方式与平时并无不同,且发货方和收货方多次告知其货物为沥青,其已尽到合理注意义务。因此,李某某无法预见到涉案货物是废机油,其从始至终一直认为是沥青,故其没有运输废机油的共谋。

(4)发货、到货时间、地点,货物运输存放方式和运输路线

一般来讲,行为人从事违法犯罪活动,通常会选择深更半夜,发货、收货地点异常,且会将涉案物品隐蔽存放并避免走高速以防被查。

关于本案发货、到货时间。涉案这单运输由发货方于2020年9月21日下单,李某某于当晚跟发货方电话确认货物内容和运费后在App上接单。2020年9月22日早上8点,李某某前往发货地点。发货方装好货物后时间约为上午10点,随后李某某前往收货地,其到达收货地时间为下午1点左右。

关于本案发货、收货地点。涉案发货地点为广州市白云区通利工业园,为常规发货地点。本案收货地在涉案堆放货物的高架桥下,其确定流程为:李某某在发货地出发前,按发货方的要求联系了货运单上的收货人甲,收货人甲告知李某某其本人不在收货地,要李某某下园洲高速后联系另一收货人乙。李某某下园洲高速后,电话联系收货人乙,随后来了一辆车,车上大概有四五人。收货人乙让李某某跟随他们的车到卸货地,李某某问送到哪,太远了不去。收货人乙告知其不远,李某某就跟着他们走了二三公里,到了涉案卸货地高架桥下。收货人乙告知李某某,因工厂放不下,暂且放在这里。虽然本案收货地略显异常,但法律不能太过强人所难,结合收货人乙卸货的时间和其"工厂放不下"的解释,李某某已尽到相应注意义务。

关于本案货物运输存放方式和运输路径。据李某某介绍,发货方装货上车后并未对涉案铁桶进行任何隐蔽存放,且李某某走的是高速。

由此可知,涉案货物的运输与李某某此前经手的货物运输并无明显差异,故李某某无法预见到发货方和收货方在从事违法犯罪活动。

(5)参与的工作内容

据李某某介绍,其全程只负责运输,并未参与搬货、卸货,原因是涉案650元

只是运输费用，不包含搬货、卸货费用，其也未收取运费之外的其他费用。

(6)被抓获时没有反抗

据李某某介绍，2021年1月6日其在广州市白云区停车场被公安机关抓获时，其未反抗，并表示当时一头雾水，不知道缘何被抓。

3. 小结

综上，李某某在涉案这单运输中的接单方式、获得的运费数额和结算方式与平时并无不同，其确认货物内容的方式与平时并无不同，本案发货、收货的时间、地点并无异常，涉案货物的运输存放方式和李某某选择的运输路径也无异常。因此，要求小学毕业的李某某预见到本案收货方和发货方是在进行违法犯罪活动，显然太过于强人所难。

因此，李某某的主观状态为：认为其运输的是沥青，其没有运输废机油的故意，没有非法处置废机油的故意，更无污染环境的故意。故根据《环境污染座谈会纪要》第3条的规定，本案李某某依法不构成污染环境罪。实际上，涉案这单运输的发货方和收货方串通非法处置危险废物，李某某无意间被卷入其中，其不仅不是犯罪嫌疑人，反而是本案的受害者。

因此，为维护李某某的合法权益，让其早日回归家庭和社会，辩护人特向贵院提出本申请，恳请贵院依法对李某某作出不予批准逮捕的决定。

辩护人：黎征武律师

2021年2月4日

风险提示

货运司机承运货物应在正规渠道接单，并以适当的方式核验货物是否为违禁品、危险废物。最高人民法院、最高人民检察院、公安部、司法部、生态环境部《关于办理环境污染刑事案件有关问题座谈会纪要》第5条“关于非法经营罪的适用”第1款规定：“会议针对如何把握非法经营罪与污染环境罪的关系以及如何具体适用非法经营罪的问题进行了讨论。会议强调，要高度重视非法经营危险废物案件的办理，坚持全链条、全环节、全流程对非法排放、倾倒、处置、经营危险废物的产业链进行刑事打击，查清犯罪网络，深挖犯罪源头，斩断利益链条，不断挤压和铲除此类犯罪滋生蔓延的空间。”

实践中，在非法倾倒、处置固体废物、危险废物污染环境罪案中，基本都有运输这一环节。司法实践中，各地办案机关亦对运输司机提起公诉并处以刑罚。笔者办理的某案件中，就有10余名司机被判处污染环境罪。而在案证据显示，这些司机都知悉其拖运的物品为固体废物或危险废物，但仍提供运输服务，并按照要求将固体废物或危险废物倾倒在指定地点。

因此，若货运司机不想事发后被追究责任，应当在承运前按照行规对承运物品进行核验。另外，本案笔者在跟承办检察官沟通辩护意见时，承办检察官特意核实了“省省回头车”App是否合法，说明办案人员在认定司机的主观状态时，将司机获取订单的渠道或方式是否合法作为认定因素之一。因此，建议货运司机从正规渠道获取订单。

3. 无证经营危险废物未造成环境污染的，不构成污染环境罪

——李某无证经营1000余吨危险废物煤焦油案

摘要

《刑法》第338条规定非法处置危险废物严重污染环境的，构成污染环境罪。最高人民法院、最高人民检察院《关于办理环境污染刑事案件适用法律若干问题的解释》(法释〔2023〕7号)第1条规定了11种属于“严重污染环境”的情形，包含行为犯和结果犯，其第2项为“非法排放、倾倒、处置危险废物三吨以上的”。但是，根据相关规定可知，将无证从事危险废物经营活动认定为“非法处置行为”的前提为已造成实质性的环境污染。因此，无证经营危险废物未造成环境污染的，不构成污染环境罪。在李某无证经营危险废物案中，李某仅被处以罚款。但在刘某某无证经营危险废物案中，却被认定构成污染环境罪，笔者认为值得商榷。

案情简介

2020年1月，某市人民政府发布《关于重新划定××市高污染燃料禁燃区的通告》，规定在相关区域内禁止使用高污染燃料，包括煤炭等。此后，该地区高能耗企业普遍使用煤炭气化技术(煤改气)，将煤炭转化成可燃气体再作为燃料使用。煤改气过程会产生稠状液体煤焦油，属于危险废物，但其仍然具有较高的使用价值，可作为原料生产各种化工产品或经配料后作为燃料。

2020 年 1 月,李某在该市某偏僻处山脚下承租厂房,收购附近工厂煤改气后产生的煤焦油,经过简单过滤后贮存在厂房,并转售赚取差价。2021 年 8 月,该市生态环境局执法人员在巡查时发现该厂房以及贮存的大量煤焦油。经鉴别,该些煤焦油属于危险废物。经查阅李某提供的称重记录单等证据,李某收集的煤焦油数量超过 1000 吨,已出售 200 余吨。

根据相关法律规定,非法处置危险废物超过 100 吨的,可判处 3 ~7 年有期徒刑。李某担心被追究刑事责任,连夜逃离该市躲藏起来,并委托朋友 C 律师向生态环境局了解情况。C 律师了解情况后,认为案件较大,遂通过律师同行找到盈科广州黎征武律师。

律师策略

在向 C 律师了解基本情况后,黎征武律师认为本案不构成犯罪的可能性较大。在与李某交谈过程中,黎征武律师多次向李某核实是否仅有过滤、贮存行为,且无倾倒、泄漏、遗撒等污染环境行为。李某称该煤焦油价格较高,他们不可能进行倾倒,在过滤、贮存过程中也没有发生泄漏等事故,未造成环境污染。据此,笔者判断本案不构成污染环境罪。但是,李某的行为属于未取得危险废物经营许可证从事收集、贮存、处置危险废物经营活动,依法应当处以罚款 100 万 ~500 万元。李某表示,只要不追究刑事责任,愿意缴纳罚款 100 万元。

办理结果

李某委托笔者时,该市生态环境局还未将案件移送公安机关。为防止发生意外,笔者根据李某的介绍起草法律意见书后,立即前往案发地查看现场。经核实,李某租赁的厂房中仅有 1 个 4 平方米左右的过滤池,没有其他生产设施。现场未出售的煤焦油均贮存在油罐车或罐体中,未发生泄漏。

在现场确认没有造成环境污染后,黎征武律师到该市生态环境局沟通案情,并提交《关于李某涉嫌无证经营废险废物一案建议贵院对李某作行政处罚不予移送公安的法律意见书》,以本案依法不构成犯罪为由,请求不将案件移送公安,只作行政处罚。

2021 年 12 月 3 日,经过多次沟通后,该市生态环境局作出《行政处罚(听证)告知书》,拟对李某处以罚款 100 万元。李某未提出陈述申辩意见,此后该市生态环境局作出《行政处罚决定书》,对李某处以罚款 100 万元,李某缴纳罚款[①]。

律师评析

一、污染环境罪和非法经营罪的竞合

本案发生于 2021 年,《刑法》第 338 条规定:"违反国家规定,排放、倾倒或者处置有放射性的废物、含传染病病原体的废物、有毒物质或者其他有害物质,严重污染环境的,处三年以下有期徒刑或者拘役,并处或者单处罚金;后果特别严重的,处三年以上七年以下有期徒刑,并处罚金。"最高人民法院、最高人民检察院《关于办理环境污染刑事案件适用法律若干问题的解释》(法释〔2016〕29 号)第 3 条第 2 项规定:"实施刑法第三百三十八条、第三百三十九条规定的行为,具有下列情形之一的,应当认定为'后果特别严重':……(二)非法排放、倾倒、处置危险废物一百吨以上的。"据此,非法处置危险废物 100 吨以上的,构成污染环境罪,可判处有期徒刑 3 ~7 年。

另外,《固体废物污染环境防治法》(2020 修订)第 80 条第 1 款、第 2 款规定:"从事收集、贮存、利用、处置危险废物经营活动的单位,应当按照国家有关规定申请取得许可证。许可证的具体管理办法由国务院制定。禁止无许可证或者未按照许可证规定从事危险废物收集、贮存、利用、处置的经营活动。"《刑法》第 225 条规定:"违反国家规定,有下列非法经营行为之一,扰乱市场秩序,情节严重的,处五年以下有期徒刑或者拘役,并处或者单处违法所得一倍以上五倍以下罚金;情节特别严重的,处五年以上有期徒刑,并处违法所得一倍以上五倍以下罚金或者没收财产:(一)未经许可经营法律、行政法规规定的专营、专卖物品或者其他限制买卖的物品的;(二)买卖进出口许可证、进出口原产地证明以及其他法律、行政法

① 笔者注:限于篇幅,本文不讨论能否对个人实施该行政处罚。

规规定的经营许可证或者批准文件的；（三）未经国家有关主管部门批准非法经营证券、期货、保险业务的，或者非法从事资金支付结算业务的；（四）其他严重扰乱市场秩序的非法经营行为。”据此，未经许可经营相关物品情节严重的，构成非法经营罪。

本案李某无证从事经营危险废物的行为，可能同时构成污染环境罪和非法经营罪。最高人民法院、最高人民检察院《关于办理环境污染刑事案件适用法律若干问题的解释》（法释〔2016〕29 号）第 6 条第 1 款规定：“无危险废物经营许可证从事收集、贮存、利用、处置危险废物经营活动，严重污染环境的，按照污染环境罪定罪处罚；同时构成非法经营罪的，依照处罚较重的规定定罪处罚。”该条文确定了犯罪竞合的，依照处罚较重的规定定罪处罚。2019 年 2 月 20 日，最高人民法院、最高人民检察院、公安部、司法部、生态环境部《关于办理环境污染刑事案件有关问题座谈会纪要》第 5 条“关于非法经营罪的适用”规定：“会议针对如何把握非法经营罪与污染环境罪的关系以及如何具体适用非法经营罪的问题进行了讨论……二要坚持综合判断原则，对行为人非法经营危险废物行为根据其在犯罪链条中的地位、作用综合判断其社会危害性。比如，有证据证明单位或者个人的无证经营危险废物行为属于危险废物非法经营产业链的一部分，并且已经形成了分工负责、利益均沾、相对固定的犯罪链条，如果行为人或者与其联系紧密的上游或者下游环节具有排放、倾倒、处置危险废物违法造成环境污染的情形，且交易价格明显异常的，对行为人可以根据案件具体情况在污染环境罪和非法经营罪中，择一重罪处断。”该条文实际上再次强调了犯罪竞合的处理方式。

2023 年 8 月 15 日施行的最高人民法院、最高人民检察院《关于办理环境污染刑事案件适用法律若干问题的解释》（法释〔2023〕7 号）第 7 条第 1 款沿袭了最高人民法院、最高人民检察院《关于办理环境污染刑事案件适用法律若干问题的解释》（法释〔2016〕29 号）第 6 条第 1 款的规定。

二、无证从事危险废物经营活动未造成环境污染的，不构成非法经营罪和污染环境罪

（一）不构成非法经营罪

最高人民法院、最高人民检察院《关于办理环境污染刑事案件适用法律若干

问题的解释》(法释〔2016〕29 号)第 6 条第 2 款规定："实施前款规定的行为，不具有超标排放污染物、非法倾倒污染物或者其他违法造成环境污染的情形的，可以认定为非法经营情节显著轻微危害不大，不认为是犯罪；构成生产、销售伪劣产品等其他犯罪的，以其他犯罪论处。"据此，无证从事危险废物经营活动未造成环境污染的，不构成非法经营罪。最高人民法院、最高人民检察院《关于办理环境污染刑事案件适用法律若干问题的解释》(法释〔2023〕7 号)第 7 条第 2 款沿袭了该规定。

（二）不构成污染环境罪

最高人民法院、最高人民检察院《关于办理环境污染刑事案件适用法律若干问题的解释》(法释〔2016〕29 号)第 6 条第 2 款规定中的表述为"可以认定为非法经营情节显著轻微危害不大，不认为是犯罪"，据此可确定不构成非法经营罪，那是否构成污染环境罪呢？

笔者认为，若未造成实质性环境污染，亦不构成污染环境罪。

最高人民法院、最高人民检察院《关于办理环境污染刑事案件适用法律若干问题的解释》(法释〔2016〕29 号)第 16 条规定："无危险废物经营许可证，以营利为目的，从危险废物中提取物质作为原材料或者燃料，并具有超标排放污染物、非法倾倒污染物或者其他违法造成环境污染的情形的行为，应当认定为'非法处置危险废物'。"最高人民法院、最高人民检察院《关于办理环境污染刑事案件适用法律若干问题的解释》(法释〔2023〕7 号)第 18 条沿袭了该规定。最高人民法院、最高人民检察院、公安部、司法部、生态环境部《关于办理环境污染刑事案件有关问题座谈会纪要》第 5 条"关于非法经营罪的适用"规定："……二要坚持综合判断原则，对行为人非法经营危险废物行为根据其在犯罪链条中的地位、作用综合判断其社会危害性……如果行为人或者与其联系紧密的上游或者下游环节具有排放、倾倒、处置危险废物违法造成环境污染的情形，且交易价格明显异常的，对行为人可以根据案件具体情况在污染环境罪和非法经营罪中，择一重罪处断。"第 8 条"关于非法排放、倾倒、处置行为的认定"规定："会议针对如何准确认定环境污染犯罪中非法排放、倾倒、处置行为进行了讨论。会议认为，司法实践中认定非法排放、倾倒、处置行为时，应当根据《固体废物污染环境防治法》和《环境解释》的有关规定精神，从其行为方式是否违反国家规定或者行业操作规范、污染物是否与外环境接触、是否造成环境污染的危险或者危害等方面进行综合分析判断。对名为运输、贮存、利用,实为排放、倾倒、处置的行为应当认定为非法排放、倾倒、处置行为,可以依法追究刑事责任。比如,未采取相应防范措施将没有利用价值的危险废物长期贮存、搁置,放任危险废物或者其有毒有害成分大量扬散、流失、泄漏、挥发,污染环境的。"

上述3个条文中,关于是否造成污染环境危害后果的表述,分别为"并具有超标排放污染物、非法倾倒污染物或者其他违法造成环境污染的情形的行为","具有排放、倾倒、处置危险废物违法造成环境污染的情形"和"从……是否造成环境污染的危险或者危害等方面进行综合分析判断……比如,未采取相应防范措施将没有利用价值的危险废物长期贮存、搁置,放任危险废物或者其有毒有害成分大量扬散、流失、泄漏、挥发,污染环境的",由此可知,认定为"非法处置行为"的前提为造成环境污染。则未造成环境污染的,依法不构成污染环境罪。

另外,最高人民法院喻海松法官在《环境资源犯罪实务精释》一书中亦持该观点,摘录如下:非法处置危险废物以违法造成环境污染为实质要件。非法处置危险废物以未取得经营许可证为前提,但是否以违法造成环境污染为要件,则存在不同认识。依据最高人民法院、最高人民检察院《关于办理环境污染刑事案件适用法律若干问题的解释》(法释〔2016〕29号)第6条的规定,本书持肯定态度。根据最高人民法院、最高人民检察院《关于办理环境污染刑事案件适用法律若干问题的解释》(法释〔2016〕29号)第1条第2项的规定,"非法处置危险废物三吨以上"是认定"严重污染环境"的具体情形之一。但是,如前文所述,污染环境罪保护的法益是环境法益。如果未取得经营许可证处置危险废物,在处置过程中未违法造成环境污染的,未对环境法益造成侵害,不宜以污染环境罪论处。[①]

在舟定检新刑不诉〔2018〕4号[②]案中,石某某在舟山市某厂房内将其收购的危险废物废机油,采用沉淀过滤、加热蒸发水分等方法加工处置后出售。被查获时,石某某已加工废机油3.3吨,未加工16.3吨。舟山市人民检察院对石某某作

① 参见喻海松:《环境资源犯罪实务精释》,法律出版社2017年版,第55~56页。

② 参见浙江省舟山市定海区人民检察院不起诉决定书,舟定检新刑不诉〔2018〕4号。

出不起诉决定,认为石某某的行为无法认定为《刑法》第338条规定的“严重污染环境”,其构成污染环境罪事实不清、证据不足。理由如下:(1)石某某实施了过滤、加热蒸发等违法加工危险废物的行为,但认定上述行为会对加工地附近环境造成严重污染危害后果的证据不足;(2)石某某虽供述将加工后的废机油销售,但具体销售对象、数量及获利金额均无法查证;(3)现有证据不足以认定石某某已加工的废机油销售后作为城市建筑脱模油使用,不能认定其行为对居民区环境造成严重污染。

三、法律意见书

2021年9月16日,黎征武律师向××市生态环境局提交了如下法律意见书(节选):

关于李某涉嫌无证经营废险废物一案
建议贵院对李某作行政处罚不予移送公安的法律意见书

××市生态环境局:

贵局查处的李某涉嫌无许可证从事危险废物收集、贮存、利用、处置的经营活动一案,北京市盈科(广州)律师事务所接受李某的委托,指派黎征武律师担任李某的代理律师,为其提供非诉法律服务。

根据李某的介绍和代理人前往案发现场了解的情况,代理人认为本案依法不构成犯罪。因此,代理人特向贵局提出本法律意见供贵局参考,恳请贵局给予李某改正的机会,暂不将本案移送公安机关。

一、本案没有造成实质环境污染,依法不构成犯罪

据李某介绍,其开设的无证工厂主要用于储存疑似煤焦油的物质(经鉴定为危险废物),该工厂在经营过程中没有出现煤焦油泄漏的情况。同时,李某在买卖煤焦油的过程中亦没有倾倒、填埋煤焦油的违法行为。因此,李某虽有非法收集、贮存危险废物的违法行为,但未造成生态环境损害的后果,依法不构成犯罪。首先,由《刑法》第338条的表述可知,污染环境罪的构成要件之一为“严重污染环境”或“特别严重污染环境”,不包括未造成环境污染的情形。此外,由最高人民法院、最高人

民检察院《关于办理环境污染刑事案件适用法律若干问题的解释》第6条的规定可知,无证从事危险废物经营活动,如不具有超标排放、非法倾倒污染物造成环境污染情形,依法不认为是犯罪。最高人民法院、最高人民检察院、公安部、司法部、生态环境部《关于办理环境污染刑事案件有关问题座谈会纪要》第5条和第8条也有相同规定。另外,据李某介绍,涉案工厂收集、贮存的煤焦油仍有利用价值,可出售营利。因此,李某没有非法排放、倾倒煤焦油的动机,不具有造成环境污染的主观故意。

二、李某虽不构成犯罪,但其行为具有可罚性,贵局可对其予以行政处罚

虽然李某的行为没有造成环境污染,依法不构成犯罪,但其无证收集、贮存危险废物的行为违反了《固体废物污染环境防治法》第80条第2款的规定,贵局可依据该法第114条第1款的规定对李某处以罚款,以惩戒其违法行为。另外,根据《固体废物污染环境防治法》第124条的规定可知,本案李某收集煤焦油后暂存于工厂等待出售的行为属于收集和贮存,其环境危害性显然低于利用和处置。因此,恳请贵局在作出行政处罚时考虑到该情节。

三、李某已改正违法行为,且正在积极处置危险废物

李某收到贵局的《责令改正通知书》后立即停止了违法行为。目前李某正在积极与危险废物处置公司沟通处置方案,后续将按贵局要求制定处置方案并报告贵局,请贵局给予改正的机会。

综上,代理人认为本案李某在未造成环境污染的情况下,依法不构成犯罪,恳请贵局暂不要将本案移送公安机关,给予李某改过自新的机会,以达到法治效果和社会效果的有机统一。

代理人:黎征武律师

2021年9月16日

❖风险提示

一、对无证经营危险废物没有造成污染环境的行为是否构成环境污染罪,不同办案机关存在不同观点

虽然相关法律、最高人民法院喻海松法官和相关案例都认为,无证经营危险

废物未造成环境污染的不构成污染环境罪。但司法实践中，可能存在不同观点，以 2023 年笔者在广州办理的一起污染环境罪案为例：二审法院认为，最高人民法院、最高人民检察院《关于办理环境污染刑事案件适用法律若干问题的解释》（法释〔2016〕29 号）第 16 条规定："无危险废物经营许可证，以营利为目的，从危险废物中提取物质作为原材料或者燃料，并具有超标排放污染物、非法倾倒污染物或者其他违法造成环境污染的情形的行为，应当认定为'非法处置危险废物'。"第 6 条规定："无危险废物经营许可证从事收集、贮存、利用、处置危险废物经营活动，严重污染环境的，按照污染环境罪定罪处罚；同时构成非法经营罪的，依照处罚较重的规定定罪处罚。实施前款规定的行为，不具有超标排放污染物、非法倾倒污染物或者其他违法造成环境污染的情形的，可以认定为非法经营情节显著轻微危害不大，不认为是犯罪；构成生产、销售伪劣产品等其他犯罪的，以其他犯罪论处。"从上述条款的内容看，其只是提示相关行为应当认定为"非法处置危险废物"及实施无证非法收集、贮存、利用、处置危险废物，严重污染环境的行为，不具有超标排放污染物、非法倾倒污染物或者其他违法造成环境污染的情形的，可以不认定为非法经营罪。但该两条款并未规定，未造成环境污染的非法排放、倾倒、处置危险废物的行为，不构成污染环境罪。反而，最高人民法院、最高人民检察院《关于办理环境污染刑事案件适用法律若干问题的解释》（法释〔2023〕7 号）第 1 条第 2 项规定，"实施刑法第三百三十八条规定的行为，具有下列情形之一的，应当认定为'严重污染环境'：……（二）非法排放、倾倒、处置危险废物三吨以上的"。因此，上诉人刘某某及原审被告人黄某某、刘某基非法收集、贮存并通过加热过滤提纯的方法处置危险废物达 61 吨多，依照上述规定，应当认定为属非法排放、倾倒、处置危险废物，严重污染环境。根据《刑法》第 338 条的规定，"违反国家规定，排放、倾倒或者处置有放射性的废物、含传染病病原体的废物、有毒物质或者其他有害物质，严重污染环境的，处三年以下有期徒刑或者拘役，并处或者单处罚金……"，上诉人刘某某等人依法已构成污染环境罪。

笔者认为二审法院的观点值得商榷，理由如下：

1. 关于是否因未造成环境污染后果而无罪的问题，该裁定书的理由主要有两点:(1)相关规定未明确未造成环境污染的不构成污染环境罪;(2)本案刘某某的行为属于处置,且严重污染环境。

对此,笔者认为:(1)本文“律师评析”部分已分析,未造成环境污染的不构成非法经营罪和污染环境罪,此处不再赘述;(2)裁定观点混淆了法律定义的“严重污染环境”和实质性的环境污染,未区分行为犯和结果犯。最高人民法院、最高人民检察院《关于办理环境污染刑事案件适用法律若干问题的解释》(法释〔2023〕7号)第1条规定了11种属于《刑法》第338条中“严重污染环境”的情形,包括行为犯和结果犯,即该解释第1条和《刑法》第338条规定中的“严重污染环境”,既有行为犯又有结果犯。而造成实质性环境污染属于结果犯,故法律规定中的“严重污染环境”,包含但不等同于造成实质性环境污染的情形。最高人民法院、最高人民检察院《关于办理环境污染刑事案件适用法律若干问题的解释》(法释〔2023〕7号)第1条第2项为“非法排放、倾倒、处置危险废物三吨以上的”,从该条款的表述来看似乎为行为犯。但根据最高人民法院、最高人民检察院《关于办理环境污染刑事案件适用法律若干问题的解释》(法释〔2023〕7号)第18条、最高人民法院、最高人民检察院、公安部、司法部、生态环境部《关于办理环境污染刑事案件有关问题座谈会纪要》第5条、第8条和最高人民法院喻海松法官的观点,在判定是否属于“非法处置行为”时,应坚持实质判断原则,即要求造成实质性环境污染(如超标排放污染物),故为结果犯。但是,该裁定理由仍适用最高人民法院、最高人民检察院《关于办理环境污染刑事案件适用法律若干问题的解释》(法释〔2023〕7号)第1条第2项的行为而忽略是否造成实质性损害来认定属于“严重污染环境”,“本院认为”部分“对环境污染并未完全显现”的表述亦说明该裁定认为本案属于行为犯,与法律规定不符,认定有误。另外,在认定无证利用危险废物的行为属于“非法处置行为”时,“造成实质性环境污染”为因,“属于非法处置行为”为果。但是,涉案裁定书载明“非法收集、贮存并通过加热过滤提纯的方法处置危险废物达61吨多,依照上述规定,应当认定为属非法排放、倾倒、处置危险废物,严重污染环境”,系在未明确已造成实质性损害的前提下先确定属于“非法处置行为”的果,再将该结果作为原因得出属于严重污染环境的结论,颠倒了因果关系,逻辑错误。

2. 关于处置加工废渣行为属贮存还是倾倒行为的问题。在《刘某某涉嫌污染环境罪案辩护意见(3)》中，笔者已详细分析，不再赘述，该裁定理由实际上仍忽略了是否造成实质性环境污染的危害结果。若依此观点，则所有未按规定贮存危险废物的行为都属于非法倾倒行为，存在有毒有害物质扬散、流失、泄漏污染环境风险的，均依法构成污染环境罪。因此，该观点既无法律依据，又不具有合理性，亦与当前环境执法现状不符。

二、律师在制定辩护策略时，应考虑当事人对行政处罚和刑事处罚的接受程度

《行政处罚法》(2021 修订)第 27 条第 1 款规定："违法行为涉嫌犯罪的，行政机关应当及时将案件移送司法机关，依法追究刑事责任。对依法不需要追究刑事责任或者免予刑事处罚，但应当给予行政处罚的，司法机关应当及时将案件移送有关行政机关。"该条款规定了行刑反向衔接的处理。

《固体废物污染环境防治法》(2020 修订)第 114 条第 1 款规定，对无证经营危险废物的行为，处以 100 万～500 万元的罚款。因此，辩护律师在制定辩护策略时，不能仅从刑事责任的角度进行无罪辩护，还应考虑无罪辩护后行政处罚的问题。

在前述案件中，李某的行为发生于 2020 年 1 月，但一直持续到 2021 年 8 月，故应适用《固体废物污染环境防治法》(2020 修订)第 114 条的规定予以行政处罚，且李某自愿接受行政处罚，故可实施该策略。刘某某所涉案件虽然于 2021 年被移送公安机关处理，但刘某某的行为发生和终止于 2018 年，当时有效的《固体废物污染环境防治法》(2016 修正)第 77 条第 1 款规定："无经营许可证或者不按照经营许可证规定从事收集、贮存、利用、处置危险废物经营活动的，由县级以上人民政府环境保护行政主管部门责令停止违法行为，没收违法所得，可以并处违法所得三倍以下的罚款。"因此，假设本案刘某某被宣告无罪后，其所缴纳的罚款数额并不高，故不用担心行政处罚罚款数额问题。

4. 否定涉案固体废物的危险特性，成功无罪辩护

——李某某非法处置危险废物涉嫌污染环境罪案

摘要

根据相关规定，非法处置危险废物3吨以上的，构成污染环境罪。该类案件的突破口主要为是否造成环境污染，以及涉案固体废物是否属于危险废物。本案中，李某某收购沾染各种染料、废油的铁皮，经清洗后出售铁皮；同时收购盛装化学原料的废铁桶，进行切割、清洗后出售铁皮。李某某加工的废铁桶和废铁皮数量远超过3吨，且在作业过程中造成环境污染。当地生态环境主管部门、公安机关和检察机关均认为李某某的行为属于非法处置危险废物，构成污染环境罪。李某某亦认罪认罚，同意被判处实刑。在检察机关提起公诉前，李某某委托盈科广州黎征武律师进行辩护。经阅卷，黎征武律师认为认定涉案废铁桶和废铁皮属于危险废物的证据不足，遂提出无罪辩护意见。后检察机关将案件退回公安机关，公安机关解除对李某某的取保候审，本案无罪辩护成功。

案情简介

2022年4月至6月，李某某从他人处购买沾染各种染料、废油的铁皮，在A工厂清洗干净后出售铁皮；同时收购盛装化学原料的废铁桶，在B场地进行切割后，运输到A工厂清洗干净后出售铁皮。

2022年7月23日,××市生态环境局ZC分局执法人员发现该两个非法加工点。现场检查时,A工厂现场查获已完成加工清洗的铁皮20吨,B场地现场查获未进行切割处理的废铁质包装桶约400个,共约4吨。同月26日,ZC分局将案件移送ZC市公安局。同月27日,李某某被刑事拘留,同月30日被取保候审。

2023年12月25日,李某某的家属联系盈科广州黎征武律师,称李某某已经签署认罪认罚具结书,检察机关建议量刑为6个月实刑。李某某的家属担心李某某被判刑后,会影响子女考取公务员,故咨询是否有无罪可能。

律师策略

2023年12月26日,经过电话沟通后,李某某确定委托黎征武律师为辩护人。根据规定,检察院审查起诉的期限为30日,最多可延长15日,且检察院在当事人签署认罪认罚具结书后,通常会很快提起公诉。李某某亦称,承办检察官告知其将于半个月后起诉到法院。时间紧急,黎征武律师立即着手出差事宜。

2024年1月2日下午,黎征武律师到达ZC市看现场并了解详细案情。1月3日上午,黎征武律师到ZC市人民检察院阅卷调取案件材料。经查看现场和阅卷,黎征武律师认为,李某某将A工厂的清洗污水直接外排至外环境,显然已经造成环境污染;在B场地裸露的土地上切割废铁桶,铁桶内残留的化学原料经雨水冲刷,难免进入土壤污染环境。因此,本案李某某的行为已经造成环境污染,故本案的突破口为是否有充分的证据证明李某收购的涉案物品属于危险废物。

黎征武律师发现:(1)李某某收购的废铁皮来源于多个废品回收站,这些废铁皮亦是废品回收站回收的,导致废铁皮原用途和来源不明,且现场检查时,A工厂没有未被清洗的铁皮,导致现场未采集废铁皮上沾染的物质进行鉴别,进而导致没有证据证明李某某收购的废铁皮属于危险废物,或属于危险废物的废铁皮超过3吨;(2)李某某存放于B场地的400个铁桶上,分别贴有氨基树脂、水性树脂、SWU3075、醇酸树脂、二甲苯等标签及字样。经查,《国家危险废物名录》(2021年版)中没有将水性树脂列为危险废物,故不能认定涉案400个废铁桶全部属于危险废物。同时,经对切割机上残留的混合样品进行鉴别,结论为不属于危险废物。

而本案案发后,李某某已将涉案废铁桶全部处理,无法再进行分类取样检测,导致本案认定属于危险废物的废铁桶超过 3 吨的证据不足。因此,黎征武律师认为,本案认定李某某构成污染环境罪的证据不足。

2024 年 1 月 3 日晚上临近 12 点,黎征武律师起草好《辩护意见》,于 1 月 4 日上午到 ZC 市人民检察院沟通并提交《辩护意见》。1 月 5 日,黎征武律师回到广州。

根据与承办检察官的沟通情况,黎征武律师又委托山东大学生态环境损害鉴定研究院高振会院长和林佳宁副教授就涉案技术问题出具《专家意见》。2024 年 1 月 14 日,黎征武律师再次从广州出发到 ZC 市,与 ZC 市人民检察院沟通辩护意见,并提交《专家意见》和《辩护意见(2)》。

办理结果

2024 年 1 月 15 日,黎征武律师再次提交辩护意见后,ZC 市人民检察院未按照原计划将案件起诉到 ZC 市人民法院。2024 年 5 月,ZC 市人民检察院将案件退回 ZC 市公安局。2024 年 7 月 3 日,ZC 市公安局决定解除对李某某的取保候审措施,并退还取保候审保证金。

律师评析

一、无证从事危险废物经营活动未造成环境污染的,不构成非法经营罪和污染环境罪

《刑法》第 338 条规定:"违反国家规定,排放、倾倒或者处置有放射性的废物、含传染病病原体的废物、有毒物质或者其他有害物质,严重污染环境的,处三年以下有期徒刑或者拘役,并处或者单处罚金……"最高人民法院、最高人民检察院《关于办理环境污染刑事案件适用法律若干问题的解释》(法释〔2023〕7 号)第 1 条规定:"实施刑法第三百三十八条规定的行为,具有下列情形之一的,应当认定为'严重污染环境':……(二)非法排放、倾倒、处置危险废物三吨以上的……"据此,非法处置危险废物超过 3 吨的,构成污染环境罪。

在本书《无证经营危险废物未造成环境污染的，不构成污染环境罪——李某无证经营 1000 余吨危险废物煤焦油案》“律师评析”部分，笔者已分析无证从事危险废物经营活动未造成环境污染的，不构成非法经营罪和污染环境罪，此处不再赘述。本案李某某的行为已经造成环境污染，故本案的突破口为在案证据能否证明李某某收购的涉案废铁桶和废铁皮属于危险废物。

二、沾染毒性危险特性的物品属于危险废物

《国家危险废物名录》（2021 年版）第 2 条列明危险特性有五种，分别为毒性、腐蚀性、易燃性、反应性和感染性。同时，其第 4 条规定：“危险废物与其他物质混合后的固体废物，以及危险废物利用处置后的固体废物的属性判定，按照国家规定的危险废物鉴别标准执行。”

《危险废物鉴别标准通则》（GB 5085.7－2019）“危险废物混合后判定规则”规定：“5.1 具有毒性、感染性中一种或两种危险特性的危险废物与其他物质混合，导致危险特性扩散到其他物质中，混合后的固体废物属于危险废物。5.2 仅具有腐蚀性、易燃性、反应性中一种或一种以上危险特性的危险废物与其他物质混合，混合后的固体废物经鉴别不再具有危险特性的，不属于危险废物。5.3 危险废物与放射性废物混合，混合后的废物应按照放射性废物管理。”

本案中，办案机关认为李某某收购的废铁桶和废铁皮上沾染的为具有毒性危险特性的物质，故该些废铁桶和废铁皮亦属于危险废物，认定李某某非法处置的数量时，亦根据该些废铁桶和废铁皮的数量进行认定。因此，本案的突破口在于在案证据能否证明李某某收购的涉案废铁桶和废铁皮上沾染的物质为危险废物。

三、认定危险废物的规则

最高人民法院、最高人民检察院《关于办理环境污染刑事案件适用法律若干问题的解释》（法释〔2016〕29 号）第 13 条第 1 款规定：“对国家危险废物名录所列的废物，可以依据涉案物质的来源、产生过程、被告人供述、证人证言以及经批准或者备案的环境影响评价文件等证据，结合环境保护主管部门、公安机关等出具的书面意见作出认定。”最高人民法院、最高人民检察院《关于办理环境污染刑事案件适用法律若干问题的解释》（法释〔2023〕7 号）第 15 条第 1 款沿袭了该规定，

并在此基础上增加了排污许可证和排污登记表可作为认定依据,即“对国家危险废物名录所列的废物,可以依据涉案物质的来源、产生过程、被告人供述、证人证言以及经批准或者备案的环境影响评价文件、排污许可证、排污登记表等证据,结合环境保护主管部门、公安机关等出具的书面意见作出认定”。

最高人民法院、最高人民检察院、公安部、司法部、生态环境部《关于办理环境污染刑事案件有关问题座谈会纪要》第 13 条“关于危险废物的认定”规定:“会议针对危险废物如何认定以及是否需要鉴定的问题进行了讨论。会议认为,根据《环境解释》的规定精神,对于列入《国家危险废物名录》的,如果来源和相应特征明确,司法人员根据自身专业技术知识和工作经验认定难度不大的,司法机关可以依据名录直接认定。对于来源和相应特征不明确的,由生态环境部门、公安机关等出具书面意见,司法机关可以依据涉案物质的来源、产生过程、被告人供述、证人证言以及经批准或者备案的环境影响评价文件等证据,结合上述书面意见作出是否属于危险废物的认定。对于需要生态环境部门、公安机关等出具书面认定意见的,区分下列情况分别处理:(1)对已确认固体废物产生单位,且产废单位环评文件中明确为危险废物的,根据产废单位建设项目环评文件和审批、验收意见、案件笔录等材料,可对照《国家危险废物名录》等出具认定意见。(2)对已确认固体废物产生单位,但产废单位环评文件中未明确为危险废物的,应进一步分析废物产生工艺,对照判断其是否列入《国家危险废物名录》。列入名录的可以直接出具认定意见;未列入名录的,应根据原辅材料、产生工艺等进一步分析其是否具有危险特性,不可能具有危险特性的,不属于危险废物;可能具有危险特性的,抽取典型样品进行检测,并根据典型样品检测指标浓度,对照《危险废物鉴别标准》(GB 5085.1 -7)出具认定意见。(3)对固体废物产生单位无法确定的,应抽取典型样品进行检测,根据典型样品检测指标浓度,对照《危险废物鉴别标准》(GB 5085.1 -7)出具认定意见。对确需进一步委托有相关资质的检测鉴定机构进行检测鉴定的,生态环境部门或者公安机关按照有关规定开展检测鉴定工作。”

上述条文明确规定了认定危险废物的规则,根据笔者办案经验,实践中存在的问题主要有以下两点:

1. 办案部门委托第三方检测公司对涉案物品进行检测后,由检测公司出具涉案物品是否属于危险废物的结论,而不是由办案机关出具认定意见,不符合前述规定的要求。

2. 不论涉案固体废物是否列入《国家危险废物名录》、来源是否明确,办案机关通常都会委托第三方进行危险废物鉴别。因该项费用通常由当事人承担,故办案部门的该种做法增加了当事人的负担。例如,在最高人民法院公布的 203 号指导性案例①中,左某某等人非法倾倒铝灰渣。经鉴别,涉案铝灰属于危险废物。江苏省某研究院对此次事件生态环境损害评估认为:本次污染事件存在财产损害,费用主要包括财产损害费用、应急处置费用和生态环境损害费用。财产损害费用为清理过程中造成农户的小麦、油菜、蚕豆、蔬菜损失共计 3400 元;应急处置费用包括应急监测费用 7800 元(实收 7200 元)、废铝灰与土壤的混合物的清理费用 76,161 元、处置费用因暂未处置暂按 1000 元/吨估算;生态环境损害费用 18,000 元(坑塘回填恢复,也就是填土费用)。另外,本案行政机关委托第三方公司的鉴定费用为 80,000 元、江苏省某研究院应急处置方案费用 70,000 元及生态环境损害评估费用 250,000 元,合计 400,000 元。最终,江苏省盱眙县人民法院作出(2019)苏 0830 刑初 534 号刑事附带民事判决,认定左某某等人犯污染环境罪,判决左某某等人连带赔偿财产损害费用 3400 元、应急处置即清理铝灰渣的费用 156,489 元、生态环境损害费用即填土费用 18,000 元、鉴定评估等事务性费用等 400,000 元,合计 577,889 元。该费用中,赔偿费用、应急处置费用和填土费用仅 17.7889 万元,而检测、鉴定、评估等事务性费用高达 40 万元,极大增加了当事人的经济负担。

四、辩护意见

2024 年 1 月 4 日,黎征武律师向 ZC 市人民检察院提交如下辩护意见:

---

① 参见《指导性案例 203 号:左勇、徐鹤污染环境刑事附带民事公益诉讼案》,载最高人民法院网 2023 年 1 月 11 日,https://www.court.gov.cn/zixun/xiangqing/386141.html。

关于李某某涉嫌污染环境罪一案辩护意见

ZC市人民检察院:

李某某涉嫌污染环境罪一案,北京市盈科(广州)律师事务所接受李某某委托,指派黎征武律师担任李某某的辩护人。现辩护人根据在案证据等情况,谨提出如下辩护意见,恳请贵院依法审查并采纳。

辩护人认为:(1)本案没有直接证据证明李某某非法处置的危险废物数量达到3吨,故根据存疑有利于犯罪嫌疑人的原则,认定其构成污染环境罪的证据不足;(2)在认定李某某构成犯罪的情况下,综合考虑本案案情、犯罪未遂及李某某的主观故意、违法时长、危害后果、自首、承担修复责任、积极赔偿、社会影响等因素,决定对李某某不起诉并进行行政处罚,更能体现法律的温情,亦更能达到法律效果和社会效果的有机统一。

一、本案没有证据证明李某某非法处置的危险废物数量达到3吨

最高人民法院、最高人民检察院《关于办理环境污染刑事案件适用法律若干问题的解释》(法释〔2023〕7号)(本辩护意见以下简称《环境司法解释》)第15条第1款规定,“对国家危险废物名录所列的废物,可以依据涉案物质的来源、产生过程、被告人供述、证人证言以及经批准或者备案的环境影响评价文件、排污许可证、排污登记表等证据,结合环境保护主管部门、公安机关等出具的书面意见作出认定”。

××市生态环境局ZC分局出具的《关于ZC市××区××村北(××石化北院落)、ZC市××化学院内东南角车间内查获的废包装容器等属于危险废物的证明》(以下简称《危废证明》)载明,“……认定上述已清洗的铁皮20捆、尚未加工的铁皮包装桶400个、清洗废液、清洗残渣及被污染的土壤都属于危险废物,未清洗的铁皮、铁桶废物类别为HW49……清洗废液类别为:HW35……清洗残渣沉淀物类别为:HW12……以上危险废物危险特性均含有T(毒性)”。

辩护人认为,ZC分局出具的上述《危废证明》不能证明涉案相关物质均属于

危险废物,理由如下。

(一)《危废证明》所列物质并非均属于危险废物

根据《危废证明》所列物质,分别分析如下:

1. 已清洗的铁皮20捆(××化学院内)

涉案清洗工艺位于××化学院内,2022年7月23日《现场检查(勘察)笔录》(××化学院内)第1页载明“现场有1台水洗箱、1个清洗循环池”,当日《调查询问笔录》第1页载明工艺为“加热碱洗、压平、清洗”,故已清洗后的铁皮显然不属于危险废物,《危废证明》中亦未载明危废类别。

2. 尚未加工的铁皮包装桶400个(××石化院)

在案证据至少能证明涉案400个铁桶不均是危险废物。

首先,2022年7月23日××市生态环境局对该处所做《现场检查(勘察)笔录》第2页载明,“未加工铁质包装桶约400个。铁质废包装桶内贴有氨基树脂、水性树脂、SWU3075、醇酸树脂、二甲苯等标签以及字样”。另外,《危废证明》认定铁桶废物类别为HW49:900-041-49(含有或沾染毒性、感染性危险废物的废弃包装物、容器、过滤吸附介质)。树脂经溶剂溶解后,加入填料、颜料等即可生产漆。若溶剂为有机溶剂,则为油性树脂,生产的漆为油性漆;若溶剂为水,则为水性树脂,生产的漆为水性漆亦称为环保漆。《国家危险废物名录》(2021年版)未明确废弃水性树脂为危险废物,且明确废弃水性漆不属于危险废物。因此,废弃水性树脂不属于危险废物,《危废证明》的认定显然有误,涉案400个废铁桶不均属于危险废物。

其次,2022年7月23日对废铁桶切割点残留物取样后,××司法鉴定中心出具的《鉴定意见书》明确“涉案相关的废铁桶切割点残留的内容物”不属于危险废物,故《危废证明》认定铁桶废物为HW49:900-041-49(含有或沾染毒性、感染性危险废物的废弃包装物、容器、过滤吸附介质)危险废物,与鉴定结果不符。

3. 清洗废液(××化学院内)

涉案《鉴定意见书》明确“涉案相关的非法清洗废铁桶窝点墙外渗坑内排放的清洗废水”不属于危险废物,故《危废证明》认定结果与鉴定结果不符。

4. 清洗残渣(××化学院内)

涉案《鉴定意见书》明确“涉案相关的非法清洗废铁桶窝点墙外渗坑内排放的清洗废铁皮桶残渣”属于危险废物。但是,该厂址原为化工厂,不能证明残渣均来源于李某某的排放行为。

5. 被污染的土壤

被污染的土壤不属于固体废物范畴,故不属于危险废物,《危废证明》亦未载明危险废物类别,且其性质的认定与本案李某某是否构成犯罪无关。

6. 未清洗的铁皮(××化学院内)

本案ZC分局出具的《危废证明》不具有说服力。《危废证明》形成时间为2022年7月25日,在案证据显示当日之前ZC分局掌握的证据材料仅有2022年7月23日《现场检查(勘察)笔录》(××化学院内)和《调查询问笔录》,但该两份笔录均没有描述废铁皮的相关记载,且《调查询问笔录》也只载明执法人员表示“你从事废包装桶加工涉嫌危废收集、处置”“你是否清楚知晓这些废旧包装桶原先盛放的物质的危险特性”,调查结束后形成的《危废证明》亦无铁皮沾染危险废物的表述及沾染物属于危险废物的证据。因此,ZC分局认定未清洗的铁皮属于HW49:900-041-49(含有或沾染毒性、感染性危险废物的废弃包装物、容器、过滤吸附介质)不具有说服力。

(二)在案证据不足以认定未清洗的废铁皮属于危险废物

李某某收集的废铁皮是否属于危险废物,对罪与非罪的认定意义重大。

《环境司法解释》第15条第1款规定,“对国家危险废物名录所列的废物,可以依据涉案物质的来源、产生过程、被告人供述、证人证言以及经批准或者备案的环境影响评价文件、排污许可证、排污登记表等证据,结合环境保护主管部门、公安机关等出具的书面意见作出认定”。

辩护人认为,本案不足以认定未清洗的废铁皮属于危险废物。

首先,前述条文规定可依据涉案物质的来源等证据结合生态环境局出具的书面意见作出认定的前提是,认定对象属于《国家危险废物名录》所列的废物。但是,本案并没有直接证据证明未清洗的铁皮上沾染的物质属于危险废物,即无证据证明废铁皮属于HW49:900－041－49(含有或沾染毒性、感染性危险废物的废弃包装物、容器、过滤吸附介质)。因此,本案不能适用前述条文进行认定。

其次,即便可适用前述条文进行认定,在案证据也无法证明未清洗的废铁皮属于危险废物。(1)李某某收集的废铁皮来源于张某某等人,但张某某等人的废铁皮来源未知,故来源无法作为认定依据。(2)张某某等人虽然供述"是一些含有机油或树脂的铁皮""属于危险废物",但该供述的真实性和可信度较低。一方面,向李某某提供废铁皮的有多人是小学、初中文化,了解树脂、危险废物等专业名词及知道含有机油或树脂的铁皮属于危险废物的概率极小。另一方面,据李某某介绍,其收集的废铁皮除了沾染其不认识的物质外,还有些沾染黄豆油等物质。因此,该些人供述的真实性和可信度较低。(3)如前所述,ZC分局出具的《危废证明》不具有说服力。综上,根据前述条文无法证明未清洗的废铁皮属于危险废物。

再次,本案没有对废铁皮沾染的物质进行鉴定。《环境司法解释》第16条规定,"对案件所涉的环境污染专门性问题难以确定的,依据鉴定机构出具的鉴定意见,或者国务院环境保护主管部门、公安部门指定的机构出具的报告,结合其他证据作出认定"。最高人民法院、最高人民检察院、公安部、司法部、生态环境部《关于办理环境污染刑事案件有关问题座谈会纪要》第13条"关于危险废物的认定"明确了危险废物认定规则,规定"对固体废物产生单位无法确定的,应抽取典型样品进行检测,根据典型样品检测指标浓度,对照《危险废物鉴别标准》(GB 5085.1－7)出具认定意见。对确需进一步委托有相关资质的检测鉴定机构进行检测鉴定的,生态环境部门或者公安机关按照有关规定开展检测鉴定工作"。本案没有对铁皮沾染的物质进行检测,不能证明沾染物质属于危险废物,即不能证明废铁皮属于危险废物。

最后,废铁桶和废铁皮在碱洗、清洗过程中,其表面沾染的物质和外层的喷漆均被洗掉形成残渣,故虽然《鉴定意见书》认定"涉案相关的非法清洗废铁桶窝点墙外渗坑内排放的清洗废铁皮桶残渣"属于危险废物,但不能以此认定表面沾染的物质为危险废物。

综上,在案证据不足以认定未清洗的废铁皮全部属于危险废物。

二、本案认定李某某构成污染环境罪的证据不足

根据李某某的行为和涉案场所,分别分析如下:

(一)不能证明已经非法处置的废铁桶数量超过3吨

公安机关出具的办案说明载明,“我单位民警实际称重每个铁桶重量10.2公斤,448个铁桶共计4.56吨”。××市生态环境局《现场检查(勘察)笔录》第2页载明,“未加工铁质包装桶约400个”,即已切割的废铁桶约48个,约0.49吨。如前所述,在案证据证明并非所有废铁桶均属于危险废物,故不能证明李某某非法处置的废铁桶超过3吨。退一步讲,即便所有废铁桶均属于危险废物,李某某非法处置的数量仅0.49吨,可认定为犯罪未遂。

(二)不能证明已经非法处置的废铁皮数量超过3吨

如前所述,在案证据不能证明李某某已清洗的属于危险废物的铁皮超过3吨,故不能证明该行为构成污染环境罪。

(三)不能证明已经非法倾倒的残渣数量超过3吨

本案未对李某某倾倒的清洗废水残渣进行称量,不能证明其数量超过3吨,且不能证明残渣均源于李某某,故不能证明构成犯罪。

综上,根据存疑有利于犯罪嫌疑人的原则,在案证据不能证明李某某非法排放、处置的危险废物数量达到3吨,故认定构成污染环境罪的证据不足。

三、在认定构成犯罪的前提下,可酌定不起诉或建议缓刑

在认定李某某构成污染环境罪的前提下,恳请贵院综合考虑以下事实,对李某某决定不起诉或建议缓刑。

(一)李某某非法处置危险废物的主观故意

最高人民法院、最高人民检察院、公安部、司法部、生态环境部《关于办理环境污染刑事案件有关问题座谈会纪要》第3条“关于主观过错的认定”规定,“会议认为,判断犯罪嫌疑人、被告人是否具有环境污染犯罪的故意,应当依据犯罪嫌疑人、被告人的任职情况、职业经历、专业背景、培训经历、本人因同类行为受到行政处罚或者刑事追究情况以及污染物种类、污染方式、资金流向等证据,结合其供述,进行综合分析判断”。诚然,李某某在加工废铁桶、废铁皮过程中未采取环境

保护措施,至少放纵了污染环境危害后果的发生。但是,只有初中文化程度、从未接触过化工行业的李某某,可能知道涉案废铁桶、废铁皮上沾染的物质会污染环境,但显然不知道属于危险废物。因此,李某某没有非法处置危险废物的主观故意。

(二)违法时间短、危害后果小

本案李某某违法行为持续时间仅1个多月,产生的污染物虽然直接接触了外环境(土壤),但外排的污染物数量较少,且外排去向分别为××石化院内和××化学院内,未排放至江河湖泊等水域、农田和森林,对生态环境造成的影响较小,亦未造成明显不良社会影响。

(三)李某某积极改正违法行为

本案案发后,李某某立即停止了违法行为,并依法处置了涉案设备、废铁桶、废铁皮等。

(四)李某某具有自首情节

公安机关已认定,不再赘述。

(五)李某某愿意积极承担修复责任、积极赔偿

李某某愿意清理被污染的土壤,并回填新土壤。同时,对本案已经产生的鉴定等费用,李某某愿意积极赔偿。

四、对李某某给予行政处罚,更能体现法律的温情,亦更能达到法律效果和社会效果的有机统一

刑法是有温度的。综合考虑本案案情、犯罪未遂及李某某的主观故意、违法时间短、危害后果小、自首、承担修复责任、积极赔偿、社会影响等因素,决定对李某某不起诉并进行行政处罚,更能体现法律的温情,亦更能达到法律效果和社会效果的有机统一。

本案李某某违法行为的行政处罚分析:

没有报批环评手续的违法行为,根据《环境影响评价法》(2018修正)第31条“建设单位未依法报批建设项目环境影响报告书、报告表……擅自开工建设的……处建设项目总投资额百分之一以上百分之五以下的罚款”的规定,可处以

投资款1%～5%的罚款。

没有配备环保设备的行为,根据《建设项目环境保护管理条例》(2017修订)第23条"违反本条例规定,需要配套建设的环境保护设施未建成、未经验收或者验收不合格,建设项目即投入生产或者使用……处20万元以上100万元以下的罚款"的规定,可处以20万～100万元的罚款。

未经处理排放污染物的行为,根据《水污染防治法》(2017修正)第83条"违反本法规定,有下列行为之一的……处十万元以上一百万元以下的罚款……:(三)利用渗井、渗坑、裂隙、溶洞,私设暗管,篡改、伪造监测数据,或者不正常运行水污染防治设施等逃避监管的方式排放水污染物的"的规定,可处以10万～100万元的罚款。

综上,辩护人认为,本案认定李某某构成污染环境罪的证据不足。在认定其构成犯罪的情况下,综合考虑本案案情、犯罪未遂及李某某的主观故意、违法时间短、危害后果小、自首、承担修复责任、积极赔偿、社会影响等因素,决定对李某某不起诉并进行行政处罚,更能体现法律的温情,亦更能达到法律效果和社会效果的有机统一。

以上辩护意见,恳请贵院依法审查并采纳。

辩护人:黎征武律师

2024年1月4日

五、专家意见

2024年1月14日,黎征武律师委托山东大学生态环境损害鉴定研究院高振会院长和林佳宁副教授就涉案技术问题出具如下《专家意见》:

李某涉嫌污染环境罪一案专家意见

一、基本案情

本案犯罪嫌疑人李某某的辩护人黎征武律师介绍案情如下:

(1)李某某收购废铁桶切割后清洗,清洗流程为强碱浸泡、压平、毛刷刷洗、清水冲洗,得到干净铁皮。另外,李某某另行收购的已切割好的废铁皮清洗流程同上。

(2)某市生态环境局《现场检查(勘察)笔录》载明:"铁质废包装桶贴有氨基树脂、水性树脂、SWU3075、醇酸树脂、二甲苯等标签以及字样。"

(3)某司法鉴定中心对涉案相关的废铁桶切割点残留的内容物危险特性鉴别结论为不具有危险特性。

(4)同案犯供述提供给李某某的废铁皮沾染废机油、油漆或树脂。

(5)某司法鉴定中心对涉案相关的非法清洗废铁桶窝点墙外渗坑内排放的清洗废铁皮桶残渣的危险特性鉴别结论为具有毒性的危险特性。

二、分析

根据前述基本案情,分析如下:

(一)氨基树脂、水性树脂、醇酸树脂的危险特性

1. 氨基树脂

氨基树脂是指以一种具有氨基功能基的原料(脲、三聚氰胺、苯胺等)与醛类(主要是甲醛)经缩聚反应而制得的杂链高分子,其种类包括脲—甲醛树脂、三聚氰胺—甲醛树脂、苯胺—甲醛树脂以及脲和三聚氰胺与甲醛的共缩聚树脂等。

经查阅,该些物质均未列入《国家危险废物名录》(2021 年版)和《危险化学品目录》(2022 调整版)。同时,《危险化学品目录》(2022 调整版)序号 2828 规定,"含易燃溶剂的合成树脂、油漆、辅助材料、涂料等制品[闭杯闪点≤60℃]"的属于危险化学品。根据《高分子科学与皮革化学品》第 348 页的制备方法可知,脲醛树脂的溶剂可以是水,此时不适用 2828 的规定。

因此,根据《国家危险废物名录》(2021 年版)第 6 条"对不明确是否具有危险特性的固体废物,应当按照国家规定的危险废物鉴别标准和鉴别方法予以认定"的规定,若要认定涉案氨基树脂为危险废物,应当进行危险废物鉴别。

2. 水性树脂

《水性树脂与水性涂料》第 58、80、96、143、189 页记载,"水性树脂包括水性氨基树脂、水性醇酸树脂、水性聚酯树脂、水性丙烯酸树脂、水性环氧树脂、水性聚氨

酯树脂、水性光固化树脂等”。

根据《国家危险废物名录》(2021 年版),水性聚氨酯树脂、水性丙烯酸树脂和水性聚氨酯丙烯酸树脂不属于危险废物,说明并非所有水性树脂都属于危险废物。另经查阅,上述其他水性树脂未列入《国家危险废物名录》(2021 年版)和《危险化学品目录》(2022 调整版)。

因此,根据《国家危险废物名录》(2021 年版)第 6 条的规定,若要认定涉案水性树脂为危险废物,应当进行危险废物鉴别。

3. 醇酸树脂

醇酸树脂以多元醇、多元酸或酸酐以及脂肪酸或油为主要原料通过缩聚反应制得。

经查阅,醇酸树脂未列入《国家危险废物名录》(2021 年版)和《危险化学品目录》(2022 调整版)。同时,《危险化学品目录》(2022 调整版)序号 2828 规定,“含易燃溶剂的合成树脂、油漆、辅助材料、涂料等制品[闭杯闪点≤60℃]”的属于危险化学品。根据《水性树脂与水性涂料》第 58 页可知,醇酸树脂包含水性醇酸树脂,而水性醇酸树脂不适用 2828 的规定。

因此,根据《国家危险废物名录》(2021 年版)第 6 条的规定,若要认定涉案醇酸树脂为危险废物,应当进行危险废物鉴别。

(二)废铁皮上沾染的废机油、油漆和树脂的危险特性

1. 油漆

根据《国家危险废物名录》(2021 年版)264－012－12 和 900－299－12 的规定,油漆包含水性漆,且 900－299－12 明确水性漆不属于危险废物。因此,根据《国家危险废物名录》(2021 年版)第 6 条的规定,若要认定涉案油漆为危险废物,应当进行危险废物鉴别。

2. 树脂

《国家危险废物名录》(2021 年版)明确水性聚氨酯树脂、水性丙烯酸树脂和水性聚氨酯丙烯酸树脂不属于危险废物。同时,根据上述第(一)部分的分析可知,若要认定涉案树脂为危险废物,应当进行危险废物鉴别。

(三)不能以清洗液残渣属于危险废物,推断出废铁皮沾染的残留物也属于危险废物

根据《国家危险废物名录》(2021年版),HW12染料、涂料废物900-256-12使用酸碱或有机溶剂清洗容器设备过程中剥离下的废油漆、废染料、废涂料为危险废物。涉案废铁皮清洗过程中,原铁桶外层油漆和里侧沾染的残留物均被洗刷掉形成残渣。因此,不能以残渣属于危险废物推断出涉案废铁皮沾染的残留物也属于危险废物。另外,即便部分铁皮上沾染了危险废物,也无法确定沾染危险废物铁皮的具体数量。

三、结论

根据前述基本事实,得出以下结论:

1. 不能证明李某某收购的涉案废铁桶全部属于危险废物。

2. 不能证明李某某收购的涉案废铁皮全部属于危险废物。

出具人:高振会、林佳宁

2024年1月14日

附:参考文献

[1]沈一丁、李小瑞:《高分子科学与皮革化学品》,陕西科学技术出版社1994年版。

[2]闫福安:《水性树脂与水性涂料》,化学工业出版社2010年版。

[3]张鹏飞、黄强:《水性醇酸涂料的制备及其性能研究》,载《涂层与防护》2023年第9期。

六、辩护意见(2)

2024年1月15日,黎征武律师向ZC市人民检察院提交如下辩护意见(2):

关于李某某涉嫌污染环境罪一案辩护意见(2)

ZC市人民检察院:

李某某涉嫌污染环境罪一案,北京市盈科(广州)律师事务所接受李某某委

托,指派黎征武律师担任李某某的辩护人。

辩护人认为:本案没有直接证据证明李某某非法处置的危险废物数量达到3吨,故根据存疑有利于犯罪嫌疑人的原则,应当认定其构成污染环境罪的证据不足。因此,恳请贵院依法对其作出不起诉决定。

一、无证据证明李某某非法处置的废铁桶均属于危险废物

根据废铁桶上的标签包含氨基树脂、水性树脂和醇酸树脂可知,并非所有废铁桶内残留的物质均属于危险废物。况且,《鉴定意见书》明确"涉案相关的废铁桶切割点残留的内容物"不属于危险废物。因此,本案认定涉案4.56吨铁桶均属于危险废物的证据不足。

二、无证据证明李某某收购的废铁皮均属于危险废物

首先,ZC分局出具《危废证明》无事实和法律依据,且无制作人签名,不具有合法性。其次,张某某等人"是一些含有机油、油漆或树脂的铁皮""属于危险废物"的供述可信度较低,且为孤证。另外,《国家危险废物名录》(2021年版)明确水性漆和水性聚氨酯树脂不属于危险废物,故张某某等人的供述显然与事实不符。最后,本案未对废铁皮沾染的物质进行危险废物鉴别,认定为危险废物证据不足。

三、不能以清洗残渣为危险废物认定铁皮沾染物质为危险废物

涉案《鉴定意见书》认定"涉案相关的非法清洗废铁桶窝点墙外渗坑内排放的清洗废铁皮桶残渣"属于危险废物,依据为残渣所含有毒物质(石油溶剂)含量超过3%。废铁皮清洗时其表面沾染的物质和外层喷漆均被洗掉混合后形成残渣。《国家危险废物名录》(2021年版)HW12染料、涂料废物900-256-12规定"使用酸碱或有机溶剂清洗容器设备过程中剥离下的废油漆、废染料、废涂料"为危险废物。假定废铁皮外层漆和内侧沾染物质的石油溶剂含量分别为8%和0,则二者等比例混合后石油溶剂含量为4%,大于3%故属于危险废物。因此,显然不能以危险废物和某种物质混合后的物质属于危险废物,推断出该某种物质也属于危险废物。退一步讲,即便部分铁皮沾染的物质为危险废物,也无法证明其数量超过3吨。

综上,辩护人认为,本案认定李某某构成污染环境罪的证据不足。因此,恳请贵院依法对李某某作出不起诉决定。

以上辩护意见,恳请贵院依法审查并采纳。

辩护人:黎征武律师

2024 年 1 月 14 日

附:《李某某涉嫌污染环境罪一案专家意见》

❖风险提示

关于犯罪嫌疑人或被告人如何委托具有专门知识的人出具专家意见的问题,《刑事诉讼法》(2018 修正)和最高人民法院《关于适用〈中华人民共和国刑事诉讼法〉的解释》(法释〔2021〕1 号)均无明文规定。对比,笔者提醒律师同行注意以下四个问题。

(1)案卷材料的保密。刑事案件卷宗涉密问题,是每个刑辩律师首要考虑的问题。因此,为避免潜在法律风险,不建议律师提供电子或纸质案卷给专家,可通过口头或书面形式向专家介绍案情及争议焦点。

(2)通常来讲,专家不希望跟当事人及家属建立直接联系,故一般都是以辩护律师名义委托专家。但是,关于辩护律师委托专家出具专家意见需要提交何种资料,法律无明文规定,不同办案机关可能亦有不同规定,辩护律师可咨询案件承办人员。

(3)辩护律师委托专家出具专家意见,一般针对的是相关领域的技术问题,而该些技术问题对辩护律师而言具有较高的技术壁垒,影响辩护律师和专家沟通的顺畅性,导致辩护律师难以理解专家意见,无法完整地向办案机关转述、解释专家意见,反而可能因为被办案人员或其聘请的专家反问到哑口无言,从而可能导致聘请专家的效果大打折扣。

(4)专家的权威性通常与专家费用成正比,但不代表一定会取得预期的辩护效果。因此,辩护律师在考虑是否聘请专家时,需要考虑专家费用、当事人支付能力和预期效果等问题,以免增加当事人负担。本案 ZC 市人民检察院在李某某已经认罪认罚的前提下,根据疑罪从无原则将案件退回公安机关,体现了该院和承办检察官对法律原则的坚持和对犯罪嫌疑人合法权益的保护。

5. 偷排危险废物废碱液辩护要点

——陈某某涉嫌污染环境罪无罪辩护案

摘要

根据相关规定，通过雨水井排放危险废物的，可以适用“非法排放危险废物”和“通过逃避监管的方式排放危险废物”的条款进行入罪。二者最大的区别在于前者要求排放的危险废物数量超过3吨，后者对排放量未作具体要求，其虽有利于打击违法犯罪行为，但缺乏合理性。另外，《危险废物鉴别标准　腐蚀性鉴别》明确规定浸出液pH大于12.5的为危险废物。本案中，CH公司将煲模工序溅出的废碱液引入雨水井外排。经检测，该废碱液pH值为12.6。公安机关以涉嫌污染环境罪为由，将CH公司的法定代表人陈某某刑事拘留。

盈科广州黎征武律师介入后，通过对比“非法排放危险废物”和“通过逃避监管的方式排放危险废物”两种入罪方式，说明适用后一条款入罪的不合理性。同时，通过对比《危险废物鉴别标准　腐蚀性鉴别》中规定的浸出液pH值和本案废碱液pH值，让承办检察官产生“涉案废碱液虽然属于危险废物，但刚达到危险废物标准”的印象，以达到说服承办检察官作出不批准逮捕的决定。最终，司法机关未追究CH公司、陈某某的刑事责任，生态环境局对CH公司通过逃避监管的方式排放危险废物的违法行为处以罚款60万元。

案情简介

CH 公司经营范围主要为铝制品加工。在使用模具对铝进行挤压加工时,少量的废铝堵塞在模具孔中,影响模具的再次使用。因此,需要定期用氢氧化钠溶液清洗掉模具上黏附的废铝,该过程叫作煲模。煲模产生的废碱液属于危险废物,CH 公司会定期将煲模废水交给第三方公司处置。但是,煲模过程中,会有部分废水因沸腾而溅出槽外,在地面形成强碱性积水。CH 公司操作工遂在水泥地面开凿出一条约 5 厘米宽的小水沟,将煲模废水排入 4 米远处的雨水井。

2021 年 4 月 20 日,当地环境执法人员在园区巡查,发现雨水井中有水流动。经快速检测,雨水井中的水呈强碱性,疑似有企业偷排。执法人员到 CH 公司检查后,发现了该煲模工艺。经现场取样检测,CH 公司外排的煲模废水 pH 值为 12.6。随后,生态环境局以 CH 公司涉嫌污染环境罪为由,移送公安机关。公安机关刑事立案后,于 2021 年 8 月 22 日将 CH 公司的法定代表人陈某某刑事拘留。

2021 年 8 月 24 日,陈某某的家属经律师推荐找到盈科广州黎征武律师,拟委托辩护。

律师策略

2021 年 8 月 30 日,公安机关将案件移送检察机关申请批准逮捕,检察机关决定是否批准逮捕的时限为 7 天,自 2021 年 8 月 31 日至 9 月 6 日。

2021 年 9 月 1 日,黎征武律师前往看守所会见陈某某。陈某某称,其虽然是公司的法定代表人,但只负责对接上下游商业伙伴,几乎没有去过工厂,不清楚工厂发生的事情。所以,陈某某尚未认罪。会见结束后,黎征武律师前往 CH 公司查看现场,CH 已经进行整改,将煲模工序溅出的废碱液收集后统一进行处理。

根据相关法律规定和本案案情,黎征武律师确定了如下辩护方向:(1)通过对比《危险废物鉴别标准　腐蚀性鉴别》中规定的浸出液 pH 值和本案废碱液 pH 值,让承办检察官产生“涉案废碱液虽然属于危险废物,但刚达到危险废物标准”的印象;(2)通过对比最高人民法院、最高人民检察院《关于办理环境污染刑事案件适用法律若干问题的解释》(法释〔2016〕29 号)第 1 条第 2 项和第 5 项的入罪条款,说明以第 5 项入罪的不合理性。

2021 年 9 月 2 日,黎征武律师到检察机关约见承办检察官沟通辩护意见,并提交《关于陈某某涉嫌污染环境罪一案建议贵院对陈某某作出不批准逮捕决定的法律意见书》《关于陈某某任职情况的说明》《整改说明》,请求决定对陈某某不批准逮捕,并且建议综合考虑案件情况,对本案作不起诉决定,移送生态环境局作行政处罚。承办检察官表示会综合考虑。随后,黎征武律师到生态环境局与案件承办人员了解案情,沟通代理意见。

2021 年 9 月 2 日,承办检察官电话联系黎征武律师,非常气愤地说陈某某态度很不好,坚称工厂的事情与自己无关,不愿意认罪,没办法作不批捕。经耐心解释,承办检察官同意等我们再去会见陈某某后再做决定。9 月 2 日是周四,检察机关审查批准逮捕的时限为 9 月 6 日,且为周一,需要留时间给检察机关内部走程序。因此,留给我们的只有周五一天时间。情况非常紧急,黎征武律师立即于 9 月 3 日去到当地会见陈某某,向其解释相关法律规定。会见结束后,再跟承办检察官沟通案情。

办理结果

2021 年 9 月 6 日,承办检察官电话联系黎征武律师,称本来已经确定好当日作不批准逮捕决定,但因一些突发情况,检察机关决定暂时将陈某某逮捕,待突发情况结束后再将陈某某取保候审。

2021 年 10 月 6 日,陈某某的家属告知黎征武律师,检察机关已对陈某某变更羁押措施为取保候审。此后,该案未再进入刑事司法程序。

律师评析

一、巧妙利用腐蚀性鉴别标准中浸出液 pH 值作为辩护要点

分析当事人可能的入罪理由,是辩护律师确定辩护方向和制定辩护策略的前提。本案发生在 2021 年 9 月,《刑法》第 338 条规定:“违反国家规定,排放、倾倒

或者处置有放射性的废物、含传染病病原体的废物、有毒物质或者其他有害物质，严重污染环境的，处三年以下有期徒刑或者拘役，并处或者单处罚金；后果特别严重的，处三年以上七年以下有期徒刑，并处罚金。”

最高人民法院、最高人民检察院《关于办理环境污染刑事案件适用法律若干问题的解释》（法释〔2016〕29 号）第 1 条规定了 18 项属于严重污染的情形，其中第 2 项和第 5 项为“（二）非法排放、倾倒、处置危险废物三吨以上的……（五）通过暗管、渗井、渗坑、裂隙、溶洞、灌注……逃避监管的方式排放、倾倒、处置有放射性的废物、含传染病病原体的废物、有毒物质的”。同时，该法第 15 条规定：“下列物质应当认定为刑法第三百三十八条规定的‘有毒物质’：（一）危险废物，是指列入国家危险废物名录，或者根据国家规定的危险废物鉴别标准和鉴别方法认定的，具有危险特性的废物……”据此，非法排放危险废物 3 吨以上，或通过逃避监管的方式排放危险废物的，构成污染环境罪。

根据《国家危险废物名录》（2021 年版）的规定，使用碱进行清洗产生的废碱液属于危险废物，废物类别为 HW35 废碱，废物代码为 900 - 352 - 35。据此，CH 公司使用氢氧化钠溶液清洗模具产生的废碱液属于危险废物。因此，本案 CH 公司存在非法排放危险废物的行为，是无法否认的事实。

值得注意的是，《危险废物鉴别标准　腐蚀性鉴别》（GB 5085.1 - 2007）第 3 条“鉴别标准”规定：“符合下列条件之一的固体废物，属于危险废物。3.1 按照 GB/T 15555.12—1995 的规定制备的浸出液，pH≥12.5，或者 pH≤2.0……”虽然《国家危险废物名录》（2021 年版）已明确将废碱液列为危险废物，但经监测，涉案废碱液 pH 值为 12.6。因此，为了让承办检察官产生“涉案废碱液虽然属于危险废物，但刚达到危险废物标准”的印象，黎征武律师向承办检察官提供了《危险废物鉴别标准　腐蚀性鉴别》（GB 5085.1 - 2007）。即便该种联想不一定正确，但从办理结果来看，该辩护策略也许起到了一定作用。

二、“非法排放危险废物”和“偷排危险废物”两种入罪方式的对比及思考

如前文所述，根据最高人民法院、最高人民检察院《关于办理环境污染刑事案件适用法律若干问题的解释》（法释〔2016〕29 号）第 1 条第 2 项和第 5 项的规定，

本案陈某某入罪可能适用的法律依据为“非法排放危险废物三吨以上”或“通过逃避监管的方式排放危险废物”。

就本案而言,从行为方式的角度,“非法排放”可以包含所有不符合法律要求的排放方式,当然包含了“通过逃避监管的方式排放”的行为。但是,该二者最核心的区别在于,法律明文规定“非法排放”危险废物超过3吨的才构成犯罪,但却未对“通过逃避监管的方式排放”危险废物的数量设定入罪门槛。该规定虽然有利于打击偷排的违法犯罪行为,但缺乏合理性。从理论上来讲,只要行为人存在“通过逃避监管的方式排放危险废物”的行为,不论排放数量多少,均构成污染环境罪。至于环境执法和司法实践中,在无法举证证明排放数量的情况下,是否需要将案件移送公安机关及是否决定对行为人追究刑事责任,几乎完全取决于执法部门和司法部门,不利于法律适用的统一,也容易滋生腐败。

本案中,办案机关显然无法举证证明CH公司排放的废碱液数量超过3吨,故基本可确定会适用“通过逃避监管的方式排放危险废物”的条款进行入罪。因此,黎征武律师通过对上述两种入罪方式进行对比说明其不合理性,并结合现场水渠水流情况说明本案外排水量少,以达到说服承办检察官作出不批准逮捕决定的目的。

三、CH公司、陈某某免予刑事处罚后,生态环境局能否对CH公司予以行政处罚

《行政处罚法》(2021修订)第27条第1款规定:“违法行为涉嫌犯罪的,行政机关应当及时将案件移送司法机关,依法追究刑事责任。对依法不需要追究刑事责任或者免予刑事处罚,但应当给予行政处罚的,司法机关应当及时将案件移送有关行政机关。”据此,对于未被追究刑事责任但需要给予行政处罚的,司法机关应当将案件移送行政机关,即行刑反向衔接制度。

本案司法机关未追究CH公司、陈某某的刑事责任,生态环境局能否对CH公司进行行政处罚呢?笔者认为应当对CH公司作出行政处罚。

在本书《不具有偷排主观故意的,不构成污染环境罪——某国有企业及车间主管张某涉嫌污染环境罪无罪辩护案》“律师评析”部分,笔者认为该案A厂、张某和吴某均不具有偷排酸洗废水的主观故意,故即便公安机关撤案后,生态环境局也不能对 A 厂适用"逃避监管"的条款进行行政处罚。但本案中,虽然 CH 公司的法定代表人陈某某可能不具有偷排危险废物的主观故意,但行政处罚评价的是 CH 公司的行为,该公司环保负责人和煲模工序操作工将废碱液排放至雨水井属于职务行为,故本案生态环境局依法应当对 CH 公司作出行政处罚。

《固体废物污染环境防治法》(2020 修订)第 112 条规定:"违反本法规定,有下列行为之一,由生态环境主管部门责令改正,处以罚款,没收违法所得;情节严重的,报经有批准权的人民政府批准,可以责令停业或者关闭:……(三)擅自倾倒、堆放危险废物的……(十)未采取相应防范措施,造成危险废物扬散、流失、渗漏或者其他环境污染的;……有前款第三项、第四项、第十项、第十一项行为之一,处所需处置费用三倍以上五倍以下的罚款,所需处置费用不足二十万元的,按二十万元计算。"该条款第 3 项没有"非法排放"的行为,故应当适用第 10 项"造成危险废物……流失"的规定,并结合第 2 款的规定,本案行政处罚罚款数额为 60 万元起。

事实上,2022 年 7 月 6 日,当地生态环境局作出 × 环罚(×)字(2022)第 3 号《行政处罚决定书》,以 CH 公司存在"未采取相应防范措施,造成危险废物流失、渗漏"的违法行为为由,对 CH 公司处以罚款 60 万元。

四、法律意见书

2021 年 9 月 2 日,黎征武律师向 × × 区人民检察院提交如下法律意见书:

关于陈某某涉嫌污染环境罪一案
建议贵院对陈某某作出不批准逮捕决定的法律意见书

× × 区人民检察院:

北京市盈科(广州)律师事务所接受陈某某的委托,指派本律师担任陈某某涉嫌污染环境罪一案的辩护人。在介入本案后,辩护人前往 × × 区看守所与陈某某进行了沟通,并前往侦查机关和涉案 CH 公司了解案情。

现××市公安局××分局已将本案呈请贵院进行审查批捕,因本案刚达到甚至未达到刑事立案标准,且涉案公司已经整改完成,涉案公司愿意承担责任,接受行政处罚;陈某某没有污染环境的主观故意,没有抗拒抓捕,系初犯,有被判处缓刑、拘役或独立适用附加刑的可能;陈某某有固定住所,便于监管;涉案公司是高新技术企业、税务评级优良,员工有60多人,陈某某是公司法定代表人和业务负责人,公司没有陈某某可能会陷入经营困难。因此,对陈某某不批准逮捕让其早日回归家庭和社会,有利于家庭稳定,有利于为社会创造财富,促进经济发展和当地就业。辩护人恳请贵院依法作出不批准逮捕的决定,以达到良好的法治效果和社会效果。

一、本案刚达到甚至未达到刑事立案标准

据辩护人了解,本案环保部门认定陈某某涉嫌污染环境罪的原因为涉案公司存在通过逃避监管的方式排放pH值为12.6的污水的行为。

《危险废物鉴别标准 腐蚀性鉴别》(GB 5085.1－2007)第3条“鉴别标准”规定:“符合下列条件之一的固体废物,属于危险废物。3.1 按照GB/T 15555.12—1995的规定制备的浸出液,pH≥12.5,或者pH≤2.0。”根据该规定,暂且认为可将pH≥12.5的液体认定为危险废物。

最高人民法院、最高人民检察院《关于办理环境污染刑事案件适用法律若干问题的解释》(法释〔2016〕29号)(本意见书以下简称《环境解释》)第1条规定:“实施刑法第三百三十八条规定的行为,具有下列情形之一的,应当认定为‘严重污染环境’:……(五)通过暗管、渗井、渗坑、裂隙、溶洞、灌注……逃避监管的方式排放、倾倒、处置有放射性的废物、含传染病病原体的废物、有毒物质的……”第15条规定:“下列物质应当认定为刑法第三百三十八条规定的‘有毒物质’:(一)危险废物,是指列入国家危险废物名录,或者根据国家规定的危险废物鉴别标准和鉴别方法认定的,具有危险特性的废物……”由此可知,涉案公司通过雨水管道排放pH值为12.6的污水,确实可能涉嫌污染环境罪,但是,首先,涉案污水pH值为12.6,仅超标0.1个单位,刚达到刑事立案标准。其次,根据刑法谦抑性原则和罪责刑相适应原则可知,在适用《环境解释》第1条第5项进行入罪时,应考虑外排污水的数量。《环境解释》第1条第2项规定,非法排放危险废物3吨以上的,才构成污染环境罪。“通过逃避监管的方式排放污染物”显然属于“非法排放”情形，因此，本案外排污水量达到3吨以上的才构成犯罪。辩护人向公安机关、环保部门和涉案公司了解到，涉案公司洗磨车间地面积水系用碱水洗模后将模具拿出水箱时碱水滴漏在地面形成，故积水量和排放量均非常小。同时，现场检查时，外排管道水量亦非常小，显然本案没有证据证明外排量达到3吨。

因此，在涉案污水被认定为危险废物的前提下，本案不构成污染环境罪，属于《刑事诉讼法》第16条第1项规定的人民检察院应当不起诉的情形。退一步讲，即便构成犯罪也刚达到刑事立案标准，犯罪情节轻微，属于《刑事诉讼法》第177条第2款规定的人民检察院可以不起诉的情形。

二、涉案公司已经整改完毕

涉案公司洗模车间地面积水系洗模后将模具拿出水箱时碱水滴漏在地面形成，整改前后对比如下：

整改前，洗模后将模具拿出（有污水滴漏），待洗模箱内污水温度下降后将污水抽至贮存桶贮存，定期交给专业环保公司处理。

整改后，洗模后将洗模箱内的污水先排放至下沉槽水箱中，然后再从洗模槽中拿出模具，如此则不会产生滴漏的污水。

此外，涉案公司已将通往下水道的管道封堵，杜绝再发。同时，辩护人已建议涉案公司将现场地面重做水泥硬化，设置坡度或小排水沟收集生产过程中可能溅出的废液，防止外流。

三、陈某某没有污染环境的主观故意，且系初犯

陈某某无犯罪前科，系初犯。

陈某某系涉案公司的法定代表人，全面负责公司上游供应商和下游客户的开发、对接工作，不参与工厂生产的管理，很少去车间故不清楚公司的工艺流程，更不清楚污水排放情况。因此，陈某某没有污染环境的主观故意。当然，涉案公司因管理不善导致本案事发，愿意接受行政处罚。

四、本案依法不属于应当批准逮捕的情形

根据《刑法》第338条的规定，本案属于判处3年以下有期徒刑、拘役，并处或

者单处罚金的情形,属于轻刑犯。同时,陈某某系初犯,认罪态度良好,根据《人民检察院刑事诉讼规则》第270条的规定,其不具有社会危险性,故本案不属于《人民检察院刑事诉讼规则》第128条规定的应当批准逮捕的情形。

五、本案依法同时符合应当和可以不批准逮捕的情形

1.符合应当不批准逮捕的情形

如前所述,本案不符合应当批准逮捕的情形,故属于《人民检察院刑事诉讼规则》第139条规定的人民检察院应当作出不批准逮捕决定的情形。

2.符合可以不批准逮捕的情形

陈某某系初犯,没有主观故意,认罪态度良好。案发后涉案公司立即改正了违法行为,且愿意接受行政处罚。因此,本案符合《人民检察院刑事诉讼规则》第140条规定的可以不批准逮捕的情形。

六、对陈某某不批准逮捕符合"少捕慎诉""保护民营企业家""六保六稳"的政策精神

在认定本案构成犯罪的前提下,陈某某犯罪情节轻微,刚达到刑事立案标准,法定刑为3年以下有期徒刑,对其不批准逮捕符合最高人民检察院"少捕慎诉""保护民营企业家""六保六稳"的理念。

七、其他考量因素

(1)陈某某有固定住所。陈某某在××和涉案公司均有固定住所,便于公安机关监管。

(2)陈某某是公司法定代表人,负责公司业务对接工作。涉案公司是高新技术企业,2020年度纳税信用评价等级为A级,现有职工60多人,具有一定社会贡献。陈某某在公司担任法定代表人,全面负责公司业务对接工作。

(3)陈某某是××市政协委员,曾做过许多慈善、公益活动。

综上,本案没有证据证明外排水量达到3吨,依法不构成犯罪。退一步讲,即便构成犯罪,也刚达到刑事立案标准,属情节轻微。当然,涉案公司因管理不善导致案发,其愿意接受行政处罚。另外,陈某某系初犯,没有污染环境的主观故意,认罪态度良好,且案发后已整改完毕,依法可从轻处罚,符合不起诉的情形。涉案

公司是高新技术企业,纳税评级良好,员工较多,公司具有一定规模。陈某某系法定代表人,多次捐赠、从事公益活动,对其不批准逮捕符合“少捕慎诉”“保护民营企业家”“六保六稳”的政策精神。

因此,辩护人恳请贵院依法对陈某某作出不批准逮捕的决定,让其早日回归社会,继续为社会作贡献,以同时达到法治效果和社会效果的目的,更彰显司法温度。

辩护人:黎征武律师

2021 年 9 月 2 日

附:

1. 营业执照;

2. 高新技术企业证书;

3. 2020 年度纳税信用评价信息;

4.《整改说明》;

5.《关于陈某某任职情况的说明》;

6. 陈某某出席政协会议的出席证和会议图片;

7. 陈某某捐赠照片;

8. 陈某某帮扶贫困学生的微信文章报道;

9. 最高人民检察院典型案例:张家港市 L 公司、张某甲等人污染环境案。

注:以上 1 ~ 8 材料均由 CH 公司和陈某某的家属提供。

五、关于陈某某任职情况的说明

据陈某某介绍,其全面负责 CH 公司上游供应商和下游客户的开发、对接工作。因此,2021 年 9 月 2 日,黎征武律师提交了 CH 公司出具的《关于陈某某任职情况的说明》,恳请承办检察官考虑到陈某某被刑事拘留后对 CH 公司生产经营的不利影响,对陈某某决定不批准逮捕。

关于陈某某任职情况的说明

兹有陈某某先生(身份证号:××),是 CH 公司的法定代表人,全面负责我司上游供应商和下游客户的开发、对接工作。

现因陈某某先生涉嫌污染环境罪被拘留,我司上下游业务瞬间陷入困境,部分业务被迫暂停。若陈某某先生长期被关押,无疑会导致我司客户资源的流失及与供应商的合作难以顺利进行,严重影响企业生产经营。若我司经营不善,我司现有的60多名员工可能面临被辞退,既不利于当地经济发展,也不利于当地居民就业。

因此,我司若无陈某某先生负责业务对接工作,很可能会陷入经营困难的局面。

特此说明!

××市××五金制品有限公司

2021年9月2日

注:因陈某某先生平时基本不去车间,车间工作人员很少见到陈某某先生。目前我司只有办公室的几位员工知道其被拘留一事,故为防止产生负面影响造成公司不稳定局面,我司不便安排员工在本说明上签字。

六、整改说明

2021年9月2日,黎征武律师向承办检察官提交了CH公司出具《整改说明》,以表明CH公司及时改正违法行为:

整改说明

××区人民检察院:

2021年3月25日,××市生态环境局××分局工作人员到CH公司检查,发现我司存在涉嫌通过逃避监管的方式排放污染物的行为。

我司此前一直遵纪守法,但对具体环保工作管理不到位,导致本次事发。针对上述违法行为,我司高度重视,现已整改如下:

(1)用水泥封堵车间地面通往下水道的管道;

(2)在车间地面开挖下沉式水槽,用水箱接住洗磨工艺产生的废水,然后用水泵将废水抽至贮存桶存放，交给专业环保公司处理；

(3) 专业律师看过现场后，建议我司将现场重新做水泥硬化，利用坡度或小水沟汇集可能溅出的废水，防止外流、渗透，同时可改善现场工作环境；我司将根据律师的建议安排员工处理。

我司已深刻认识到错误，将不定期对公司管理人员和基层员工进行环保法律知识培训，提升环保意识，确保不再发生环境违法行为。

××市××五金制品有限公司

2021 年 9 月 2 日

风险提示

一、排污单位应当提升全员环境法律风险意识，避免员工违法导致单位和负责人被追究刑事责任

(一) 单位犯罪的认定

本案中，虽然法定代表人陈某某基本不参与车间的管理工作，在煲模车间开挖小沟渠将煲模工序溅出的废碱液引入雨水井的系环保负责人和操作工，但公安机关认定涉嫌污染环境罪的为 CH 公司和陈某某，并只将陈某某刑事拘留，源于相关法律对单位犯罪的规定。

2019 年 2 月 20 日，最高人民法院、最高人民检察院、公安部、司法部、生态环境部印发《关于办理环境污染刑事案件有关问题座谈会纪要》，其中第 1 条“关于单位犯罪的认定”规定：“会议针对一些地方存在追究自然人犯罪多，追究单位犯罪少，单位犯罪认定难的情况和问题进行了讨论。会议认为，办理环境污染犯罪案件，认定单位犯罪时，应当依法合理把握追究刑事责任的范围，贯彻宽严相济刑事政策，重点打击出资者、经营者和主要获利者，既要防止不当缩小追究刑事责任的人员范围，又要防止打击面过大。

为了单位利益，实施环境污染行为，并具有下列情形之一的，应当认定为单位犯罪：(1) 经单位决策机构按照决策程序决定的；(2) 经单位实际控制人、主要负责人或者授权的分管负责人决定、同意的；(3) 单位实际控制人、主要负责人或者授

权的分管负责人得知单位成员个人实施环境污染犯罪行为，并未加以制止或者及时采取措施，而是予以追认、纵容或者默许的；(4)使用单位营业执照、合同书、公章、印鉴等对外开展活动，并调用单位车辆、船舶、生产设备、原辅材料等实施环境污染犯罪行为的。

单位犯罪中的'直接负责的主管人员'，一般是指对单位犯罪起决定、批准、组织、策划、指挥、授意、纵容等作用的主管人员，包括单位实际控制人、主要负责人或者授权的分管负责人、高级管理人员等；'其他直接责任人员'，一般是指在直接负责的主管人员的指挥、授意下积极参与实施单位犯罪或者对具体实施单位犯罪起较大作用的人员。

对于应当认定为单位犯罪的环境污染犯罪案件，公安机关未作为单位犯罪移送审查起诉的，人民检察院应当退回公安机关补充侦查。对于应当认定为单位犯罪的环境污染犯罪案件，人民检察院只作为自然人犯罪起诉的，人民法院应当建议人民检察院对犯罪单位补充起诉。"

该条文明确了应当认定为单位犯罪的4种情形，其中企业需要特别注意的是第(2)种和第(3)种。该两项规定中，单位实际控制人和主要负责人一般是单位的最高领导，其决定、同意或得知单位成员个人实施环境污染犯罪行为并未加以制止的，认定为单位犯罪符合情理。但是，根据该两项的规定，授权的分管负责人存在该些行为的，也应认定为单位犯罪。至于何为授权的分管负责人，或者说授权的分管负责人指哪些人，前述规定未予明确。结合最高人民法院、最高人民检察院《关于办理环境污染刑事案件适用法律若干问题的解释》(法释〔2023〕7号)第13条"单位实施本解释规定的犯罪的，依照本解释规定的定罪量刑标准，对直接负责的主管人员和其他直接责任人员定罪处罚，并对单位判处罚金"和最高人民法院、最高人民检察院、公安部、司法部、生态环境部《关于办理环境污染刑事案件有关问题座谈会纪要》第1条"关于单位犯罪的认定"第3款的规定，授权的分管负责人当指对单位犯罪起决定、批准、组织、策划、指挥、授意、纵容等作用的管理人员等。

本案中，环保负责人决定开挖小沟渠将溅出的废碱液引入雨水井外排，被公安机关认定为单位犯罪，说明公安机关认定环保负责人属于前述规定中的“授权的分管负责人”。

(二)单位犯罪的担责主体

《刑法》第31条规定：“单位犯罪的，对单位判处罚金，并对其直接负责的主管人员和其他直接责任人员判处刑罚。本法分则和其他法律另有规定的，依照规定。”最高人民法院、最高人民检察院《关于办理环境污染刑事案件适用法律若干问题的解释》(法释〔2023〕7号)第13条规定：“单位实施本解释规定的犯罪的，依照本解释规定的定罪量刑标准，对直接负责的主管人员和其他直接责任人员定罪处罚，并对单位判处罚金。”故单位犯罪的，应对单位判处罚金，对相关人员定罪处罚。

最高人民法院、最高人民检察院、公安部、司法部、生态环境部《关于办理环境污染刑事案件有关问题座谈会纪要》第1条“关于单位犯罪的认定”第4款对“直接负责的主管人员”和“其他直接责任人员”进行了明确。实践中，“直接负责的主管人员”一般包括法定代表人、董事(长)、(总)经理、环保负责人、环保主管等，“其他直接责任人员”指直接实施违法犯罪行为的人员。

法定代表人代表的是公司，司法实践中，法定代表人通常是单位犯罪案件的首要担责主体。本案中，陈某某为CH公司的法定代表人，虽然未参与公司管理，但仍被刑事拘留。

(三)企业和负责人需避免因员工违法导致单位和负责人被追究刑事责任

根据最高人民法院、最高人民检察院、公安部、司法部、生态环境部《关于办理环境污染刑事案件有关问题座谈会纪要》第1条“关于单位犯罪的认定”的规定可知，若环保负责人等授权的分管负责人在未经公司同意的情况下，自行或指使基层员工实施违法犯罪行为，或得知基层员工实施违法犯罪行为未予制止亦未向公司报告，即便公司及相关负责人均不知情，仍可认定为单位犯罪。例如，本案中环保负责人自行决定将溅出的废碱液通过雨水管外排，被认定为单位犯罪；在本书《不具有偷排主观故意的，不构成污染环境罪——某国有企业及车间主管张某涉嫌污染环境罪无罪辩护案》中，车间主管张某在得知操作工通过埋桶的方式收集溅出的酸洗废水后未予以制止,酸洗废水泄漏事件发生后,同样被公安机关认定为单位犯罪。

而被认定为单位犯罪后,公司及实际控制人可能是首要责任人。因此,公司应当提升员工的环境法律知识和环境法律风险意识,制定相应规章制度,要求员工签署承诺书,并定期排查环境法律风险,避免员工的个人行为导致公司及负责人被追究刑事责任。

二、企业应对重点岗位重点人员进行培训,提升环境法律风险意识

本案和本书《不具有偷排主观故意的,不构成污染环境罪——某国有企业及车间主管张某涉嫌污染环境罪无罪辩护案》,都是因为分管的环保负责人或车间主管不懂法进而违规操作,最终案发后公司和相关责任人被刑事立案。因此,笔者建议企业至少应当对重点岗位重点人员进行培训,提高该些人员的环保知识、环保法律知识和环保法律风险意识,避免因为小过错而承担严厉的法律责任。例如,本案 CH 公司外排少量废碱液,差点导致法定代表人被追究刑事责任,最终 CH 公司被罚款 60 万元。

6. 逃避监管偷排污染物含量不超标的污水，应不构成污染环境罪

——佛山 TXR 公司、阮某污染环境罪案

摘要

在最高人民法院、最高人民检察院《关于办理环境污染刑事案件适用法律若干问题的解释》(法释〔2023〕7 号)施行之前,对“含重金属的污染物”是否以重金属超标为前提的问题,环境理论和实务界分歧巨大。本案中,TXR 公司向外环境直排清洗废水。经检测,清洗废水中检测出重金属铜,但未超过排放标准,环保部门、司法机关均认定属于“通过逃避监管的方式排放有毒物质”而构成污染环境罪。盈科广州黎征武律师介入后,二审和申诉均未能改变案件结果。

2020 年 9 月 28 日,生态环境部部长信箱公开《关于暗管等逃避监管问题的回复》,明确不论重金属是否超标,对通过逃避监管的方式排污的行为一律按刑事案件处理。

2020 年 11 月 6 日,黎征武律师从生活常识、自然科学常识和环境科学常识、环境监测等角度,充分论证“含重金属的污染物”应当指“重金属含量超标的污染物”,并分别向最高人民法院和最高人民检察院邮寄《关于明确〈环境解释〉第十五条“有毒物质”定义的建议》,建议明确“有毒物质”的定义。

2023 年 8 月 8 日,最高人民法院、最高人民检察院发布《关于办理环境污

染刑事案件适用法律若干问题的解释》（法释〔2023〕7 号），将“含重金属的污染物”的表述修改为“重金属含量超过国家或者地方污染物排放标准的污染物”。自此，该条款的适用不再具有争议。

本文将主要从环境科学的角度解释该条文修订的原因。

案情简介

佛山 TXR 公司从事金属制品的加工，工艺流程包含陶化、清洗，阮某为该公司的法定代表人、大股东兼技术负责人。

2019 年 5 月，佛山市顺德区环境运输和城市管理局执法人员到 TXR 公司检查，发现该公司未对环保设施进行竣工验收即投产，清洗废水直排至外环境河流。经取样检测，外排清洗废水中重金属总铜浓度为 0.045mg/L。2019 年 8 月，佛山市生态环境局对 TXR 公司“未验先投”的行为处以罚款 30 万元，对阮某处以罚款 8 万元。此后，顺德区环境运输和城市管理局以 TXR 公司通过逃避监管的方式排放含重金属的污染物涉嫌污染环境罪为由，将案件移送公安机关。公安机关对 TXR 公司和阮某刑事立案，并将阮某刑事拘留。几天后，阮某被公安机关取保候审。此后，阮某在公安机关、检察机关和法院均认罪认罚，亦被办案机关取保候审。

2019 年 12 月，佛山市顺德区人民法院作出（2019）粤 0606 刑初 3474 号刑事判决书，判决 TXR 公司犯污染环境罪，判处罚金 30 万元；判决阮某犯污染环境罪，判处拘役 4 个月，并处罚金 8 万元。

2019 年 12 月 23 日，阮某找到盈科广州黎征武律师。阮某介绍，办案机关曾答应判处缓刑，但最终法院没有判处缓刑，若其被收监，公司可能陷入经营困难局面。同时，阮某介绍了当地旧村改造的背景。

律师策略

本案发生于 2019 年，当时有效的最高人民法院、最高人民检察院《关于办理环境污染刑事案件适用法律若干问题的解释》（法释〔2016〕29 号）第 1 条规定：

"实施刑法第三百三十八条规定的行为,具有下列情形之一的,应当认定为'严重污染环境':……(五)通过暗管、渗井、渗坑、裂隙、溶洞、灌注等逃避监管的方式排放、倾倒、处置有放射性的废物、含传染病病原体的废物、有毒物质的。"第15条规定:"下列物质应当认定为刑法第三百三十八条规定的'有毒物质':……(三)重金属的污染物……"

据此,通过逃避监管的方式排放含重金属的污染物,构成污染环境罪。TXR公司排放的清洗废水中,检测出重金属总铜的浓度为0.045mg/L,环保部门和司法机关均认为清洗废水属于"有毒物质",故认定TXR公司、阮某构成犯罪。

经查,《广东省污水综合排放标准》(DB 4426-2001)表4规定总铜的一级、二级和三级排放标准分别为0.5mg/L、1.0mg/L和2.0mg/L。故TXR公司排放的清洗废水中重金属铜的浓度未超过排放标准。因此,该清洗废水不属于"有毒物质",本案TXR公司、阮某依法不构成犯罪。但是,考虑到当时环境执法、环境司法、理论界和实务界对"含重金属的污染物"的理解分歧巨大,再加上该条文实际上涉及复杂的环境专业知识、当地社会情况及阮某一直认罪认罚等因素,黎征武律师预测本案无罪辩护的难度较大。

办理结果

2019年12月24日,黎征武律师向顺德区人民法院提交刑事上诉状,以尽快启动二审程序。2020年1月16日,佛山市中级人民法院立案后,黎征武律师到该院阅卷,并于2月24日向该院提交辩护词和开庭审理申请书。2020年4月27日,佛山市中级人民法院书面审理后作出(2020)粤06刑终90号刑事判决书,维持TXR公司和阮某有罪的判决。阮某决定申请再审。2020年5月9日,黎征武律师向佛山市中级人民法院提交申诉书。7月9日,该院作出(2020)粤06刑申21号驳回申诉通知书,驳回阮某的申诉。

在阮某提起上诉和申诉的过程中,一审法院顺德区人民法院两次拟将阮某收监,黎征武律师两次与该院沟通,该院均同意等申诉结果。佛山市中级人民法院驳回阮某的申诉后,顺德区人民法院将阮某收监。黎征武律师将申诉到广东省高级人民法院的材料整理好后到看守所会见阮某,阮某因故决定不再继续申诉。

2020 年 9 月 28 日,生态环境部部长信箱公开《关于暗管等逃避监管问题的回复》,明确不论重金属是否超标,对通过逃避监管的方式排污的行为一律按刑事案件处理。

2020 年 11 月 6 日,笔者分别向最高人民法院和最高人民检察院邮寄《关于明确〈环境解释〉第十五条“有毒物质”定义的建议》,认为最高人民法院、最高人民检察院《关于办理环境污染刑事案件适用法律若干问题的解释》(法释〔2016〕29 号)第 15 条第 3 项“含重金属的污染物”定义不明确,造成环境执法、环境司法裁量尺度不一,指出“重金属含量不超标的污染物一律属于‘有毒物质’”的观点严重违反生活常识、自然科学常识和环境科学常识,且从环境监测的角度论证该种观点严重违反罪刑法定原则,建议明确该第 15 条“有毒物质”的定义。

2023 年 8 月 8 日,最高人民法院、最高人民检察院发布《关于办理环境污染刑事案件适用法律若干问题的解释》(法释〔2023〕7 号),自 2023 年 8 月 15 日施行。其第 17 条规定:“下列物质应当认定为刑法第三百三十八条规定的‘有毒物质’:……(三)重金属含量超过国家或者地方污染物排放标准的污染物……”自此,该条款的适用不再具有争议。

律师评析

一、各方对“含重金属的污染物”的理解

(一)无罪观点

1. 最高人民法院法官观点

最高人民法院喻海松法官在《环境资源犯罪实务精释》一书中指出:“本书认为,对于‘有毒物质’应当从实质上加以把握,而不应从形式上理解。例如,对于‘含重金属的污染物’,由于国家允许达标排放含重金属的污染物,故不应认为只要污染物中含有重金属即属‘有毒物质’,而应限于浓度超过相应标准的含重金属的污染物。以此为基础,本书认为,对于司法实践中业已出现的通过暗管、渗井、渗坑、裂隙、溶洞、灌注等逃避监管的方式排放含重金属的物质,但经监测发现浓

度并未超标的案件,通常不宜认定为'通过暗管、渗井、渗坑、裂隙、溶洞、灌注等逃避监管的方式排放……有毒物质',不应以犯罪论处。"[①]

2. 司法实务中有多例因重金属未超标检察院不起诉的案件

污染环境罪司法实务中,全国各地有多例因行为人排放的重金属等污染物未超标而被检察院不起诉的案件,列举如下:

(1)金检食药环刑不诉〔2018〕1 号

金检食药环刑不诉〔2018〕1 号[②]不起诉决定书载明:"2014 年 6 月以来,犯罪嫌疑人施某某在扬中市新坝镇红联村原红光小学校址,租用厂房设立扬中市某制线厂从事服装用线染色等生产。2017 年 3 月 2 日,经扬中市环保局执法检查发现,该厂未建设配套污水处理设施,染色废水直接排入厂区水沟,流出外环境。经检测,废水中苯胺[③]含量为 0.08mg/L,依据环保部 2015 年 6 月 17 日《关于调整〈纺织染整工业水污染物排放标准〉(GB 4287 - 2012)部分指标执行要求的公告》以及《纺织染整工业水污染物排放标准》(GB 4287 - 2012)中的规定,苯胺类排放限值为 1mg/L,本案苯胺排放未超过国家规定排放标准。被不起诉人施某某的行为不构成犯罪。"

(2)盐检公诉刑不诉〔2016〕34 号

盐检公诉刑不诉〔2016〕34 号[④]不起诉决定书载明:"经本院审查并两次退回补充侦查,本院仍然认为盐山县公安局认定的犯罪事实不清、证据不足。本院退查期间要求公安机关对现场提取的检材进行鉴定,沧州某有限公司作出监测报告,送检液体中锌含量为 0.02mg/L,铁含量为 0.03mg/L,未检测出液体中含铜、

---

① 喻海松:《环境资源犯罪实务精释》,法律出版社 2017 年版,第 133 页。

② 参见江苏省镇江市金山地区人民检察院不起诉决定书,金检食药环刑不诉〔2018〕1 号。

③ 笔者注:苯胺类虽然不是重金属,但其毒性比重金属更强。2012 年 10 月 19 日,原环境保护部发布国家标准《纺织染整工业水污染物排放标准》(GB 4287 - 2012),其中表 1 规定现有企业水污染物"苯胺类"排放限值为 1.0mg/L;表 3 规定新建项目水污染物苯胺类不得检出。2015 年 6 月 18 日,原环境保护部发布《关于调整〈纺织染整工业水污染物排放标准〉(GB4287 - 2012)部分指标执行要求的公告》,其中第 1 条规定"暂缓执行 GB 4287 - 2012 中表 2 和表 3 的苯胺类、六价铬排放控制要求,暂缓期内苯胺类、六价铬执行表 1 相关要求";第 3 条规定"在 GB 4287 - 2012 修订实施前,按以上规定执行"。截至 2024 年 8 月,GB 4287 - 2012 仍未修订。故自 2015 年 6 月 17 日起,纺织染整行业苯胺类排放标准仍为 1mg/L,故检察院以苯胺类未超标为由作出不起诉决定。

④ 参见河北省沧州市盐山县人民检察院不起诉决定书,盐检公诉刑不诉〔2016〕34 号。

锰、铬、镍、镉、铅。根据《中华人民共和国污水排放标准》规定:锌的一级标准最高值为2.0mg/L、二级、三级标准最高值为5.0mg/L,故所提取的检材中,锌含量符合国家标准。该排放标准中并未有铁的排放标准,是否超标无法查清,不符合起诉条件。依照《中华人民共和国刑事诉讼法》第一百七十一条第四款的规定,决定对云某某不起诉。"

(3)皋检环刑不诉〔2018〕8号

皋检环刑不诉〔2018〕8号①不起诉决定书载明:"经本院审查并二次退回补充侦查,本院仍然认为南通市公安局通州分局认定的犯罪事实不清、证据不足。现有证据无法证实被不起诉单位通过暗管排放印染污水至通吕运河,也无法证实印染污水中所含有的重金属的来源,南京大学环境规划设计研究院股份有限公司出具的鉴定意见中印染污水所含有的重金属、挥发酚均未超过国家允许排放浓度,由此认定被不起诉单位产生的印染污水属于'有毒物质'存在疑问,不符合起诉条件。依照《中华人民共和国刑事诉讼法》第一百七十一条第四款的规定,决定对南通市通州区某公司不起诉。"

(4)茶检公刑不诉〔2018〕78号

茶检公刑不诉〔2018〕78号②不起诉决定书载明:"本院认为,被不起诉人张某某虽有乱存放厂内污水、污泥的行为,但其目的系清空厂内污水处理池以便维修爆气管道,待爆气管道维修完毕后,便将暂存至外坑的污水、污泥转移回厂内污水处理池。被不起诉人张某某在外坑存放污水、污泥的过程中,采取了油布垫底等防渗措施,其目的并不是通过暗管、渗坑等逃避监管的隐蔽方式来排放污水、污泥,且监测报告显示外坑内液体中的铬含量较少,远没有达到国家的限值标准。故本案中张某某的上述行为,情节显著轻微、危害不大,不构成犯罪。依照《中华人民共和国刑事诉讼法》第十五条第(一)项和第一百七十三条第一款的规定,决定对张某某不起诉。"

---

① 参见江苏省南通市如皋市人民检察院不起诉决定书,皋检环刑不诉〔2018〕8号。

② 参见湖南省株洲市茶陵县人民检察院不起诉决定书,茶检公刑不诉〔2018〕78号。

3.基层环保执法人员明确表示重金属超标时才涉嫌犯罪

《厚街一工厂被查封,5人被警方带走!》[①]一文载明:"执法人员表示,检测人员已对排水口的废水进行取样,经快速检测显示废水中含有重金属,很可能重金属超标。我们将会对水样作进一步地检测,如检测结果为重金属超标、符合环境犯罪条件,环保部门将把案件移送公安机关处理,该加工厂的相关责任人则涉嫌污染环境犯罪,将被刑拘、面临刑事处罚。"

(二)有罪观点

1.有罪案例

(2019)粤0607刑初66号[②]刑事判决书载明:"佛山市三水区人民检察院指控:……产生的废水未经处理通过暗管直接排放到沟渠后流向厂外……六价铬、总铬、铜、锌、镍等重金属均能检出,排放限值为达标……本院认为,被告人××违反国家规定,排放有毒物质,严重污染环境,其行为均已构成污染环境罪,依法应当追究其相应的刑事责任……"

2.生态环境部复函

2020年9月28日,生态环境部部长信箱公开了《关于暗管等逃避监管问题的回复》[③],明确不论重金属是否超标,对通过逃避监管的方式排污的行为一律按刑事案件处理,全文摘录如下:

"来信:

执法中,对通过暗管等逃避监管的方式排放含重金属污染物的工业废水(没有报批环评手续,且该区域不允许排放工业废水),但未超标的环境违法行为,是否可以界定为涉嫌犯罪论处。'含重金属的污染物'纳入'有毒物质'的范畴,应限于浓度超过相应标准的含重金属的污染物,还是只要污染物中含有重金属即可,这类案件争议比较突出,请部领导予以指导,明确方向,以便基层执法人员依法依

---

① 参见厚街发布:《厚街一工厂被查封,5人被警方带走!》,载微信公众号"厚街发布"2020年7月3日,https://mp.weixin.qq.com/s/1okr36snVRO7a4rEIxKNVg。

② 参见广东省佛山市三水区人民法院刑事判决书,(2019)粤0607刑初66号。

③ 参见《关于暗管等逃避监管问题的回复》,载生态环境部网2020年9月28日,https://www.mee.gov.cn/hdjl/hfhz/202009/t20200928_800873.shtml。

规开展执法和移送公安机关。

回复:

根据《最高人民法院 最高人民检察院关于办理环境污染刑事案件适用法律若干问题的解释》(法释〔2016〕29号,以下简称《解释》)第十五条规定,'含重金属的污染物'应当认定为'有毒物质'。根据《解释》第一条第(五)项规定,通过暗管等逃避监管的方式排放有毒物质,应当认定为'严重污染环境'。因此,通过暗管等逃避监管的方式排放含重金属的污染物,不论重金属浓度是否超过相应标准,应当认定为'严重污染环境',依法追究刑事责任。"

二、争议现状及对我国环境执法和环境司法的影响

(一)争议现状

由上述观点及案例可知,针对"通过逃避监管的方式排放重金属不超标的污水是否构成犯罪"的问题,环境执法和环境司法机关之间存在以下几个不统一。

1. 司法机关内部不统一

由前述最高人民法院法官无罪观点、检察机关不起诉案例及法院判决有罪案例可知,不同地区检察机关、检察机关和审判机关、审判机关理论界和实务界对此分歧巨大。

2. 环保行政机关和司法机关不统一

司法实践中个别污染环境罪案,并非环保部门主动移送公安机关,而是环保部门查处后认为不构成犯罪只作为行政违法行为处罚后,当地检察机关向环保部门提出检察建议,要求追究涉案人员的刑事责任。

2015年7月,最高人民检察院发布《检察机关提起公益诉讼改革试点方案》,在部分试点地区建立检察机关提起公益诉讼制度。2016年1月,最高人民检察院发布《人民检察院提起公益诉讼试点工作实施办法》,进一步细化检察机关提起公益诉讼工作。随着国家生态环境保护力度的增强,未来由检察机关向环保部门发出检察建议甚至提起环境行政公益诉讼的频率将越来越高,上述分歧的存在既不利于环保部门和检察机关在环境违法犯罪案件中的协调合作,也不利于共同打击环境犯罪行为。

3. 环保部门内部不统一

由《关于暗管等逃避监管问题的回复》中“来信”部分的内容可知:目前基层环保执法人员对此是否构成犯罪争议也非常突出。

(二)对我国环境执法和环境司法的影响

在生态环境部作出《关于暗管等逃避监管问题的回复》之前,上述争议的存在,不仅严重损害了我国司法公信力,也给基层环保部门执法、司法机关司法造成了困惑。但是,上述回复公开之后,实际上不仅没有妥善解决该问题,反而将其彻底暴露出来并将之严重化,因为该回复是非常值得商榷的。

2020年9月28日当日,生态环境部部长信箱同时公布了《部长信箱函复能否作为基层执法依据?》①。其中提到,“行政执法是指行政主体依照有关法律、法规的规定,对具体事件进行处理并直接影响相对人权利与义务的具体行政法律行为。行政执法的依据包括宪法、法律、行政法规、地方性法规、行政规章、法律解释等。我部对部长信箱有关问题的答复,只是对具体问题的理解、分析和解释,不属于上述范畴,基层生态环境部门执法中仍应当以具体法律条文作为依据。另外,基层生态环境部门若对法律条文适用有疑问的,应当按程序申请有法律解释权的部门予以解释”。虽然如此,生态环境部作出的《关于暗管等逃避监管问题的回复》对基层环保执法人员具有很强的指导作用,也进一步导致环保部门在面对检察建议时非常被动。

上述《关于暗管等逃避监管问题的回复》公开后,若基层环保部门严格参照执行,则污染环境罪入罪将几乎没有门槛,后果不堪设想。若基层环保部门不参照执行,亦会受到检察机关、纪检、监察的监督。

因此,准确认定“有毒物质”的定义,对保障人权、正确适用法律、统一裁判尺度、促进司法公正意义重大。

三、从生活常识、环境科学、环境监测的角度看无罪理由

为避免法律适用的混乱,该部分分析均适用本案二审判决前(2020年4月27

---

① 参见《部长信箱函复能否作为基层执法依据?》,载生态环境部网2020年9月28日,https://www.mee.gov.cn/hdjl/hfhz/202009/t20200928_800809.shtml。

日前)有效的法律规定,相关规定修订或修正后,不影响相关结论的成立。

(一)认为含有重金属的物质一律属于"有毒物质",不符合生活常识和自然科学常识

几乎所有现存物质中都含有重金属。少量重金属是生物生长、发育、生存的必需元素,只有当重金属浓度或总量达到一定值时,其才表现出对生物的毒害特性。因此,认为含有重金属的物质一律属于"有毒物质",不符合生活常识和自然科学常识。

1.《刑法》第338条中提到的"有毒物质",并非指具有毒性的纯净物,而是指含有有毒纯净物且表现出生物毒性或环境危害性的混合物

《刑法》第338条规定:"违反国家规定,排放、倾倒或者处置有放射性的废物、含传染病病原体的废物、有毒物质或者其他有害物质,严重污染环境的,处三年以下有期徒刑或者拘役……"

物质分为纯净物和混合物,前者指只有一种成分组成的物质,如纯度为100%的金;后者指由2种或2种以上成分组成的物质,如纯度为99.99%的金。现实世界中,纯净物只是理论概念,即不存在纯度为100%的物质,现实中的物质均为混合物。为便于理解,下文中的"物质"专指纯净物或混合物时,在"物质"后面进行备注。

《刑法》第338条规定中的"有毒物质"包含两个概念:有毒和物质。"有毒"既可以指纯净物的特性,也可以指含有该有毒纯净物的混合物的特性,但该混合物有毒的原因是纯净物具有毒性。"物质"既可指纯净物,也可指混合物。因此,按文义解释"有毒物质",既可以指具有毒性的纯净物,也可以指含有有毒纯净物且表现出毒性的混合物。

但是,法律源于生活,应符合自然科学规律,即现实中不存在100%的纯净物。因此,《刑法》第338条规定中的"有毒物质",只能指含有有毒纯净物且表现出毒性的混合物。另外,《刑法》第338条所列行为对象中的有放射性的废物和含传染病病原体的废物均为混合物,故从体系解释的角度,该条文中"有毒物质"应当指混合物。

2. 对最高人民法院、最高人民检察院《关于办理环境污染刑事案件适用法律若干问题的解释》(法释〔2016〕29 号)第 15 条"有毒物质"的定义逐项剖析,可知该规定不具有科学性,是产生分歧的根本原因

最高人民法院、最高人民检察院《关于办理环境污染刑事案件适用法律若干问题的解释》(法释〔2016〕29 号)第 15 条规定:"下列物质应当认定为刑法第三百三十八条规定的'有毒物质':(一)危险废物,是指列入国家危险废物名录,或者根据国家规定的危险废物鉴别标准和鉴别方法认定的,具有危险特性的废物;(二)《关于持久性有机污染物的斯德哥尔摩公约》附件所列物质;(三)含重金属的污染物;(四)其他具有毒性,可能污染环境的物质。"实际上,该规定中的"有毒物质"与《刑法》第 338 条中的"有毒物质"的定义不完全相同,这是环境执法和司法实践中出现分歧的根本原因。笔者认为,该条文的规定不具有科学性,对其前三项的规定分别分析如下:

(1)危险废物

《国家危险废物名录》(2016 年版)第 2 条规定,"具有下列情形之一的固体废物(包括液态废物),列入本名录:(一)具有腐蚀性、毒性、易燃性、反应性或者感染性等一种或者几种危险特性的;(二)不排除具有危险特性,可能对环境或者人体健康造成有害影响,需要按照危险废物进行管理的"。

危险废物是混合物,其具有危险特性的原因是其中某种物质(纯净物)具有危险特性,其含量超过了规定的限值。因此,并非任何含有上述危险特性物质(纯净物)的废物都属于危险废物,还需该物质(纯净物)达到一定的浓度。限于篇幅,以毒性特性为例。

根据《危险废物鉴别标准 通则》(GB 5085.7－2019)的规定,毒性特性鉴别分为急性毒性初筛、浸出毒性鉴别和毒性物质含量鉴别。以浸出毒性为例,指使用某种特殊浸出液浸泡固体废物一定时间后,对浸出液进行检测。若浸出液中某物质的浓度超过规定限值,则该固体废物属于危险废物。以铜为例,根据《危险废物鉴别标准 浸出毒性鉴别》(GB 5085.3－2007)第 3 条"鉴别标准"及表 1 的规定,浸出液中总铜浓度超过 100mg/L 时,该固体废物属于危险废物。

由此可知,并非任何含有重金属铜的固体废物都属于危险废物。故并非任何含有重金属铜的固体废物都属于最高人民法院、最高人民检察院《关于办理环境污染刑事案件适用法律若干问题的解释》(法释〔2016〕29 号)第 15 条规定的"有毒物质"。

(2)《关于持久性有机污染物的斯德哥尔摩公约》附件所列物质

持久性有机污染物(Persistent Organic Pollutants,POPs),指具有毒性、难以降解、可在生物体内蓄积的物质,可通过空气、水和迁徙物种及产品传输并沉积在远离其排放地点的地区,可长期在生态系统中累积,即使暴露在非常低剂量的 POPs 中也有可能引发癌症,损害中枢和外围神经系统,引发免疫系统疾病、生殖紊乱以及干扰婴幼儿的正常发育,直接威胁人类生存繁衍和可持续发展。[①] 为保护人类健康和生态环境,2001 年联合国环境规划署理事会通过《关于持久性有机污染物的斯德哥尔摩公约》,旨在减少并最终消除部分 POPs。首批受控的 POPs 有 12 种,包括艾氏剂、氯丹、狄氏剂、异狄氏剂、七氯、六氯苯、灭蚁灵、毒杀芬、多氯联苯(PCBs)、滴滴涕、多氯二苯并对二噁英和多氯二苯并呋喃(二者合称二噁英)、多氯联苯。

POPs 全部为有机化合物,属于纯净物。与最高人民法院、最高人民检察院《关于办理环境污染刑事案件适用法律若干问题的解释》(法释〔2016〕29 号)第 15 条第 1 项"危险废物"和第 3 项"含重金属的污染物"都是混合物不同的是,第 2 项"《关于持久性有机污染物的斯德哥尔摩公约》附件所列物质"都是纯净物,即这些纯净物属于"有毒物质",这就导致了法释〔2016〕29 号文中的"有毒物质"与《刑法》第 338 条中的"有毒物质"的定义不完全相同。很显然,法释〔2016〕29 号文第 15 条第 2 项"《关于持久性有机污染物的斯德哥尔摩公约》附件所列物质"应当指"含有《关于持久性有机污染物的斯德哥尔摩公约》附件所列物质(纯净物)的污染物(混合物)"。

接下来的问题为,是所有"含有 POPs 的污染物"均属于"有毒物质",还是要

---

① 参见国家履行斯德哥尔摩公约工作协调组办公室编:《中华人民共和国履行〈关于持久性有机污染物的斯德哥尔摩公约〉国家实施计划》,中国环境科学出版社 2008 年版,第 1 页。

求“含有 POPs 含量超过国家或地方排放标准的污染物”才属于“有毒物质”呢?

如前所述,首批受控的 12 种 POPs 中包括七氯和六氯苯。《生活饮用水卫生标准》(GB 5749 - 2006)表 1“水质常规指标及限值”规定,饮用水中七氯和六氯苯的含量限值分别为 0.0004mg/L 和 0.001mg/L。饮用自来水中可以含有极其微量的七氯和六氯苯。显然,自来水不会因为含有七氯和六氯苯而属于法律规定中的“有毒物质”(混合物)。因此,在认定含有《关于持久性有机污染物的斯德哥尔摩公约》附件所列物质(纯净物)的污染物(混合物)是否为法释〔2016〕29 号文第 15 条中的“有毒物质”时,必须考虑其浓度是否超过相关标准。

因此,法释〔2016〕29 号文第 15 条第 2 项应当理解为“含有《关于持久性有机污染物的斯德哥尔摩公约》附件所列物质(纯净物),且该物质超过国家或地方污染物排放标准的污染物(混合物)”。

(3)含重金属的污染物

含重金属的污染物,指含重金属(纯净物)的污染物(混合物)。同上,该处应当指含有重金属且重金属含量超过国家或地方排放标准的污染物。例如,《生活饮用水卫生标准》(GB 5749 - 2006)表 1“水质常规指标及限值”规定,饮用水中重金属铜的含量限值为 1.0mg/L。饮用自来水中可以含有一定量的铜。因此,“含重金属的污染物”,应当指“含有重金属且重金属含量超过国家或地方排放标准的污染物”。

(4)小结

由上述分析可知,《刑法》第 338 条和最高人民法院、最高人民检察院《关于办理环境污染刑事案件适用法律若干问题的解释》(法释〔2016〕29 号)第 15 条规定中的“有毒物质”,均应当指含有某种具有毒性物质(纯净物)且该物质含量超过排放标准的物质(混合物)。

(二)从环境科学的角度分析,认为含有重金属的物质一律属于“有毒物质”,严重违反了罪刑法定原则

首先,在环境监测领域,污染物监测结果不超标分为三种情形,超过检出限只是其中一种,故以污染物超过检出限为由认定犯罪,脱离了环境专业基础知识。

其次,目前我国针对污染物的管理只区分超标和不超标,以污染物超过检出限为由认定犯罪,没有法律依据。最后,同一种污染物分析方法的检出限各不相同,以污染物超过检出限为由认定犯罪,将导致行为是否入罪取决于所采用的分析方法而非法律明文规定,导致刑罚极具不确定性,违反了罪刑法定原则。

1. 环境监测领域重金属监测结果不超标分为三种情形,以重金属超过检出限为由认定犯罪,脱离了环境专业基础知识

在环境监测领域,某种物质监测结果不超标可分为三种情形。以重金属为例,结合图 1 分析如下:

A 区,水体中完全不含重金属;

E 区,水体中重金属超标;

B 区、C 区、D 区,水体中含有重金属但不超标,其中,B 区和 C 区以检出限为区分点,C 区和 D 区以测定下限为区分点。

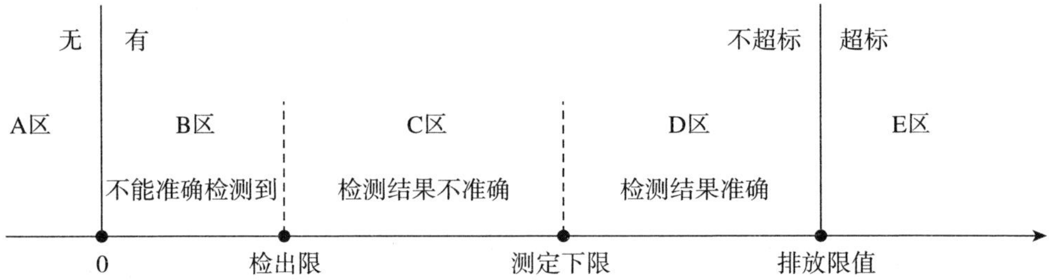

图 1　特定分析方法下某物质的检出限、测定下限和排放限值

同一种物质,国家标准或行业标准规定的分析方法通常有多种,不同分析方法的检出限和测定下限也不尽相同。为了更好地理解"检出限""测定下限"和图 1 中 B 区、C 区、D 区的含义,以重金属铜的分析方法《水质　32 种元素的测定　电感耦合等离子体发射光谱法》(HJ 776 - 2015)为例,检出限和测定下限的定义如图 2 所示。

检出限:简言之,水体中铜的信号能被可靠地探测到时,水体中铜的最低浓度。如图 2 中总铜的检出限为 0.04mg/L,则当水体中总铜浓度低于 0.04mg/L 时(B 区),该分析方法由于仪器精密度等检测不到可靠的铜的信号。只有当水体中总铜浓度高于 0.04mg/L 时(C 区、D 区、E 区),该分析方法才能检测到可靠的铜

的信号。需要说明的是,该分析方法检测不到可靠的铜的信号,不等同于水体中没有铜,此时仍可用其他方法(如浓缩)或更精密的仪器检测到可靠的铜的信号。

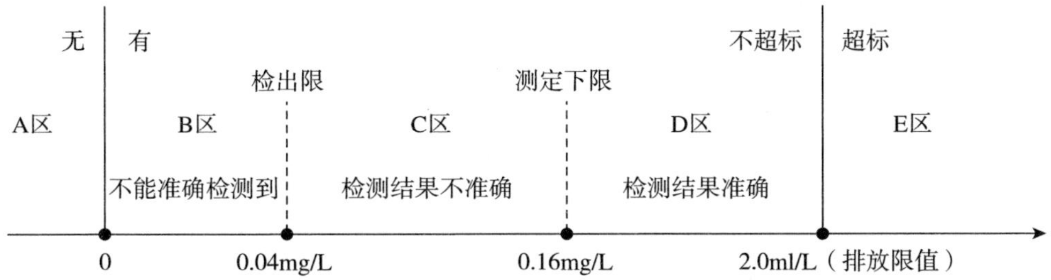

图 2　某分析方法总铜的检出限、测定下限和排放限值

《污水监测技术规范》(HJ 91.1－2019)“9.6 监测结果的表示方法”规定:“9.6.2 当测定结果高于分析方法检出限时,报实际测定结果值;当测定结果低于分析方法检出限时,报使用的‘方法检出限’,并加标志位‘L’表示。”例如,水体中铜的实际浓度为 0.02mg/L 时,用该种分析方法无法检测到铜,则监测结果表示为 0.04L。

测定下限:简言之,用该分析方法能给出准确的监测结果时,水体中铜的最低浓度。如图 2 中总铜的测定下限为 0.16mg/L,则只有当水体中总铜浓度高于 0.16mg/L 时(D 区、E 区),该分析方法给出的监测结果才是准确的。而当水体中总铜浓度在 0.04～0.16mg/L 时(C 区),该分析方法虽然能检测到铜的信号,但给出的监测结果却不稳定、不准确,可能出现多次监测结果误差过大的情况。例如,水体中铜的实际浓度为 0.08mg/L 时,检测仪器在不同时段显示的结果可能分别为 0.06mg/L 或 0.10mg/L,监测结果误差过大。

因此,在环境监测领域,重金属不超标实际上分为三种情形,分别为图 2 中的 B 区、C 区和 D 区。

2. 以重金属超过检出限为由认定构成犯罪,严重违反罪刑法定原则

同一种污染物有多种分析方法,不同分析方法的检出限不尽相同。由《地表水和污水监测技术规范》(HJ/T 91.1－2002)附表 1“水和污水监测分析方法”可知,铜的分析方法有 8 种,各分析方法的检出限见表 1。

表 1　铜的 8 种常用分析方法及检出限

序号	分析方法	方法标准号	检出限
1	火焰原子吸收法	GB 7475 - 87	0.05mg/L
2	2,9 - 二甲基 - 1,10 - 菲啰啉分光光度法	HJ 486 - 2009①	0.02mg/L
3	二乙基二硫代氨基甲酸钠分光光度法	HJ 485 - 2009②	0.01mg/L
4	流动注射 - 在线富集火焰原子吸收法	《水和废水监测分析方法》(第四版)	2ug/L
5	阳极溶出伏安法	《水和废水监测分析方法》(第四版)	0.5ug/L
6	示波极谱法	《水和废水监测分析方法》(第四版)	10^{-6}mol/L
7	等离子子发射光谱法	《水和废水监测分析方法》(第四版)	0.02mg/L
8	水质　32 种元素的测定　电感耦合等离子体发射光谱法	HJ 776 - 2015	0.04mg/L

本案阮某涉嫌污染环境罪案中,外排废水中总铜的监测结果为 0.045mg/L。假设该废水中铜的实际浓度为 0.045mg/L,则若监测机构采用第 8 种分析方法,铜的实际浓度高于检出限,则监测结果为“0.045”。但是,若监测机构采用第 1 种分析方法,铜的实际浓度低于检出限,则监测结果为“0.05L”,即未检出。

因此,若以是否超过检出限界定是否构成犯罪,则当行为人排放的污水中重金属含量较低时(图 2 中 B 区、C 区),行为人是否构成犯罪很有可能取决于采用的分析方法。况且,随着科技的进步,仪器的精密度越来越高,未来新发明的分析方法的检出限可能越来越低,这将导致污染环境罪的入罪门槛一直在变动,且呈越来越低的趋势。显然,该种情况严重违反了罪刑法定原则,将导致行为人的入罪极具不确定性。

---

① GB 7473 -87 于 2009 年修订为 HJ 486 -2009。

② GB 7474 -87 于 2009 年修订为 HJ 485 -2009。

四、《关于办理环境污染刑事案件适用法律若干问题的解释》（法释〔2023〕7号）修改建议

2020年11月6日，笔者分别向最高人民法院和最高人民检察院邮寄《关于明确〈环境解释〉第十五条“有毒物质”定义的建议》，认为最高人民法院、最高人民检察院《关于办理环境污染刑事案件适用法律若干问题的解释》（法释〔2016〕29号）第15条第3项“含重金属的污染物”应当指“重金属含量超标的污染物”，并建议明确该第15条“有毒物质”的定义。

2023年8月8日，最高人民法院、最高人民检察院发布《关于办理环境污染刑事案件适用法律若干问题的解释》（法释〔2023〕7号），自2023年8月15日施行。其第17条规定：“下列物质应当认定为刑法第三百三十八条规定的‘有毒物质’：（一）危险废物，是指列入国家危险废物名录，或者根据国家规定的危险废物鉴别标准和鉴别方法认定的，具有危险特性的固体废物；（二）《关于持久性有机污染物的斯德哥尔摩公约》附件所列物质；（三）重金属含量超过国家或者地方污染物排放标准的污染物；（四）其他具有毒性，可能污染环境的物质。”

法释〔2023〕7号文在法释〔2016〕29号文的基础上，明确了重金属含量超标的污染物，才属于“有毒物质”。但是，该第17条第2项的规定仍未予明确。

因此，笔者建议：（1）参照法释〔2023〕7号文第17条第3项的表述，将第2项修改为“《关于持久性有机污染物的斯德哥尔摩公约》附件所列物质含量超过国家或者地方污染物排放标准的污染物”；（2）在适用第4项兜底款时，“可能污染环境的物质”应当理解为对生物或环境的危害不低于重金属的物质，且其含量应当超过相应国家或地方排放标准。

风险提示

排污单位应注意新污染物和有毒有机物的防控工作。根据《刑法》第338条的规定，排放、倾倒、处置有毒物质的，构成污染环境罪。最高人民法院、最高人民检察院《关于办理环境污染刑事案件适用法律若干问题的解释》（法释〔2023〕7号）第17条前三项所涉物质分别为危险废物、《关于持久性有机污染物的斯德哥

尔摩公约》附件所列物质和重金属，该 3 项物质是非常明确具体的。但是，第 4 项系兜底条款，在相关污染物未被前三款所囊括时，办案机关可能适用该兜底条款进行入罪。其中，排污单位应当特别留意的是新污染物和有毒有机物。随着国家生态环境保护工作的深入，不排除未来与新污染物和有毒有机物相关的刑事案件会逐渐增加。

7. 行政诉讼在污染环境罪刑事辩护中的应用

——高某某非法处置危险废物铝灰渣案

摘要

污染环境罪案一般由生态环境主管部门在行政执法中发现，并收集核心证据后认为涉嫌犯罪的，移送公安机关刑事立案。因此，对生态环境主管部门的行政行为提起行政诉讼，有助于查明行政机关实施行政行为的整个过程，并可能获得公诉机关在刑事案件中未提交的证据。同时，通过撤销行政行为或者确认行政行为违法，可以从根本上否定证据的合法性，有利于刑事辩护工作。但是，提起行政诉讼可能导致刑事案件延期，且一旦行政诉讼败诉，刑事辩护将陷入非常被动的境地。即便行政诉讼达到预期效果，也不能确保刑事辩护能达到预期效果。

本案中，高某某等人在广东省韶关市乐昌市梅花镇某工厂加工危险废物一次铝灰，将产生的危险废物二次铝灰渣堆放在仓库。韶关市生态环境局、乐昌市梅花镇人民政府实施代履行，委托乳源东阳光××精箔有限公司（上市公司广东东阳光××股份有限公司持股51%，以下简称东阳光公司）处置涉案铝灰渣。经核算，各项处置费用合计332万余元。韶关市乐昌市人民检察院向乐昌市人民法院提起公诉，指控高某某等人犯污染环境罪，建议对高某某判处有期徒刑3年半至4年半。在刑事案件审理过程中，高某某以韶关市生态环境局、乐昌市梅花镇人民政府为被告，以东阳光公司为第三人，根据行政案件集中管辖规定起诉至韶关市武江区人民法院。经审理,韶关市武江区人民法院判决确认韶关市生态环境局实施代履行程序违法,确认东阳光公司没有危险废物经营资质。但是,韶关市乐昌市人民法院仍认为韶关市生态环境局收集的相关证据具有合法性,并确认东阳光公司出具的铝灰渣处置报价单具有合法性,判决高某某犯污染环境罪,判处有期徒刑3年。

本案刑事辩护虽然未取得预期效果,但乐昌市人民法院在认定乐昌市人民检察院提供的所有证据均合法有效的基础上,未采纳其量刑建议,在一定程度上仍能体现行政诉讼对刑事辩护的作用。

案情简介

2020年6月,谢某某、高某某等4人在广东省韶关市乐昌市梅花镇某仓库内加工一次铝灰渣提炼铝锭出售,将产生的二次铝灰渣堆放在仓库内。2021年1月左右,该4人决定不再继续加工铝灰渣,但因故未清运二次铝灰渣。

2021年4月30日,当地连续下雨导致仓库漏雨,引发铝灰渣自燃。同年5月1日,梅花镇人民政府与乐昌市铭兴广告部签订《梅花镇谭司村铝灰渣自燃应急处置施工合同》,委托后者对现场采取灭火、覆土、给仓库顶棚覆盖防水布等应急处置措施。事后经核算,该项处置费用为70,799元。

2021年6月2日,韶关市生态环境局乐昌分局(以下简称乐昌分局)作出限期处置危险废物通知书,要求高某某等人于2021年6月22日前处置好铝灰渣。

2021年8月1日,高某某与惠州市东江威立雅环境服务有限公司签订《废物处理合同》,并支付定金2万元。高某某将该合同交给乐昌分局,拟自行处置。同年8月13日,乐昌分局某副局长将该合同发给惠州东江威立雅环境服务有限公司的工作人员钟某某。经核对,该份合同落款处所盖公章并非惠州东江威立雅环境服务有限公司的公章。乐昌分局因此认定该合同系伪造,不同意高某某自行处置。

2021年8月2日,乐昌分局向韶关市生态环境局请示明确涉案铝灰渣的处置机构,后者复函建议由当地政府作为处置机构。同年8月5日,乐昌分局向乐昌市人民政府请示建议由梅花镇人民政府作为处置机构，后者批示同意。同年8月20日，乐昌分局作出关于组织代为处置铝灰渣通知书，载明“目前，该铝灰(渣)仍未进行处置，我市现已决定组织实施代为处置工作，由此产生的处置费用和法律后果由你(们)承担”。

2021年8月23日，梅花镇人民政府与乐昌市众大广告装饰工程部签订《梅花镇谭司村铝灰渣自燃应急处置施工合同》，委托后者重新打包涉案铝灰渣，并吊装至指定车辆。同日，梅花镇人民政府与东阳光公司签订《铝灰渣处置合同》，约定由东阳光公司处置涉案铝灰渣，处置单价为2000元/吨。同日，梅花镇人民政府向乐昌市人民政府请示拨款作出《关于请求拨付梅花镇谭司村铝灰渣处置预付款的请示》(梅府字〔2021〕18号)，载明“根据上级通知，中央生态环境保护督察组将于8月26日进驻韶关市开展督察，为更好地迎接中央生态环境保护督查工作，梅花镇堆放铝灰渣处置工作迫在眉睫……”

2021年8月23~28日，东阳光公司完成对涉案铝灰渣的清运工作。事后经核算，乐昌市众大广告装饰工程部应收费用为592,125元，东阳光公司应收铝灰渣处置费用为2,547,800元。

2021年12月20日，高某某因非法处置危险废物铝灰渣涉嫌污染环境罪被刑事拘留。

2022年1月9日，高某某的家属找到盈科广州黎征武律师，委托其作为高某某的辩护人。

2022年3月25日，乐昌市公安局将案件移送乐昌市人民检察院审查起诉。黎征武律师阅卷后，经查阅公开的资料和相关法律规定，并向高某某了解情况，发现如下重大问题：(1)高某某称其联系他人处理涉案铝灰渣时，对方称若按危险废物正规处置流程向主管部门报告并出具危险废物转移联单(行业俗称“走平台”)的处置费用为1200元/吨，若不走平台的处置费用为600元/吨[①]，但两种方式都是将铝灰渣合法处置。高某某与之签订《废物处理合同》，约定不走平台。该合同

① 笔者注：危险废物处置公司的处置数量都有额度限制，走平台会被主管部门扣减对应额度，不走平台则不会扣减该批危险废物的数量，故走平台价格较高。

由高某某提交给乐昌分局后,经乐昌市公安局调取提交给乐昌市人民检察院。但是,黎征武律师从乐昌市人民检察院拿到的材料显示,该份合同中的处置价格已被涂抹,完全无法显示原先约定的价格,原因未知。(2)本案韶关市生态环境局实施代履行的程序严重违法。(3)东阳光公司不具有危险废物铝灰渣的经营资质。但是,其股东之一为上市公司广东东阳光××股份有限公司,持股比例51%。广东东阳光××股份有限公司在韶关市投资了十几家公司,产业规模巨大,系当地的纳税大户。因此,黎征武律师预计本案辩护的难度非常大。

阅卷后,黎征武律师多次与承办检察官沟通上述问题,称高某某对2000元/吨的处置价格异议较大,希望能和东阳光公司达成调解降低处置费用,有助于高某某等人及时筹钱并作为减轻或从轻处罚的依据。承办检察官坚持认为东阳光公司具有经营资质,该处置价格符合市场价,如果高某某等人愿意足额支付全部处置费用,可考虑减轻或从轻处罚。据当地律师介绍,在此前乐昌市人民法院办理的某起污染环境罪案件中,被告人足额支付1000多万元处置费用后,仍被判处实刑。谢某某、高某某及家属遂不同意支付处置费用,高某某认罪不认罚。

2022年6月23日,乐昌市人民检察院向乐昌市人民法院提起公诉,指控谢某某、高某某①犯污染环境罪,建议对高某某判处有期徒刑3年半至4年半;同时对谢某某、高某某提起附带民事公益诉讼,请求判决谢某某、高某某连带赔偿铝灰渣应急处置费用、检测费用、转运处置费用等合计3,322,978元。

律师策略

本案高某某对涉案铝灰渣的处置费用异议较大,而乐昌市人民检察院坚持认为东阳光公司具有铝灰渣经营资质,处置价格符合市场价。考虑到可能存在的案外因素等原因,黎征武律师建议对韶关市生态环境局代为处置的行为提起行政诉讼,理由如下:(1)刑事案件的参与方只有公诉机关和被告人,实施代履行的行政机关乐昌市人民政府、韶关市生态环境局和处置铝灰渣的东阳光公司基本没有可能参与到本案中,而公诉机关可以未参与实施代履行或基于诉讼策略称对代履行

① 其他涉案人员另案处置。

过程不知情，导致刑事案件极有可能无法查明整个代履行的过程等重要事实。因此，通过提起行政诉讼，与乐昌市人民政府、韶关市生态环境局和东阳光公司当庭对质，有助于查明刑事案件中无法查明的事实。(2)审理刑事案件主要适用《刑事诉讼法》等法律法规，而本案所涉重大问题代履行程序是否合法、东阳光公司是否具有铝灰渣处置资质等事实主要适用行政法规进行审查，故刑事案件承办法官可能因不懂行政法而作出错误判断。(3)一旦行政案件判决撤销代履行行为或确认代履行程序违法、东阳光公司不具有铝灰渣处置资质，则本案韶关市生态环境局收集的相关证据都不具有合法性，不能作为刑事案件的定罪量刑依据，亦不能证明涉案处置费用的合法性。

因此，黎征武律师建议高某某对乐昌市人民政府、韶关市生态环境局代履行的行为提起行政诉讼，并将东阳光公司列为第三人。高某某及家属均同意该策略。

办理结果

2022年7月25日，乐昌市人民法院通知黎征武律师将于同年8月9日组织开庭，并告知乐昌市人民检察院有补充新证据材料。黎征武律师于同年7月26日到乐昌市人民法院阅卷。

2022年7月27日，黎征武律师代理高某某以乐昌市人民政府、韶关市生态环境局为被告，以东阳光公司为第三人，向韶关市中级人民法院提起行政诉讼，请求撤销代为处置的行政行为。韶关市中级人民法院认为将乐昌市人民政府列为被告错误，根据集中管辖的规定将案件移送到韶关市武江区人民法院。

2022年8月5日，韶关市武江区人民法院受理该行政案件。

2022年8月9日，乐昌市人民法院组成7人合议庭开庭审理本案，因设备故障延期至同年8月24日。8月24日庭审中，黎征武律师提出高某某已就韶关市生态环境局实施代履行的行政行为提起行政诉讼，武江区人民法院已经受理，本刑事案件需以该行政案件的结果为依据，故建议中止审理本案。乐昌市人民法院裁定中止审理本案。

2022年9月29日，武江区人民法院通知黎征武律师到法院进行询问。黎征武律师到法院后，承办法官要求将被告乐昌市人民政府变更为梅花镇人民政府，否则可能会以主体不适格为由驳回起诉。经沟通，家属同意变更。

2022年11月29日，武江区人民法院组织开庭。庭审中，黎征武律师发表了如下代理意见：（1）东阳光公司处置铝灰渣的建设项目未获得环评批复、未取得环保竣工验收报告，东阳光公司存在"未批先建"、"未验先投"和"无证经营危险废物"的违法行为，不可能具有铝灰渣处理资质；（2）梅花镇人民政府与东阳光公司签订的《铝灰渣处置合同》因违反禁止性规定而无效，未证明以"利用"的方式处理铝灰渣成本最低，东阳光公司提供的处置费用2000元/吨不属实，转运数量存疑；（3）本案不符合代为处置条件，且代为处置流程不合法，确定代为处置机构的方式错误，未进行政府采购。

2023年4月6日，韶关市武江区人民法院作出（2022）粤0203行初384号行政判决书，以韶关市生态环境局实施代履行程序违法、委托未取得危险废物经营许可的东阳光公司处置铝灰渣为由，确认韶关市生态环境局作出的关于组织代为处置铝灰渣通知书违法。判决后，各方均未上诉，该判决已于2023年5月8日发生法律效力。此后，据高某某的家属称，其以该判决书向韶关市生态环境局投诉东阳光公司无证经营危险废物，但韶关市生态环境局回复称具有相关资质，未对东阳光公司的行为进行查处。

2023年5月26日，乐昌市人民法院裁定恢复审理刑事案件。同年5月31日，乐昌市人民检察院建议延期审理，法院决定延期审理。

2023年7月12日，乐昌市人民法院定于同年8月1日组织开庭，并告知乐昌市人民检察院有补充证据材料。同年7月17日，黎征武律师到乐昌市人民法院阅卷，乐昌市人民检察院补充的为价格评估结论书等证据，拟证明相关费用的合理性。黎征武律师查阅价格评估结论书后，认为疑点重重，遂于同年7月19日向乐昌市人民法院申请鉴定人出庭。同年7月25日，乐昌市人民法院电话告知黎征武律师不通知鉴定人出庭，如有疑问开庭后可要求评估公司出具书面说明。

2023年8月1日，乐昌市人民法院组成7人合议庭开庭审理本案。

2023 年 8 月 29 日，乐昌市人民法院通过电子邮箱向黎征武律师送达乐昌市人民检察院补充的证据材料，并通知定于同年 9 月 1 日上午再次开庭。经查阅，乐昌市人民检察院补充的证据主要为：(1)评估公司出具的情况说明，拟证明价格评估结论书的合法性；(2)东阳光公司提供的《危险废物产生单位内部自行利用/处置情况记录表》，拟证明涉案铝灰渣均已经东阳光公司处置完毕。同年 8 月 30 日，黎征武律师认为《危险废物产生单位内部自行利用/处置情况记录表》中的签名有伪造嫌疑，遂申请做笔迹鉴定，被乐昌市人民法院拒绝。

2023 年 9 月 1 日，乐昌市人民法院再次组织开庭。

2023 年 9 月 27 日，乐昌市人民法院作出(2022)粤 0281 刑初 201 号刑事附带民事判决书，判决高某某犯污染环境罪，判处有期徒刑 3 年，并处罚金 8 万元，谢某某、高某某连带赔偿应急处置费用、监测费用、代为转运处置费用合计 3,316,483 元。

高某某不服，向韶关市中级人民法院提起上诉。韶关市中级人民法院判决维持原判。

律师评析

一、行政机关实施代履行应遵守法定程序

《固体废物污染环境防治法》(2020 修订)第 113 条规定，“违反本法规定，危险废物产生者未按照规定处置其产生的危险废物被责令改正后拒不改正的，由生态环境主管部门组织代为处置，处置费用由危险废物产生者承担；拒不承担代为处置费用的，处代为处置费用一倍以上三倍以下的罚款”。《行政强制法》(主席令第 49 号)第 50 条规定，“行政机关依法作出要求当事人履行排除妨碍、恢复原状等义务的行政决定，当事人逾期不履行，经催告仍不履行，其后果已经或者将危害交通安全、造成环境污染或者破坏自然资源的，行政机关可以代履行，或者委托没有利害关系的第三人代履行。”由此可知，代为处置即代履行。

根据《行政强制法》第 35 条、第 36 条、第 37 条、第 50 条和第 51 条等规定可知，行政机关实施代履行应当严格遵守法定程序，以维护当事人的合法权益。而

本案韶关市生态环境局实施代履行过程中,程序多次严重违法,具体详见下文“行政诉讼案代理意见”。

二、东阳光公司固体废物减量化项目及《铝灰渣处置合同》的合法性分析

本案韶关市生态环境局和梅花镇人民政府委托东阳光公司作为第三人代为处置铝灰渣,依法应当审查其是否具有处置涉案铝灰渣的资质。

(一)东阳光公司疑似存在“未批先建”的违法行为

办案过程中,黎征武律师在韶关市人民政府官网[①]查询到以下信息:2021 年 8 月 11 日,韶关市生态环境局乳源分局在韶关市人民政府官网发布《乳源东阳光××精箔有限公司固体废物减量化项目环境影响报告表公示》,附件《东阳光资源回收利用报告表－精箔厂(挂网版)》载明建设项目行业类别为“101－危险废物(不含医疗废物)利用及处置－其他”,见表 1;“建设内容”和“六、结论”部分均载明“本项目仅处理本厂区所产生的固体废物铝灰渣,不接受外来厂区的固体废物铝灰渣”。因此,根据《建设项目环境影响评价分类管理名录》(2021 年版)的规定,该建设项目仅需报批环境影响报告表,见表 2。

表 1　乳源东阳光××精箔有限公司固体废物减量化项目环境影响报告(节选)

一、建设项目基本情况

建设项目名称	乳源东阳光优艾希杰精箔有限公司固体废物减量化项目		
项目代码			
建设单位联系人	张经理	联系方式	0751－5282092
建设地点	乳源东阳光高科技产业园乳源东阳光优艾希杰精箔有限公司厂内		
地理坐标	E 113°19′32.76″, N 24°44′40.18″		
国民经济行业类别	N7724 危险废物治理	建设项目行业类别	101－危险废物(不含医疗废物)利用及处置－其他

① 笔者办案时已保存相关网页、下载附件资料,并将附件资料提交给法庭。但笔者撰写此文时,相关网页已被删除,故无法提供原网页,只能在笔者电脑中查看。

表2 《建设项目环境影响评价分类管理名录》(2021年版)(节选)

四十七、生态保护和环境治理业					
100	脱硫、脱硝、除尘、VOCs治理等大气污染治理工程	—	—	全部	
101	危险废物(不含医疗废物)利用及处置	危险废物利用及处置(产生单位内部回收再利用的除外;单纯收集、贮存的除外)	其他	—	

2021年8月23日,韶关市生态环境局乳源分局在韶关市人民政府官网发布《韶关市生态环境局乳源分局关于作出乳源东阳光××精箔有限公司固体废物减量化项目环境影响评价文件审批决定的公告》,附件《韶环乳审〔2021〕6号乳源东阳光××精箔有限公司固体废物减量化项目环境影响报告表审批意见》载明韶关市生态环境局于2021年8月20日作出韶环乳审〔2021〕6号《审批意见》,其中第1部分"项目概况"部分载明"主要建设内容为利用现有闲置车间,将该公司产生的铝灰渣固体废物进行资源化利用"。

由此可知,东阳光公司"固体废物减量化项目"仅能用于处置其自身产生的铝灰渣,不能对外处置铝灰渣。否则,根据《建设项目环境影响评价分类管理名录》(2021年版)的规定,该建设项目应当编制环境影响报告书。但是,本案韶关市生态环境局以东阳光公司"固体废物减量化项目"已获得环境影响报告表的批复为由,委托东阳光公司处置高某某等人产生的铝灰渣,超出了涉案环评表和环评批复载明的经营范围。因此,韶关市生态环境局、梅花镇人民政府、东阳光公司以韶环乳审〔2021〕6号《审批意见》主张东阳光公司具有对外经营铝灰渣的资质,没有事实和法律依据。

2022年3月28日,东阳光公司在其官网发布《乳源东阳光××精箔有限公司固废减量化项目竣工环保验收监测公示》①,并列明附件《【验收报告表】乳源东阳光××精箔有限公司固废减量化项目验收报告表(公示稿)》《【其他需要说明事

① 参见《乳源东阳光优艾希杰精箔有限公司固废减量化项目竣工环保验收监测公示》,载东阳光公司官网,http://food.hec.cn/2022-3-28/news/announcement/79.html。

项】乳源东阳光××精箔有限公司固体废物减量化项目验收其他需要说明的事项》《【验收意见】精箔厂固体废物将量化项目竣工环保验收意见》。其中,《乳源东阳光××精箔有限公司固废减量化项目竣工环保验收监测报告表》显示,该建设项目开工建设时间为2021年9月,验收时间为2022年3月,见表3。

表3 乳源东阳光××精箔有限公司固废减量化项目竣工环保验收监测报告(节选)

表一 基本信息

建设项目名称	乳源东阳光优艾希杰精箔有限公司固体废物减量化项目		
建设单位名称	乳源东阳光优艾希杰精箔有限公司		
建设项目性质	新建 改扩建 技改(√) 迁建		
建设地点	广东省韶关市乳源县东阳光工业园		
主要产品名称	脱氧剂、铝粒、氨水		
设计生产能力	年产10,000吨脱氧剂、1600吨铝粒、200吨氨水		
实际生产能力	年产10,000吨脱氧剂、1600吨铝粒、200吨氨水		
建设项目环评时间	2021年8月	开工建设时间	2021年9月
调试时间	2022年3月	验收现场监测时间	2022年3月7~10日
环评报告表审批部门	韶关市生态环境局	环评报告表编制单位	深圳市统霸环保科技有限公司

另外,乐昌市人民检察院提供《危险废物产生单位内部自行利用/处置情况记录表》拟证明东阳光公司已处置完毕涉案铝灰渣。该记录表"废物利用/处置完毕日期"栏载明时间为2021年11月3日~12月12日。东阳光公司在未依法报批环境影响评价报告书并获得批复前,开工建设涉案固废减量化项目并对接处置涉案铝灰渣,疑似存在"未批先建"的违法行为。

(二)东阳光公司疑似存在"未验先投"的违法行为

根据《环境影响评价法》(2018修正)和《建设项目环境保护管理条例》(2017修订)的相关规定,建设项目获得环评批复后才能开工建设,配备环保设施并经过验收后才能投产。本案行政诉讼和刑事诉讼庭审过程中,韶关市生态环境局、东阳光公司、乐昌市人民检察院均未提供涉案"固体废物减量化项目"已经过环保验收的证明。如前所述,相关证据显示东阳光公司利用/处置涉案铝灰渣的时间为

2021 年 11 月 3 日 ~12 月 12 日,但其建设项目环保验收时间为 2022 年 3 月。况且,该环保验收针对的是环境影响报告表批复的建设项目。

因此,东阳光公司疑似存在“未验先投”的违法行为。

(三)东阳光公司疑似存在“无证经营危险废物”的违法行为

如前所述,2021 年 8 月 23 日东阳光公司与梅花镇人民政府签订《铝灰渣处置合同》并着手转运涉案铝灰渣时,东阳光公司固体废物减量化项目未取得环境影响报告书的批复,未完成环保竣工验收,不可能具有对外经营危险废物铝灰渣的资质。《固体废物污染环境防治法》(2020 修订)第 80 条规定,“从事收集、贮存、利用、处置危险废物经营活动的单位,应当按照国家有关规定申请取得许可证。许可证的具体管理办法由国务院制定。禁止无许可证或者未按照许可证规定从事危险废物收集、贮存、利用、处置的经营活动。禁止将危险废物提供或者委托给无许可证的单位或者其他生产经营者从事收集、贮存、利用、处置活动”。东阳光公司无危险废物经营许可证从事处置危险废物的行为和梅花镇人民政府将涉案铝灰渣交给东阳光公司从事经营活动的行为,均违反了法律的禁止性规定。因此,梅花镇人民政府与东阳光公司签订的《铝灰渣处置合同》应属无效。

三、行政诉讼案代理意见

2022 年 12 月 16 日,黎征武律师向武江区人民法院提交如下代理意见(节选):

高某某诉梅花镇人民政府、韶关市生态环境局、第三人乳源东阳光××有限公司行政诉讼一案代理意见

武江区人民法院:

……

代理人认为,本案不符合代为处置条件,且二被告代为处置的程序严重违法,严重损害了高某某的合法权益。同时,东阳光公司案涉建设项目没有任何环保手续,存在“未批先建”“未验先投”“无证经营危险废物”等严重违法行为……

一、东阳光公司案涉固体废物资源化利用项目属于违法建设项目,不可能具有铝灰渣处理资质。省固体废物平台尚无“点对点定向利用”功能,东阳光公司不可能已经成功备案

(一)对外处置危险废物的环评类型为报告书,东阳光公司此后提交的亦是报告书,而本案其提交的为报告表,环评类型不符,故存在“未批先建”的违法行为

根据《建设项目环境影响评价分类管理名录》(2021年版)的规定,对外处置危险废物的环评类型为报告书。2022年4月东阳光集团下属公司乳源阳之光××有限公司向被告二提交乳源阳之光××有限公司10,000吨/年铝灰渣综合利用项目环境影响报告书。该环评文件名为《……报告书》,且正文第3页载明,“……本项目为固体废物综合利用项目,应当编制环境影响报告书”。而东阳光公司在本案提交的为《环境影响报告表》,韶关市生态环境局作出的韶环乳审〔2021〕6号《审批意见》也是对该报告表的审批。况且,前述报告表及批复均明确“东阳光公司的固废减量化项目只能处置其自身产生的铝灰渣,不能对外接收铝灰渣”。由此可知,东阳光公司在明知对外处置铝灰渣所需报批的环评类型为报告书且明知现有环评手续只能处置其自身产生的铝灰渣的前提下,仍对外接收并处置铝灰渣,具有明显的违法主观故意。

因此,东阳光公司存在“未批先建”的违法行为。

(二)本案二被告未提交验收报告,不能证明建设项目的合法性,应认定东阳光公司存在“未验先投”的违法行为

根据《建设项目环境保护管理条例》第17条第1款的规定,编制报告书或报告表的建设项目,投入生产使用前应取得环保设备的验收报告。但是,本案东阳光公司未依法报批环评报告书并获得批复,不可能按照报告书的内容完成对环保设备的验收。退一步讲,即便只需编制报告表,东阳光公司在2021年8月20日才拿到环评批复,在8月23日即接收并处置铝灰渣,显然不可能在3日内完成环保设施的建设、排污许可证的申请和环保设施的验收工作。直至2022年11月开庭二被告都未能提供验收报告,故不能证明该建设项目的合法性,应承担举证不能的后果,应认定东阳光公司存在“未验先投”的违法行为。

（三）东阳光公司没有取得危险废物经营许可证，本案亦不符合“点对点”利用豁免的条件，且省固体废物平台无“点对点定向利用”功能，因此东阳光公司存在“无证经营危险废物”的违法行为，其备案的真实性、合法性高度存疑

1.对外处置危险废物需要取得危险废物经营许可证，而东阳光公司未提供许可证

略。

2.本案不符合“点对点”利用豁免的条件，省固体废物平台亦无“点对点定向利用”功能，东阳光公司备案合法性高度存疑

略。

3.东阳光公司加快经营手续办理的行为，证明其现不具备相应资质

2022年4月，乳源阳之光××有限公司向被告二提交乳源阳之光××有限公司10,000吨/年铝灰渣综合利用项目环境影响报告书。该报告书正文第1页、第2页载明，“乳源东阳光集团下属企业乳源东阳光××精箔有限公司向韶关市生态环境局申请铝灰渣应急利用处置，2021年10月26日韶关市生态环境局以韶环函〔2021〕283号文同意精箔厂作为韶关市辖区铝灰渣应急处置单位，同时加快相关手续的办理”“后续为了完善企业的手续和铝灰渣来源问题，乳源东阳光××精箔有限公司固体废物减量化项目不再继续生产运营，由乳源阳之光××有限公司作为主体处置铝灰渣10,000吨/年……”前述内容与被告二作出的韶环函〔2021〕283号文“并加快经营资质相关手续办理”的内容相互印证。由此可知，东阳光公司不具备危险废物经营资质，亦不符合危险废物利用豁免的条件，否则无需再办理相关资质。

二、案涉《铝灰渣处置合同》因违反禁止性规定而无效，未证明以“利用”的方式处理铝灰渣成本最低，东阳光公司提供的处置费用2000元/吨不属实，转运数量存疑

（一）本案梅花镇人民政府存在将危险废物委托给无许可证单位的违法行为，东阳光公司存在“无证经营危险废物”的违法行为，《铝灰渣处置合同》因违反禁止性规定而无效

略。

(二)未能证明以“利用”的方式处理铝灰渣成本最低

略。

(三)东阳光公司出具的成本核算2000元/吨显然不属实

略。

(四)转移联单和过磅单上的数量不具有合法性,不能证明实际转运数量

首先,未通知高某某到场进行签字确认,略。其次,先转移再填写转移联单,违反法律规定。《固体废物污染环境防治法》(2020修订)第82条规定,转移危险废物的,必须按照国家有关规定填写危险废物转移联单……未经批准的,不得转移。由此可知,填写危险废物转移联单后才能转移危险废物。但是,本案庭审中东阳光公司明确表示系转移到该公司后进行过磅,说明案涉转移联单是在转移并过磅后生成,并依照过磅单上的数量填写转移联单上的“转移数量”。因此,过磅单和转移联单上的数量不能证明真实转移数量。

需要特别提醒的是,本案不能适用民法的规定进行裁决,略。

三、本案不符合代为处置条件,且代为处置流程不合法,确定代为处置机构的方式错误,未进行政府采购

(一)本案处置属于代为处置,不属于应急处置,不具有紧迫性

根据《固体废物污染环境防治法》第87条和《突发事件应对法》第7条的规定及文义解释可知,应急处置是为处理突发事件所采取的紧急措施,具有紧迫性,本案2021年4月30日至5月3日相关单位采取措施的行为属于应急处置。《突发环境事件应急管理办法》第29条规定,突发环境事件的威胁和危害得到控制后,停止应急处置措施。

本案梅花镇人民政府在2021年5月3日采取紧急措施完毕后,该铝灰渣的处置已不再属于应急处置,不具有紧迫性。2021年4月30日案发后,乐昌分局多次发函、召集会议催告高某某等人,直至2021年8月23日才处置的行为亦可印证。二被告所谓“应急处置”,实为2021年8月27日中央环保督察组将要进驻韶关之故,不属于法律意义上的应急处置。

（二）本案高某某有处置意愿并已付诸行动，不应当实施代为处置。且各行政机关在确定高某某签订的合同印章系他人伪造前即已确定代为处置机构，程序违法

根据《行政强制法》的规定，只有当事人拒不履行处置义务时，才可以实施代为处置。本案在行政机关确定代为处置之前，高某某等人已经着手处置铝灰、签订合同并支付2万元定金，故此时行政机关不能实施代为履行。即便被告二发现高某某提交的合同上的印章不属实且未上报省固体废物平台备案，也应向高某某说明原因并督促其尽快另寻正规处置公司，不能粗暴剥夺高某某等人的自行处置权利而决定代为处置（注：此时高某某等人均未被刑事拘留）。况且，在2021年8月13日被告二乐昌分局陈副局长询问惠州东江环保公司印章真伪之前，各行政机关已于2021年8月9日确定由梅花镇人民政府作为处置机构。因此，本案不符合代为处置条件，行政机关启动代为处置程序违法。

（三）代为处置流程严重违法

根据《行政强制法》第35条、第36条、第37条、第50条和第51条的规定可知，行政机关实施代履行的流程如下：(1)作出排除妨碍、恢复原状的行政决定，即本案的责令改正违法行为决定书；(2)当事人逾期不履行；(3)催告当事人履行，作出《催告书》并告知陈述申辩的权利；(4)经催告仍不履行；(5)作出代履行决定书，载明代履行的时间、方式、费用预算、代履行人，并告知享有行政复议和行政诉讼的权利；(6)在实施代履行的3日前再次催告；(7)若当事人履行则停止代履行，否则继续实施代履行；(8)待履行完毕后，由工作人员、代履行人和当事人或见证人签名盖章。

据此，本案代履行过程存在如下违法情形：首先，代为处置主体错误，应当为韶关市生态环境局，但限期处置危险废物通知书等法律文书由乐昌分局作出，甚至在确定由梅花镇人民政府作为代为处置主体后，关于组织代为处置铝灰渣通知书仍由乐昌分局作出，执法主体混乱；其次，未履行再次催告义务；再次，未告知享有的救济途径，剥夺高某某陈述、申辩、行政复议和行政诉讼的权利，未告知代履行的预算费用，在高某某等人了解即便正规处置也只要1200元/吨的前提下，若

得知本案代履行费用为2000元/吨,必定会采取救济措施并自行找正规公司处置;最后,实施代履行时未通知高某某到场,清理的铝灰吨数未经高某某现场确认。

(四)本案处置铝灰渣的项目未进行政府采购确定代为处置机构和处理方式,程序违法

首先,单项服务达100万元的应实行政府采购。根据《政府采购法》第2条第2款和第7条,政府采购的对象为采购集中采购目录以内的或采购限额标准以上的货物、工程和服务的行为。《广东省政府集中采购目录及标准》(2020年版)(粤财采购〔2020〕18号)第3条"分散采购限额标准"规定,"除集中采购机构采购项目和部门集中采购项目外,单项或批量金额达到100万元以上(含100万元,下同)的货物、工程和服务项目应执行《中华人民共和国政府采购法》和《中华人民共和国招标投标法》有关规定,实行分散采购"。

其次,本案处置费用远超过100万元。本案被告二提交的《查封(扣押)物品清单》《解除(查封)决定书》《解除(查封)物品清单》均载明,案涉铝灰渣数量约为500吨。此后,2021年8月初被告二作出的乐环报〔2021〕49号和乐环报〔2021〕53号文载明,"代为处置费用为2000~2500元/吨铝灰渣,共需80~100万元"。代理人认为:(1)根据前述资料得出代为处置费用为100万~125万元[500吨×(2000~2500元/吨)=100万~125万元],超过100万元,故应进行政府采购。(2)被告二在前述法律文书中多次明确数量"约为500吨"的前提下,在乐环报〔2021〕49号文中改为"约400吨",导致处置费用刚好在100万元以下,说明其明知前述分散采购的规定而故意设法避免。(3)在2021年8月23日东阳光公司提出处理费用为2000元/吨,且现场清运铝灰渣为1273.9吨、处理费用高达254万元时,为保障高某某等人的合法权益,被告二应当进行政府采购。被告二当庭称铝灰渣运至东阳光公司后,至2021年10月26日备案后才处置,故在此期间被告二仍有大量时间进行政府采购。根据《政府采购法》第26条、第29条、第30条、第31条、第32条和第40条的规定,本案政府采购可采用公开招标、邀请招标或竞争性谈判和询价的方式。若其他单位出具的价格低,则可委托给其他单位并支付东阳光公司

已经产生的相关费用。但被告二在明知需要进行政府采购的情况下仍拒绝进行，严重损害了高某某等人的合法权益。况且，被告二最终选择了一家没有铝灰渣处置资质，甚至连环保手续都不齐全的公司处理，其行政行为严重违法。

综上，本案行政机关代为处置的程序多次严重违法，该代为处置费用不具有合法性。

四、总结

……

需要说明的是，东阳光集团下属公司深圳市东阳光实业发展有限公司曾因在南岭国家森林公园进行森林生态旅游项目开发、经营及管理一事，被提起环境公益诉讼。[①] 东阳光集团公司作为上市公司，理应主动遵守国家环保法律法规。而其在此前因追求经济利益破坏生态环境被提起环境公益诉讼的前提下，仍为追求经济利益主动实施本案重大环境违法行为，其行为应被予以否定评价。

贵院作为人民法院，负有践行"绿水青山就是金山银山"、用法治守护生态环境的义务。因此，贵院宜以案说法，以案例的方式督促东阳光集团遵纪守法，承担起企业应有的社会责任。

综上，本案二被告的代为处置程序严重违法，代为处置费用不具有合法性、合理性。鉴于案涉铝灰渣可能已经实际处置完毕，东阳光公司因此付出成本，高某某亦无法支付巨额不合法不合理的代为处置费用。为妥善解决本案纠纷，达到法律效果和社会效果的有机统一，代理人恳请贵院及承办法官支持和促进本案的调解。

代理人：黎征武律师

2022年12月16日

四、污染环境罪案辩护意见

2023年8月10日，黎征武律师向乐昌市人民法院提交如下辩护意见（节选）：

---

① 笔者注：北京市朝阳区自然之友环境研究所、广东省环境保护基金会等诉广东南岭森林景区管理有限公司等环境污染责任纠纷案，广东省清远市中级人民法院（2016）粤18民初3号民事调解书。

高某某涉嫌污染环境罪一案辩护意见

乐昌市人民法院：

……

辩护人认为，本案没有造成环境污染的危害后果，故高某某依法不构成犯罪……

一、本案无环保部门或公安机关出具认定意见，且《环境监测报告》不具有真实性、合法性，故认定涉案铝灰渣属于危险废物的证据不足

由《司法鉴定机构登记管理办法》第3条和《全国人民代表大会常务委员会关于司法鉴定管理问题的决定》（2015修正）第3条的规定可知，司法鉴定机构和司法鉴定人均需取得司法鉴定执业证。而本案监测机构中国广州分析测试中心（以下简称中广测）没有取得《司法鉴定许可证》，采样人员、报告编制人员、审核人员、签发人员均无《司法鉴定人执业证》，公诉机关出示的检验检测机构资质认定证书，只能证明中广测具有检测资质，故涉案《环境监测报告》不属于鉴定意见，否则将因鉴定主体不具有资质而无效。

另外，本案无环保部门或公安机关出具认定意见，中广测无权对涉案铝灰渣的特性进行认定，《环境监测报告》不能作为司法机关直接认定的证据，且其不具有真实性、合法性，不能作为定案依据，故认定涉案铝灰渣属于危险废物的证据不足。详见质证意见，此处不再赘述。

二、本案利用行为没有造成环境污染，依法不构成犯罪

根据最高人民法院、最高人民检察院《关于办理环境污染刑事案件适用法律若干问题的解释》（本意见以下简称《环境解释》）第6条、第16条和最高人民法院、最高人民检察院、公安部、司法部、生态环境部《关于办理环境污染刑事案件有关问题座谈会纪要》（本意见以下简称《座谈会纪要》）第5条、第8条的规定可知，无证利用危险废物没有造成环境污染的，不认定为犯罪。本案既无证据证明高某某利用的是危险废物，亦无证据证明利用过程中造成环境污染，故依法不构成

犯罪。

在假定涉案铝灰渣为危险废物的前提下,本案无《监测报告》证明堆放行为造成了何种环境污染(土壤、水、大气)及污染程度(超标程度)。相反,2021 年 5 月 2 日乐昌分局作出的《关于对梅花镇一农场仓库内不明灰渣开展处置工作情况的报告》载明,"经韶关市环境监测站对现场空气的快速检测,显示仓库内氨气和乙烯浓度超标,周边环境中的氨气和乙烯浓度未出现异常,目前水环境及周边环境暂未发现异常",明确未造成环境污染,故本案高某某依法不构成犯罪。

另外,本案没有证据证明厂房发生火灾和铝灰渣发生自燃,也没有火灾事故分析报告认定火灾与涉案铝灰渣自燃有关。相反,E202100974 - 1a 号《环境监测报告》第 5 部分"检测结论"载明,"高某某非法处置的固体废物属于具有浸出毒性特征的危险废物",说明涉案铝灰渣不具有反应性,故"铝灰渣因遇水发生了自燃"的真实性高度存疑。

三、本案案发时对现场采取泥土覆盖等措施属于应急处置

略。

四、本案代为处置程序严重违法,导致形成的证据均不具有真实性、合法性,不能作为定案依据

(一)本案公安机关立案后未及时查明铝灰渣数量,且未参与代为处置,程序严重违法,系本案铝灰渣数量无法查明的主要原因

根据《公安机关受理行政执法机关移送涉嫌犯罪案件规定》(公通字〔2016〕16 号)第 6 条第 1 款和《环境保护行政执法与刑事司法衔接工作办法》(环环监〔2017〕17 号)第 10 条第 1 款的规定,环保部门应当自接到公安机关立案通知书之日起 3 日内将涉案物品以及与案件有关的其他材料移交公安机关,并办理交接手续。

根据《公安机关办理刑事案件程序规定》(2020 修正)第 191 条、第 227 条和第 230 条等规定,公安机关立案后应及时侦查,全面、客观收集证据,查封与案件有关的财物并出具查封清单,写明财物名称、数量、特征等信息,由侦查人员、持有人和见证人签名。

涉案铝灰渣系重要物证，公安机关刑事立案后应及时勘验检查。但是，本案公安机关在2021年8月10日立案后没有及时到现场侦查，没有依法查清铝灰渣数量，没有出具查封清单。虽然2021年4月30日案发时公安机关制作了《现场勘验检查笔录》，但此时尚未刑事立案，且该笔录没有载明铝灰渣具体数量，不符合规定。同时，该笔录见证人官某敏、乐昌分局《现场检查笔录》（2021年4月30日）见证人林某仪和《现场检查笔录》（2021年5月2日）见证人陈某英均为梅花镇人民政府工作人员，梅花镇人民政府后续参与了本案铝灰渣处置工作，故上述笔录均因该三人不得担任见证人而不具有合法性。因此，公安机关未在立案后查明涉案铝灰渣数量，程序违法。

另外，根据《公安机关办理刑事案件程序规定》（2020修正）第235条第2款、《环境保护行政执法与刑事司法衔接工作办法》（环环监〔2017〕17号）第10条第2款和《公安机关受理行政执法机关移送涉嫌犯罪案件规定》第6条第2款的规定，公安机关可在取证后商请行政执法机关代为保管涉案铝灰渣，但在行政机关处置时应参与协助。但是，本案没有证据证明公安机关有依法参与本案铝灰渣处置工作，乐昌分局和梅花镇政府擅自处置涉案物品，程序严重违法。

综上，本案公安机关、乐昌分局、梅花镇人民政府的违法行为，是导致本案铝灰渣数量无法查明的重要原因，也因此导致未实行政府采购。

（二）在完成应急处置后，涉案铝灰渣的处置不再具有紧迫性，故后续处置不属于应急处置，而是代为处置

略。

（三）本案不符合代为处置（代履行）的条件，且程序违法

……况且，乐昌分局陈副局长询问惠州东江环保公司印章真伪时间为2021年8月13日，但各行政机关已于8月9日确定由梅花镇人民政府代为处置，即在不知道印章真伪前已经着手代为处置工作，剥夺了高某某等人的自行处置权利。

……公安机关未参与和监督代为处置工作，乐昌分局未派员到场监督代为处置工作并形成执法文书，未通知高某某等人到场，现场清理的铝灰渣未经高某某现场确认，称量时亦未通知高某某到场，程序违法。

（四）小结

综上，本案行政机关在不符合代为处置条件的情况下实施代为处置，且其程序严重违法，多次剥夺高某某等人的自行处置权利，是本案产生代为处置费用的直接原因。同时，本案代为处置过程形成的责令改正违法行为决定书、限期处置危险废物通知书、关于组织代为处置铝灰渣通知书、《梅花镇谭司村铝灰渣自燃应急处置施工合同》、《铝灰渣处置合同》、危险废物应急转移联单和电子过磅单等证据均不具有真实性、合法性，不能作为定案依据。

五、危险废物应急转移联单和电子过磅单载明的铝灰渣数量不具有真实性、合法性，不能作为定案依据

（一）本案铝灰渣数量数据的取得方式不具有合法性

如前所述，涉案铝灰渣数量未由公安机关在立案后立即查明，程序违法，故铝灰渣数量数据的取得方式不具有合法性。

（二）本案铝灰渣收集主体众大广告部和东阳光公司均不具有收集危险废物的资质，且收集范围无执法人员和高某某等人到场确认

根据《危险废物经营许可证管理办法》第31条第2项和《危险废物收集 存储运输技术规范》（HJ 2025－2012）第5.1条的规定，乐昌众大广告工程部将铝灰渣集中、装袋、装车和东阳光公司转移铝灰渣的行为，均属于经营危险废物行为，应取得危险废物经营许可证。但该二主体均无收集资质，故收集程序不合法，形成的证据不具有合法性。

另外，本案代为处置时间为2021年8月23日，高某某等人尚未被刑事拘留。但代为处置时未依法通知高某某到场，亦无公安机关、乐昌分局、梅花镇人民政府到场监督并形成执法文书，不再赘述。

（三）本案转移联单和电子过磅单不具有真实性、合法性，不能证明实际转运数量

1. 未提供称量器具的资质证明和检定证书，不能证明电子过磅单数据的真实性和合法性

根据《计量法》第9条第1款、《计量法实施细则》第11条第2款和《实施强制

管理的计量器具目录》序号 2 和序号 3 的规定,用于贸易结算的非自动衡器和自动衡器实行强制检定,方式为周期检定。但本案未提供电子磅检定证书,不能证明称量所用电子磅质量符合要求且经过强制检定,不能证明称量数据的真实性和合法性。

2. 称量范围、称量结果不具有真实性、合法性

对铝灰渣称重关乎处置费用的认定,也属于代履行的重要环节。(1)先转移铝灰渣后称重,再填写转移联单,程序违法。略。(2)不能证明转移的铝灰渣源于涉案厂房。E202100974 – 1a 号《环境监测报告》结论为涉案铝灰渣具有浸出毒性,不具有反应性。但是,危险废物应急转移联单载明的废物特性为反应性,故不能证明该联单所记载的铝灰渣源于本案厂房,详见质证意见。(3)称量时无相关人员到场监督和确认,不能保证没有其他物品。本案转运后的称量无执法人员和当事人到场对称量范围和称量结果进行监督确认并在电子过磅单上签字,且《行政案件庭审笔录》记载东阳光公司针对“你们过磅时有无发现其他物质”的回复为“不清楚”。因此,称量结果不具有合法性。

六、本案相关费用的项目、数量和数额均不具有合法性

(一)未以政府采购的方式确定代为处置机构和处置方式,程序违法,形成的证据均不具有真实性、合法性,不能作为定案依据

1. 单项服务达 100 万元的应实行分散采购,本案处置费用远超 100 万元,应实行政府采购但未实行

略。

2. 不同处理方式价格差异巨大,本案未采用成本最低的处理方式

处理铝灰渣的方式有多种,包括利用和处置(含填埋、焚烧等),价格相差巨大。在 2023 年 1 月最高人民法院发布的 203 号指导性案例中,铝灰渣混合物焚烧价格为 1000 元/吨。本案若实行政府采购,投标单位将提供处置方式和单价供选择。但正因未实行政府采购,导致无法采用最经济实惠的方式处理,不能证明处置费用的合理性。

（二）东阳光公司涉案固体废物资源化利用项目属于违法建设项目

略。

（三）本案代为处置过程形成的合同文书，均因违反法律禁止性规定而无效，不能作为定案依据

略。

（四）铝灰渣成本核算价格异常，不具有合法性、真实性

略。

（五）价格评估结论书不具有真实性、合法性

《行政强制法》第 51 条第 2 款规定，“代履行的费用按照成本合理确定，由当事人承担。但是，法律另有规定的除外”。本案铝灰渣收集、运输和利用主体均不具有合法资质，因此只能基于环境保护的公共利益，按照成本价合理确定各项费用。若按市场价计算，使行政违法主体获利，违反了“任何人不能因违法行为而获利”的原则。

其他理由详见质证意见，不再赘述。

（六）不能证明东阳光公司已按合同约定的方式利用铝灰渣

2021 年 10 月 26 日韶关市生态环境局作出的《关于东阳光优艾希杰精箔有限公司申请铝灰渣应急处置的复函》（韶环函〔2021〕283 号）载明“做好铝灰渣收集、运输、贮存及利用处置过程风险管控和台账记录”。但是，本案没有提供东阳光公司危险废物台账等证据证明东阳光公司处置铝灰渣的具体情况，不能证明东阳光公司已处置铝灰渣，不能证明是在 2021 年 10 月 26 日之后处置的铝灰渣，不能证明是按约定的利用方式处置的铝灰渣，故向其支付处置费用没有事实依据。

（七）小结

综上，本案相关费用的项目、数量和数额，均因代为处置未实行政府采购、梅花镇人民政府及东阳光公司等主体违反禁止性规定、价格评估结论书无效和不能证明东阳光公司已实际处置完毕而不具有真实性、合法性，不能作为定案依据。

七、代为处置费用不属于公私财产损失

略。

五、刑事附带民事公益诉讼代理意见

刑事附带民事公益诉讼代理意见

一、本案代为处置费用因代为处置程序严重违法而不具有真实性、合法性,不能作为定案依据

详见质证意见和辩护意见,不再赘述。涉案行政行为虽未被撤销,但不能因此否认其违法性,故该过程形成的证据均不能作为定案依据。

二、代为处置费用不属于环境公益诉讼请求范围

根据《民事诉讼法》(2021 修正)第 58 条的规定,只有在社会公共利益无法得到保护时,人民检察院才能提起公益诉讼。而本案行政机关可根据《行政诉讼法》第 97 条的规定申请强制执行,故本案相关费用的处理不能在民事公益诉讼中审理。

参考案例:略。

综上,本案高某某依法不构成犯罪,恳请贵院依法宣告高某某无罪,并驳回公益诉讼起诉人的诉讼请求。另外,高某某的结婚戒指系具有特殊意义的物品,不宜收缴,恳请贵院依法判决返还给高某某。

以上法律意见,恳请贵院依法采纳。

辩护人:黎征武律师

2023 年 8 月 10 日

六、污染环境罪案辩护意见(2)

2023 年 9 月 1 日庭审后,黎征武律师向乐昌市人民法院提交如下补充辩护意见:

高某某涉嫌污染环境罪一案辩护意见(2)

乐昌市人民法院:

贵院审理的高某某涉嫌污染环境罪暨刑事附带民事公益诉讼一案,于 2023

年9月1日再次开庭。现辩护人根据公诉机关提供的证据,补充辩护意见如下,恳请贵院依法采纳。

(1)本案公诉机关提供的证据不能证明东阳光公司在2021年8月23日签订《铝灰渣处置合同》和2021年11月利用涉案铝灰渣时,其对外利用铝灰渣建设项目的环评书已获得韶关市生态环境局批复,及其建设项目环保设施已通过验收。

(2)广东韶科环保科技有限公司官网显示,乳源阳之光××有限公司10,000吨/年铝灰渣综合利用项目环境影响评价公众参与第一次公示时间为2021年7月13日(附件1)。辩护人当庭提交的乳源阳之光××有限公司10,000吨/年铝灰渣综合利用项目环境影响报告书(该证据由辩护人于2022年9月从韶关市生态环境局官网下载,曾在行政案件中提交,现已被韶关市生态环境局撤下)显示,阳之光公司编制环评书时间为2022年4月。

(3)韶关市生态环境局官网显示,韶关市生态环境局对乳源阳之光××有限公司10,000吨/年铝灰渣综合利用项目作出批复时间为2022年5月27日(附件2),充分说明本案东阳光公司处置涉案铝灰渣时,阳之光公司的建设项目尚未获得环评批复。因此,若东阳光公司出具的关于将涉案铝灰渣交给阳之光公司处置的说明属实,则阳之光公司存在未批先建、未验先投、无证经营危险废物的违法行为。

(4)即便公诉机关本次补充的举证均具有合法性,在案证据仍不能证明涉案铝灰渣燃烧起因和已造成污染环境的危害后果。另外,本案代为处置程序严重违法,在案相关证据不具有合法性,不能作为定案依据。

综上,本案高某某依法不构成犯罪,恳请贵院依法宣告高某某无罪,并驳回公益诉讼起诉人的诉讼请求。

辩护人:黎征武律师

2023年9月3日

附件:

1.广东韶科环保科技有限公司官网截图

2.韶关市生态环境局官网截图

七、刑事判决裁判要旨

2023 年 9 月 27 日，乐昌市人民法院作出(2022)粤 0281 刑初 201 号刑事附带民事判决书，判决高某某犯污染环境罪，判处有期徒刑 3 年，并处罚金 8 万元，谢某某、高某某连带赔偿应急处置费用、监测费用、代为转运处置费用合计 3,316,483 元。裁判理由摘录如下：政府部门查处并责令高某某等人限期处置案涉铝灰渣时，高某某等人拒不改正，在此情形下政府部门组织代为处置并无不当，但作出代履行决定以及委托无危险废物处理资质的乳源东阳光公司处置案涉铝灰渣，确存在程序违法之处；政府部门实施代履行时，已派专人到场监督，装运铝灰渣也由具备过磅资质的企业过磅称量，转运时间、重量等情况亦经委托方、运输方、接收方三方共同确认，代为处置过程真实，处置案涉铝灰渣重量明确，辩护人以代履行程序违法否认代履行全部行为的真实性，理据不足。乳源东阳光公司出具的铝灰渣成本核算以及相关合同、税费说明等材料，均为东阳光公司对合同所约定的 2000 元/吨的运输处置铝灰渣综合性单价的构成的粗略解说，该成本核算所列项目并非与司法评估认定书的所列分项一一对应，故不宜以其中部分分项价格高于司法评估认定书中的分项价格为由，来判定整体综合性单价并非合理价格。

本案中，虽然乐昌市人民法院没有采纳乐昌市人民检察院对高某某提出的判处有期徒刑 3 年半至 4 年半的量刑建议，足见行政案件确认韶关市生态环境局实施代履行程序违法和东阳光公司没有危险废物铝灰渣经营资质后，对刑事辩护具有一定的效果。但是，笔者并不认可乐昌市人民法院的上述裁判理由。

❖风险提示

一、提起行政诉讼的风险

律师在办理刑事案件中提起行政诉讼，可实现跟行政机关对庭，有助于查明案件事实，并可能获得公诉机关在刑事案件中未提交的证据。但是，该种辩护策略存在一定风险，主要为：(1)关于刑事案件是否需要以行政案件的审理结果为依据的问题，不同承办法官可能会有不同的理解，笔者曾在东莞市第三人民法院办理的一起污染环境罪案中，向法庭说明被告人已就东莞市生态环境局所作行政行为提起行政诉讼，但承办法官认为该案无需以行政案件的审理结果为依据；(2)提起行政诉讼可能延长刑事案件的审理时间，以本案为例，乐昌市人民法院裁定中止审理刑事案件的时间为 2022 年 8 月 26 日，裁定恢复审理的时间为 2023 年 5 月 26 日，即在行政案件未上诉的情况下，刑事案件因行政案件延期 9 个月；(3)考虑到诸多可能存在的案外因素，即便行政诉讼取得了预期效果，也不一定能在刑事诉讼中达到预期的辩护效果，而一旦行政诉讼失败，刑事辩护将陷入非常被动的境地。

另外，本行政案件立案时间为 2022 年 8 月 5 日，判决时间为 2023 年 4 月 6 日，审理时间长达 8 个月。除中途变更被告外，主要是黎征武律师和承办法官都致力于促成调解，承办法官因此多次和韶关市生态环境局、东阳光公司、乐昌市人民法院等单位沟通，但东阳光公司始终拒绝降低处置费用，故未能调解成功。本案韶关市武江区人民法院和承办法官在被告为行政机关、第三人为当地上市公司集团公司的情况下，判决确认韶关市生态环境局作出的《关于组织代为处置铝灰渣通知书》违法，确认东阳光公司没有危险废物经营资质，体现了该院公平公正的司法理念，在此感谢韶关市武江区人民法院和承办法官！

二、危险废物处置公司应当依法经营，防范法律风险

《环境影响评价法》(2018 修正)第 31 条第 1 款规定对“未批先建”的违法行为处建设项目总投资额 1% ~5% 的罚款，《建设项目环境保护管理条例》(2017 修订)第 23 条第 1 款规定对“未验先投”的违法行为处 20 万 ~100 万元的罚款，《固体废物污染环境防治法》(2020 修订)第 114 条第 1 款规定对无证从事危险废物经营活动的违法行为处 100 万 ~500 万元的罚款。

本案中，根据相关法律规定、行政机关提交的证据材料和笔者在相关公开网站搜集的证据，足以证明东阳光公司存在“未批先建”、“未验先投”和“无证从事危险废物经营活动”的违法行为。韶关市武昌区人民法院和韶关市乐昌市人民法院都在相关判决中明确东阳光公司不具有危险废物经营资质。根据相关法律规定，东阳光公司依法应当受到行政处罚。只不过，韶关市生态环境局在未对行政判决提起上诉的情况下，对高某某家属根据该生效判决反映东阳光公司违法经营

的行为视而不见,以东阳光公司具有相关资质为由拒绝对东阳光公司的违法行为进行查处。

本案中,高某某无证处置危险废物被判处 3 年有期徒刑,锒铛入狱。而违法实施代为处置的韶关市生态环境局、将危险废物提供给不具有危险废物经营资质主体的乐昌市梅花镇人民政府和同样无证经营危险废物的东阳光公司却未受到任何法律制裁。高某某的遭遇与其他三方的处理结果形成强烈对比,笔者、高某某及其家属均未能在本刑事案件中感受到公平正义。

虽然如此,本案已经证明即便是行政机关委托的服务项目,亦不能成为违法经营的挡箭牌。特别是在行政机关为了自身诉讼等利益、主动或被动依法行政时,市场经营主体存在被依法处理的可能。因此,建议危险废物处置公司等经营单位,严格依法依规从事生产经营活动,防范相关行政甚至刑事法律风险。

丛书总主编简介

李　华

盈科律师事务所创始合伙人、副主任、盈科全国业务指导委员会主任。

李华律师作为盈科全国业务指导委员会主任，负责盈科体系内的专业化建设，带领盈科律师，构建出完整的专业化法律服务体系，包括研究院、律师学院、专业委员会及专业化建设法律中心，推动盈科律师专业化的法律服务，以适应法律服务市场不断细分的需要。在此基础上，通过集成各专业委员会纵深化的法律服务能力为客户提供综合性的法律服务。

全国律师行业优秀党员律师、北京市优秀律师、北京市律师行业优秀党务工作者，最高人民检察院第六和第七检察厅民事行政检察专家咨询网专家，中国人民大学法学院法律硕士专业学位研究生实务导师，《钱伯斯大中华区指南2023/2024》TMT：数据保护&隐私领域上榜律师，2024 The Legal 500亚太地区中国法域榜单金融科技领域推荐律师。

黎征武

1990年生。北京市盈科（广州）律师事务所律师，企业合规师。环境科学学士，环境科学与工程硕士。广州市律师协会能源与环保专业委员会委员、广东省法学会第二届环境资源法学研究会理事、盈科全国环境资源与能源法律专业委员会副秘书长。

环境法方向专业律师，持有环保技术类培训证书：环境监测技术人员合格证、环境污染损害鉴定评估及环境污染诉讼专家辅助人合格证、自动监控系统运营管理能力提升合格证。

曾代表企业和个人，在全国办理过近百起环境行政处罚和污染环境罪案件。其中，环境行政处罚案罚款数额合计超过1千万元，单个污染环境罪案所涉生态环境损害赔偿数额最高超过4亿元。办案经验丰富，熟悉环保案件的处理流程、突破口和争议焦点，擅长结合环境+法律专业知识，为客户提供优质环境法律服务。

业务领域：（1）生态环境损害赔偿诉讼，环境公益诉讼，环境污染纠纷；（2）环境行政处罚案；（3）污染环境罪案；（4）环境法律风险排查；（5）环境法律培训；（6）环境执法应对培训；（7）环境管理制度构建；（8）环境法律顾问；（9）企业环境合规体系构建；（10）环境法律事件应对；（11）投资、并购项目环境法律风险尽职调查；（12）碳合规。